CHRISTOPHER F. RUFO

REVOLUÇÃO CULTURAL SILENCIOSA

Como a esquerda radical assumiu o controle de todas as instituições

COPYRIGHT © FARO EDITORIAL, 2024 AMERICA'S CULTURAL REVOLUTION.
COPYRIGHT © 2023 BY CHRISTOPHER F. RUFO. PUBLISHED BY ARRANGEMENT WITH
BROADSIDE BOOKS, AN IMPRINT OF HARPERCOLLINS PUBLISHERS.

Todos os direitos reservados.
Nenhuma parte deste livro pode ser reproduzida sob quaisquer meios existentes sem autorização por escrito do editor.
Avis Rara é um selo de Ciências Sociais da Faro Editorial.

Diretor editorial **PEDRO ALMEIDA**
Coordenação editorial **CARLA SACRATO**
Preparação **TUCA FARIA**
Tradução **CARLOS SZLAK**
Revisão **BARBARA PARENTE**
Diagramação e adaptação de capa **VANESSA S. MARINE**
Imagens de capa **UNSPLASH @iamsantifox**

Dados Internacionais de Catalogação na Publicação (CIP)
Jéssica de Oliveira Molinari CRB-8/9852

Rufo, Chistopher F.
  Revolução cultural silenciosa : como a esquerda radical assumiu o controle de todas as instituições / Chistopher F. Rufo ; tradução de Carlos Szlak. -- São Paulo : Faro Editorial, 2024.
  352 p.

ISBN 978-65-5957-508-4

Título original: America's cultural Revolution: How the radical left conquered everything

1. Ciência política 2. Direita e esquerda (Ciência Política) - Estados Unidos 3. Cultura política – Estados Unidos 4. Educação – Aspectos sociais – Estados Unidos 5. Relações raciais – Estados Unidos. I. Título II. Szlak, Carlos

24-0409   CDD 306.0973

Índices para catálogo sistemático:
1. Ciência política

1ª edição brasileira: 2024
Direitos de edição em língua portuguesa, para o Brasil, adquiridos por FARO EDITORIAL
Avenida Andrômeda, 885 - Sala 310
Alphaville — Barueri — SP — Brasil
CEP: 06473-000
www.faroeditorial.com.br

PARA SUPHATRA

SUMÁRIO

Prefácio ... 7

Introdução: A revolução cultural silenciosa ... 10

Parte I – Revolução ... 16
  CAPÍTULO 1: Herbert Marcuse ... 17
  CAPÍTULO 2: A Nova Esquerda ... 33
  CAPÍTULO 3: A longa marcha através das instituições ... 44
  CAPÍTULO 4: O novo regime ideológico ... 61

Parte II – Raça ... 78
  CAPÍTULO 5: Angela Davis ... 79
  CAPÍTULO 6: "Matar os porcos" ... 95
  CAPÍTULO 7: Da libertação negra aos estudos negros ... 106
  CAPÍTULO 8: Black Lives Matter ... 121
  CAPÍTULO 9: Oclocracia em Seattle ... 136

Parte III – Educação ... 150
  CAPÍTULO 10: Paulo Freire ... 151
  CAPÍTULO 11: "Nós devemos puni-los" ... 165
  CAPÍTULO 12: Engenheiros da alma humana ... 178
  CAPÍTULO 13: Os jovens soldados de Portland ... 194

Parte IV – Poder ... 208
  CAPÍTULO 14: Derrick Bell ... 209
  CAPÍTULO 15: "Eu vivo para importunar os brancos" ... 222
  CAPÍTULO 16: A ascensão da teoria crítica da raça ... 237
  CAPÍTULO 17: DEI e o fim da ordem constitucional ... 254

Conclusão: A contrarrevolução por vir ... 273

Agradecimentos ... 287

Notas de fim ... 289

PREFÁCIO

Eu vi a cara feia da revolução.

Meu primeiro contato com ela foi em Seattle, no estado de Washington, onde iniciei minha carreira como jornalista de política. Quando comecei a denunciar a crise da falta de moradias da cidade, os ativistas de esquerda de Seattle lançaram uma campanha implacável contra minha família, atacando nossa reputação, tentando conseguir a demissão de minha mulher de seu emprego, publicando ameaças que incluíam o endereço de nossa casa e colocando cartazes ameaçadores perto da escola de meu filho mais velho.

O objetivo deles era simples: silenciar, marginalizar e reprimir – de algum modo, tudo em nome da tolerância e de uma sociedade aberta. Na época, eu me considerava um indivíduo moderado. Porém, essa experiência abriu meus olhos para a verdadeira natureza da política da esquerda. Isso me radicalizou.

Alguns anos depois, quando minha atividade jornalística se voltou para a teoria crítica da raça, descobri a mesma dinâmica em escala nacional: as instituições norte-americanas vinham praticando o mesmo jogo cínico, mobilizando as forças da culpa, da vergonha e do bode expiatório para impor uma ortodoxia política esquerdista. Os órgãos governamentais estavam ensinando que "todos os brancos" eram racistas. As escolas públicas separavam os alunos em "opressores" e "oprimidos". As 100 maiores corporações dos Estados Unidos promoviam a ideia de que vigorava um "sistema de supremacia branca" no país.

Assim como aconteceu em Seattle, a maioria dos norte-americanos – liberais, moderados e conservadores – conseguia perceber a falsidade e o perigo dessas ideias, mas temia falar abertamente. Eles não eram "opressores" ou "supremacistas brancos"; eram pessoas normais que criavam suas famílias e procuravam agir corretamente com seus vizinhos. E eles precisavam de uma voz.

Nesse período, enquanto fazia minhas reportagens, eu também descobri uma maneira de contra-atacar. No verão de 2020, participei do programa de televisão *Tucker Carlson Tonight*, apresentei minhas informações sobre a aplicação da teoria crítica da raça no governo federal e pedi diretamente ao presidente Donald Trump que tomasse providências. "O presidente e a Casa Branca têm a autoridade e o poder para expedir imediatamente um decreto presidencial abolindo a capacitação em teoria crítica da raça no governo federal", afirmei. "Exorto o presidente a expedir imediatamente esse decreto e erradicar pela raiz essa ideologia destrutiva, desagregadora e pseudocientífica."

Fiz o pedido no momento certo. Às sete da manhã do dia seguinte, recebi um telefonema de Mark Meadows, chefe de gabinete do presidente, que me disse que Trump assistira a minha entrevista e o encarregara de agir imediatamente. Três semanas depois, o presidente expediu um decreto abolindo a teoria crítica da raça no governo federal, nacionalizando a questão e provocando um período de debate acalorado e consequente na política norte-americana.

Desde o início, tenho estado no centro desse debate. Como jornalista, publiquei artigos expondo a presença da teoria crítica da raça nas instituições norte-americanas e, como ativista, liderei a campanha bem-sucedida de proibir o uso desta teoria nos sistemas de ensino público em 22 estados. Fui reverenciado na imprensa conservadora, que aclamou meu trabalho como jornalista e líder em formulação de políticas. Até meus inimigos foram forçados a reconhecer minha influência, com o *New York Times* me chamando de o "mentor da cruzada da direita contra a teoria crítica da raça" e o *Vox* me identificando como "o empreendedor intelectual mais importante da direita política da atualidade".

Este livro representa um esforço para compreender a ideologia que impulsiona a política da moderna esquerda, desde as ruas de Seattle até os escalões mais altos do governo norte-americano. Nos últimos dois anos, ao mesmo tempo que eu combatia as ideologias esquerdistas na arena política, também me dediquei a estudar meus adversários por meio de investigações mais aprofundadas. Li centenas de livros, ensaios, estudos e artigos jornalísticos que revelaram o desenvolvimento histórico da esquerda atual e suas bases ideológicas. Aos poucos, comecei a perceber o panorama geral: a campanha para incorporar a teoria crítica da raça na vida norte-americana era apenas um aspecto da "longa marcha através das instituições" da esquerda radical, que começara cinquenta anos atrás.

Este livro conta toda a história. Eu descrevo a progressão da ideologia de esquerda desde o movimento estudantil radical da década de 1960 até o chamado movimento antirracismo, que incendiou o país em 2020. Como ativista, muitas vezes preciso comunicar os fatos em pequenos surtos de retórica simplificada. Como escritor, tenho condições de ser mais abrangente, identificando os padrões da história, investigando os meandros da ideologia e sondando as profundezas das personalidades que moldaram a forma como pensamos, sentimos e agimos.

Este livro proporciona uma lição importante. Há uma deterioração se espalhando pela vida norte-americana. Os alicerces do país começam a ser abalados. Um novo niilismo vem cercando o cidadão comum em todas as instituições que importam: seu governo, seu local de trabalho, sua igreja, a escola de seus filhos e até mesmo sua casa. Ele sabe que recebemos um presente – a República Norte-Americana –, mas nada garante que ela irá perdurar. Ele sente isso em seu âmago.

Escrevi este livro com a esperança de fundamentar essas intuições e revelar a história profunda da revolução cultural nos Estados Unidos. Trata-se de uma genealogia das trevas: uma tentativa de estabelecer a linhagem humana do novo niilismo que ameaça subjugar o país. Porém, também é uma obra de otimismo decidido: se quisermos salvar os Estados Unidos da desintegração, devemos primeiro enxergar a crise com clareza e confiança. Não podemos desviar o olhar.

INTRODUÇÃO

A REVOLUÇÃO CULTURAL SILENCIOSA

Em 1975, em Nova York, o dissidente soviético Alexander Soljenítsin discursou para um grupo de líderes sindicais e denunciou a radical norte-americana Angela Davis, que se tornara um símbolo do comunismo internacional e da revolução violenta contra o Ocidente.

Durante esse período, o governo soviético havia disseminado propaganda em massa celebrando Davis como figura de importância histórica mundial e instruindo milhões de crianças em idade escolar a enviar cartões e flores de papel para ela. "Em nosso país, ininterruptamente por um ano, não se falava de mais nada a não ser Angela Davis", disse Soljenítsin.

Porém, essa campanha se baseava em uma mentira. Os soviéticos tinham criado um Estado escravagista global, com uma rede de *gulags*, masmorras e campos de prisioneiros que se estendiam de Vladivostok a Havana; o próprio Soljenítsin passara oito anos suportando prisões, torturas e trabalhos forçados.

Mas Davis seguiu a linha propagandística. Em 1972, durante uma turnê pela União Soviética, ela elogiou seus anfitriões pelo tratamento que dispensavam às minorias, e denunciou os Estados Unidos por sua opressão aos "prisioneiros políticos". Contudo, segundo Soljenítsin, durante um encontro não programado, um grupo de dissidentes tchecos abordou Davis com um apelo: "Camarada Davis, você passou algum tempo na prisão, por isso sabe como é desagradável ficar presa, principalmente quando se considera inocente. Com toda a autoridade que tem agora, você poderia ajudar nossos prisioneiros tchecos? Você poderia defender essas pessoas na Tchecoslováquia que estão sendo perseguidas pelo Estado?". Davis respondeu com frieza: "Eles merecem. Que fiquem na prisão".

Para Soljenítsin, nesse momento, tudo ficou claro. Davis encarnava o espírito da revolução de esquerda: o sacrifício do ser humano em favor da ideologia. O compromisso dela com as grandes abstrações – libertação, liberdade, humanidade – era uma farsa. "Essa é a cara do comunismo", ele disse. "Essa é a essência do comunismo para você."[1]

Posteriormente, a União Soviética entrou em colapso, e muitos norte-americanos consideraram resolvida a questão da revolução de esquerda. Ela se mostrara desastrosa em todos os lugares onde fora tentada – Ásia, África e América Latina. O mundo aprendera a lição, acreditava-se, e superara as promessas de Marx, Lênin e Mao.

Mas não foi assim. Embora a revolução cultural de esquerda tivesse se autodestruído no Terceiro Mundo, ao longo do tempo ela encontrou uma nova morada: os Estados Unidos.

Essa nova revolução foi construída pacientemente nas sombras, e após a morte de George Floyd na primavera de 2020 irrompeu na cena norte-americana. De repente, a antiga narrativa de Angela Davis apareceu em toda parte: os Estados Unidos eram uma nação irremediavelmente racista; os brancos constituíam uma classe opressora permanente; o país só poderia ser salvo por meio da realização de rituais de culpa elaborados e da subversão completa de seus princípios fundamentais. Todas as instituições formativas – universidades, escolas, empresas e órgãos governamentais – repetiam o vocabulário da revolução como um mantra: "racismo sistêmico", "privilégio branco", "diversidade, equidade e inclusão". Enquanto isso, nas ruas, multidões de manifestantes de esquerda expressavam a ideologia de forma física, derrubando estátuas de Washington, Jefferson e Lincoln e incendiando quarteirões inteiros das cidades.

Repentinamente, a questão da revolução de esquerda foi reaberta. Como isso aconteceu? De onde vieram essas ideias? Quem foi responsável pelo caos?

Para responder a essas perguntas e compreender as vertiginosas mudanças culturais que assolaram os Estados Unidos – a captura das instituições norte-americanas, a revolução nas ruas do movimento Black Lives Mattter, a disseminação da ideologia racialista na educação pública e a ascensão da burocracia da "diversidade, equidade e inclusão" – é preciso voltar a suas origens.

A história da revolução cultural nos Estados Unidos começa em 1968, enquanto o país enfrentava uma longa temporada de protestos estudantis, tumultos urbanos e violência revolucionária que proporcionaram o modelo para tudo o que aconteceu depois. Nesse período, os intelectuais de esquerda desenvolveram uma nova teoria da revolução no Ocidente, e seus discípulos mais dedicados publicaram panfletos, detonaram bombas caseiras e sonharam em pôr fim ao Estado.

A aspiração deste livro é revelar a história da revolução cultural americana, traçando a trajetória de seu desenvolvimento desde o ponto de origem até os dias atuais. A obra está dividida em quatro partes: revolução, raça, educação e poder. Cada parte começa com um perfil biográfico dos quatro profetas da revolução: Herbert Marcuse, Angela Davis, Paulo Freire e Derrick Bell. Essas figuras criaram as disciplinas de teoria crítica, práxis crítica, pedagogia crítica e teoria crítica da raça, que, no meio século subsequente, multiplicaram-se em uma centena de subdisciplinas e engolfaram as universidades, as ruas, as escolas e as burocracias. Em conjunto, eles representam a gênese intelectual da revolução. Suas ideias, seus conceitos, sua linguagem e suas táticas moldaram a política do presente e agora a permeiam.

Herbert Marcuse foi o filósofo proeminente da chamada Nova Esquerda, que procurou mobilizar a *intelligentsia* branca e os guetos negros e convertê-los em um novo proletariado. Angela Davis foi uma das alunas de pós-graduação de Marcuse; após se comprometer a pôr fim violentamente ao Estado, ela se tornou a face da revolta racial no Ocidente. Paulo Freire era um marxista brasileiro cujo trabalho em transformar escolas em instrumentos da revolução se tornou o evangelho da educação de esquerda nos Estados Unidos. Derrick Bell foi um professor de direito de Harvard que estabeleceu as bases para a teoria crítica da raça e recrutou um grupo de estudantes que capturariam as instituições de elite com sua nova ideologia racialista.

Durante a década de 1970, os grupos mais violentos da coalizão da Nova Esquerda – o Weather Underground Organization, o Partido dos Panteras Negras e o Exército de Libertação Negra – se desfizeram, mas o espírito de sua revolução se manteve sob uma forma mais sutil, porém, igualmente perigosa. Enquanto Soljenítsin revelava a falência dos movimentos comunistas no Ocidente, os ativistas e os intelectuais mais sofisticados da Nova Esquerda criavam uma nova estratégia, a "longa marcha através das instituições", que levou seu movimento das ruas para as universidades, escolas, redações de jornais e burocracias. Eles desenvolveram teorias complexas ao longo das linhas de cultura, raça e identidade, e as inseriram silenciosamente em toda a gama de instituições de produção de conhecimento dos Estados Unidos.

Nas décadas seguintes, a revolução cultural iniciada em 1968 se transformou, de maneira quase invisível, numa revolução estrutural que mudou tudo. As teorias críticas, primeiramente desenvolvidas por Marcuse, Davis, Freire e Bell, não foram criadas para funcionar como meras abstrações. Elas foram criadas como armas políticas e orientadas para a tomada do poder.

Conforme os discípulos da Nova Esquerda ganhavam terreno nas grandes burocracias, eles promoviam a revolução por meio de um processo de negação implacável, que roeu, mastigou, esmigalhou e desintegrou todo o sistema de valores que veio antes dele. E sua estratégia foi engenhosa: a captura das instituições norte-americanas foi tão gradual e burocrática que, em grande medida, passou despercebida do público norte-americano, até irromper na consciência após a morte de George Floyd.

Atualmente, a revolução cultural americana atingiu o estágio final. Os descendentes da Nova Esquerda concluíram sua longa marcha através das instituições e implantaram suas ideias nos currículos escolares, na mídia de massa, nas políticas governamentais e nos programas de recursos humanos das empresas. Seu conjunto básico de princípios, inicialmente formulado nos panfletos radicais do Weather Underground e do Exército de Libertação Negra, foi tornado menos ofensivo e adaptado para a ideologia oficial das instituições de elite dos Estados Unidos, desde a Ivy League[2] até as salas de diretoria de empresas como Walmart, Disney, Verizon, American Express e Bank of America.

As teorias críticas de 1968 se converteram numa espécie de moralidade substituta: o racismo é elevado ao princípio máximo; a sociedade é dividida num binarismo moral grosseiro entre "racistas" e "antirracistas"; e uma nova lógica burocrática é necessária para se pronunciar sobre a culpa e redistribuir riqueza, poder e privilégio. Para impor essa nova ortodoxia, os ativistas de esquerda criaram departamentos de "diversidade, equidade e inclusão" em todo um estrato de burocracias públicas e privadas. Os aliados são recompensados com *status*, cargos e empregos. Os dissidentes são humilhados, marginalizados e enviados para o exílio moral.

A revolução cultural norte-americana culminou com o surgimento de um novo regime ideológico, inspirado nas teorias críticas e administrado mediante a captura da burocracia. Embora as estruturas políticas oficiais não tenham mudado – ainda há um presidente, um legislativo e um judiciário –, toda a subestrutura intelectual se modificou. As instituições impuseram uma revolução de cima para baixo, realizando uma reversão moral completa e implantando uma nova camada de "diversidade, equidade e inclusão" em toda a sociedade.

Ninguém votou a favor dessa mudança; ela simplesmente se materializou de dentro para fora.

O objetivo final ainda é revolucionário: os ativistas de extrema esquerda querem substituir os direitos individuais por direitos baseados em identidade de grupo, pôr em prática um modelo de redistribuição de riqueza baseado em raça, e censurar a liberdade de expressão com base em um novo cálculo político e racial. Eles querem uma "ruptura total" com a ordem existente.

Felizmente, apesar de seu ataque bem-sucedido através das instituições, a revolução tem seus limites. A esquerda política pode ter conseguido desmascarar e deslegitimar a velha ordem – as teorias críticas substituíram a mitologia da Fundação da nação norte-americana pela moralidade da "diversidade, equidade e inclusão", que se tornou o novo sistema operacional das instituições de elite –, mas a revolução não é capaz de escapar das contradições fundamentais que a têm atormentado desde seu início.

O movimento intelectual que começou em 1968 conseguiu iniciar o processo de desintegração dos antigos valores, mas não pôde construir um novo conjunto de valores para substituí-los. Em vez disso, o apelo da Nova Esquerda para cometer "suicídio de classe" e renunciar ao "privilégio branco" desencadeou uma torrente de narcisismo, culpa e autodestruição. Os atos de terrorismo do Weather Underground e do Exército de Libertação Negra lhes custaram o apoio popular e levaram a uma reação imediata. Os estudantes radicais acabaram abandonando a revolução armada e se transformaram em acadêmicos ativistas e burocratas em busca de patrocínio.

A mesma dinâmica se mantém hoje em dia. Os descendentes da Nova Esquerda capturaram as instituições de elite, mas não conseguiram reorganizar as estruturas mais profundas da sociedade. A guerra de negação não soube proporcionar o mundo futuro. Em vez disso, produziu um mundo de fracasso, exaustão, ressentimento e desespero. As universidades perderam o antigo *télos* de conhecimento, trocando-o por um conjunto inferior de valores orientados para identidades pessoais e patologias. O ressurgimento da violência de rua com motivação política promovido pelo movimento Black Lives Matter – em si uma reencarnação tosca do Partido dos Panteras Negras – causou estragos nas cidades norte-americanas. As escolas públicas absorveram os princípios da revolução, mas foram incapazes de ensinar habilidades rudimentares de leitura e matemática. A teoria crítica da raça carrega todas as falhas do marxismo tradicional e as amplifica com uma narrativa do pessimismo racial que subjuga a própria possibilidade de progresso.

No espaço de 50 anos, a revolução cultural lentamente tirou sua máscara e revelou sua cara feia: o niilismo. A ansiedade que se espalhou por todos os cantos da vida norte-americana é totalmente justificada: o cidadão comum pode sentir que um novo regime ideológico foi estabelecido nas instituições que proporcionam a estrutura para sua vida social, política e espiritual. De maneira intuitiva, ele entende que apelos a um novo sistema de governança baseado em "diversidade, equidade e inclusão" são um pretexto para instituir uma ordem política hostil a seus valores, mesmo que ele ainda não possua o vocabulário para perfurar a casca do eufemismo e descrever sua essência.

A aspiração deste livro é abrir os olhos do cidadão comum, revelando a natureza das teorias críticas, apresentando os fatos acerca do novo regime ideológico e preparando o terreno para se revoltar contra ele. Este livro formulará as questões que existem sob a superfície da revolução cultural. Será que o povo quer uma sociedade igualitária ou uma sociedade de vingança? Será que vai trabalhar para transcender o racismo ou para consolidá-lo? Será que deve tolerar a destruição em nome do progresso?

Embora possa parecer que a revolução cultural nos Estados Unidos tenha entrado num período de predominância, o espaço entre suas ambições e seus resultados deixou aberta a possibilidade de reversão. O fato é que a sociedade baseada nas teorias críticas não funciona. A revolução não é um caminho para a libertação – é uma jaula de ferro.

Em resumo, este é um trabalho de contrarrevolução. A premissa básica é que os inimigos da revolução cultural devem começar a enxergar as teorias críticas e a "longa marcha através das instituições" com um olhar atento. Eles devem ajudar o cidadão comum a entender o que está acontecendo a seu redor e mobilizar o imenso reservatório de sentimentos públicos contra as ideologias, leis e instituições que buscam tornar a revolução cultural uma característica permanente da vida norte-americana. A missão do contrarrevolucionário não é apenas deter o movimento de seus adversários, mas ressuscitar o sistema de valores, símbolos, mitos e princípios que constituíam a essência do antigo regime, restabelecer a continuidade entre passado, presente e futuro, e tornar os princípios eternos da liberdade e da igualdade significativos novamente para o cidadão comum.

Essa contrarrevolução já se encontra em formação e demarcando o território para a luta que está por vir. A questão agora é qual visão dos Estados Unidos prevalecerá e qual visão retornará ao vazio.

PARTE I
Revolução

CAPÍTULO 1

HERBERT MARCUSE

O pai da revolução

No verão de 1967, em Londres, um filósofo quase septuagenário chamado Herbert Marcuse subiu ao palco numa conferência intitulada Dialética da Libertação e fez um apelo com serenidade em favor de uma revolução total contra o Ocidente.[1]

Com um carregado sotaque alemão do período da República de Weimar, Marcuse criticou asperamente "a síndrome do capitalismo tardio" e "a submissão do homem ao sistema". A plateia, que incluía intelectuais marxistas ilustres, artistas da contracultura como Allen Ginsberg, e militantes negros como Stokely Carmichael e Angela Davis, permaneceu em silêncio absoluto.[2] Eles se reuniram na conferência com o propósito de "criar uma consciência revolucionária genuína" e arquitetar estratégias para a "'guerra de guerrilha' física e cultural"; e o velho filósofo, que vestia um terno formal e pontuava sua palestra com referência aos grandes filósofos do passado, parecia deter a chave para desvendar tal propósito.[3]

Em sua palestra, sob o título "Libertação da Sociedade da Abundância", Marcuse elogiou os *hippies* e a contracultura por iniciarem uma "rebelião sexual, moral e política",[4] e sustentou que a revolução marxista deve começar com uma "nova sensibilidade" e "o surgimento de um novo tipo de homem, com um impulso biológico vital em busca da libertação, e com uma consciência capaz de romper o véu material e ideológico da sociedade da abundância".[5] Ao final de sua palestra, os membros da plateia distribuíram cigarros de maconha pelo auditório.[6]

Marcuse deu uma tragada e preconizou a negação da sociedade existente e a materialização da utopia: "a abolição do trabalho", "o fim da luta pela existência", "a reconstrução total de nossas cidades", "a eliminação [da] feiura", "a transição do capitalismo para o socialismo".[7]

A mensagem de Marcuse ecoou ao redor do mundo. Em poucos meses, o estudioso esmeradamente educado e meticuloso de Kant, Hegel e Marx se tornaria um farol para radicais de esquerda em todo o mundo. Em Roma, Paris, Frankfurt e Berlim, os estudantes portavam faixas com o *slogan* "Marx, Mao, Marcuse!" estampado em letras garrafais.[8] Os militantes do Weather Underground, do Partido dos Panteras Negras e do Baader-Meinhof liam exemplares surrados dos livros de Marcuse enquanto tramavam assaltos, atentados a bomba, assassinatos e guerrilha urbana contra o Estado. Ainda que Marcuse tivesse rejeitado o título de "pai" da revolução que agitava o Ocidente – os radicais "não precisam de uma figura paterna, ou figura de avô, para liderá-los nos protestos", ele repreendeu –, suas ideias se tornaram a inspiração para as manifestações da juventude e para a chamada Nova Esquerda.[9]

Numa sequência de três livros muito populares – *One-Dimensional Man* [*O Homem Unidimensional*], *A Critique of Pure Tolerance* [*Crítica da Tolerância Pura*] e *An Essay on Liberation* [*Um Ensaio para a Libertação*] –, Marcuse descrevera o fundamento lógico e os métodos para a revolução no Ocidente. Ele sustentou que a sociedade capitalista moderna havia criado os meios perfeitos de repressão, anestesiando a classe trabalhadora com confortos materiais, desejos fabricados e programas de bem-estar, que estabilizaram o sistema e permitiram a criação de bodes expiatórios externos.

Segundo Marcuse, a única solução era a Grande Recusa: a desintegração completa da sociedade existente, começando com uma revolta nas universidades e nos guetos, e depois dissolvendo "a moralidade e os 'valores' hipócritas do sistema" mediante a aplicação implacável de sua "teoria crítica da sociedade",[10] uma filosofia descrita por Douglas Kellner, estudioso de Marcuse, como "marxismo ocidental", "neomarxismo" ou "marxismo crítico".[11]

Enquanto o apelo de Marcuse em favor da revolução era saudado pelos jovens radicais, seu destaque crescente desencadeou uma reação furiosa. Em San Diego, membros da Legião Americana penduraram uma efígie do "marxista Marcuse" no mastro da bandeira diante da Prefeitura, exigindo que a Universidade da Califórnia em San Diego (UCSD) o demitisse.[12] Ronald Reagan, governador da Califórnia, denunciou o professor por causa de sua ideologia "comunista", que contribuía para o "clima de violência" nos *campi* universitários.[13] O vice-presidente Spiro Agnew requereu que a UCSD demitisse Marcuse por "envenenar muitas mentes jovens".[14] O papa Paulo VI, em uma homilia na Basílica de São Pedro, criticou a teoria revolucionária de Marcuse por abrir caminho para "licenciosidade disfarçada de liberdade" e propagar "degradações animais, bárbaras e sub-humanas".[15]

Os inimigos domésticos do professor enviaram-lhe ameaças pelo correio, cortaram suas linhas telefônicas e dispararam tiros contra sua casa.[16] "Você é um comuna imundo", dizia uma das cartas. "Você tem 72 horas para [cair fora] dos Estados Unidos. Mais 72 horas, Marcuse, e nós vamos te matar."[17]

Atualmente, os Estados Unidos estão vivendo dentro da revolução marcuseana. No auge do final da década de 1960, Marcuse postulou quatro estratégias-chave para a esquerda radical: a revolta da *intelligentsia* branca abastada, a radicalização da população negra dos guetos, a captura das instituições públicas e a repressão cultural da oposição.[18]

Até certo ponto, todos esses objetivos foram alcançados, o que deu início à "transvaloração de todos os valores predominantes" que Marcuse imaginara.[19] A "teoria crítica" de Marcuse, que ele chamou ironicamente de "o poder do pensamento negativo",[20] tem engolfado gradualmente as instituições norte-americanas, tornando-se o modo de pensamento dominante da nova elite. Os jovens radicais que estavam prontos para travar uma guerra contra o Estado simplesmente trouxeram sua revolução para o interior dele, levando as teorias críticas ao poder por meio de uma longa marcha através das universidades, mídia, empresas e do governo central.

Essa revolução ainda está avançando rapidamente. Os esquerdistas modernos vêm perseguindo agressivamente a profecia de Marcuse de que, uma vez que a sociedade tenha sido libertada da repressão capitalista, sua "rebelião então se enraizará na própria natureza, na 'biologia' do indivíduo" e desencadeará uma liberdade pura além da necessidade, exploração e violência.[21] Eles acreditam que a dialética negativa de Marcuse, desenvolvida ao longo de um século de teoria e prática, finalmente poderá dissolver as bases opressoras do Ocidente e levar a uma "ruptura da história, o rompimento radical, o salto para o reino da liberdade", mesmo que isso signifique a subversão da democracia e o cataclismo da violência política.[22]

Marcuse estava disposto a perseguir sua visão até o apocalipse – o caos era o custo da mudança; a violência, o catalisador do progresso. Ao longo desse caminho, milhares de jovens e radicais marginalizados se mostravam determinados a seguir.

* * * *

No verão de 1898, em Berlim, Carl e Gertrud Marcuse celebraram a chegada ao mundo de seu primeiro filho, Herbert. Carl, homem de negócios bem-sucedido, e Gertrud, filha de um próspero industrial, tinham assegurado uma vida de conforto burguês que seu filho passaria toda sua vida adulta criticando com veemência.

Na infância de Marcuse, a família viveu em um apartamento luxuoso de 10 cômodos em Berlim. Tempos depois, mudou-se para uma mansão no subúrbio com "cinco salas de recepção, uma elegante lareira de estilo inglês e acomodações para uma criadagem composta de duas criadas, um cozinheiro, duas lavadeiras e o motorista do Packard da família".[23] Carl e Gertrud enviaram Herbert para o Mommsen Gymnasium, escola de elite e a preferida pela classe imperial governante,[24] e para o Kaiserin-Augusta Gymnasium, que foi frequentado pelo conhecido sociólogo Max Weber.[25]

Os pais de Marcuse eram judeus, mas não observantes. Mais tarde, ele explicaria que sua infância fora típica de uma família alemã rica e assimilada, e que sua origem religiosa nunca lhe trouxe um sentimento de exclusão em sua infância.[26] Marcuse foi um aluno sensível que sofria de um problema de visão, e concluiu o ensino fundamental sem nunca pensar em política.

Isso mudou com a deflagração da Primeira Guerra Mundial. Após sua formatura no ensino fundamental, Marcuse recebeu convocação para o serviço militar. Ele foi dispensado de participar dos combates por causa do problema de visão, e assim designado para trabalhar nas cavalariças em Berlim. Nesse período, a capital da Alemanha estava imersa em agitação: Marcuse testemunhou protestos, tumultos, greves, boatos e instabilidade política. O país travava uma guerra no exterior e uma guerra interna, enquanto o kaiser Guilherme II procurava conter uma revolta democrática interna.[27]

Em 1917, Marcuse ingressou no Partido Social Democrata (SPD, na sigla em inglês), de esquerda, e flertou com a facção radical Spartacus de Rosa Luxemburgo, que buscava acabar com o capitalismo global e impor a revolução marxista internacional. No ano seguinte, a Alemanha estava à beira do colapso: as Potências Aliadas derrotaram o exército alemão, o kaiser abdicou e a revolução eclodiu em Kiel, Hamburgo e Berlim. Os cidadãos organizaram "conselhos de trabalhadores e soldados", conforme o modelo dos soviets russos, para assumir o comando e propiciar segurança para as novas facções políticas.

Seguindo a linha radical, Marcuse apoiou a revolução em prol da democracia social e, a fim de impedir o restabelecimento do governo imperial pelos contrarrevolucionários, aderiu à "força de segurança civil" esquerdista em Berlim.[28]

Durante a Revolução de Novembro, que instituiria a malfadada República de Weimar, Marcuse, jovem de 20 anos, se viu munido com um rifle, de sentinela na Alexanderplatz, com ordens para atirar em qualquer franco-atirador contrarrevolucionário no local. Esse momento – pode-se imaginar o jovem intelectual vestido com um sobretudo militar, fumando cigarros, deslumbrado com os grandes oradores da revolução – conteria todos os temas que iriam ocupar Marcuse até o fim de sua vida: revolução e contrarrevolução, utopia e distopia, esperança e traição.

Marcuse foi eleito para um dos conselhos de soldados, mas rapidamente percebeu que os conselhos vinham elegendo todos os antigos funcionários do regime anterior. Era um mau presságio. Enquanto isso, a coalizão do Partido Social Democrata, naquele momento incumbida de administrar o novo estado de Weimar, se fragmentou. Rosa Luxemburgo e sua Liga Spartacus se juntaram ao recém-criado Partido Comunista da Alemanha, e seus membros mais fervorosos se mobilizaram para dar um golpe de estado e enterrar o capitalismo de uma vez por todas. A liderança do SPD, na esperança de estabilizar o país e se consolidar no poder, pôs em ação os paramilitares nacionalistas em Berlim, que prenderam, torturaram e executaram Rosa Luxemburgo, e depois jogaram seu corpo num canal. Os outros líderes da Liga Spartacus tiveram destino semelhante.[29]

Enojado e desiludido, Marcuse se desligou do SPD e abandonou totalmente a política prática (*realpolitik*). Para ele, a revolução havia sido traída e absorvida pelas "forças reacionárias, destrutivas e repressivas" da burguesia alemã.[30] "Lembro-me de que foi ali, na Alexanderplatz, em Berlim, eu portando um rifle, que comecei a me interessar cada vez mais por Marx", Marcuse recordou sessenta anos depois. "Quando a revolução alemã foi gradualmente – ou não tão gradualmente – derrotada e reprimida, e seus líderes, assassinados, eu me retirei e passei a me dedicar quase inteiramente ao estudo na universidade."[31]

As décadas subsequentes da vida de Marcuse seguiram o mesmo padrão de revolução e desilusão. Ele se doutorou em literatura pela Universidade de Freiburg em 1922, em seguida trabalhou brevemente como sócio em uma loja de livros raros em Berlim e depois retornou a Freiburg para estudar sob a orientação do filósofo Martin Heidegger, que tempos depois se tornaria o filósofo oficial do regime nazista. Por fim, Marcuse concluiu uma segunda tese, intitulada "A Ontologia de Hegel e a Teoria da Historicidade", que o qualificou para uma carreira acadêmica.³² Porém, quando Adolf Hitler ascendeu ao poder em 1932, Marcuse fugiu da Alemanha junto com outros acadêmicos judeus, primeiro para a Suíça, depois para a França e finalmente para os Estados Unidos, e ingressou no Instituto de Pesquisa Social, uma associação formada por importantes teóricos marxistas que tinham escapado dos nazistas.³³

Liderado pelos acadêmicos Max Horkheimer, Theodor Adorno, Leo Lowenthal e Friedrich Pollock, o grupo foi o precursor da "teoria crítica da sociedade", que sintetizou uma ampla gama de conceitos de filosofia, psicanálise e teoria política na tentativa de explicar o fracasso do marxismo tradicional e criar uma dialética nova e mais sofisticada que finalmente poderia inspirar o "ato radical" de transformar o mundo. A teoria incluiria três partes essenciais: uma crítica radical da sociedade existente, um método para a "alteração da sociedade em geral" e um "espírito utópico" que poderia guiar a humanidade além da necessidade.³⁴

Os membros do instituto tiveram o cuidado de envolver sua linguagem em terminologia acadêmica – substituindo conscientemente palavras como "marxismo" e "comunismo" por "materialismo dialético" e "teoria materialista da sociedade"³⁵ –, mas as implicações eram claras: o verdadeiro objetivo do novo marxismo não era a busca da verdade, mas sim a busca de uma revolução.

Marcuse acabou partindo para os Estados Unidos, chegando ali no Dia da Independência de 1934. "Quando vi a Estátua da Liberdade, realmente me senti como um ser humano", ele recordou.³⁶ Durante a maior parte das duas décadas seguintes, Marcuse trabalharia para o instituto e também para o Escritório de Informação de Guerra dos Estados Unidos (OWI, na sigla em inglês) e para o Escritório de Serviços Estratégicos (OSS, na sigla em inglês), onde realizou investigações para ajudar na luta contra o nazismo. Depois da guerra, ele ingressou na academia, obtendo cargos em Columbia, Harvard, Brandeis e, finalmente, na Universidade da Califórnia em San Diego.

Porém, a fé de Marcuse no mundo do pós-guerra também rapidamente se desfez. Internacionalmente, Marcuse viu a União Soviética mergulhar na tirania e os Estados Unidos iniciarem as guerras quentes e frias ao redor do mundo. Domesticamente, ele viu o capitalismo se expandir para o consumismo desenfreado, a conformidade e o excesso, enquanto os pobres eram acalmados com as falsas promessas dos programas de bem-estar da Grande Sociedade.³⁷

Marcuse concluiu que os Estados Unidos eram pouco mais do que um "Estado de bem-estar social e Estado de guerra": um duplo mecanismo de repressão, que já não era capaz de alcançar nenhum princípio mais elevado. "Ao comparar os Estados

Unidos como ele era, por exemplo, em 1934, quando cheguei, e como está agora, chego a duvidar que seja o mesmo país", ele disse. "Naquela época, este país combateu eficazmente a inflação e o desemprego, e se preparou para a guerra contra o fascismo. Não se pode dizer hoje que este país seja contrário ao fascismo se ele ajuda a manter e consolidar governos fascistas em diversos países do mundo."[38]

Marcuse desenvolveu esse tema em *One-Dimensional Man*, livro profundo e pessimista de 1964. Sua principal linha de raciocínio era que as sociedades liberais modernas tinham transcendido seu propósito original, pervertido os métodos da racionalidade tecnológica e se tornado repressivas. "Uma falta de liberdade confortável, suave, razoável e democrática prevalece na civilização industrial avançada", ele escreveu.[39] As economias capitalistas haviam criado a prosperidade generalizada, mas, em vez de libertar o homem, tinham gerado uma nova estrutura de manipulação e controle. A racionalidade se degenerara em irracionalidade. A liberdade se transformara em escravidão. O progresso gerara a barbárie.

Para Marcuse, o liberalismo moderno havia reduzido a existência do homem a uma única dimensão e escondido as contradições sociais, econômicas e políticas da era anterior, que inspiraram o marxismo clássico. De acordo com ele, na nova sociedade nivelada

> (...) a dominação – sob o disfarce de abundância e liberdade – alcança todas as esferas da existência privada e pública, integra toda oposição autêntica, absorve todas as alternativas. A racionalidade tecnológica revela seu caráter político conforme se torna o grande veículo da dominação mais eficaz, criando um universo verdadeiramente totalitário em que a sociedade, a natureza, a mente e o corpo são mantidos num estado de mobilização permanente para a defesa desse universo.[40]

A consequência dessa transformação foi dupla. Primeiro, a classe trabalhadora havia sido despojada de seu potencial revolucionário. Segundo, o sistema político se tornara uma "pseudodemocracia", sem nenhuma oposição autêntica.[41] Para Marcuse, isso era motivo de desespero. A teoria do marxismo clássico se baseara no conflito revolucionário entre o proletariado e a burguesia. Porém, após a ascensão da sociedade unidimensional, essas condições foram absorvidas: o capitalismo seduzira a classe trabalhadora com sua "promessa suprema" de "uma vida cada vez mais confortável para um número cada vez maior de pessoas". O resultado foi uma nova forma de alienação. Os proletários foram reduzidos a "receptáculos precondicionados" para produção, publicidade e dominação.[42] Eles se tornaram "escravos sublimados", incapazes de compreender seus próprios desejos e vontades.[43]

Marcuse concluiu que a perspectiva política era sombria. "A realidade das classes trabalhadoras na sociedade industrial avançada torna o 'proletariado' marxiano um conceito mitológico; a realidade do socialismo de hoje torna a ideia marxiana um sonho."[44] O homem moderno estava condenado ao "inferno da Sociedade da Abundância" por meio de um totalitarismo brando e difuso.[45] Ele estava privado de sua própria imaginação e encontrava sua "alma em [seu] automóvel, aparelho de som, casa de dois andares, equipamentos de cozinha".[46] Os Estados Unidos se converteram numa sociedade caracterizada pela "tolerância repressiva", prometendo liberdade de pensamento, expressão e reunião, enquanto, na prática, privava as pessoas dos mecanismos para tornar esses direitos efetivos. Esses elementos essenciais da vida política – palavra, ação, oposição – têm permissão para existir como símbolos, mas são privados de qualquer poder de verdade.

As implicações da teoria marcuseana eram preocupantes. Ele retratou a sociedade ocidental como uma série de inversões: a democracia era uma "pseudodemocracia"; a independência era uma "tolerância repressiva"; a liberdade era uma "escravidão sublimada". O povo, corroído pela falsa consciência e sujeito à gestão racional, já não era digno de confiança. "Enquanto essa condição prevalecer, faz sentido dizer que a vontade geral está sempre errada", Marcuse escreveu em *An Essay on Liberation*.[47] Portanto, a única solução era desmistificar a ilusão e promover uma revolução contra o sistema em geral. Marcuse escreveu:

> Se a democracia significa o autogoverno de pessoas livres, com justiça para todos, então a concretização da democracia pressupõe a abolição da pseudodemocracia existente. Na dinâmica do capitalismo corporativo, a luta pela democracia tende a assumir formas antidemocráticas, e na medida em que as decisões democráticas são tomadas em "parlamentos" em todos os níveis, a oposição tenderá a se tornar extraparlamentar.[48]

Se não a democracia, o que deveria substituí-la? Nesse caso, apelando a Platão e Rousseau, Marcuse apresentou sua forma política ideal: a "ditadura educacional" – ou seja, um governo de elites capazes de fazer distinção entre falsa e verdadeira consciência e entre liberdade e escravidão. Diz Marcuse:

> [A sociedade] deve primeiro possibilitar que seus escravos aprendam, vejam e pensem antes que saibam o que está acontecendo e o que eles próprios podem fazer para mudar isso. E, na medida em que os escravos tenham sido precondicionados a existir como escravos e se contentem com esse papel, sua libertação

necessariamente parece vir de fora e de cima. Eles devem ser "forçados a ser livres", a "ver os objetos como são e às vezes como deveriam parecer"; eles devem ser guiados para o "caminho certo" que estão procurando.[49]

Seguindo a ortodoxia de Marx e Lênin, Marcuse acreditava que devia haver uma ditadura temporária para levar a sociedade da escravidão para a liberdade. Porém, ao romper com seus predecessores, Marcuse ofereceu um toque irônico: em vez da "ditadura do proletariado", que representava a vontade da classe trabalhadora, ele propôs uma "ditadura dos intelectuais", que, aparentemente, representava a vontade de homens como ele.[50]

Na época, porém, Marcuse se sentia pessimista quanto às perspectivas de revolução. Apesar da aprovação da Lei dos Direitos Civis e dos programas da Grande Sociedade em meados da década de 1960, Marcuse acreditava que o projeto político progressista estava condenado por suas próprias limitações.[51] A sociedade unidimensional tinha aniquilado a própria possibilidade de progresso significativo.

Para Marcuse, a única esperança era liberar o poder destrutivo das favelas e acelerar o colapso de todo o sistema. No trecho final de *One-Dimensional Man*, ele apelou para "o substrato de párias e excluídos", que poderia constituir a força física, quando não intelectual, de uma resistência derradeira e desesperada. "Eles existem fora do processo democrático; sua vida é a necessidade mais imediata e mais real para acabar com condições e instituições intoleráveis. Portanto, sua oposição é revolucionária, mesmo que sua consciência não seja", Marcuse escreveu. "É apenas uma oportunidade. A teoria crítica da sociedade não possui conceitos que possam preencher a lacuna entre o presente e seu futuro; sem nenhuma promessa e sem nenhum sucesso, ela permanece negativa. Assim, ela quer se manter fiel àqueles que, sem esperança, deram e continuam a dar sua vida para a Grande Recusa."[52]

Segundo Marcuse, isso era tudo o que restava: a Grande Recusa, a revolta simbólica, a carga negativa da dialética.

Porém, ele falara cedo demais. Quase imediatamente após a publicação de *One-Dimensional Man*, uma nova revolução cultural tomaria conta dos países do Ocidente, derrubando uma série de ortodoxias econômicas, políticas, sexuais, religiosas e artísticas – e fazendo parecer ingênuo o lamento de Marcuse acerca da permanência do *establishment*. No final da década, a Grande Recusa de Marcuse acabaria definindo os contornos da nova "contracultura". Jovens de espírito livre e educação superior "desbundariam" e cairiam fora da sociedade convencional.

A Guerra do Vietnã começaria a irritar jovens com simpatias pela esquerda. E os "párias e excluídos" dos guetos norte-americanos promoveriam tumultos, saques, destruições e roubos em mais de 100 cidades.[53]

Contra todas as expectativas, a dialética mudara.

* * * *

Com a agitação se espalhando pelos Estados Unidos, o professor Marcuse se retirou para seu pequeno escritório na UCSD, sentou-se diante da máquina de escrever, acendeu um charuto e atualizou desenfreadamente sua teoria da revolução. Entre 1967 e 1969, vivendo o período mais fértil de sua carreira, Marcuse publicou uma nova edição de *A Critique of Pure Tolerance*,[54] uma coletânea intitulada *Negations: Essays in Critical Theory*,[55] e o livro seminal *An Essay on Liberation*. Durante o mesmo período, ele também viajou pelo mundo, proferiu dezenas de palestras públicas e concedeu longas entrevistas para a imprensa, deixando um registro detalhado de seu pensamento conforme evoluía ao longo do tempo.[56]

Esse conjunto de obras logo se tornaria o roteiro para a "Nova Esquerda", uma coalizão aberta de manifestantes estudantis, ativistas da causa racial, feministas radicais e figuras da contracultura dos Estados Unidos e da Europa. Na ocasião, Marcuse, prestes a completar 70 anos, se tornaria seu mentor, guru e guia. Conforme a Nova Esquerda ganhava proeminência, ele abandonava seu pessimismo anterior e esquematizava um ambicioso programa intelectual para os novos radicais. Em 1967, num discurso na Universidade Livre de Berlim, Marcuse esboçou a orientação filosófica básica do movimento: "A Nova Esquerda é, salvo algumas exceções, neomarxista em vez de marxista no sentido ortodoxo; ela é fortemente influenciada pelo que é chamado de maoismo e pelos movimentos revolucionários do Terceiro Mundo."[57]

O novo movimento não era a "força revolucionária 'clássica'" do proletariado. Em vez disso, era a coalizão de opostos que Marcuse imaginara em *One-Dimensional Man*: os intelectuais e os favelados, os privilegiados e os despossuídos. "Trata-se de uma oposição contra a maioria da população, incluindo a classe trabalhadora", Marcuse afirmou.

> Constitui uma oposição contra a pressão onipresente do sistema, que, por meio de sua produtividade repressiva e destrutiva, rebaixa tudo, de maneira cada vez mais desumana, ao *status* de uma mercadoria cuja compra e venda

proporciona o sustento e o conteúdo da vida; contra a moralidade e os "valores" hipócritas do sistema; e contra o terror empregado fora da metrópole.[58]

Para Marcuse, esse movimento começava a se desenvolver como uma verdadeira oposição política: antiguerra, anticapitalista, anti-imperialista e antidemocrática. Os novos radicais estavam construindo uma base de apoio nos *campi* das universidades da Ivy League e nos guetos da costa oeste, iniciando o processo de "despertar a consciência em relação à necessidade do socialismo, e de que devemos lutar por sua concretização se não quisermos ser barbarizados e destruídos". O objetivo, Marcuse explicou para os estudantes universitários de Berlim Ocidental, ainda poderia ser "o socialismo e a expropriação da propriedade privada dos meios de produção e o controle coletivo", mas, ele alertou, para alcançar essa fase, eles deviam adotar a estratégia de disfarçar suas intenções. "Devemos avançar passo a passo."[59]

Ele ainda disse aos estudantes que eles não poderiam exigir a expropriação imediata e a redistribuição de riqueza, mas sim criar as condições para que isso acontecesse no futuro.

Marcuse tornou-se o herói deles. Seu livro *One-Dimensional Man* vendeu 100 mil exemplares e foi traduzido para 16 idiomas. Em Roma, os estudantes juraram lealdade a "Marx, Mao e Marcuse". Em Paris, estudantes ocuparam edifícios universitários e embarcaram numa busca espiritual que chamaram de *"la journée marcusienne"*.[60] Em Nova York, radicais burgueses brancos e militantes negros lotaram o auditório da casa de shows Fillmore East para ouvir Marcuse falar sobre a revolução.[61] O jornal *New York Times* e as revistas *Saturday Evening Post*, *BusinessWeek*, *Fortune*, *Time* e *Playboy* publicaram reportagens sobre Marcuse e seu papel como "Pai da Nova Esquerda".[62]

Nos dois anos seguintes, Marcuse consolidaria seu programa para a Nova Esquerda nas obras *A Critique of Pure Tolerance* e *An Essay on Liberation*, que ele dedicou aos "jovens militantes". Em conjunto, esses textos delinearam a nova teoria marcuseana sobre a revolução. Em sua opinião, o progresso tecnológico finalmente tornaria possível o comunismo. O novo proletariado poderia usar a raça, em lugar da classe, para preparar o terreno para a revolução. A minoria radical poderia usar legitimamente a violência e a repressão em busca da "ruptura total". Marcuse tinha ido além do marxismo clássico e criado uma teoria coerente do neomarxismo: o objetivo de fazer "a transição do capitalismo para o socialismo" era o mesmo, mas o contexto, o protagonista e a estratégia haviam todos mudado com a progressão da história.[63]

Nas páginas iniciais de *An Essay on Liberation*, Marcuse explica que a evolução das condições materiais sob o capitalismo avançado finalmente criara a base material necessária para satisfazer as necessidades de todos os cidadãos. "Marx e Engels se abstiveram de desenvolver conceitos concretos de possíveis formas de liberdade numa sociedade socialista; atualmente, tal contenção não parece mais justificada", ele escreveu.[64] Os países avançados do Ocidente – e os países recém-industrializados do Oriente – apenas tinham que transferir o controle dos meios de produção e a distribuição de bens para realizar o sonho marxiano perdido havia muito tempo. "As possibilidades utópicas estão presentes nas forças técnicas e tecnológicas do capitalismo avançado e do socialismo", Marcuse afirmou. "A utilização racional dessas forças em escala global eliminaria a pobreza e a escassez num futuro próximo."[65]

Esse processo de libertação poderia ocorrer em duas etapas. Primeiro, mediante a criação de um sistema de "propriedade coletiva" na produção econômica. Segundo, mediante uma "mudança qualitativa" na natureza humana "de acordo com a nova sensibilidade e a nova consciência", que extinguiria o espírito de exploração de uma vez por todas.[66]

Em seguida, Marcuse aborda a questão de quem desencadeará a revolução. Segundo o marxismo clássico, a classe trabalhadora industrial – os homens cobertos de fuligem e desumanizados que trabalhavam em fábricas, estaleiros e galpões – era o grande Sujeito da revolução. Porém, como Marcuse concluíra, o antigo proletariado tinha perdido seu potencial revolucionário e assumido uma "função estabilizadora e conservadora" no âmbito do sistema capitalista. E assim, Marcuse transferiu suas esperanças para o emergente proletariado da Nova Esquerda – a coalizão entre a "jovem *intelligentsia* de classe média" e os "militantes negros" –, que tinha o potencial de se tornar um novo centro de resistência.[67]

Ele resolveu essa evidente contradição sustentando que as novas condições do capitalismo avançado exigiam um novo Sujeito revolucionário, e que a coalizão da Nova Esquerda desempenhava uma função análoga aos partidos políticos marxistas que foram capazes de desestabilizar a ordem dominante e radicalizar as massas no passado.[68] "A fortaleza econômica aparentemente inexpugnável do capitalismo corporativo mostra sinais de crescente tensão", Marcuse escreveu. "As populações dos guetos podem muito bem se tornar a primeira base de revolta em massa. (...) A oposição estudantil está se espalhando nos antigos países socialistas, assim como nos países capitalistas."[69]

O surgimento desse novo proletariado também sugeriu um novo eixo para a revolução: Marcuse acreditava que o conflito racial poderia propiciar um substituto viável – e um derradeiro catalisador – para a luta de classes. "O fato é que, atualmente nos Estados Unidos, a população negra aparece como a força de rebelião 'mais natural'", ele disse. "Confinada em pequenas áreas de vida e morte, pode ser mais facilmente organizada e dirigida. Além disso, os guetos, localizados nas principais cidades do país, formam centros geográficos naturais a partir dos quais a luta pode ser organizada contra alvos de vital importância econômica e política."[70]

Marcuse tinha observado quando os centros urbanos negros irromperam em tumultos, saques, incêndios criminosos e derramamento de sangue durante os turbulentos anos entre meados e o final da década de 1960. Embora não fossem uma força revolucionária consciente, os guetos ofereciam uma resistência instintiva e física contra as forças de lei e ordem. Eles eram a contradição viva do sistema capitalista, que, mesmo após a aprovação da Lei dos Direitos Civis, da Lei dos Direitos de Voto e dos programas da Grande Sociedade, não conseguiram absorver as populações minoritárias em sua mitologia.

"A necessidade vital de mudança é a própria vida da população do gueto", Marcuse explicou.[71] Em particular, ele considerou o movimento militante negro como um meio viável de quebrar o domínio do *establishment* sobre a linguagem e a cultura. Esses grupos, que estavam se unindo sob a orientação do Black Power [Poder negro], desenvolveram um "universo subversivo de discurso" que ameaçou contestar a linguagem conciliatória e embalada das corporações norte-americanas. Por exemplo, eles tinham dessublimado a palavra platônica "*soul*" e a carregado com conotações "negras, violentas, orgiásticas"; eles haviam inventado o *slogan "black is beautiful"* e o impregnaram com o sentimento de "escuridão, magia proibida, inquietação".[72]

Marcuse foi cuidadoso ao explicar que essa nova coalizão ainda não era capaz de promover uma revolução contra o regime norte-americano. "De forma alguma a situação é revolucionária, nem sequer é pré-revolucionária", ele declarou ao jornal francês *Le Monde* no verão de 1969. "Mas nunca perco a esperança." Ele esperava que os radicais brancos e os militantes negros conseguissem reduzir a resistência à revolução em casa e ir além dos limites das universidades e dos guetos ao se unirem aos revolucionários do Terceiro Mundo que lideravam a luta pelo socialismo no exterior.

Para Marcuse, no Ocidente, a necessidade estratégica básica era aplicar implacavelmente a dialética negativa, subverter a sociedade unidimensional e desestabilizar a ordem social. Como ele explicou em *An Essay on Liberation*, "o desenvolvimento de uma consciência política radical entre as massas só é concebível se e quando a estabilidade econômica e a coesão social do sistema começam a enfraquecer".[73] Ele acreditava que os radicais brancos e os militantes negros representavam uma "força poderosa de desintegração" que poderia fomentar uma crise e, posteriormente, transformar-se numa verdadeira classe revolucionária.[74] "A mudança radical de consciência é o começo, o primeiro passo para a mudança da existência social: o surgimento do novo Sujeito", Marcuse escreveu. "Historicamente, é mais uma vez o período do esclarecimento anterior à mudança material – um período de educação, mas educação que se converte em práxis: demonstração, confrontação, rebelião."[75]

Em outras palavras, a condição prévia para a revolução seria a desintegração completa da cultura, economia e sociedade existentes.

Em 1969, Marcuse acreditou que essas condições começavam a surgir. Nesse ano, ele reeditou *A Critique of Pure Tolerance*, que incluía seu provocativo ensaio "Repressive Tolerance" e um novo posfácio relacionando suas ideias com a agitação política do momento.

Com base no argumento de *One-Dimensional Man*, Marcuse sustentou que a noção de tolerância liberal-democrática era uma ilusão. A "sociedade da administração total" promovia a aparência de liberdade e a simulação de dissidência, mas, na prática, reprimia e absorvia qualquer oposição real no sistema.[76] Portanto, os principais centros de poder – corporações, meios de comunicação de massa, o Estado – tinham criado uma forma "pervertida" de tolerância que estava a serviço da "proteção e preservação de uma sociedade repressiva".[77] Enquanto isso, os radicais políticos, desprovidos do poder econômico e democrático necessário para influenciar a sociedade, são "deixados livres para deliberar e discutir, para falar e se reunir – e permanecerão inofensivos e impotentes diante da maioria esmagadora, que milita contra a mudança social qualitativa".[78]

De acordo com Marcuse, a solução para esse estado de "tolerância repressiva" era destruí-lo e substituí-lo por um novo regime de "tolerância libertadora", que reverteria a direcionalidade do poder e suprimiria todas as "instituições, políticas, [e] opiniões" que não levassem a nação em direção à libertação e, com o tempo, à revolução. Nas palavras de Marcuse:

> Então, a tolerância libertadora significaria intolerância contra os movimentos da direita e tolerância em relação aos movimentos da esquerda. Quanto ao alcance dessa tolerância e intolerância: (...) se estenderia à fase de ações, assim como de discussão e propaganda, de atos, assim como de palavras.

Para Marcuse, a prática da "tolerância libertadora" justificaria a censura, a repressão e, se necessário, a violência.[79] Escreveu ele:

> Sem dúvida, não é razoável esperar que um governo promova sua própria subversão, mas numa democracia tal direito é conferido ao povo. Isso significa que os caminhos pelos quais uma maioria subversiva poderia se desenvolver não devem ser obstruídos, e se eles forem obstruídos pela repressão organizada e pela doutrinação, sua reabertura poderá exigir meios aparentemente não democráticos.[80]

Esses meios incluiriam a censura de ideias, a supressão da oposição política e a "suspensão do direito de liberdade de expressão e de liberdade de reunião" para os inimigos da revolução, que, segundo Marcuse, representavam uma "ameaça clara e presente". O novo regime aplicaria censura rigorosa em todas as universidades, corporações, meios de comunicação, instituições educacionais, partidos políticos e até mesmo no próprio Estado. Os radicais imporiam uma política de "intolerância mesmo em relação aos pensamentos, opiniões e palavras" a fim de imunizar o público contra políticas reacionárias no nível mais profundo da consciência.[81]

Esse programa representava um afastamento radical dos princípios básicos da Constituição, mas Marcuse, inebriado pelo fervor das ruas, foi além.

Em "Repressive Tolerance", Marcuse desenvolve pacientemente um argumento passo a passo para justificar a violência política da esquerda. Primeiro, ele define a premissa: as democracias capitalistas modernas geraram uma aparência superficial de paz, mas, na verdade, simplesmente disfarçaram e legitimaram sua própria guerra de repressão contra o povo. "Mesmo nos centros avançados da civilização, a violência realmente prevalece: ela é praticada pela polícia, nas prisões e instituições de saúde mental, na luta contra as minorias raciais."[82] Em seguida, Marcuse sustenta que se o sistema de lei e ordem é, de fato, um sistema de repressão, a democracia se torna uma pseudodemocracia; a moralidade se transforma em imoralidade; a legitimidade se converte em ilegitimidade. Além disso, sob tais condições, a minoria – o estudante radical com seu coquetel molotov, o soldado da libertação negra com seu rifle semiautomático – tem o direito de se engajar na resistência física.

Marcuse deixa isso explícito. "Considero que existe um 'direito natural' de resistência para que as minorias oprimidas e subjugadas usem meios extralegais se os meios legais se mostram inadequados", ele afirmou. "Se elas usam a violência, não dão início a uma nova cadeia de violência, mas tentam quebrar uma já estabelecida. Como serão punidas, estão cientes do risco, e quando estão dispostas a corrê-lo, nenhuma outra pessoa (...) tem o direito de pregar a abstenção para elas."[83]

Ou seja, no momento revolucionário, os oprimidos podem exercer seu direito de pôr fim a seus opressores; eles podem justificar sua própria violência como necessária para fazer a roda da história avançar. "Quanto à função histórica, há uma diferença entre violência revolucionária e reacionária", Marcuse conclui.

> Quanto à ética, ambas as formas de violência são desumanas e perversas – mas desde quando a história é feita de acordo com padrões éticos? Começar a aplicá-los no momento em que os oprimidos se rebelam contra os opressores, os desfavorecidos contra os privilegiados, é servir à causa da violência real enfraquecendo o protesto contra ela.[84]

A nova teoria da revolução de Marcuse foi um sucesso imediato. Os jovens radicais da Nova Esquerda, em busca de justificativa intelectual para sua revolta contra o *establishment*, adotaram imediatamente a visão de Marcuse como se fosse deles, e celebraram o velho filósofo como seu profeta. Enquanto isso, o processo histórico acelerava em todas as frentes. Na Europa, a polícia lançava bombas de gás lacrimogêneo em multidões de manifestantes estudantis. Nos Estados Unidos, soldados da Guarda Nacional disparavam munição de verdade nos manifestantes.[85] Na China, Mao Tsé-Tung implantava a Revolução Cultural. Do Camboja a Moçambique, guerrilheiros marxistas-leninistas davam início a sua longa marcha rumo à libertação.

O mundo parecia preparado para a "ruptura total" – e Marcuse, abandonando qualquer pretensão de cautela ou distanciamento acadêmico, deu permissão para os "novos bárbaros" do Ocidente semearem o caos nas ruas e nos corredores do poder. Essa era sua chance, o momento que ele deixara escapar no meio das multidões da Alexanderplatz em 1918 ou no navio que passava pela Estátua da Liberdade em 1934. A revolução estava finalmente a seu alcance. O homem poderia fugir do pesadelo da necessidade, liberar seus instintos da repressão e criar "as formas de um universo humano sem exploração e trabalho árduo".[86] Finalmente, a vasta literatura sobre a revolução, incluindo Hegel, Marx e Lênin, poderia ser concretizada no mundo.

Tudo o que era necessário era a arma.

CAPÍTULO 2

A NOVA ESQUERDA

"Nós vamos incendiar, saquear e destruir"

À medida que a década de 1960 chegava ao fim, a revolução ganhava impulso. Marcuse continuou a viajar pelo mundo, seguindo a onda de protestos estudantis e dando entrevistas à imprensa em Frankfurt, Berlim, Paris, Londres, Roma, Turim, Milão, Bari, Oslo, Amsterdã e Korčula.[1] Ele se viu no centro dos movimentos radicais de esquerda em ambos os lados do Atlântico e desenvolveu relações próximas com as facções mais militantes da Nova Esquerda.

Em San Diego, Marcuse se uniu aos estudantes para criar uma faculdade marxista-leninista na UCSD e, junto com sua aluna de pós-graduação Angela Davis, foi um dos primeiros a arrombar a porta e entrar no escritório de registros durante uma ocupação estudantil.[2] Ele era um convidado frequente da Red House, uma comunidade de esquerda que estava sob vigilância do FBI,[3] e proferiu um discurso fúnebre de um radical do *campus* que tinha se imolado em protesto contra a Guerra do Vietnã.[4] Davis se tornaria uma conhecida revolucionária comunista e, após fornecer as armas usadas num plano de sequestro e assassinato, viraria uma fugitiva da lei. Como um morador de San Diego disse aos repórteres, sempre que a violência política irrompia, "em algum lugar, Marcuse atuava nos bastidores".[5]

Em dezembro de 1968, na cidade de Nova York, Marcuse comandou a celebração do vigésimo aniversário do jornal maoísta *The Guardian*. Sua coanfitriã foi Bernardine Dohrn, que louvou Marcuse como "o líder ideológico da Nova Esquerda", e posteriormente criaria a organização terrorista Weather

Underground. O outro palestrante de destaque foi H. Rap Brown, militante negro que prometeu travar uma "luta de libertação continental" e foi preso alguns anos depois, após passar à clandestinidade e se envolver em um tiroteio com a polícia.[6] Em seu discurso, Marcuse apresentou seu apoio à "força guerrilheira política" da Nova Esquerda, que incluía "pequenos grupos, concentrados no âmbito de atividades locais" e que poderiam prenunciar "o que provavelmente viria a ser a organização básica do socialismo libertário, especificamente, conselhos de trabalhadores operários e intelectuais, sovietes, se ainda podemos usar o termo".[7]

Essas não eram metáforas sem sentido. Embora Marcuse e seus seguidores viessem a alegar mais tarde que o uso da expressão "força guerrilheira" pelo professor era figurativo,[8] o contexto era inegável. Brown já vinha promovendo uma revolução negra armada[9] e agitações com o intuito de uma "guerra de guerrilha em todas as cidades".[10] Dohrn já havia se declarado uma "comunista revolucionária"[11] e, meses após sua aparição com Marcuse, assinaria a declaração de guerra dos membros do Weather Underground contra os Estados Unidos,[12] dando início a uma longa sequência de atentados a bomba, fugas de prisões e campanhas de terror. Outra ex-aluna de Marcuse, Naomi Jaffe, se juntaria a Dohrn como signatária e passaria à clandestinidade depois de o FBI colocá-la numa lista de procurados.[13]

Os jovens radicais, inquietos, logo pressionaram Marcuse a avançar mais. Em Roma, eles o vaiaram no palco. Na Alemanha Ocidental, acusaram-no de trabalhar para a CIA. Marcuse alcançara os limites da investigação acadêmica, elaborando uma justificação filosófica erudita para a revolução, mas os estudantes estavam começando a perder a paciência com as abstrações complexas do acadêmico e queriam a libertação naquele momento, por qualquer meio necessário.[14]

O jornalista Michael Horowitz, que estudara sob a orientação de Marcuse na Universidade Brandeis, captou o clima predominante em uma matéria especial para a revista *Playboy*, onde detalhou a visita do professor à Universidade Estadual de Nova York em Old Westbury. Horowitz cria uma cena de contrastes: Marcuse, vestido formalmente com colete, paletó e punhos franceses; e os estudantes radicais, chegando em um Volkswagen amassado, na expectativa de verem "se Marcuse está irradiando vibrações revolucionárias".

Os participantes representavam o conjunto de grupos ativistas da Nova Esquerda: ativistas da Students for a Democratic Society, o grupo performático East Village Diggers, marxistas do *campus*, defensores de estudos étnicos, um sociólogo acadêmico, um bando ruidoso de adolescentes libertinas e a imprensa radical, portando antigos gravadores de fita e filmadoras de cinejornais. Durante a palestra de Marcuse, os jovens radicais gritaram com ele, tratando-o com hostilidade. Eles rejeitaram o valor da educação superior para a juventude negra, afirmando que "os cursos de economia dos homens brancos" não podiam ensinar nada a eles. "Se ele já viu ratos, drogados e o prédio da General Motors, sabe tudo o que precisa saber!", eles insistiram.

Marcuse revidou com desprezo: "Eu percebo aqui o que encontrei em muitos *campi* que visitei: uma crescente atitude anti-intelectual entre os estudantes. Não há contradição entre inteligência e revolução. Por que vocês têm medo de serem inteligentes?".[15]

No entanto, apesar da insistência de Marcuse de que os jovens na plateia representavam uma traição a suas ideias, eles também simbolizavam a consequência natural de sua filosofia. Eles incorporaram a Grande Recusa, a libertação da forma estética, a liberação dos instintos. Foram sensíveis ao apelo de Marcuse para participar da "recusa em crescer, amadurecer e atuar de maneira eficiente e 'normal' em e para uma sociedade que obriga a grande maioria da população a 'ganhar' a vida em empregos estúpidos, desumanos e desnecessários".[16] Eles eram a "contracultura", os portadores inevitáveis da dialética negativa.

Perfeitamente consciente dessa contradição, Horowitz conclui o perfil em tom de compaixão:

> Pobre Marcuse. Mesmo com sua popularidade, ele está fora de sintonia com a juventude que procura guiar. A esquerda do *campus* quer queimar bibliotecas, e ele continua a defender a leitura, a escrita e a aritmética – ainda que a leitura, a escrita e a aritmética marxistas. A garotada se empolga com frases como "solapar os fundamentos do sistema" e "a liberação das necessidades instintivas", ao passo que o professor gostaria que ela temperasse esse entusiasmo com a leitura de *Das Kapital* no alemão original.[17]

Com o aumento da volatilidade dos movimentos no *campus*, havia uma sensação de que as coisas poderiam sair do controle. Até mesmo os antigos colegas de Marcuse no Instituto de Pesquisa Social o alertaram de que ele vinha se tornando muito radical, muito fervoroso, muito irracional. Numa longa troca de correspondências, o teórico crítico Theodor Adorno, que havia retornado à Alemanha depois da guerra e assumido um cargo na Universidade de Frankfurt, advertiu seu velho amigo Marcuse de que ele perdera de vista o compromisso compartilhado com a investigação racional.

Quando Marcuse pediu para falar com os alunos de Adorno em Frankfurt, Adorno recusou o pedido, dizendo a Marcuse que ele instigaria os radicais do *campus*, que estavam à beira de sucumbir a uma espécie de "fascismo de esquerda" que se assemelhava "a algo daquela violência irrefletida" da época anterior à guerra.[18] "Para ser sincero, acho que você está se iludindo ao não conseguir seguir em frente sem participar de artimanhas estudantis", Adorno escreveu.[19]

Ao longo de 1969, os manifestantes estudantis interromperam as palestras de Adorno, mulheres de seios à mostra o vaiaram junto ao púlpito, e um pequeno grupo de radicais ocuparam os escritórios do Instituto de Pesquisa Social, o que levou o professor a chamar a polícia. Acreditando que Adorno os traíra ao chamar as autoridades, os estudantes distribuíram panfletos afirmando que "Adorno como instituição está morto", e escreveram uma mensagem em seu quadro-negro: "Se Adorno for deixado em paz, o capitalismo nunca deixará de existir".[20]

Rompendo dolorosamente com Adorno em uma carta de resposta, Marcuse ficou do lado dos radicais. "Falando sem rodeios, se a alternativa é a polícia ou os estudantes de esquerda, então eu fico com os estudantes", ele escreveu.[21] Assediado pelos jovens radicais e sofrendo uma "depressão profunda",[22] Adorno se refugiou em um chalé aos pés do Matterhorn, na Suíça, onde morreu vítima de um ataque cardíaco fulminante.

Adorno não viveu para ver o mergulho total da Nova Esquerda na violência, mas suas advertências foram premonitórias. No início de 1970, a Nova Esquerda adotou a revolução armada como sua nova estratégia política. Nesse momento crítico, os radicais marxistas-leninistas criaram formalmente a Weather Underground Organization, o Exército de Libertação Negra e a Baader-Meinhof Gang, conhecida oficialmente como Facção do Exército Vermelho, todos comprometidos com a derrubada de governos do Ocidente. Marcuse tinha ligações com todos eles. Ele havia ensinado, orientado e aparecido publicamente ao lado dos líderes do grupo Weather Underground;[23] ele se envolvera em uma luta de grande repercussão contra o Conselho de Regentes da Universidade da Califórnia ao lado do líder espiritual do Exército de Libertação Negra;[24] e influenciara diretamente os estudantes radicais da Alemanha Ocidental que fundaram a organização terrorista Facção do Exército Vermelho.[25]

O FBI ficou tão preocupado com essas ligações de Marcuse que o diretor J. Edgar Hoover o elevou pessoalmente ao *status* de "Assunto de segurança – C", classificando o professor como "revolucionário", "anarquista", "avô da Nova Esquerda" e "ameaça à segurança nacional".[26] Agentes recrutaram informantes e monitoraram Marcuse de perto, detalhando seu apoio financeiro ao Partido dos Panteras Negras, suas reuniões com dirigentes do Partido Comunista e conexões com a intelectual marxista Angela Davis, o revolucionário negro H. Rap Brown e o líder estudantil alemão Rudi Dutschke.[27]

Em breve, os jovens radicais colocariam em prática a teoria de Marcuse sobre a violência revolucionária. Eles tinham estudado os livros, escrito os manifestos e preparado suas armas. Estavam apenas esperando o momento certo para atacar.

* * * *

Ao anoitecer de 9 de junho de 1970, uma bomba composta por 15 bananas de dinamite destruiu as paredes da sede do Departamento de Polícia de Nova York em Manhattan.[28] A bomba estourou as janelas do segundo andar e feriu sete pessoas no interior do prédio com estilhaços de vidro, material de construção e destroços.

Na manhã seguinte, a Associated Press recebeu uma carta manuscrita do Weather Underground assumindo a responsabilidade pelo atentado, que dizia:

> Os porcos deste país são nossos inimigos. Eles constroem o Bank of America, os jovens o incendeiam. Eles proíbem a maconha, nós construímos uma cultura de vida e música. A hora é agora. O poder político brota de uma arma, de um coquetel molotov, de um levante, de uma comuna (...) e da alma do povo.[29]

Os Weathermen eram membros da Weather Underground Organization, grupo de radicais brancos e universitários que estavam fartos da esquerda institucional e viam a revolução armada como o único caminho viável a seguir. Os Weathermen eram muito influenciados pelas ideias de Marcuse. Bernardine Dohrn, a líder espiritual da organização, considerava Marcuse como referência fundamental do movimento, e Naomi Jaffe, sua colaboradora próxima, "começou a desenvolver uma identificação como radical" enquanto estudava com Marcuse como aluna do curso de graduação.[30] Os textos que elas produziram, que justificavam sua revolução e atraíam seguidores, estavam permeados de conceitos e temas de Marcuse.

O núcleo do grupo se formara na Students for a Democratic Society (SDS), movimento de estudantes de esquerda que tinha se mobilizado em torno de questões de direitos civis, liberdade de expressão e Guerra do Vietnã. Mas conforme a década de 1960 chegava ao fim, os membros mais radicais da SDS mostravam querer ir além. Bernardine Dohrn, Bill Ayers, Mark Rudd e outros pretendiam se alinhar com militantes negros norte-americanos e com exércitos de libertação do

Terceiro Mundo a fim de realizar uma revolução em escala global. "O objetivo é a destruição do imperialismo norte-americano e a obtenção de um mundo sem classes: o comunismo mundial", eles escreveram em seu manifesto de 1969, *You Don't Need a Weatherman to Know Which Way the Wind Blows* [Você não precisa de um meteorologista para saber de que lado o vento sopra], fazendo referência ao conhecido verso da música *Subterranean Homesick Blues*, de Bob Dylan. "Nós queremos acabar com a polícia e construir uma nova vida."[31]

Naquele outono, os Weathermen tinham estabelecido coletivos revolucionários em mais de uma dúzia de cidades e criado uma sede centralizada, que chamaram de Weather Bureau.[32] Eles escreveram:

> Uma revolução é uma guerra. Isso requer uma organização de quadros, sigilo eficaz, autossuficiência entre os quadros e uma relação integrada com o movimento de massa ativo. (...) Porque a guerra é política, as tarefas políticas – a revolução comunista internacional – devem orientá-la. Portanto, a organização centralizada de revolucionários deve ser uma organização tanto política quanto militar, o que geralmente é chamado de partido "marxista-leninista".[33]

Conscientemente se modelando em Che Guevara, em Mao Tsé-Tung e nos Guardas Vermelhos de Mao, os Weathermen comandaram protestos de rua, ocupações, vandalismo e sabotagens em todo o país, o que culminou no protesto "Dias de Fúria" em Chicago, em que centenas de Weathermen quebraram janelas e enfrentaram um contingente completo de policiais. A polícia de Chicago reprimiu a multidão com socos, cassetetes, armas de fogo e gás lacrimogêneo. Os policiais atiraram em três manifestantes e prenderam quase 300 outros.[34]

Os Weathermen foram derrotados, reprimidos e humilhados, mas tiveram seu primeiro gosto de sangue – e queriam mais.

Nos últimos dias de 1969, os Weathermen reuniram seus soldados mais leais num salão de dança em ruínas em um gueto de Flint, em Michigan, para realizar um "conselho de guerra". O evento se transformou em uma bacanal que durou vários dias. Os jovens presentes passaram por longas sessões de consumo de drogas, participaram de orgias e se entretiveram com alucinações políticas. Os discursos, que se arrastavam em longas sequências, captavam o espírito revolucionário: "Deve ser uma sensação realmente maravilhosa matar um meganha ou fazer um prédio voar pelos ares"; "nós vamos incendiar, saquear e destruir"; "nós somos a encarnação do pesadelo de sua mãe". Bernardine Dohrn, a líder mais carismática do Weather Underground, celebrou o *serial killer* Charles Manson, o líder de uma seita que tinha recentemente chacinado a atriz Sharon Tate, grávida, e quatro de seus amigos. "Sacaram?!", Dohrn exclamou para as criaturas bestiais em Flint. "Primeiro, eles mataram esses porcos, e depois jantaram à mesma sala com a turma. Um deles até espetou um garfo na barriga da vítima! Incrível!"[35]

Os Weathermen seguiram a teoria de Marcuse, descrita em seu livro *Eros and Civilization* [*Eros e Civilização*], de que a libertação sexual e política estavam entrelaçadas. Intencionalmente, eles desfizeram relacionamentos monogâmicos e pediram para os membros da organização sujeitarem sua sexualidade ao coletivo, a fim de superar as normas burguesas e "cometer suicídio como classe".[36] Em Flint, os Weathermen se confrontaram mutuamente em sessões noturnas de crítica e autocrítica inspiradas no pensamento de Mao, encarando seu privilégio racial, suas inibições sexuais e seu compromisso com a revolução.[37] Envolveram-se em experimentos de pensamento mórbido e contemplaram a questão de se era "dever de todo bom revolucionário matar todos os recém-nascidos brancos", que, do contrário, "cresceriam para fazer parte de uma elite governante racial opressora".[38]

A violência foi o tema principal das discussões do conselho de guerra. Dohrn sugeriu que o terrorismo e o assassinato político seriam meios legítimos de revolução, e os organizadores penduraram um cartaz enorme com os nomes de seus inimigos, como o prefeito de Chicago, Richard J. Daley, cobertos com desenhos de balas.[39]

Segundo um informante do FBI que se infiltrou no grupo, a liderança do Weather Bureau já tecia planos para o que faria após derrubar violentamente o governo e assumir o controle do Estado. Ela criaria centros de reeducação na região Sudoeste dos Estados Unidos para reabilitar os capitalistas e impedir uma contrarrevolução. "Bem, o que acontecerá com aquelas pessoas que não podemos reeducar, que são capitalistas incorrigíveis?", o informante perguntou. "E a resposta foi que eles teriam que ser eliminados. E quando eu continuei a investigar isso mais a fundo, descobri que eles estimavam ter que eliminar 25 milhões de pessoas nesses centros de reeducação. E quando digo 'eliminar' quero dizer 'matar' 25 milhões de pessoas."[40] Os jovens radicais estavam completamente desiludidos com a sociedade ocidental e prontos para pôr em prática a máxima de Marcuse de que a "contraviolência" era necessária na "luta por mudanças além do sistema".[41]

O conselho de guerra terminou o dia do ano-novo de 1970 com uma declaração de guerra. Os Weathermen tinham tomado a decisão de passar à clandestinidade e se comprometer com a revolução em sua época. "A luta armada começa quando alguém a inicia", eles disseram.[42]

Nessa primavera, Dohrn divulgou uma gravação contendo o Comunicado nº 1 dos Weathermen, anunciando as intenções revolucionárias da Nova Esquerda:

> Os negros têm lutado quase sozinhos por anos. Sabíamos que nosso trabalho era liderar jovens brancos em uma revolução armada. Nos próximos 14 dias, atacaremos um símbolo ou uma instituição da injustiça norte-americana. Essa é a maneira de homenagearmos os exemplos de Eldridge Cleaver, H. Rap Brown e todos os negros revolucionários que nos inspiraram primeiro através de sua luta atrás das linhas inimigas pela libertação de seu povo.

A estratégia de paz fracassara. A nova estratégia de guerra teria sucesso. Dohrn prossegue, ecoando a linguagem de Marcuse sobre a sociedade tecnológica:

> Agora estamos adaptando a estratégia de guerrilha clássica dos vietcongues e a estratégia de guerrilha urbana dos tupamaros [esquerdistas uruguaios] a nossa própria situação aqui no país mais tecnologicamente avançado do mundo. Os protestos e as passeatas não funcionam. A violência revolucionária é o único caminho.[43]

Duas semanas depois, eles detonaram a bomba na sede do Departamento de Polícia de Nova York, inaugurando uma campanha de cinco anos de atentados a bomba, roubos, fugas e comunicados. Atuando em pequenas células revolucionárias, os Weathermen assumiriam a responsabilidade por uma série de atentados a bomba emblemáticos, incluindo explosões no Capitólio dos Estados Unidos, no Pentágono, em bases militares, tribunais, delegacias de polícia, prédios públicos, instituições financeiras e o gabinete de um procurador-geral estadual.[44] Os Weathermen, que se consideravam "revolucionários brancos dentro da nação opressora", acreditavam que sua ação contra os Estados Unidos representava "a contribuição única [que poderiam] dar à revolução mundial".[45]

Nesse período, a magnitude da violência política da esquerda foi enorme. Os Weathermen, as organizações nacionalistas negras e outros grupos esquerdistas cometeram um número impressionante de atentados a bomba contra propriedades, assassinatos de policiais, roubos a bancos, fugas de prisões e assaltos violentos. Durante 15 meses entre 1969 e 1970, a polícia registrou 4.330 atentados a bomba que resultaram em 43 mortes.[46] Os militantes, baseando-se no foquismo, teoria revolucionária de Che Guevara, que sustentava que a ação focada poderia inspirar um movimento mais amplo, acreditavam que estavam à beira de provocar uma revolta nacional.

Marcuse também sucumbira ao romantismo dos guerrilheiros marxistas-leninistas e à revolução armada contra o Estado. Em *An Essay on Liberation*, ele manifestara admiração pelos revolucionários do Vietnã, Cuba e China, acreditando que eles representavam "a possibilidade de construir o socialismo sobre uma base verdadeiramente popular".[47] Assim como seus jovens discípulos entre os Weathermen, ele enalteceu Fidel Castro e Che Guevara como a encarnação viva da "liberdade", do "socialismo" e da "libertação",[48] e disse a um jornal francês que "todo marxista que não é um comunista de estrita obediência é um maoísta".[49] Quando outro repórter lhe perguntou se ele concordava com o *slogan* estudantil "Marx como o profeta, Marcuse como seu intérprete e Mao com a espada", Marcuse respondeu com modéstia: "Acho que eu não mereço tanta honra".[50]

No entanto, a onda de violência da Nova Esquerda não promoveu a revolução. Afastou a população e provocou uma resposta contundente do governo.

No verão de 1970, o presidente Richard Nixon mobilizou os serviços de inteligência contra os Weathermen e outras organizações radicais, que, segundo ele, estavam "determinadas a destruir" o país.[51] O Congresso norte-americano iniciou uma investigação sobre a organização,[52] e o FBI colocou Bernardine Dohrn em sua lista dos 10 fugitivos mais procurados.[53] Em 1972, os órgãos de segurança pública tinham capturado ou matado dezenas de militantes de esquerda e levou os últimos resistentes a se esconder. Finalmente, Nixon – o mentor da contrarrevolução – selou a derrota dos revolucionários com uma vitória eleitoral esmagadora contra o candidato liberal George McGovern, prometendo um retorno à lei e à ordem.

Para os Weathermen remanescentes, a euforia inicial pela revolução deu lugar à desilusão. A vida clandestina se tornou penosa, solitária e monótona. As noites de orgia resultaram em ressacas, ciúme, gonorreia e piolhos.[54] Os atentados a bomba perderam seu resplendor e passaram para as páginas secundárias do *New York Times*.

Com o tempo, o movimento encolheu para uma dúzia de seguidores empedernidos, que conseguiram assegurar uma existência burguesa, ainda que clandestina, com a ajuda de advogados esquerdistas e apoiadores financeiros – uma casa flutuante rosa em Sausalito, um bangalô aconchegante em Hermosa Beach, um apartamento em San Francisco.[55]

Em 1974, quando Marcuse admitia abertamente a derrota da Nova Esquerda, os Weathermen também perceberam que haviam chegado ao fim da linha. A coalizão revolucionária se desmantelara. A relação entre os radicais brancos e os militantes negros – o novo proletariado de Marcuse – terminara em recriminações. As organizações de libertação negra se voltaram contra suas congêneres brancas, afirmando que a "Esquerda Branca" era um movimento político "falido", que subordinava "sua ânsia por legitimidade burguesa branca por trás da retórica marxista e da masturbação intelectual".[56]

Ao mesmo tempo, o plano dos Weathermen de radicalizar a classe trabalhadora branca falhara. Quando um deles, Mark Rudd, tentou recrutar um grupo de adolescentes brancos de classe baixa que vadiavam do lado de fora de um restaurante, eles o mandaram para o hospital após um espancamento violento.[57] Como Marcuse temera, as classes trabalhadoras, que Marx considerara a força motora suprema da revolução, se tornaram "antirrevolucionárias", incorporadas na mitologia burguesa e absolutamente contrárias às mudanças sociais em larga escala.[58] O operário, apesar de todos os esforços dos jovens radicais, ainda era um homem unidimensional, satisfeito com um salário, uma televisão, e mulher e filhos em casa.

Marcuse ficou em estado de choque. As forças do Termidor, que outrora devorara Robespierre, tinham sufocado mais uma vez o espírito da revolução. Os reacionários haviam vencido.

*   *   *   *

Os anos crepusculares de Marcuse foram marcados por um longo e contemplativo estado de melancolia. Sua revolução, que ele perseguira desde os dias estimulantes de sua juventude, chegara ao fim.

De 1972 até sua morte em 1979, Marcuse se refugiou em sua casa suburbana de um único andar em La Jolla para escrever seu último livro político, *Counterrevolution and Revolt* [*Contrarrevolução e Revolta*], e refletir sobre os fracassos da Nova Esquerda. Ele ainda manteve um pequeno escritório na UCSD, mas após o conflito com o governador Reagan e o Conselho de Regentes, a universidade deixara seu contrato expirar, assim antecipando sua aposentadoria e encerrando sua carreira como professor.

Marcuse foi impiedoso em seu diagnóstico do que deu errado. Em 1975, ele disse aos estudantes em Irvine, na Califórnia, que a contracultura era uma força esgotada. Havia se tornado anti-intelectual, decadente e autoritária. Disse ele:

> As contraculturas criadas pela Nova Esquerda se autodestruíram quando perderam seu ímpeto político em favor de um retrocesso a uma espécie de

libertação privada – a cultura das drogas, a adesão a cultos de gurus e outras seitas pseudorreligiosas.[59] (...) Os movimentos libertários e antiautoritários fortes que definiram originalmente a Nova Esquerda desapareceram durante esse tempo ou cederam a um novo "autoritarismo grupal".[60]

Em outras palavras, os estudantes radicais de 1968 seguiram um de dois caminhos: ou se retiraram da sociedade, tornando-se politicamente inertes, ou aderiram a grupos militantes, tornando-se vulneráveis à espionagem, ao distúrbio e à desesperança. Os jovens rebeldes tinham se convencido de que a revolução era iminente, mas, como Marcuse tentara alertá-los, os Estados Unidos nunca satisfizeram as precondições marxistas para uma revolução. Os estudantes, desempenhando o papel da vanguarda, não conseguiram recrutar as classes trabalhadoras. Os guetos, apesar das condições objetivas de pobreza e opressão, falharam em desenvolver uma consciência política.[61]

Mesmo assim, apesar desses reveses, Marcuse se recusou a aceitar a derrota. "Considero que um comunismo democrático é uma possibilidade histórica real. Pior ainda, considero que apenas em uma sociedade comunista plenamente desenvolvida é possível uma democracia geral", ele sustentou em um debate de 1972, insistindo que o único caminho para a libertação era um "regime socialista, com propriedade coletiva dos meios de produção e o controle coletivo do planejamento central".[62] Para Marcuse, o objetivo final era o mesmo – o marxismo tradicional –, mas ele admitiu que os meios precisavam mudar.

A revolução não seria alcançada por meio do LSD ou da guerra de guerrilhas, Marcuse disse a seus jovens seguidores. Eles tinham fracassado nas urnas e nas ruas, mas ainda havia um lampejo de esperança: voltar às origens das teorias críticas – as universidades – e reconstruir a revolução a partir do zero.

CAPÍTULO 3

A LONGA MARCHA ATRAVÉS DAS INSTITUIÇÕES

Durante o caos da Guerra Civil Chinesa, o líder comunista Mao Tsé-Tung se viu sitiado. Os nacionalistas tinham derrotado e cercado seu exército. Seus soldados estavam em pânico, ensanguentados e com falta de suprimentos. Em outubro de 1934, após deliberações, Mao e os comunistas executaram uma das manobras mais desesperadas e audaciosas da história militar: uma retirada estratégica de 8 mil quilômetros que ficaria conhecida como a "Longa Marcha do Exército Vermelho".

Ao longo da retirada que durou um ano, os soldados de Mao foram dizimados. Seus homens morreram de fome, frio, doença e violência. A derrota parecia iminente. Porém, depois de fortalecer suas defesas no baluarte montanhoso de Yan'an e pacientemente reconstruir suas forças, Mao lançou uma ofensiva contra os nacionalistas, perseguiu seus inimigos até o litoral e declarou o Partido Comunista como o único e legítimo governante da República Popular da China – uma impressionante virada de jogo.

Marcuse acreditava que a Nova Esquerda estava em uma posição semelhante. O FBI perseguira e desmantelara as organizações revolucionárias. Nixon vencera de modo decisivo no tribunal da opinião pública. E a contracultura sucumbira ao hedonismo, à devoção a gurus e à desesperança. Porém, Marcuse, como Mao, era incansável. Ele acreditava que os radicais de esquerda podiam realizar uma retirada estratégica para as universidades e, depois de refazer suas forças, transformar a derrota em vitória.

No início da década de 1970, conforme o movimento radical se desintegrava, Marcuse se voltou aos jovens ativistas de sua órbita política, sobretudo o líder estudantil alemão Rudi Dutschke, que ajudara a espalhar as revoltas nos *campi* de toda a Europa e, após o fracasso das campanhas de terror, propusera a nova estratégia da "longa marcha através das instituições estabelecidas"; uma alusão direta à campanha militar de Mao.

Em 1971, à medida que as perspectivas da revolução continuavam a se estreitar, Marcuse depositou suas esperanças no novo conceito de Dutschke, o que significava ingressar nas instituições estabelecidas e modificá-las de dentro para fora. "Eu lhe digo o seguinte: considero sua ideia da 'longa marcha através das instituições' como o único caminho eficaz, agora mais do que nunca."[1] Ambos acreditavam que as campanhas de terror eram um beco sem saída e que a participação no processo democrático era inútil. Julgavam que a Nova Esquerda precisava voltar a suas origens: abandonar o caminho radical e, em vez disso, reconstruir seu poder nas universidades e transformar os estudantes em "quadros especializados em potencial" que, ao longo do tempo, poderiam levar sua "revolução de valores" da universidade para a sociedade – e, por enquanto, espalhar sua influência fora dos limites da política eleitoral.[2]

Marcuse descreveu sua teoria em *Counterrevolution and Revolt*, seu último livro político. A longa marcha não tinha o encanto da ruptura total, mas propiciava uma maneira de manter a revolução viva e de mudar o foco da guerra cataclísmica para a guerra de valores. Ele incentivou os estudantes radicais a depor as armas e se infiltrar nas universidades, escolas, mídia e serviços sociais, capturando os meios de produção de conhecimento para subvertê-los – ou, nas palavras de Marcuse, "trabalhar contra as instituições estabelecidas enquanto se trabalha nelas". Ele acreditava que o objetivo principal da esquerda era obter o controle das "grandes cadeiras de informação e doutrinação",[3] por meio das quais ela poderia começar a "grande tarefa de educação política, contestando a falsa e mutilada consciência das pessoas para que elas próprias experimentassem sua condição e sua abolição como necessidade vital e compreendessem as formas e os meios de sua libertação".[4]

Marcuse estimulou os jovens radicais a criar uma série de "contrainstituições" que poderiam servir como um novo aparato para a mudança social. Ele considerava que a Nova Esquerda, ao usar a universidade como seu ponto de partida, deveria se reagrupar em torno da "organização de grupos radicais, reuniões alternativas, associações antagonistas; em suma, o desenvolvimento do que tem sido chamado de contrainstituições, como rádio, televisão, imprensa, seminários, toda e qualquer coisa que prometa quebrar o monopólio da informação do *establishment*".[5] Segundo Marcuse, por meio dessas novas bases de apoio os jovens radicais poderiam iniciar sua "revolução cultural" e introduzir "uma transformação de valores que atingisse a totalidade da cultura estabelecida, tanto material quanto intelectual".[6] A política racial, a libertação das mulheres, o ambientalismo radical, a Grande Recusa – todos esses itens poderiam ser aproveitados para o processo de desintegração.

Marcuse implorou aos estudantes que fizessem esse trabalho de maneira lenta, paciente e metódica. Levaria algum tempo, mas eles acabariam conseguindo pegar o conhecimento teórico que desenvolveram nas universidades e espalhá-lo por "contágio" pela sociedade,[7] solapando a cultura tradicional e destruindo a hierarquia de valores existente. Ele escreveu:

> O resultado depende, em grande parte, da capacidade da jovem geração de não desistir e não se acomodar, mas de aprender a se reagrupar após a derrota, de desenvolver outra racionalidade com a nova sensibilidade, para sustentar o longo processo de educação – a condição prévia indispensável para a transição para a ação política em larga escala.

Eles talvez não vissem a transvaloração de valores a curto prazo, mas seu trabalho lento e constante para desfazer os alicerces do Ocidente poderia criar a possibilidade de um utopia além de suas próprias vidas. "Pois a próxima revolução será uma preocupação de gerações, e 'a crise final do capitalismo' poderá durar quase um século."[8]

* * * *

Os radicais acataram os conselhos de Marcuse. Após a formatura, muitos dos estudantes de esquerda se arrumaram, vestiram gravatas de cores únicas e começaram a trabalhar nas instituições. Sua frente unida fora derrotada, mas a dialética seguia em frente.

Mesmo os Weathermen, que tinham se retirado para uma rede de casas seguras e esconderijos, arquitetaram um plano para restabelecer sua credibilidade entre os ativistas de esquerda e ressurgir num papel de liderança. Em 1974, os membros remanescentes do grupo, liderados por Bernardine Dohrn, Bill Ayers e Jeff Jones, publicaram um novo manifesto intitulado *Prairie Fire* – uma alusão ao aforismo de Mao Tsé-Tung "uma única faísca pode incendiar toda a pradaria"– e o distribuíram para organizações radicais, cafés e livrarias em cidades universitárias.

A linguagem da contracultura desapareceu. Seus adeptos já não falavam mais a linguagem rude de "matar um meganha ou fazer um prédio voar pelos ares".[9] Em vez disso, seu tom agora era intelectual e magnânimo, e denunciava os grandes "ismos": capitalismo, racismo, sexismo, imperialismo, colonialismo. Eles reconheceram tacitamente seu erro em acreditar que sua campanha de atentados a bomba traria a revolução e propuseram uma nova teoria da revolução, que iniciaria uma nova "dialética entre aqueles nos movimentos de massa e clandestinos"[10] e usaria a "arma da teoria" para despertar as massas e forjar a consciência política necessária para a revolução.[11]

A diretriz geral do *Prairie Fire*, que era radical na época, agora soa como algo bem familiar: os Estados Unidos foram constituídos com base no racismo, sexismo, escravidão e genocídio; a classe dominante então se dedicou à "institucionalização da supremacia branca",[12] que foi "mantida e perpetuada ao longo de gerações pelas escolas, pelo ciclo de desemprego, pelo comércio de drogas, pelas leis de imigração, pelo controle da natalidade, pelo exército, pelas prisões";[13] e, como resultado, o sistema atual está cheio de degeneração, que enriquece as elites e, ao mesmo tempo, oprime as minorias raciais e apazigua os brancos pobres mediante o "privilégio da pele branca".[14]

Para os Weathermen, a solução era recriar o proletariado com dois componentes de Marcuse e se envolver num jogo de dentro para fora de marcha através das instituições, exercendo simultaneamente pressão por meio da violência direcionada. Dohrn, Ayers e Jones salientavam fundamentalmente a radicalização do sistema educacional. Eles entendiam que as escolas públicas, que promoviam a transmissão de valores, poderiam ser cooptadas por ativistas brancos com educação superior. Eles recorreram a "professores radicais" para formar um "movimento antirracista branco"[15] e para ingressar nas escolas de minorias e da classe trabalhadora a fim de "radicalizar outros professores, organizar os pais, ensinar e incentivar os estudantes".[16] Enquanto isso, os Weathermen sugeriram que os radicais negros saídos das prisões poderiam "[atiçar] a imaginação e [suscitar] a visão de vitória"[17] por meio de tumultos, distúrbios, sabotagens e revoltas nas prisões.

"A ação revolucionária gera consciência revolucionária", eles disseram. "Uma consciência em crescimento desenvolve a ação revolucionária."[18]

Os Weathermen imprimiram 40 mil exemplares do *Prairie Fire* e organizaram discretamente uma conferência nacional que deveria prenunciar seu retorno legítimo como a vanguarda da esquerda ativista.[19] Eles reuniram todo o espectro de radicais no *campus* da Universidade de Illinois em Chicago e planejaram uma cúpula de unidade. Porém, a conferência, apesar da retórica nobre sobre "identidade cultural", "antirracismo" e "privilégio branco", converteu-se em uma farsa. Os radicais negros entraram em conflito com os radicais brancos. As mulheres denunciaram os homens. Os vegetarianos se revoltaram contra o frango da cantina. Acusações de racismo ecoaram por todo o recinto.

Mais tarde naquele ano, os Weathermen se fragmentaram pela última vez. Dohrn, submetendo-se a sessões de crítica punitiva e autocrítica, finalmente mudou de direção. "Estou fazendo esta gravação para reconhecer, repudiar e denunciar a política contrarrevolucionária do Weather Underground", ela disse em uma confissão confusa em fita cassete. "Seguimos o caminho clássico dos chamados revolucionários brancos que traíram a revolução." Dohrn carregava a culpa da "supremacia branca pura e simples, da superioridade branca e da arrogância chauvinista" – e, com essa última confissão, o Weather Underground chegava ao fim.[20]

Após a confissão de Dohrn, os Weathermen tomaram sua última decisão: eles lentamente sairiam da clandestinidade e se reinseririam no mundo burguês. Estavam cansados de viver como fugitivos, queriam constituir família e desejavam as comodidades singelas de uma vida de classe média. A partir de 1977, os Weathermen passaram a negociar aos poucos sua rendição e emergiram das sombras. Para sua surpresa, apenas um deles, Cathy Wilkerson, esteve presa por algum tempo – só 11 meses – por uma série de atentados a bomba. As acusações contra Ayers foram retiradas. Dohrn, Rudd e outros escaparam com sentenças de liberdade condicional por diversas contravenções.[21]

Embora a jogada final dos Weathermen com a publicação do *Prairie Fire* e a conferência de Chicago tenha sido um fracasso, ela instituiu um precedente mais profundo. O caminho a seguir não residia na política caótica da ação revolucionária, mas sim na manipulação de símbolos e ideias. A linguagem do *Prairie Fire* não bastou para reviver a Nova Esquerda, mas ao longo do tempo se tornaria todo o vocabulário da vida intelectual norte-americana: "racismo institucionalizado", "supremacia branca", "privilégio branco", "supremacia masculina", "sexismo institucional", "identidade cultural", "antirracismo", "homens antissexistas", "capitalismo monopolista", "ganância corporativa", "neocolonialismo", "libertação negra". O ritmo de acusações e confissões da cúpula de unidade não foi suficiente para reconstituir o novo proletariado de Marcuse, mas criou os rituais básicos para as instituições de esquerda: manipulação emocional, admissões de privilégio, manifestações de culpa elaboradas e submissão moral à nova hierarquia.

A partir do final da década de 1970, todo o conjunto de radicais da Nova Esquerda, desde os alunos de pós-graduação de Herbert Marcuse até os guerrilheiros urbanos do Weather Underground, livrou-se dos ornamentos da contracultura e retornou ao lugar onde seu ativismo começara: o *campus* universitário. Eles seguiram o conselho de Marcuse para ir além da "rebelião pubertária"[22] dos movimentos radicais e se voltaram para o sistema educacional como sua "contrainstituição" principal. Como explicou Paul Buhle, estudante radical que virou professor da Universidade Brown, em seu livro *Marxism in the United States*: "Para a pergunta: 'Onde foram parar todos os radicais dos anos 1970?', a resposta mais precisa seria: nem nos cultos religiosos nem no mundo dos *yuppies*, mas na sala da aula".[23]

Essa transição foi quase invisível. A população achava que o movimento racial estava praticamente morto. Em 1981, o *New York Times* considerou todo o caso do Weather Underground como uma "tragédia clássica", e retratou os Weathermen como mimados, narcisistas, delirantes e irrelevantes – fora de sintonia com o país, incluindo o *establishment* liberal da época. O jornal concluiu que, no final das contas, os Weathermen tinham se transformado de "estudantes idealistas" em uma "perversão assustadora de todos os propósitos que já haviam tido: os filhos dos ricos matando os menos privilegiados em nome da revolução. Ficou claro que sua raiva se tornara psicose, sua luta era contra o ódio a si mesmos, e a única revolução que travaram era aquela que acontecia em suas próprias mentes".[24]

No entanto, apesar desses repúdios públicos, a Nova Esquerda ganhava terreno em silêncio na academia. Ao longo dos anos, os alunos e seguidores de Marcuse conquistaram cargos docentes em dezenas de universidades de prestígio, incluindo Harvard, Yale, Georgetown, Duke, Universidade da Califórnia em Berkeley, Universidade da Pensilvânia, Universidade da Califórnia em Santa Bárbara, Universidade da Califórnia em Los Angeles, Universidade do Novo México, Universidade do Texas, Faculdade Bard, Universidade Rutgers, Universidade de San Francisco e Universidade Loyola de Chicago.[25]

Os Weathermen, apesar de sua participação em campanhas de terror político, também encontraram um lar acolhedor na academia. Dohrn, que prometera "liderar jovens brancos na revolução armada",[26] tornou-se professora na Universidade Northwestern. Ayers, que colocara bombas no Pentágono e no Capitólio, tornou-se professor na Universidade de Illinois. Até Kathy Boudin, que cumpriu uma longa pena de prisão por seu envolvimento em um assalto a um carro-forte que deixou um guarda da empresa de transporte de valores e dois policiais mortos, tornou-se professora na Universidade Columbia. No total, cerca de metade dos Weathermen mais ativos conseguiram obter cargos na área da educação, desde nomeações prestigiosas em Duke, Fordham e Columbia até sinecuras mais modestas nos sistemas de ensino público de Chicago, Nova York e San Francisco, onde as antigas células revolucionárias tinham sido mais proeminentes.[27]

A ascensão da Nova Esquerda na academia é simbólica de uma mudança maior na educação norte-americana. Enquanto a população era acalmada pela solução da Guerra Fria, os radicais no Ocidente executavam pacientemente sua longa marcha através das instituições, nunca abandonando sua fé na velha dialética. Com o tempo, os radicais modificaram a universidade como um todo, garantindo posições de influência, legitimando suas ideias em publicações simpatizantes, removendo reacionários do corpo docente e recrutando grupos de estudantes de pós-graduação que transformariam o espírito dos comunicados revolucionários em uma densa massa acadêmica.

Em retrospecto, era inevitável sua ascensão. Os radicais haviam aprendido a política agressiva em protestos estudantis, facções guerrilheiras e fábricas clandestinas de bombas. Era apenas uma questão de tempo até imporem seu domínio nas reuniões do corpo docente e nas conferências acadêmicas. Eles conseguiram usar suas antigas táticas de manipulação – acusações de racismo, evocações de culpa e privilégio, rituais de crítica e autocrítica – para afastar acadêmicos mais conservadores e deslegitimar concepções tradicionais de conhecimento. Sua revolução pode ter fracassado na sociedade, mas funcionou muito bem na academia.

Como o crítico Bruce Bawer documentou em *The Victims' Revolution*, essa nova ideologia híbrida, que combinava a teoria crítica da sociedade com a política identitária da Nova Esquerda, teve um efeito corrosivo em departamento após departamento. Bawer lamentou:

> Outrora, as ciências humanas se preocupavam com o verdadeiro, o bom e o belo; agora, estão obcecadas por um triunvirato diabólico de ismos – colonialismo, imperialismo, capitalismo – e por um monstro de três cabeças de vitimização: opressão de classe, raça e gênero. Outrora, o propósito das ciências humanas era introduzir os estudantes nas glórias da civilização, do pensamento e da arte ocidentais, para aumentar o respeito por parte dos estudantes, até mesmo a reverência, pelo patrimônio cultural do Ocidente; agora, as ciências humanas buscam desmascarar o Ocidente como perpetrador da injustiça ao redor do mundo.[28]

O resultado constitui uma curiosa contradição. Ao longo das décadas de 1980 e 1990, o centro político do país se deslocou para a direita – os presidentes Ronald Reagan, George H. W. Bush e Bill Clinton lideraram o fim do comunismo internacional e o triunfo do capitalismo democrático –, enquanto a academia continuou a se deslocar para a esquerda, sem se deixar desanimar pelos fracassos ideológicos de "Marx, Mao e Marcuse" e pelo longo rastro de morte e destruição da China comunista, África, América Latina e União Soviética.

No momento atual, a longa marcha de Marcuse e Dutschke através das universidades alcançou seu desfecho. A universidade norte-americana agora é uma "contrainstituição" orientada pela ideologia da Nova Esquerda e pelas teorias críticas. A evidência empírica é impressionante. De acordo com dados de pesquisas, 24% dos professores universitários em ciências sociais se identificam como "radicais", 21% como "ativistas" e 18% como "marxistas"; em ciências humanas, os números são 19%, 26% e 5%, respectivamente.[29] Em outro estudo acerca de afiliação partidária em 40 universidades de renome, um pesquisador encontrou uma predominância ainda maior, com a proporção de professores liberais para conservadores alcançando 8:1 em ciência política, 17:1 em história, 44:1 em sociologia, 48:1 em inglês, e 108:0 em estudos de raça e gênero.[30]

Para os estudiosos, a consequência é um "sistema de castas acadêmicas": os departamentos das universidades de maior prestígio administram a contratação, o financiamento e a colocação dos novos professores numa base majoritária e de consenso, o que serve para concentrar ainda mais e reforçar o poder ideológico. "Uma vez que o ápice da pirâmide disciplinar se torna predominantemente com inclinação à esquerda, arrastará aqueles com inclinação à esquerda para posições em toda a pirâmide", escrevem eles. Como resultado, a proporção entre liberais e conservadores nas ciências sociais e nas ciências humanas aumentou de 3,5:1 em 1970 para 10:1 em 2016 – e promete se concentrar ainda mais no futuro, conforme o sistema de "partido único" substitui professores mais antigos por aliados ideológicos mais jovens.[31]

Assim como seu herói Mao Tsé-Tung, cuja Longa Marcha começou com uma retirada estratégica, Marcuse, Dutschke, Dohrn e os estudantes radicais transformaram a derrota da Nova Esquerda numa vitória posterior. A "teoria crítica da sociedade" de Marcuse gerou uma imensa prole de novas disciplinas acadêmicas, que se desenvolveram em centenas de novos departamentos, programas e subcampos: Estudos Críticos, Estudos Críticos da Identidade, Estudos Críticos da Raça, Estudos Críticos Étnicos, Estudos Críticos da Branquitude,

Estudos Negros e Africanos, Estudos das Mulheres, Estudos Feministas, Estudos de Gênero e Estudos de Raça, Classe e Gênero.

O antigo radicalismo se livrou da necessidade de seus prefixos: "contrassociologia" se tornou sociologia, "contrapsicologia" se tornou psicologia, "contraeducação" se tornou educação – e as novas disciplinas canibalizaram cada campo tradicional nas ciências humanas e nas ciências sociais.

A cultura política desses programas é a teoria crítica clássica e o ativismo da Nova Esquerda. Quando Marcuse enunciou o conceito de "tolerância libertadora", ele apresentou o argumento contumaz pela "intolerância contra os movimentos da direita"[32] e pela supressão direta dos intelectuais conservadores.[33] Neste momento, esse é o clima predominante no *campus*, com o corpo docente conservador, já em grande inferioridade numérica, relatando hostilidade, medo, exclusão e intimidação.[34] Quando os Weathermen se submeteram à "crítica e autocrítica" enquanto tentavam ressurgir, confessaram sua cumplicidade na "supremacia branca", no "privilégio branco" e no "privilégio masculino",[35] o que havia "desencaminhado [seus] princípios revolucionários".[36] Esse método de recondicionamento agora é algo natural nas universidades, onde os estudantes participam de programas de reeducação para a "desconstrução da branquitude"[37] e programas de 12 passos para "reabilitação do condicionamento branco".[38]

A linguagem também foi engolfada pelas ideologias críticas. O vocabulário de contestação do *Prairie Fire*, rejeitado na época como marginal, tornou-se a língua franca da academia. Uma busca nas publicações acadêmicas obtém 105 mil resultados para "supremacia branca", 61 mil para "privilégio branco", 52 mil para "neocolonialismo", 35 mil para "capitalismo monopolista", 34 mil para "privilégio masculino", 29 mil para "supremacia masculina" e 28 mil para "racismo institucionalizado".[39] Agora, existem milhares de acadêmicos produzindo estudos acadêmicos derivados que estabelecem predominância não pela qualidade, mas sim pelo volume. Eles divulgam suas ideias de forma circular, concordando entre si e promovendo uns aos outros, enquanto se isolam da possibilidade de crítica.

A finalidade de saturar o discurso com esses conceitos não é apenas moldar a consciência pública, mas também precondicionar a população para as conclusões políticas de esquerda. Marcuse chamou esse processo de "terapia linguística", que descreveu como "a iniciativa para libertar as palavras (e assim os conceitos) da distorção quase total de seus significados pelo *establishment*" e iniciar "a transferência dos padrões morais (e de sua validação) do *establishment* para a revolta contra ele".[40]

O processo funciona da seguinte maneira: a consciência pública é preparada com uma nova linguagem – por exemplo, "supremacia masculina" ou "racismo institucionalizado" – e depois filtra de forma subconsciente todas as experiências subsequentes por meio desses quadros conceituais, quer correspondam, quer não à realidade. A conclusão é incorporada na própria linguagem da premissa. Uma vez que a teia está tecida, ela captura tudo.

O resultado foi uma mudança radical no consenso da esquerda liberal. Na década de 1970, o *New York Times* zombou tanto de Marcuse, considerando-o "um ancião que não é um adulto",[41] como dos Weathermen, considerando-os crianças mimadas espalhando "grandes mentiras sobre os Estados Unidos".[42] Quando Bernardine Dohrn apresentou Marcuse como "o homem que o *New York Times* chama de o líder ideológico da Nova Esquerda" no aniversário do jornal maoísta *The Guardian*, o professor respondeu: "Não sou responsável pelo que o *New York Times* me chama", provocando vaias e apupos da multidão.[43]

Cinquenta anos depois, Marcuse e seus discípulos tiveram sua vingança. Atualmente, a esquerda moderna pensa quase exclusivamente em termos da Nova Esquerda. As ideias marginais de *An Essay on Liberation* e *You Don't Need a Weatherman to Know Which Way the Wind Blows* agora dominam não só a academia como também os meios de comunicação de massa. O *New York Times* adotou a linguagem da Nova Esquerda como seu estilo editorial; os comentaristas da MSNBC se envolvem numa repetição incessante do ativismo da Nova Esquerda.[44] As teorias críticas provaram ser irresistíveis: por meio da persuasão ou da força, foram capazes de atrair seguidores, solapar certezas, reprimir inimigos e se estabelecer nas instituições de produção de conhecimento.

Em conjunto – como ideias, linguagens e posições –, as novas disciplinas das teorias críticas desmantelaram as antigas instituições e capturaram o "universo linguístico do *establishment*".[45] Porém, para os ativistas e intelectuais que seguiram a visão de Marcuse, a dominação das universidades e do vocabulário político do país não foram suficientes. Eles não queriam só se apossar dos bens, mas também se apossar da máquina que os produzia. Isso significaria ir além da sala de aula e das páginas dos artigos de opinião dos jornais. Também significaria exercer autoridade sobre as instituições em geral e aprender a substituir o *establishment* em ações e palavras.

Em suma, isso exigiria poder.

* * * *

O campo de treinamento para a conquista do poder institucional pela Nova Esquerda foi a universidade. Ela alcançara o domínio sobre a área de estudo, mas, como Marcuse explicara pacientemente, a teoria crítica era uma ideologia totalizante. A revolução cultural começaria com uma mudança de consciência, mas deveria terminar com o controle sobre os meios de produção, o que, na sociedade tecnológica avançada, significava a produção de conhecimento e sensibilidade.

A fim de iniciar essa mudança, os acadêmicos e ativistas inspirados pela Nova Esquerda trabalharam para ampliar seu poder em relação à administração, que detinha a autoridade final sobre a direção, contratação, treinamento e financiamento da universidade. O processo foi simples. Eles pegaram os elementos básicos de seu programa acadêmico – uma combinação de teoria crítica, estudos étnicos, cotas raciais, conformidade com os direitos civis e formação de consciência – e os formalizaram na burocracia. Com o tempo, esse regime de "tolerância libertadora" passou a ser conhecido como "diversidade, equidade e inclusão" ou DEI. Até a escolha de linguagem foi brilhante. Desde o início, ela tinha os atributos de um rolo compressor moral: opor-se à "diversidade" era considerado intolerância; opor-se à "inclusão" era visto como racismo; opor-se à "equidade" era entendido como dominação.

Os teóricos críticos passaram uma geração ensinando que o sistema universitário era cruel, opressor e unidimensional. Então, como administradores, eles prometeram mudá-lo.

Uma das principais figuras nessa transição da teoria crítica para a "diversidade, equidade e inclusão" foi Erica Sherover-Marcuse, ex-assistente de Herbert Marcuse e sua terceira mulher, 40 anos mais jovem que ele. Sherover-Marcuse era uma estudiosa dedicada de Karl Marx – sua tese de doutorado foi sobre as obras filosóficas iniciais de Marx – e acreditava que a revolução aconteceria por meio do cultivo da "consciência emancipatória".[46] A partir da década de 1970, Sherover-Marcuse se tornou uma precursora na liderança de grupos de "conscientização"[47] e "consciência multicultural" em toda a Califórnia.[48]

Em uma entrevista com Herbert, seu então marido, Sherover-Marcuse explicou que esses programas de treinamento poderiam transformar as atitudes subconscientes das pessoas e, ao longo do tempo, promover a causa da libertação política. Disse ela:

> Considero que as dificuldades que a esquerda enfrentou nos anos 1960 e também nos anos 1930 se devem precisamente ao fato de que não havia, na

tradição marxista, uma teoria de desenvolvimento da subjetividade (...) não se trata de saber como transformar a consciência das pessoas? Como transformamos realmente nossa própria consciência? Refiro-me a uma prática que pensaria em como as pessoas efetivamente se livram do racismo inconsciente, do sexismo inconsciente e do classismo não intencional.[49]

Sherover-Marcuse criou uma série de programas de treinamento que se tornaram o primeiro modelo dos programas de DEI em universidades em todos os Estados Unidos. Na década de 1980, ela ministrou *workshops* sobre "racismo institucionalizado", "opressão internalizada" e "como ser um aliado eficaz", e inventou o agora conhecido exercício da "caminhada do privilégio", em que os participantes se organizam numa hierarquia de opressão e depois se redimem por seus privilégios raciais, sexuais e econômicos.[50] A premissa básica do programa de Sherover-Marcuse era que o racismo estava sempre presente em todos os aspectos da sociedade e, portanto, os brancos devem eliminar as ideologias racistas que moldaram suas vidas a fim de se preparar para construir a nova sociedade.

"A conquista da libertação humana numa escala global exigirá mudanças de longo alcance ao nível institucional e ao nível de interações de grupos e indivíduos", Sherover-Marcuse afirmou. "Essas mudanças envolverão a transformação dos padrões comportamentais opressores e o 'desaprendizado' das atitudes e premissas opressoras."[51]

Esses programas foram um sucesso imediato. Sherover-Marcuse viajou ao redor do mundo promovendo esses *workshops* e desenvolvendo um novo modelo para "treinamento em diversidade" em universidades, organizações sem fins lucrativos e grandes empresas.[52] Em pouco mais de uma década, ela criou todo o arcabouço teórico e linguístico para o setor de DEI em grande escala. Sherover-Marcuse redefiniu a palavra "racismo" para ter o significado de "uma série completa de atitudes, premissas, sentimentos e crenças acerca de pessoas de cor e suas culturas, que são uma mistura de desinformação, medo e ignorância". Ela sustentou que "todas as pessoas brancas passaram por alguma variedade de condicionamento sistemático ou 'treinamento' para assumir o 'papel de opressor' em relação às pessoas de cor" e que o "racismo reverso" era impossível, porque os brancos nunca podem ser as vítimas dos "maus-tratos sistêmicos e institucionalizados experimentados pelas pessoas de cor". Sherover-Marcuse também popularizou uma série de *slogans* que passaram a definir a DEI: "seja uma aliado 100%", "a opressão de todos precisa ser combatida incondicionalmente", "não espere gratidão das pessoas do grupo-alvo",[53] "o daltonismo racial não vai acabar com o racismo".[54]

Essa mudança da teoria crítica para a "diversidade, equidade e inclusão" foi uma ideia genial. Por um lado, os teóricos críticos inventaram opressões novas e sutis; por outro, eles forneceram o tratamento. Marcuse uma vez lastimou a "linguagem da administração total" que adotava "sinônimos e tautologias" e se tornava "imune à contradição".[55] Algumas décadas depois, seus discípulos utilizavam essa técnica a seu favor. Ao combinar o programa acadêmico das teorias críticas com o programa burocrático do treinamento em diversidade, os ativistas de esquerda descobriram a fórmula para ampliar seu poder sobre a universidade como um todo. Eles conceberam seus programas para parecerem neutros, enquanto, na realidade, eles existem para promover a ortodoxia esquerdista, reprimir a dissidência por meio da sentença de supostos crimes de "viés" e atrelar a universidade a uma campanha de ativismo social. Em resumo, são órgãos políticos que gerenciam cuidadosamente a vida cultural das universidades e forçam todo o conhecimento e estudo acadêmico a passar pelo filtro da ideologia.

Essas iniciativas recém-criadas de DEI levaram a um aumento explosivo da administração universitária. Entre 1987 e 2012, as faculdades e universidades adicionaram mais de 500 mil administradores,[56] e em 2015 o número total de administradores estava se aproximando rapidamente de um milhão[57] – superando amplamente o crescimento tanto de estudantes quanto de professores. De acordo com a revista *Economist*, a força motora por trás dessa recente contratação em massa é a "diversidade", com as faculdades e universidades elevando os gastos para "promover a contratação de minorias étnicas e mulheres, realizar campanhas para fomentar o diálogo e elaborar planos estratégicos para aumentar a equidade e inclusão no *campus*".[58]

Apesar de sua aparência externa como administradores neutros da universidade, esse novo grupo é ainda mais inclinado à esquerda do que o corpo docente. De acordo com uma pesquisa recente, os administradores liberais superam em número os administradores conservadores na proporção de 12:1, com 71% dos administradores se identificando como "liberais" ou "muito liberais" em comparação com 6% que se identificam como "conservadores" ou "muito conservadores".[59]

Esses administradores atuam como construtores de império e impositores da ortodoxia de esquerda. Na maioria das universidades públicas, a burocracia ligada à diversidade se consolidou com um centro de poder dominante. A Divisão de Equidade e Inclusão da Universidade da Califórnia em Berkeley possui 400 funcionários e um orçamento anual de 25 milhões de dólares.[60] Os programas de DEI da Universidade de Michigan têm 163 funcionários[61] e um orçamento anual superior a 14 milhões de dólares.[62] Os programas de diversidade da Universidade da Virgínia dispõem de 94 funcionários e um orçamento multimilionário.[63] Dessa nova posição, os administradores podem controlar a ideologia da universidade de todos os ângulos – verticalmente, de dentro para fora da hierarquia burocrática, e horizontalmente, dentro dos departamentos. Eles podem tomar decisões sobre contratações, financiamento e efetivação no cargo, que moldam invisivelmente os limites de pesquisa e concentram o poder. Portanto, desde os estágios iniciais, a instituição consegue filtrar aqueles ideologicamente incompatíveis, sem se afastar publicamente de um compromisso com a "liberdade acadêmica".

A Universidade de Pittsburgh (Pitt), vinculada ao governo estadual, oferece um bom exemplo desse processo de conquista burocrática. Nos últimos anos, os administradores da Pitt criaram uma rede elaborada de programas, normas, incentivos e subinstituições para consolidar o poder em torno da ideologia da diversidade. Atualmente, a universidade conta com Escritório de Equidade, Diversidade e Inclusão, Instituto de Consciência de Equidade Racial, Centro de Problemas Raciais e Sociais, Sociedade de Ação Negra, Eventos de Experiência Negra, Vidas Negras em Foco, Senado Negro, Coletivo PittEd para Justiça, Simpósio Anual de Justiça Social e uma oferta constante de fóruns de "diversidade", "grupos de brancos solidários", seminários sobre "privilégio branco", palestras sobre "capitalismo racializado", módulos sobre "antirracismo", certificados de "diversidade e inclusão" e treinamentos de "consciência de equidade racial".[64]

Em 2020, os administradores da Universidade de Pittsburgh anunciaram que ampliariam ainda mais a burocracia ligada à diversidade, implantando cotas raciais para admissões, criando espaços de "afinidade" racialmente segregados para minorias, oferecendo treinamento de "antirracismo" para todos os funcionários da universidade[65] e exigindo que todos os alunos do primeiro ano participassem de um curso obrigatório sobre "racismo antinegro", que apresenta a teoria crítica e a ideologia do "antirracismo" como doutrinação, em vez de debate controverso.[66]

A contratação e a promoção também são concebidas para criar filtros políticos e reforçar a ideologia da diversidade. Por exemplo, o departamento de ciência política da Pitt publicou recentemente um anúncio de emprego para um professor assistente de "Racismo Estrutural, Opressão e Experiências Políticas Negras", como parte do "agrupamento em Raça, Representação e Racismo Sistêmico e Antinegro" da Escola de Artes e Ciências.[67] O anúncio, que favorece "solicitações de emprego de acadêmicos que pesquisam sobre problemas de opressão racial e desigualdades e hierarquias racializadas", serve como um pré-filtro para acadêmicos dissidentes. Os professores existentes também devem se submeter a uma avaliação regular de suas lealdades: os candidatos a cargos de liderança em departamentos acadêmicos devem apresentar "declarações de diversidade" que reconheçam "os desafios de transitar pelo poder e pelo privilégio", confessem "seu próprio papel na maneira sistemática em que as pessoas são oprimidas" e se comprometam a incluir a ideologia da diversidade em seus "materiais e métodos de ensino".[68] No final da linha de produção acadêmica, a saída corresponde à entrada: os professores titulares montam em conjunto uma massa intercambiável de artigos e livros sobre "racismo tácito",[69] "matemática da justiça social",[70] "encantamento *queer*" e "confrontando o colonialismo do colono na educação superior",[71] adicionando novo peso, sem novas ideias, ao *corpus* da diversidade.

Alguns professores se manifestaram contra os efeitos corrosivos desses programas. Na Pitt, Michael Vanyukov, professor de ciências farmacêuticas, que nasceu e cresceu na União Soviética, denunciou os programas de diversidade da universidade como "agitação e propaganda neomarxiana" que "não difere [do que] a propaganda soviética ensinava sobre o Ocidente e o capitalismo".[72] Na Universidade da Califórnia em Davis, a professora de matemática Abigail Thompson emitiu uma nota comparando as declarações de diversidade obrigatórias aos juramentos de lealdade anticomunistas da década de 1950.[73] Na Universidade de Michigan, o economista Mark Perry alertou sobre a expansão contínua da burocracia ligada à diversidade, que começa na administração central e depois "passa a se descentralizar para todas as diferentes escolas, faculdades e programas", até que "mesmo a biblioteca da universidade tenha um funcionário de diversidade".

Segundo Perry, a intenção é criar uma "caixa de ressonância intelectual" que institucionaliza uma "ideologia política marxista" por meio de um enfoque em "raça", "equidade" e "diversidade". O resultado é uma burocracia ao estilo de comissariado. Os funcionários encarregados de diversidade monitoram os departamentos acadêmicos, as declarações de diversidade impõem lealdades e, nas palavras de Perry, a "cultura do medo" resultante impede a maioria dos professores de expressar oposição.[74]

No entanto, esses protestos se mostraram inúteis. Por meio da política departamental, da manipulação da seleção de professores e do controle burocrático, os administradores das grandes universidades públicas conseguiram promover as teorias críticas e reprimir silenciosamente grande parte da oposição interna. A Universidade da Califórnia, que Marcuse criticou uma vez como um "pilar do *establishment*",[75] atualmente se transformou em um sistema de regime progressista de partido único.[76] A burocracia ligada à diversidade é a governante da vida universitária, e, entre o corpo docente, os liberais costumam superar os conservadores numa proporção de 20:1.[77] Além disso, esse novo *status quo* agora está tão profundamente entranhado nas expectativas públicas que funciona de maneira unidimensional, transmitindo e mantendo a ideologia das teorias críticas sem oposição significativa.

Quando um professor conservador é reprimido por expressar uma opinião polêmica ou suspenso por se recusar a reduzir os padrões de avaliação para estudantes negros, isso passa quase despercebido.[78] Não há protestos na praça da universidade e nenhum gabinete do administrador é ocupado. Os administradores não são pressionados a responder, além de divulgar uma declaração genérica de relações públicas confirmando seu compromisso com o "mercado de ideias",[79] escondendo a verdadeira natureza da realidade política segundo a mesma "pseudoneutralidade" que enfurecera Marcuse durante sua época.[80]

Observando as universidades em geral, a conclusão é inevitável: a teoria crítica da sociedade alcançou sua revolução intelectual. A metafísica, a tradição, a religião, a literatura e a história foram criticadas, categorizadas, desconstruídas e substituídas pela nova ideologia da libertação. Os teóricos críticos e seus aliados na burocracia transformaram a universidade no que Marcuse chamou de "instituição revolucionária inicial", que, segundo ele, poderia servir como modelo para a "propriedade coletiva" e finalmente viabilizar "a criação de uma realidade em conformidade com a nova sensibilidade e a nova consciência".[81]

O sonho de Marcuse da "tolerância libertadora" foi alcançado. As universidades adotaram "o abandono sistemático da tolerância em relação a opiniões regressivas e repressivas" e "restrições rígidas ao ensino e práticas nas instituições educacionais".[82] Os departamentos de DEI, usando as técnicas de Erica Sherover-Marcuse, investigam, testam e policiam estudantes e funcionários em busca de "atitudes opressoras" e crimes subliminares de "viés inconsciente", "racismo internalizado" e "microiniquidades".[83]

A prática de "tolerância libertadora" congelou as universidades num ciclo interminável de 1968. Os professores e os estudantes se imaginam heróis da contracultura, "decolonizando" e "subvertendo" ideologias inimigas, mas seu trabalho se tornou imitação, e não uma criatividade genuína. A linguagem de subversão da Nova Esquerda, que foi verdadeiramente transgressiva em seu ponto de origem, criou seu próprio "universo conformista e corrompido de linguagem política".[84] Transformou-se na nova "blindagem do *establishment*", defendendo a ortodoxia de esquerda da nova elite[85] enquanto se isenta da "crítica radical" de seus próprios conceitos, linguagem e poder.[86]

O resultado é uma reversão total. Em 1967, Marcuse disse aos jovens revolucionários na conferência Dialética da Libertação: "Devemos confrontar a doutrinação da servidão com a doutrinação da liberdade". Ele sustentou que a longa marcha através das universidades era apenas o começo. "A educação hoje é mais do que discussão, mais do que ensino, aprendizagem e escrita", ele afirmou. "A não ser que e até que vá além da sala de aula, até que e a não ser que vá além da faculdade, da escola, da universidade, permanecerá impotente."[87] A revolução exigia que se estendesse por toda a sociedade e consolidasse soberania sobre todas as instituições do passado. "Devemos enfrentar essa sociedade em seu próprio terreno", ele disse. "Mobilização total."[88]

Acima de tudo, a captura das universidades representa um modelo para o futuro. Os teóricos críticos e os administradores de DEI acreditaram que poderiam produzir um novo conjunto de valores nos departamentos acadêmicos e perpetuá-los por meio da burocracia. Eles compreenderam que a teoria crítica não podia mais permanecer uma pura negação. Após sua conquista das disciplinas e, em seguida, da administração da universidade, ela herdara, pela primeira vez, a responsabilidade de governar. Depois que sua teoria crítica se transformou no princípio governante da universidade – purificada como "diversidade, equidade e inclusão" e concretizada na imensa burocracia –, era apenas uma questão de tempo antes que ela buscasse se estender para além dos portões do *campus*.

Como Rudi Dutschke explicou certa vez, a revolução começara nas universidades por necessidade, mas exigiria que os ativistas remodelassem todos os domínios da vida humana. Disse ele:

> Nossa limitação historicamente correta de nossa ação na universidade não deve ser transformada em fetiche. Uma dialética revolucionária das transições corretas deve considerar a "longa marcha através das instituições" como uma ação prática e crítica em todas as esferas sociais. Deve definir como seu objetivo o aprofundamento subversivo e crítico das contradições, um processo que se tornou possível em todas as instituições que participam da organização da vida cotidiana.[89]

Em outras palavras, a revolução só teria sucesso ao tomar conta de tudo.

CAPÍTULO 4

O NOVO REGIME IDEOLÓGICO

A longa marcha através das instituições acarretou um tipo estranho de revolução. As imagens das antigas revoltas – trabalhadores cobertos de fuligem incendiando prisões e saqueando edifícios de prédios de ministérios – não se aplicam. Em contraste, a revolução da teoria crítica foi quase invisível. A longa marcha através das instituições foi tão gradual, tão burocrática, que passou quase despercebida.

Hoje, porém, depois que ela chegou a uma conclusão, a dinâmica dessa nova ordem ideológica ficou clara. Trata-se de uma revolução vinda de cima, e não de baixo. É uma revolução no abstrato, e não no concreto. É uma revolução de informação em vez de produção – e uma revolução não menos significativa do que as grandes revoluções do passado.

Na década de 1960, Marcuse esboçou as fases iniciais desse processo, sustentando que o capitalismo burguês e o comunismo estatal estavam ambos destinados a fracassar. Como Marx, Marcuse estava convencido de que o "capitalismo gera seus próprios coveiros",[1] mas, além disso, ele havia perdido a fé no comunismo stalinista, sobre o qual escrevera um livro amargo denunciando o declínio em direção à tirania da União Soviética.[2]

Marcuse propôs uma terceira via, incentivando seus seguidores, na maioria brancos com educação superior, a aprender os métodos de gerenciar grandes empresas e estabelecer gradualmente as teorias críticas como sua ideologia dominante. Embora Marcuse lamentasse que a classe trabalhadora tivesse se tornado "antirrevolucionária", ela também estava rapidamente se tornando obsoleta:

na sociedade tecnologicamente avançada, os "meios de produção" eram cada vez mais abstratos, em vez de assuntos concretos, e a tarefa mais urgente era constituir uma nova elite, em vez de um novo proletariado.

Agora, essa revolução chega a seu fim. Marcuse alicerçou a ideologia com sua teoria crítica da sociedade. Seus discípulos desenvolveram o modelo para a captura da elite nas universidades. E a próxima geração de ativistas de esquerda o expandiu por toda parte.

O resultado desse processo é a criação de um novo regime ideológico – constituído por uma unidade entre a universidade, a mídia, o Estado e as corporações – que se aglutinou ao redor das teorias críticas, transmitiu-as por meio da burocracia pública e impôs a nova ortodoxia por meio da gestão de cima para baixo da vida privada. Esse regime é descentralizado e difuso. Funciona mediante a manutenção de mitos, crenças e incentivos, em vez de uma liderança ou direção centralizada.

As universidades serviram como o polo inicial, mas a linguagem das teorias críticas foi rapidamente convertida na linguagem do Estado e das corporações. As práticas da Nova Esquerda foram profissionalizadas como "ciências sociais" e "diversidade, equidade e inclusão".

Quando a Nova Esquerda estava em minoria, Marcuse pregava a mobilização política "extraparlamentar" e criticava o *establishment* pelo uso de linguagem manipuladora. Atualmente, os papéis se inverteram. Após os ideólogos de esquerda começarem a dominar as instituições e consolidar seu poder na burocracia, eles criaram seu próprio universo linguístico unidimensional, buscando impor sua autoridade além da oposição política. Assim, o conceito político de "libertação" se torna o conceito matemático de "equidade". O conceito ideológico de "privilégio branco" se torna o conceito científico de "viés implícito". O conceito moral de "racismo" se torna o conceito estatístico de "disparidade racial". Eles enquadraram sua revolução em termos das ciências sociais porque acreditavam que isso legitimaria a gestão elitista da sociedade, excluindo as classes trabalhadoras "antirrevolucionárias", que se opunham a seu domínio desde a época de Marcuse.

O novo regime é uma síntese da teoria crítica de Marcuse, que ele apoiou, e da sociedade unidimensional, a que ele se opôs. A universidade, a mídia, o Estado e as corporações se submeteram a esse estranho híbrido e, em conjunto, agora funcionam como o "centro vital" que atua como mediador da relação entre as instituições e a população.[3] As novas elites participam desse sistema governante por osmose, absorvendo os conceitos e o vocabulário criados pelas teorias críticas e, em seguida, transmitindo-os mediante a gestão das instituições.

Em grande medida, a história da longa marcha através das universidades estava concluída havia uma geração – mas isso foi só o começo.

*　*　*　*

Marcuse acreditava que a universidade poderia servir como a "instituição revolucionária inicial",[4] mas não era, por si só, poderosa o suficiente para transformar a sociedade mais ampla. Os intelectuais poderiam produzir conhecimento, mas, deixados por conta própria, não conseguiriam superar o universo unidimensional do *establishment*. Ele afirmou:

> Sob o domínio dos meios midiáticos monopolistas – eles mesmos meros instrumentos do poder econômico e político –, cria-se uma mentalidade para a qual o certo e o errado, o verdadeiro e o falso são predefinidos sempre que afetem os interesses vitais da sociedade. O significado das palavras é rigidamente estabilizado. A persuasão racional, a persuasão ao contrário, é praticamente excluída.[5]

A solução, então, era estender a "longa marcha através das instituições" para os meios midiáticos e forjar um aparato contranarrativo com o poder de contestar a narrativa do *establishment* e substituí-la pela narrativa das teorias críticas. Marcuse implorou aos estudantes que aprendessem "como usar os meios de comunicação de massa e como organizar a produção", como parte de um "esforço concentrado para construir contrainstituições" e desenvolver o domínio sobre "as grandes cadeias de informação e doutrinação".[6]

Com o tempo, eles conseguiram. Os radicais travaram uma guerra geracional pelo prestígio na mídia, e as teorias críticas se tornaram o estilo editorial da opinião do *establishment*.

O triunfo dessa "longa marcha através da mídia" pode ser representado em pequena escala pela conquista do *New York Times*, que há muito tempo é o prêmio mais cobiçado da mídia norte-americana. Cinquenta anos atrás, o jornal ridicularizou Marcuse. Um crítico considerou *An Essay on Liberation* como uma "reciclagem de fantasias desacreditadas" que "exalavam totalitarismo".[7] Outro publicou uma crítica sarcástica de *Counterrevolution and Revolt*, retratando o filósofo como uma figura ridícula, ainda que um tanto perigosa, que conferia falsa legitimidade à violência e à revolução.[8] Em 1979, quando Marcuse morreu, o jornal publicou um obituário tratando o professor como uma relíquia histórica transitória, assinalando que "quando a agitação social da década de 1960 se dissipou, o dr. Marcuse desapareceu de vista tão subitamente quanto havia se tornado um herói popular visível, ainda que relutante".[9]

Porém, as opiniões do *establishment* no *New York Times* subestimaram Marcuse, cujas ideias sobreviveram e, com o tempo, suplantaram a posição moderada do jornal de referência. Como uma das bombas-relógio dos Weathermen, a filosofia de Marcuse acabaria explodindo, consumindo a sala de redação do jornal.

Essa conquista chegou tarde, mas progrediu rapidamente. Segundo um repórter veterano do *New York Times*, que pediu anonimato por temer represálias, a mudança ideológica do jornal começou na sequência da Grande Recessão,[10] quando os executivos demitiram muitos jornalistas veteranos e começaram a contratar centenas de repórteres mais jovens que foram profundamente influenciados pelas teorias críticas em universidades de elite. Esses novos funcionários travaram uma "batalha geracional" contra a liderança existente no jornal e no sindicato dos jornalistas, evitando questões trabalhistas tradicionais em favor de incitar a implantação de programas de diversidade e prioridades ideológicas da esquerda. "Considero que o que está acontecendo no conjunto maior do jornal reflete muito mais o que vinha acontecendo no sindicato", o repórter afirmou, "e agora estamos profundamente envolvidos em batalhas relacionadas a DEI e em batalhas sobre raça [e] gênero."

Nas palavras de outro jornalista, foi uma "revolução".[11]

Depois de assumirem o controle do sindicato, a facção dos funcionários mais jovens e orientados ideologicamente – não só jornalistas, mas também *designers*, programadores, profissionais de marketing e outros profissionais de criação – estabeleceu uma nova postura para a sala de redação e deslocou substancialmente o jornal para a esquerda. Como o cientista social Zach Goldberg documentou de forma meticulosa, o vocabulário das teorias críticas conquistou rapidamente o universo linguístico do jornal. Entre 2011 e 2019, a frequência de uso das palavras "racista(s)" e "racismo" aumentou 700% e 1.000%, respectivamente; entre 2013 e 2019, a frequência de uso da expressão "privilégio branco" cresceu 1.200%, e a frequência de uso da expressão "racismo sistêmico" cresceu 1.000%. Essa nova sensibilidade capturou com rapidez a página de artigos de opinião, assim como as seções de notícias sérias e importantes e os departamentos de gestão, recursos humanos e programação de diversidade.[12]

Enquanto isso, o espírito da "tolerância libertadora" de Marcuse, no qual as acusações de racismo e sexismo são usadas para silenciar a dissidência, tornou-se a cultura interna dominante. De acordo com o repórter veterano do *New York Times*, há um medo generalizado entre muitos diretores e editores mais antigos, que "sentem para onde o vento está soprando" e desaparecem nos momentos de controvérsia, na esperança de manter sua reputação e evitar condenação pública. "Havia uma vertente de pensamento de esquerda liberal sobre a liberdade de expressão que deve muito a Marcuse, e isso provavelmente também é verdade em nossa sala de redação", o repórter experiente disse, destacando que os antigos baluartes da liberdade de expressão, como a American Civil Liberties Union, também sucumbiram à lógica da filosofia de Marcuse. "Poderia ser um verdadeiro desastre", o jornalista afirmou. "Você não pode continuar chamando tudo de racista e achar que isso vai durar para sempre."[13]

A conquista do *New York Times* foi uma virada crucial na longa marcha através das instituições. A Nova Esquerda inspirou ativistas que já tinham obtido a hegemonia em relação às publicações acadêmicas, mas essas publicações alcançavam uma audiência limitada de professores e administradores escolares. O *New York Times*, em contraste, permeia a consciência de 100 milhões de leitores, além de audiências secundárias imensas na televisão, no rádio e nas redes sociais.[14] Se a universidade forneceu a teoria da revolução, o jornal forneceu o mecanismo de transmissão, transformando as ideias marginais formuladas em *An Essay on Liberation* e no conselho de guerra de Flint em um novo consenso liberal. Conforme o *New York Times* mudava, os outros canais principais de mídia de tendência esquerdista seguiam o mesmo caminho: o *Washington Post*, a National Public Radio (NPR), a MSNBC[15] – até as agências de notícias[16] – convergiram para o enquadramento e a linguagem da Nova Esquerda.

Após a conquista do poder, os ativistas da nova "contramídia" implantaram o modelo de mudança política que havia sido desenvolvido nas universidades: saturar o discurso com conceitos políticos extremamente viciados a fim de moldar a consciência popular e precondicionar o público a tirar conclusões políticas de esquerda. Esse processo – em que um conjunto básico de expressões ideológicas é repetido em grande escala e incorporado à mente pública por meio da força da repetição – pode ser chamado de "sobrecarga linguística". Conforme o conselho de Marcuse aos jovens ativistas, "o vocabulário sociológico e político deve ser radicalmente reformulado: deve ser despojado de sua falsa neutralidade; deve ser 'moralizado' de forma metódica e provocativa em função da Recusa".[17]

Os ativistas acreditavam que, quando isso fosse alcançado, as massas interpretariam suas experiências por meio da linguagem da revolução – como, por exemplo, "racismo sistêmico" ou "brutalidade policial" – e chegariam às conclusões predeterminadas quase automaticamente.

*   *   *   *

A próxima conquista na longa marcha através das instituições foi o Estado.

Já na época da emigração de Marcuse para os Estados Unidos, o New Deal[18] havia consolidado o governo federal como o grande artífice da vida norte-americana. Ele empregava mais de um milhão de cidadãos e tinha um grande número de gestores, burocratas e trabalhadores técnicos espalhados por todo o país.[19] Com a Grande Sociedade do presidente Lyndon Johnson, o governo federal redobrou suas iniciativas e levou a burocracia a um nível ainda mais profundo na vida social, política e familiar.

Hoje em dia, a situação, no mínimo, se intensificou: as agências públicas empregam cerca de 24 milhões de norte-americanos,[20] gastam mais de um trilhão de dólares por ano em programas de assistência social baseados em critérios de renda[21] e subsidiam aproximadamente metade de todos os domicílios por meio de benefícios sociais e transferências de renda.[22] Além disso, o Estado moderno possui uma tecnologia de controle muito mais sofisticada: mediante avanços nas ciências sociais e especialização das profissões gerenciais, o Estado não só busca construir pontes suspensas e administrar a Previdência Social, como fez após o New Deal, mas também quantificar e manipular as expressões mais íntimas do comportamento humano, até mesmo a relação entre pais e filhos.

Dessa maneira, para os ativistas que querem influenciar a sociedade de maneira profunda, o Estado é o mecanismo supremo, tanto por meio de seu poder político direto como por suas capacidades mais sutis de engenharia social. Na década de 1970, os ativistas ambiciosos e altamente qualificados da Nova Esquerda passaram a ver o Estado, sobretudo os imensos órgãos administrativos que atuavam fora de um controle legislativo significativo, como o prêmio máximo. Como Marcuse sugerira, eles perceberam que a maneira mais eficaz de contornar o processo democrático era administrar as instituições de produção de conhecimento e assegurar que o discurso fosse orientado pelo espírito da libertação – ou seja, de acordo com as ideologias críticas.

Acontece que o Estado foi uma captura fácil. Os revolucionários conseguiram converter tranquilamente as estratégias, táticas e políticas das universidades para a burocracia estatal. Quase não houve resistência alguma.

Os burocratas-ativistas tinham uma lista simples de objetivos: assumir o controle da cultura das agências federais; impor a ortodoxia política mediante programas de DEI baseados na teoria crítica; transformar o governo federal numa máquina de patrocínio para o ativismo de esquerda.

O primeiro passo já foi dado. A cultura política das agências federais é quase indistinguível da cultura política das universidades. Ao usar doações políticas como uma aliada da cultura política, os departamentos federais são predominantemente de esquerda. No ciclo eleitoral presidencial de 2020, os funcionários do Departamento de Justiça foram responsáveis por 83% de todas as contribuições para os candidatos democratas. No Departamento de Habitação e Desenvolvimento Urbano, o número foi de 84%. No Departamento de Saúde e Serviços Humanos, 88%; e no Departamento de Educação, expressivos 93%.[23] No geral, segundo a análise da Bloomberg, os funcionários federais não ligados à defesa foram responsáveis por 84% de todas as doações para o candidato presidencial democrata Joseph Biden – a uma distância próxima da taxa encontrada nas universidades, que foi de 93%.[24]

Essa cultura é ainda mais reforçada mediante a criação de programas permanentes de "diversidade, equidade e inclusão", que convertem a narrativa das teorias críticas em ortodoxia e utilizam os métodos desenvolvidos inicialmente por Erica Sherover-Marcuse para impor códigos de discurso e comportamento. Atualmente, esses programas são muito difundidos. O governo do presidente Joseph Biden tornou obrigatórios os programas de "diversidade, equidade e inclusão" em todos os departamentos do governo federal,[25] e as maiores agências possuem falanges de "funcionários encarregados de diversidade" que administram a burocracia de acordo com a ideologia de esquerda.[26]

A programação do Sandia National Laboratories, que estrutura o arsenal de armas nucleares dos Estados Unidos, é representativa da orientação geral de "diversidade e inclusão" do governo federal. Em 2019, executivos do Sandia enviaram um grupo de funcionários brancos do sexo masculino para um programa de reeducação de três dias a fim de expor seu "privilégio branco" e desconstruir sua "cultura branca masculina". O treinamento obrigatório, que foi chamado de "Encontro de Homens Brancos para Erradicação do Racismo, Sexismo e Homofobia nas Organizações", utilizou as técnicas de grupos de "conscientização" ao estilo da Nova Esquerda para humilhar, degradar e desagregar os participantes, de modo que pudessem ser reorientados para o "antirracismo".[27]

No início das sessões, os instrutores explicavam que sua intenção era expor as "raízes da cultura branca masculina", que consiste em "individualismo robusto", "atitude proativa", "trabalho árduo" e "busca pelo sucesso", que podem parecer superficialmente atraentes, mas, na verdade, estão enraizados em "racismo, sexismo e homofobia" e são "devastadores" para as mulheres e as minorias. Segundo os materiais do programa, essa cultura impõe um "padrão branco masculino" sobre os outros e resulta em uma "baixa qualidade de vida no trabalho e em casa, expectativa de vida reduzida, relacionamentos improdutivos e estresse elevado".

Com o propósito de desconstruir essa cultura, os instrutores do Sandia exigiram que os funcionários brancos do sexo masculino elaborassem uma lista de associações acerca de "homens brancos" e lessem uma série de declarações sobre seu "privilégio branco", "privilégio masculino" e "privilégio heterossexual". Os instrutores registraram as respostas para a primeira pergunta, que incluíam "supremacistas brancos", "Ku Klux Klan", "boné com a inscrição Make America Great Again", "privilegiados" e "massacres". Em seguida, pediram que os homens aceitassem sua cumplicidade no sistema de homens brancos e repetissem uma série de crenças: "os brancos são mais ricos"; "privilégio branco é enxergar os policiais como estando ali para protegê-lo"; "privilégio branco é ser o primeiro na fila".

Quando o programa de reeducação ia chegando ao fim, os instrutores pediram que os homens escrevessem cartas "dirigidas a mulheres brancas, pessoas de cor e outros grupos sobre o significado da experiência desse encontro". Os homens, sentindo-se exaustos, pediram desculpas, comprometendo-se a se redimir por sua branquitude e se tornar "um aliado melhor" para a causa. "O encontro me permitiu perceber o [privilégio], ainda que anteriormente não tivesse me dado conta, que tenho como homem branco na sociedade e no Sandia", escreveu um participante. "Sinto muito pelas vezes que não me posicionei a seu favor para criar um ambiente seguro. Sinto muito pelo tempo que passei sem pensar em você", escreveu outro. A submissão estava completa.

Enfim, como uma questão estrutural mais ampla, o novo aparato federal de "diversidade e inclusão" também funciona como uma máquina de patrocínio para o ativismo de esquerda.

Todos os principais financiadores em educação, humanidades e ciências – o Departamento de Educação, o Fundo Nacional para as Artes (NEA, na sigla em inglês), o Fundo Nacional para as Humanidades (NEH, na sigla em inglês) e a Fundação Nacional da Ciência – tornaram-se benfeitores permanentes das teorias críticas, independentemente de qual partido político detenha a presidência e o poder legislativo. Durante décadas, essas entidades distribuíram centenas de milhões de dólares para universidades, artistas, pesquisadores, escritores e figuras culturais que ecoam os eufemismos da revolução, como se estes constituíssem uma senha secreta para o apoio. As instituições funcionam como seus feudos pessoais: burocratas de carreira superam os nomeados políticos e, por meio de redes de patrocínio construídas ao longo de muito tempo e um processo seletivo de "partido único" semelhante aos das universidades, direcionam generosas subvenções para ativistas externos, que não estão sujeitos a requisitos federais de supervisão e transparência.

A lista de subvenções aprovadas em artes e humanidades durante as presidências de Obama e Trump – este último supostamente contra as ideologias críticas – exemplifica a natureza absoluta desse sistema de patrocínio. Nesse período, o Departamento de Educação financiou centenas de programas de esquerda, incluindo uma repetição interminável de programas e estudos que reiteravam os mantras básicos de DEI: "equidade educacional", "uso de dados para alcançar a equidade", "equidade por meio da ação", "construção da capacidade escolar para abordar a equidade em grande escala", "parcerias de prática de pesquisa orientada para a equidade", "eficácia, eficiência e equidade", "mudança sistêmica para melhoria da equidade", "educadores focados na equidade", "abertura de caminhos para institucionalizar a equidade", "criação de um *campus* voltado à equidade", "construção da equidade por meio de mudanças sustentáveis".[28]

Nesse ínterim, o NEA e o NEH seguiram a mesma linha política, financiando, por exemplo, diversas palestras sobre "raça, reconciliação e transformação", uma conferência nacional de escritores negros sobre a "reconstrução da narrativa principal", um programa de residência artística a favor da "equidade racial", um programa de certificação de liderança em "diversidade, equidade e inclusão", uma mostra de arte sobre "raça, gênero e globalização", um programa de pesquisa no exterior que "visa desmantelar hierarquias de raça e civilização", uma biografia investigando o "movimento Black Power", uma "trilogia de dança-teatro sobre raça, cultura e identidade", e uma peça teatral acerca de "um manifesto sobre raça nos Estados Unidos pelos olhos de uma garota negra se recuperando do auto-ódio".[29]

Mesmo a Fundação Nacional de Ciências, que se poderia supor estar protegida das teorias críticas, sucumbiu. Durante os governos democratas e republicanos, a instituição subsidiou trabalhos políticos da esquerda, incluindo uma iniciativa de milhões de dólares para desmantelar "as barreiras institucionais e interseccionais à equidade" em universidades, uma parceria de um milhão de dólares para "acelerar mudanças sistêmicas em diversidade, equidade e inclusão", um plano para "criar agentes de mudança docentes" que põem em prática políticas relacionadas ao "viés inconsciente", um programa para investigar "o uso da tecnologia na construção de sistemas mais socialmente conscientes para mitigar o racismo institucional", uma dissertação sobre "a atração da branquitude e a política da 'alteridade'", uma bolsa de pós-doutorado sobre "subjetividade racial/étnica e organização comunitária de base", uma conferência para promover "diversidade, equidade e inclusão" na astronomia, e dezenas de outros programas sobre "diversidade", "equidade" e "inclusão".[30]

Em conjunto, esses programas direcionam centenas de milhões de dólares para o ativismo de esquerda e se tornaram a cultura dominante nas agências governamentais. A burocracia federal, que foi criada para ser neutra, ou pelo menos prestar contas ao poder executivo, agora é uma criatura com suas próprias prerrogativas. Os burocratas alegam que estão buscando conhecimento, mas, na verdade, estão buscando poder, tudo sob a justificativa de expertise técnica. O Estado se torna o principal veículo da revolução. Já não procura prestar serviços ao público, mas, ao seguir os ditames da teoria crítica, busca subverter a si mesmo.

Trata-se de uma revolta do Estado contra o povo – e, com esse intuito, está rapidamente ganhando poder.

* * * *

A conquista final na longa marcha através das instituições envolve a expansão das teorias críticas nas maiores corporações dos Estados Unidos.

A princípio, isso parece ser uma contradição insuperável: os teóricos críticos eram críticos ferozes do capitalismo e não queriam nada além de aboli-lo. Contudo, suas ideias têm conquistado espaço nos centros do poder capitalista. Atualmente, as 100 maiores empresas relacionadas pela revista *Fortune* se submeteram à ideologia das teorias críticas, filtradas através da linguagem da "diversidade, equidade e inclusão". Elas instituíram novas burocracias, criaram novos programas e organizaram novos esquemas de treinamento para seus funcionários sobre "branquitude", "racismo sistêmico", "capitalismo racial" e "abolição do sistema prisional".[31]

Como isso é possível? Porque as empresas de grande porte não são mais o domínio do *establishment* conservador.

De fato, a orientação cultural das empresas mais lucrativas corresponde, ou até supera, o liberalismo da academia, do governo e da educação. De acordo com as doações políticas dos funcionários, as empresas Google e Facebook são mais liberais do que a Universidade da Califórnia em Berkeley e a Universidade de Michigan; as empresas de consultoria Deloitte, Accenture, KPMG, PwC e Ernst & Young são mais liberais do que os departamentos do governo federal; e os funcionários da Disney, Nike, Starbucks e Capital One são mais progressistas do que os professores e administradores das escolas públicas.[32]

Parte disso se deve a uma mudança da coorte e, assim como no *New York Times*, a uma "revolução" geracional. Para os graduados em universidades de renome que depois ingressam no mundo corporativo, as teorias críticas servem como um substituto para uma visão de mundo sofisticada e progressista, e também como uma conexão estética com a contracultura da década de 1960, que ainda é percebida como de *status* elevado. Eles enxergam a "nova sensibilidade" de Marcuse e a ascensão profissional da classe gerencial como métodos de libertação pessoal em relação à criação nos subúrbios e aos valores típicos da classe média norte-americana. Para muitos deles, a cultura conquista a mente, e a política segue o mesmo caminho.

Enquanto isso, para os executivos, a adoção dos princípios das teorias críticas, diluídos como "diversidade, equidade e inclusão", funciona como uma apólice de seguro contra campanhas de ativismo esquerdista e processos judiciais por discriminação dispendiosos e frequentemente sem fundamentos segundo o Título VII da Lei dos Direitos Civis. Ao distribuir materiais e exigir programas de treinamento sobre "equidade racial" e "racismo sistêmico", as empresas de grande porte podem sinalizar sua autenticidade liberal e criar uma defesa preventiva contra quaisquer alegações de "ambiente de trabalho hostil" ou "discriminação de raça e gênero".

Além disso, sob a égide das iniciativas de "diversidade e inclusão", os executivos podem direcionar contribuições financeiras para organizações ativistas de esquerda, que atuam como pagamentos de proteção contra protestos, boicotes e campanhas de relações públicas. As principais corporações fizeram um cálculo simples: elas realizaram todos os seus desejos em termos econômicos a partir da direita política – redução de impostos, livre comércio e desregulamentação – e, portanto, estão procurando contentar seus inimigos em potencial da esquerda política em termos culturais. Trata-se de um jogo clássico de dentro para fora. Os lobistas de corporações garantem discretamente uma legislação favorável por meio dos congressistas republicanos, enquanto os executivos das corporações alardeiam publicamente suas contribuições para a "equidade racial" e prometem apoio à "justiça social".

Essa dinâmica ficou bem evidente após a morte de George Floyd, que suscitou meses de tumultos, saques e violência nas cidades norte-americanas. Ao mesmo tempo que os saqueadores roubavam lojas e incendiavam os distritos comerciais, os CEOs das grandes empresas declaravam não estar do lado da "lei e ordem", como fizeram na década de 1960, mas estar do lado dos manifestantes e dos agitadores. Imediatamente, as 50 maiores empresas norte-americanas se comprometeram com a doação de 50 bilhões de dólares em prol da "equidade racial",[33] com os CEOs de empresas como Cisco, Pepsi e Nike repetindo publicamente o *slogan* das ruas, "Black Lives Matter".[34] Jamie Dimon, CEO do JPMorgan Chase, ajoelhou-se em protesto simulado durante a execução do hino nacional,[35] e o McDonald's proclamou George Floyd, mártir da justiça social, como "um de nós".[36]

Essas empresas entendem que sempre há um tributo a ser pago: no passado, elas podem ter pago à máfia ou ao sindicato para conseguir a paz; atualmente, elas pagam à empresa de consultoria de equidade e à organização de ativistas raciais. Esta última talvez seja mais sofisticada – afinal, foi criada por intelectuais da elite, e não por operários rudes –, mas o acordo é o mesmo. O grupo de pressão externo, respaldado pela ameaça de violência, extrai pagamentos do agente econômico dominante, que os calcula como um custo operacional.

No entanto, o problema é que as teorias críticas nunca podem ser satisfeitas. A pequena corrupção acaba se cristalizando em burocracia: pagamentos únicos em dinheiro para ativistas se tornam contratos de longo prazo com consultores em diversidade; a descoberta de preconceitos subliminares no local de trabalho leva a uma inquisição interminável; as iniciativas temporárias se transformam em departamentos em tempo integral. Uma vez que os gestores corporativos tenham aceitado a premissa das teorias críticas, eles nunca poderão se livrar das consequências.

O conteúdo dos programas corporativos de "diversidade, equidade e inclusão" é quase idêntico ao das universidades e das agências federais. Nos últimos anos, esses programas se tornaram extremamente populares nas 100 maiores empresas relacionadas pela revista *Fortune*, como American Express, Bank of America, Lockheed Martin, Raytheon, Disney, Verizon, AT&T, Google e Facebook.[37] Atualmente, algumas dessas empresas obrigam os executivos brancos do sexo masculino a repetir uma série de autocríticas e renunciar a seu "privilégio branco", "privilégio masculino" e "privilégio heterossexual";[38] outras incentivam os funcionários a "identificar [seu] privilégio", "cortar as verbas da polícia", "contribuir para reparações" e "decolonizar [suas estantes de livros]".[39]

Porém, esse estilo de programa não se limita a corporações de alta tecnologia em cidades litorâneas. Por exemplo, a Walmart está longe de ser o estereótipo de uma corporação de esquerda – a sede fica em Bentoville, no Arkansas, um reduto bastante à direita em termos políticos, e a empresa tradicionalmente apoiou causas conservadoras –, e mesmo assim seus executivos adotaram sem reservas as teorias críticas.

Em 2021, o CEO Doug McMillon comunicou a criação do Walmart.org Center for Racial Equity e se comprometeu com a doação de 100 milhões de dólares para "lidar com os fatores motivadores do racismo sistêmico" e "[mudar] o poder, o privilégio e o acesso" na sociedade norte-americana.[40] De acordo com documentos de um denunciante, a empresa também instituiu um programa de treinamento obrigatório para executivos que condena os Estados Unidos como uma sociedade racista e ensina os funcionários brancos de baixa renda das lojas que eles são culpados de "privilégio branco" e "superioridade racial internalizada".

O manual de treinamento, criado em parceria com a empresa de consultoria Racial Equity Institute, sediada em Greensboro, na Carolina do Norte, parece o texto do manifesto *Prairie Fire* transliterado para a linguagem corporativa. O programa começa explicando que os Estados Unidos possuem um "sistema de supremacia branca" concebido por europeus brancos "com o propósito de atribuir e manter o acesso ao poder e privilégio para pessoas de pele branca". O Walmart enquadra a história norte-americana como uma longa sequência de opressões, desde a "construção de uma 'raça branca'" pelos colonizadores em 1680 até a legislação de estímulo do presidente Barack Obama em 2009, "outra lei neutra em relação à raça que beneficiou desproporcionalmente as pessoas brancas".

Seguindo o modelo de "consciência emancipatória" de Erica Sherover-Marcuse, o programa sustenta que as limitações na consciência branca mantêm as opressões sociais. Portanto, de acordo com o Walmart, o objetivo é criar um diagnóstico psicológico da "branquitude", que pode então ser tratado por meio do "desenvolvimento antirracista branco". O manual explica que os brancos são inerentemente culpados do "pensamento de supremacia branca", que se baseia na crença de que "o conforto, a prosperidade, o privilégio e o sucesso foram conquistados por méritos e trabalho árduo", e não por meio dos benefícios do racismo sistêmico. Como resultado, os brancos norte-americanos foram submetidos a um "condicionamento racista" que os doutrina na "supremacia branca", incluindo os valores racistas de "individualismo", "objetividade", "paternalismo", "defensividade", "acumulação de poder", "direito ao conforto" e "culto à palavra escrita".

Por outro lado, as minorias raciais estão sempre sofrendo sob o jugo da "opressão racista construída" e da "inferioridade racial internalizada". Sua psicologia interna é considerada abalada e destroçada, dominada por mensagens internas como "acreditamos que há algo errado em ser uma pessoa de cor", "temos uma baixa autoestima", "temos baixas expectativas", "temos escolhas muito limitadas" e "temos uma sensação de possibilidades limitadas". O Walmart afirma que, dessa maneira, as minorias começam a acreditar nos "mitos promovidos pelo sistema racista" e possuem sentimentos de "auto-ódio", "raiva", "fúria" e "etnocentrismo", sendo forçadas a "esquecer", "mentir" e "parar de sentir" a fim de garantir a sobrevivência básica.

A solução proposta pela empresa, novamente seguindo o modelo dos antigos "grupos de conscientização", é incentivar os brancos a participar do "desenvolvimento antirracista branco", um programa de condicionamento psicológico que reorienta a consciência branca em direção ao "antirracismo" e cede poder às minorias dentro e fora da corporação. Nesse sentido, os funcionários brancos devem aceitar sua "culpa e vergonha" e a ideia de que "o branco não está certo", admitir sua cumplicidade no racismo e, finalmente, começar a assumir responsabilidades e se mover em direção à "ação coletiva", pela qual "os brancos podem fazer o que é certo". O objetivo é que os brancos avancem na "busca do empoderamento para pessoas brancas" e se recriem com uma nova "identidade antirracista".[41]

Aparentemente, há uma contradição flagrante em tais programas corporativos de DEI: a empresa está orientada pelo lucro, enquanto a teoria crítica procura contestá-lo. No entanto, como Marcuse compreendeu há meio século, o *establishment*, representado em sua forma mais pura pela corporação multinacional, possui uma enorme capacidade de assimilar as contradições em seu próprio mecanismo. Os executivos corporativos, percebendo o ímpeto das teorias críticas nas universidades e a necessidade de se proteger da burocracia federal da área dos direitos civis, fazem concessões à ideologia com a intenção de neutralizá-la, cooptá-la e torná-la inofensiva.

Empresas como o Walmart podem condenar a "objetividade", o "individualismo" e a "acumulação de poder" como "cultura da supremacia branca", enquanto atua impiedosamente com base nesses princípios no mercado global. O Walmart pode ministrar palestras a seus funcionários que recebem salário mínimo acerca de seu "privilégio branco" ao mesmo tempo que acumula centenas de milhões de dólares em remuneração dos executivos.[42] A empresa pagou o tributo, e acredita que pode continuar com os negócios normalmente.

O resultado, claro, é a teoria crítica como farsa: a ideologia da revolução passou pelo departamento de recursos humanos.[43] E ainda que os motivos dos executivos ao adotar esses programas possam ser cínicos – para limpar suas reputações, proteger-se contra processos judiciais sem fundamentos, reformular a corporação como um instrumento de redenção –, o simples fato da hipocrisia não exclui o dano que pode ser causado. Independentemente das intenções, quando as corporações se submetem aos ditames de DEI, a ideologia ganha poder e, por meio da repetição constante, deixa uma marca na mente. A linguagem das teorias críticas se torna a nova linguagem de acesso: aqueles que aspiram ingressar na elite devem se tornar fluentes a fim de se estabelecer nas instituições, incluindo as corporações.

Quer tenham a intenção, quer não, os gestores, os técnicos e os operários se tornam os novos soldados na longa marcha.

* * * *

Marcuse não viveu para ver essa revolução se desenvolver.

Com a diminuição do drama ao redor de seu trabalho, o escrutínio também diminuiu. O reitor da UCSD, na tentativa de aplacar as críticas, rotulou Marcuse como um "revolucionário de escritório";[44] em 1973, o FBI o retirou do Índex Administrativo ativo, concluindo que: "[Marcuse] não é considerado perigoso no presente momento".[45] Quando seus alunos lhe perguntaram sobre o auge da Nova Esquerda, Marcuse manifestou certa nostalgia. "Aquela foi a época heroica", ele disse. "Vocês nunca verão outra época igual."[46]

Porém, Marcuse foi muito modesto. Ele havia criado uma enorme obra, desde sua primeira dissertação sobre literatura alemã até seu último livro sobre estética marxista. Tinha formado um grupo de intelectuais, ativistas e revolucionários. E, apesar das decepções durante sua própria vida, estabelecera a base ideológica para a revolução que estava por vir.[47]

Atualmente, sua teoria crítica da sociedade, que ele desenvolveu quase na obscuridade, incorporou-se a todas as principais instituições, desde as universidades da Ivy League até as 100 maiores empresas relacionadas pela revista *Fortune*. As ideias de Marcuse, embora muitas vezes tenham sido simplificadas e suavizadas, alcançaram uma proeminência surpreendente na vida pública.

Em 1968, no auge de sua notoriedade, um jornalista francês acusou Marcuse de fazer campanha a favor de uma "ditadura platônica da elite". Sem hesitação, ele respondeu:

> Com toda a sinceridade, não sei o que é pior: uma ditadura de políticos, gestores e generais ou uma ditadura de intelectuais. Pessoalmente, se essa é a opção, eu prefiro a ditadura dos intelectuais se não há possibilidade de uma verdadeira democracia livre. Infelizmente, essa alternativa não existe neste momento.[48]

Hoje em dia, essa distinção desapareceu. As fronteiras entre a academia, a mídia, o governo e as empresas já não são linhas confiáveis de demarcação. Os intelectuais capturaram as vozes dos políticos, gestores e generais; neste momento, o vocabulário da universidade agora é indistinguível do vocabulário estatal. A metade superior do "novo proletariado" de Marcuse – a classe branca, abastada e educada – agora fala a linguagem da revolução em nome dos pobres, das minorias e dos oprimidos. Os membros dessa classe podem se deslocar sem percalços através da geografia e das instituições, seguros de que sua sofisticação simbólica, seu conhecimento técnico e sua opinião correta podem encontrar uma posição em qualquer lugar.

Atualmente, a "ditadura dos intelectuais" de Marcuse e a "ditadura dos políticos, gestores e generais" convergiram. Sua teoria crítica se tornou a ideologia normativa das universidades, e suas "contrainstituições" se tornaram, pelo menos como questão de afirmação pública, as instituições dominantes em todos os domínios.

Isso representa uma mudança de regime – uma revolução cultural. A vitória das teorias críticas substituiu os fins originais, ou *télos*, das instituições norte-americanas. A universidade já não existe para produzir o conhecimento, mas sim para despertar a "consciência crítica". A corporação já não existe para maximizar o lucro, mas sim para gerenciar "a diversidade e a inclusão". O Estado já não existe para garantir direitos naturais, mas sim para alcançar a "justiça social".

Os meios também mudaram. Como Marcuse previu, a revolução crítica não poderia triunfar por meio do processo democrático estabelecido na Constituição; pelo contrário, ela dependia da mobilização de forças "extraparlamentares", da captura de instituições de elite e, se necessário, da violência política, para promover a ideologia de esquerda "contra a vontade e contra os interesses predominantes da grande maioria das pessoas".[49]

No entanto, após a captura das instituições, esse método passou por uma inversão. Os descendentes da Nova Esquerda puderam usar suas posições nas grandes burocracias para mudar a cultura de cima para baixo e para exercer a autoridade sobre as massas "antirrevolucionárias". Eles começaram a utilizar suas próprias ferramentas de repressão. Os intelectuais desenvolvem narrativas políticas em escala industrial. Os departamentos de DEI criam novos códigos de discurso e comportamento. Os burocratas inventam e depois punem dissidentes por crimes de pura subjetividade, tais como "microagressões", "microassaltos" e "microiniquidades".[50]

Contudo, o triunfo da longa marcha através das instituições não representa a ascensão de um governo racional e científico, nem a chegada da "democracia direta" de Marcuse. Representa sim a ampliação do poder burocrático e a criação de uma nova sociedade unidimensional. À medida que os ativistas passaram de uma posição de negação para uma posição de autoridade, lentamente solaparam sua própria legitimidade como um movimento de subversão e sua própria argumentação como um método de libertação.

O resultado é uma revolta do Estado contra o povo. A burocracia fortalece seu próprio poder e privilégio, ao mesmo tempo que conduz uma revolução financiada pelos pagadores de impostos contra as classes média e baixa. A libertação se torna o pretexto para a dominação. A contracultura se torna o *establishment*. A revolução se cristaliza em burocracia.

No verão de 1979, durante uma viagem para a Alemanha para dar uma conferência, Marcuse sofreu um AVC e, após uma breve luta no hospital, morreu. Seus amigos e familiares organizaram um pequeno serviço fúnebre no bosque próximo da cidade de Starnberg, com o comparecimento de colegas próximos que o ajudaram a desenvolver as teorias críticas, do ativista Rudi Dutschke, que concebera a longa marcha através das instituições, e de sua terceira mulher, Erica, que criara o modelo para os modernos programas de "diversidade e inclusão".[51] Anos depois, numa cerimônia para dar um lugar final para suas cinzas, Angela Davis, a aluna de pós-graduação de Marcuse, celebrou-o como o líder intelectual da revolução da Nova Esquerda.[52]

Marcuse acabou se tornando um profeta. Em seus últimos meses de vida, um jovem discípulo lhe perguntou: "Seu objetivo maior foi elaborar a teoria para os futuros movimentos revolucionários?". Marcuse respondeu com satisfação: "Posso dizer que sim".[53]

PARTE II
Raça

CAPÍTULO 5

ANGELA DAVIS

O espírito da revolta racial

A estudante radical Angela Davis estava sentada no chão de uma pequena cela na Penitenciária Feminina de Nova York. Ela recebera uma carta, datada de 18 de novembro de 1970, de seu professor Herbert Marcuse, que supervisionava sua tese de doutorado sobre Kant, violência e revolução.

Para Davis, a questão não era simplesmente teórica; ela pusera em prática as teorias de Marcuse. A jovem de 26 anos, cuja imagem de cabelo afro e óculos escuros havia sido reproduzida incessantemente em colunas de jornais e nos cartazes dos 10 fugitivos mais procurados pelo FBI, tinha se tornado um ícone da esquerda. Davis fora presa sob acusações de sequestro, homicídio e fuga interestadual relacionadas a uma tentativa frustrada de fuga da prisão em San Rafael, na Califórnia. Porém, para seus apoiadores, Angela Davis era uma prisioneira política, castigada e acorrentada pelo crime de se opor ao regime opressor norte-americano.

A carta de Marcuse começava assim:

> Querida Angela, as pessoas me perguntam repetidas vezes como você, uma mulher jovem, sensível e muito inteligente, uma excelente aluna e professora, se envolveu nos violentos acontecimentos em San Rafael. Não sei se você se envolveu de alguma forma nesses trágicos acontecimentos, mas sei que se envolveu profundamente na luta a favor dos negros e dos oprimidos em todos os lugares, e que você não podia limitar seu trabalho por eles à sala de aula e à escrita.

O professor remontou às motivações de Angela ao mundo de sua infância – "Um mundo de crueldade, miséria e perseguição" – e a seu estudo da opressão histórica. Ele escreveu:

> E você aprendeu algo mais, especificamente, que quase todas as figuras célebres da civilização ocidental – a própria civilização que escravizou seu povo – estavam, em última análise, preocupadas com uma coisa: a liberdade humana. Como qualquer boa aluna, você levou a sério o que eles disseram, e pensou profundamente sobre isso, e por que tudo isso tinha permanecido meras palavras vazias para a grande maioria dos homens e mulheres. Assim, você percebeu que a ideia filosófica, a menos que fosse uma mentira, devia ser posta em prática: que ela continha um imperativo moral para deixar a sala de aula e o *campus* e ir ajudar os outros, seu próprio povo ao qual você ainda pertence.[1]

Segundo Marcuse, Davis levara as teorias críticas a sua conclusão lógica: a resistência violenta contra o Estado. Ela conectara as percepções da filosofia ocidental com o vitalismo da revolta dos escravos – e, dessa maneira, Angela servia como o grande símbolo do novo proletariado, a união sintética da *intelligentsia* branca e do gueto negro. Davis representava o "novo Sujeito histórico da mudança",[2] e, como tal, ela lutava em prol das massas prisioneiras e destroçadas, mas também dos sacerdotes da alta cultura.

"Você também lutou por nós", Marcuse concluiu em sua carta. "Nesse sentido, sua causa é nossa causa."[3]

Davis era uma fiel discípula de Marcuse. Ela o seguiu ao redor do mundo, incluindo as salas de aula da Universidade Brandeis, as estantes empoeiradas das bibliotecas europeias e o programa de pós-graduação da Universidade da Califórnia em San Diego. Davis absorvera os conhecimentos de Marcuse sobre Kant, Hegel, Marx e a teoria da revolução. Ao mesmo tempo, ficara fascinada pelo movimento nacionalista negro. Ela vira os Panteras Negras flexionar os músculos, com as boinas inclinadas sobre as testas, os peitos envoltos em bandoleiras e espingardas apontadas para o alto.[4]

A síntese dessas duas maneiras de ser – a filosofia branca e o poder negro – foi explosiva.

Com seus 20 e poucos anos, Angela Davis se tornara um símbolo da revolta. Ela enunciara uma visão de revolução total que converteria a teoria em ação. De sua cela na prisão, Angela disse o seguinte ao jornalista e conselheiro espiritual reverendo Cecil Williams:

> O revolucionário quer mudar a natureza da sociedade de uma maneira que crie um mundo onde as necessidades e os interesses do povo sejam atendidos. No entanto, um revolucionário se dá conta de que, para criar um mundo onde os seres humanos possam viver, amar, ser saudáveis e criar, é preciso revolucionar completamente todo o tecido da sociedade. É preciso subverter a estrutura econômica em que poucos indivíduos detêm a maior parte da riqueza deste país, uma riqueza que foi produzida pela maioria das pessoas; é preciso destruir esse aparato político que, sob o disfarce de governo revolucionário, perpetua a miséria mais extrema nas massas populares.[5]

Davis insistia que a violência era um passo necessário, ainda que lamentável, no processo revolucionário. Ela afirmou em tom sereno, mas firme:

> Na história das revoluções, e não só das revoluções socialistas, mas também das revoluções democráticas burguesas, como a Revolução Americana, houve o uso da violência como meio de tomar o poder dos opressores. Mas por quê? Porque os opressores não conseguiram reconhecer que o povo estava certo e que o povo tinha o direito de controlar seu destino.[6] (...) E voltando à questão do que é um revolucionário, um revolucionário negro percebe que não podemos começar a combater o racismo e não podemos começar a destruí-lo de forma eficaz antes que tenhamos destruído todo o sistema.[7]

Davis possuía um brilhante senso teatral. Vestindo golas altas estilosas, jaquetas de couro e vestidos estampados, ela usava suas entrevistas na prisão e suas aparições no tribunal para criar uma imagem e promover a propaganda da revolução. Ela chamava atenção com sua figura delicada e elegante e empregava um vocabulário deslumbrante, adquirido ao longo de seus anos de estudo acadêmico. Os repórteres fotográficos tiravam fotos de Davis fazendo a saudação do Black Power para seus apoiadores no tribunal. Os repórteres de televisão não perdiam uma palavra dela durante seus pronunciamentos públicos e entrevistas coletivas.

Segundo Marcuse, Davis obtivera "sucesso dentro do *establishment* branco"[8] – uma bolsa de estudos para uma escola particular e para a Universidade Brandeis, programas de estudo na França e na Alemanha, um cargo de docente com possibilidade de efetivação na UCLA (Universidade da Califórnia em Los Angeles) –, mas ela ampliou seus horizontes de vida para um território que não estava disponível para a *intelligentsia* branca: a revolta autêntica contra a estrutura de poder branca.

Marcuse desenvolveu a teoria sobre a revolução negra. Davis a encarnou. Ela mobilizou sua própria identidade – a autoridade da mulher negra, o drama da fugitiva, os pequenos atos de provocação contra seus inimigos – a serviço de sua política revolucionária.

E funcionou. Nos meses após sua captura, a estudante radical de pouca relevância Angela Davis se transformou em um fenômeno internacional. Os ativistas de esquerda criaram dezenas de Comitês pela Liberdade de Angela Davis para fazer campanha em seu favor. O Partido Comunista, no qual Davis ingressou em 1968, realizou uma coletiva de imprensa divulgando "o maior, mais amplo e abrangente movimento popular que o país já viu para libertar [sua] camarada Angela Davis".[9] Cinco mil pessoas compareceram a um evento de arrecadação de fundos no The Manhattan Center, em Nova York. John Lennon e os Rolling Stones compuseram canções em homenagem a Davis, *Angela* e *Sweet Black Angel*,[10] chamando-a de "prisioneira política" e pedindo sua libertação.

A esquerda internacional também saiu em sua defesa. Os comissários políticos da União Soviética, percebendo a perseguição de uma comunista negra como uma oportunidade de propaganda, instruíram as crianças em idade escolar em todo o império a inundar os Estados Unidos com cartas de apoio. As mensagens combinavam uma sensação de inocência infantil com o conteúdo da propaganda estatal: "Nós, estudantes soviéticos, estamos orgulhosos de sua luta pelos direitos civis, de sua resistência, e temos certeza de que a vitória virá de seu povo"; "Queremos que você volte a lutar pelos direitos dos negros, para que as pessoas em seu país possam viver do mesmo jeito que vivemos"; "É inverno aqui e neva muito. Faz frio, e nós vamos para a escola". Os cidadãos da Letônia, Lituânia, Estônia, Ucrânia e Cazaquistão enviaram centenas de milhares de cartas adicionais, e o governo da Alemanha Oriental organizou uma campanha de redação de cartões-postais ilustrados para enviar "1 milhão de rosas para Angela" em seu aniversário de 27 anos.[11]

Tanto para a esquerda quanto para a direita, a revolução parecia uma possibilidade viável. O país estava à beira do abismo. Os jovens tinham sido radicalizados. Bombas explodiam em delegacias de polícia. Um estado de rebelião tomou conta dos prisioneiros.

Com a possibilidade da câmera de gás ameaçando sua vida, Angela Davis acreditava que sua revolução era iminente. A respeito dos brutais assassinatos dos agentes penitenciários nas prisões de Attica e San Quentin, ela escreveu: "Evocaram visões da Comuna de Paris, das áreas libertadas da Cuba pré-revolucionária, dos territórios livres de Moçambique".[12] Esse era o momento deles. Suas teorias, que tinham definhado nas salas de aula durante todos aqueles anos, finalmente davam frutos. Os revolucionários tinham cortado as gargantas e esmagado os crânios de seus opressores imediatos.

Nixon, Reagan e os Estados Unidos eram os próximos.

* * * *

Angela Yvonne Davis nasceu em um conjunto habitacional decrépito em Birmingham, no Alabama, no final da Segunda Guerra Mundial. Seus pais, Frank e Sallye Davis, haviam saído de origens humildes, conquistado diplomas universitários e conseguido empregos como professores. Na infância de Angela, Frank comprou um posto de gasolina, e a família ascendeu à classe média negra. Os pais de Angela compraram uma espaçosa casa de dois andares em estilo Queen Anne na Center Street, com uma varanda circundante, telhados altos e uma torre com janelas pequenas. Eles alugaram um quarto no andar de cima para complementar sua renda. Frank e Sallye não eram ricos, mas tinham assegurado uma renda de classe média com a qual propiciaram uma base sólida para os quatro filhos.[13]

No entanto, o bairro era uma linha divisória. Os planejadores urbanos de Birmingham mantiveram as leis de zoneamento segregadas da cidade e definiram a Center Street como a divisa entre as raças: as famílias brancas viviam no lado oeste da rua, que chamavam de College Hills, enquanto as famílias negras se mudaram para o lado leste da rua, que chamavam de Smithfield e que se desenvolveu como um centro para os líderes negros do Sul dos Estados Unidos. A mãe de Angela estava envolvida com membros negros do Partido Comunista e com o Congresso da Juventude Negra do Sul.[14] A Associação Nacional para o Progresso de Pessoas de Cor (NAACP, na sigla em inglês) havia organizado os trabalhadores qualificados, partidários e líderes empresariais que moravam no bairro. Martin Luther King Jr. se reunia em suas salas de estar enquanto eles organizavam o movimento pelos direitos civis.[15]

Porém, a linha divisória que passava no meio da Center Street não conseguia conter a crescente hostilidade dos defensores da segregação racial. A partir de 1947, a seção da Ku Klux Klan em Birmingham iniciou uma campanha de terror contra os novos moradores negros, visando as casas de líderes religiosos, advogados e ativistas. Detonou dezenas de bombas na esperança de forçar a classe trabalhadora qualificada negra a voltar aos guetos nas periferias da cidade.[16] Na época em que a família Davis se estabelecera no bairro, ele era conhecido como "Dynamite Hill" ["Colina da dinamite"].

Angela, uma criança estudiosa com um espaço evidente entre os dentes da frente, foi criada no âmbito da dupla consciência da América negra de meados do século XX.

Por um lado, seus pais lhe proporcionaram os elementos básicos de uma criação de classe média ocidental: ela aprendeu a ler antes de entrar na escola, teve aulas de música e dança e passou horas na Biblioteca Pública de Birmingham, onde devorou *Up from Slavery*, de Booker T. Washington, e *Les Misérables* [*Os Miseráveis*], de Victor Hugo.[17] Por outro lado, ela desenvolveu suas primeiras lembranças de um mundo de ódio e violência racial. "Aos quatro anos, eu sabia que as pessoas do outro lado da rua eram diferentes", Davis escreveu em seu livro *Autobiography* [*Uma Autobiografia*]. "Fomos a primeira família negra a se mudar para essa área, e os brancos achavam que estávamos na vanguarda de uma invasão em massa."[18] As famílias brancas fuzilavam com os olhos as famílias negras do outro lado da rua. Angela brincava de proferir insultos raciais para os carros que passavam cheios de brancos. Seu pai mantinha armas guardadas na casa.

Então, os ataques a bomba começaram. Davis recordou:

> Eu estava no banheiro lavando meus cadarços brancos para a escola dominical na manhã seguinte quando uma explosão 100 vezes mais forte que o trovão mais alto e assustador que eu já tinha ouvido sacudiu nossa casa. Um grupo de negros enfurecidos subiu a colina e ficou do "nosso" lado, encarando as ruínas da casa bombardeada [do vizinho]. Até tarde da noite, falaram a respeito de morte, ódio branco, morte, brancos e mais morte.[19]

Os pais de Angela enfrentaram o terror com uma dignidade serena e impassível. Seu pai nunca admitiu ter medo, e sua mãe insistia em dizer que "a batalha dos brancos contra os negros não estava escrita na natureza das coisas", deixando aberta a possibilidade de reconciliação. Assim como muitas famílias negras de classe média de sua geração, os pais de Davis ensinaram os filhos a trabalhar duro e valorizar o que tinham. Frank compartilhava histórias sobre caminhar 15 quilômetros para a escola, enquanto Sallye falava das provações de sua infância no interior do Alabama. Na escola, que era segregada por raça, os professores ensinaram Angela e outros alunos negros acerca dos abolicionistas Frederick Douglass, Sojourner Truth e Harriet Tubman, e alertaram que eles teriam que se preparar para "trabalho árduo e mais trabalho árduo, sacrifícios e mais sacrifícios", a fim de fazer parte da categoria profissional de médicos, advogados, engenheiros, professores e homens de negócios.

Desde pequena, Angela dizia a sua família que queria ser pediatra, mas, à meddia que foi crescendo, começou a sentir dúvidas em relação ao que mais tarde condenou como a "síndrome de Booker T. Washington", ou seja, o "mito predominante" de que o caminho para o progresso negro era por meio da iniciativa individual, em vez de mudar a sociedade como um todo.[20]

Essas dúvidas logo desabrocharam em uma ideologia. Aos 15 anos, Angela ganhou uma bolsa de estudos Quaker destinada a crianças negras para cursar uma escola particular em Nova York. Ela fez as malas, deixou Dynamite Hill, mudou-se para a casa de uma família branca em Greenwich Village e se matriculou na Elisabeth Irwin High School, apelidada de "Little Red" ["Vermelhinha"], uma cooperativa educacional experimental que empregava professores que foram colocados em uma lista negra nas escolas públicas por causa de suas políticas radicais. Entre seus professores, incluíam-se membros do Partido Comunista;[21] entre seus colegas de classe, incluíam-se futuros radicais, como Kathy Boudin,[22] que tempos depois ingressaria no Weather Underground e receberia uma condenação por homicídio qualificado por seu papel num assalto a um carro-forte.

Ali, no pequeno prédio de tijolos na Bleecker Street, Angela Davis despertaria para algo novo. As dúvidas que ela nutria, a dor que suportara, tudo isso seria contextualizado pelos professores da Little Red School House, que ensinava a história do movimento comunista e a ideologia da revolução.

Davis encontrou sua primeira inspiração quando, sentada em uma das salas de aula, abriu as páginas da conhecida polêmica de Marx e Engels. Ela recordou:

> O *Communist Manifesto* [*O Manifesto Comunista*] foi como uma revelação repentina. Eu o li com avidez, encontrando nele respostas para muitos dos dilemas aparentemente irrespondíveis que me atormentavam. Li várias vezes, não entendendo totalmente cada trecho ou cada ideia, mas mesmo assim encantada pela possibilidade de uma revolução comunista aqui.

Angela se sentiu inebriada pelas visões de "como o capitalismo poderia ser abolido" e dar lugar para "uma nova sociedade, sem exploradores e explorados, uma sociedade sem classes, uma sociedade em que ninguém teria permissão para possuir tanto que pudesse utilizar seus bens para explorar outros seres humanos".[23]

Nesse mesmo período, Davis complementou sua leitura de livros participando de reuniões com uma organização juvenil marxista-leninista e ouvindo palestras no Instituto Norte-Americano de Estudos Marxistas. Nos fins de semana, ela ia a passeatas contra as armas nucleares e fazia piquetes diante uma loja de departamentos Woolworth.[24]

Segundo a opinião geral, Davis era uma estudante prodígio. Ela se formou na Elisabeth Irwin e ganhou uma bolsa de estudos integral para estudar francês na Universidade Brandeis, em Massachusetts. No *campus*, ela se aprofundou no estudo dos intelectuais em voga da época – Camus, Sartre e os existencialistas franceses – e ouviu palestras de James Baldwin e, principalmente, Herbert Marcuse. Davis se sentiu atraída pelo filósofo alemão e, durante seu segundo ano da universidade, começou a ter discussões privadas semanais com ele sobre Platão, Aristóteles, Kant, Hegel, Marx e os teóricos críticos. "Li todas as obras de Adorno e Horkheimer que haviam sido traduzidas para o inglês ou francês, além dos textos de Marcuse. Assim, eu me familiarizara com o pensamento deles, que era conhecido conjuntamente como teoria crítica", ela disse.[25]

Com o incentivo de Marcuse, Davis terminou seus estudos na Brandeis e se matriculou no programa de pós-graduação do Instituto de Pesquisa Social em Frankfurt – o lugar de origem e centro espiritual das teorias críticas. Em Frankfurt, Davis estudou diretamente sob a orientação de Theodor Adorno, colega de Marcuse, frequentou festivais da juventude comunista, visitou a Alemanha Oriental e ouviu os pronunciamentos públicos de Rudi Dutschke.

No entanto, seus estudos na Europa não duraram muito. Ela vinha acompanhando as notícias de seu país, observando Los Angeles irromper em tumultos raciais e o Partido dos Panteras Negras chamar a atenção da imprensa. Davis começou a sentir saudade de casa, imersa na teoria europeia enquanto os guetos norte-americanos eram sacudidos por ações de natureza revolucionária. Sua decisão foi finalizada quando ela abriu a seção internacional do jornal e viu as imagens icônicas dos Panteras Negras apontando seus rifles e espingardas para o alto nas escadarias do Capitólio do estado da Califórnia.

Davis estudava os antigos textos sobre violência e revolução enquanto os militantes negros ameaçavam diretamente com chumbo e aço.

Ela fez as malas e, após uma breve escala com Marcuse na conferência Dialética da Libertação em Londres, seguiu seu professor de volta para San Diego para concluir os estudos ali. "Eu queria continuar meu trabalho acadêmico, mas sabia que não poderia fazê-lo a menos que estivesse politicamente envolvida", ela afirmou. "A luta era algo essencial; nossa única esperança de sobrevivência. Tomei minha decisão. A jornada estava em andamento."[26]

Os anos seguintes se tornariam um processo vertiginoso de radicalização. Davis começou organizando grupos de estudantes de esquerda no *campus* da UCSD, instigando a criação de um novo departamento acadêmico marxista-leninista,[27] e recorrendo a Marcuse para ajudar a arrombar as portas e ocupar o escritório de registros.[28]

Ao mesmo tempo, de modo menos público, Davis procurava ingressar nos movimentos de militância negra que estavam surgindo em Los Angeles, Oakland e San Francisco. Ela viajava ida e volta pela recém-inaugurada rodovia interestadual da Califórnia para se encontrar com nacionalistas negros, separatistas, comunistas e revolucionários, esperando achar seu lugar na efervescência. Ela escreveu:

> Existiam facções extremamente antibrancas que achavam que apenas a medida mais drástica – a eliminação de todos os brancos – daria aos negros a oportunidade de viver sem os entraves do racismo. Outras simplesmente queriam a separação e a construção de uma nação negra distinta dentro dos Estados Unidos. E ainda outras queriam o retorno à África, a terra de nossos antepassados. Havia aqueles que achavam que a tarefa mais urgente do movimento era aprimorar o espírito de confronto entre os negros. Eles queriam desencadear insurreições em massa, como as rebeliões de Watts e Detroit. Relacionados a eles havia aqueles que nos exortavam a "pegar em armas" como o principal meio de libertação e transformação.[29]

Inicialmente, Davis ingressou no Exército de Libertação Negra, liderado por Huey Newton, Bobby Seale e Eldridge Cleaver, e participou das negociações de paz entre os Panteras Negras e outra organização militante, o Comitê de Coordenação Estudantil Não Violento (SNCC, na sigla em inglês), liderado por Stokely Carmichael e H. Rap Brown. Pouco depois, porém, essa aliança se desfez, e Davis passou breves períodos com outros grupos revolucionários, que, por sua vez, também se desfizeram devido a expurgos internos, disputas de liderança, infiltração de inimigos e conflitos com supostos aliados.

Por fim, frustrada com as disputas internas constantes dos movimentos militantes negros, Davis tomou uma decisão: ela se juntaria ao Partido Comunista dos Estados Unidos. "Eu queria uma âncora, uma base, um porto seguro. Precisava de camaradas com quem pudesse compartilhar uma ideologia comum", ela escreveu. "Eu sabia que essa luta tinha que ser liderada por um grupo, um partido com membros e estrutura mais estáveis e com ideologia com mais conteúdo." Para Davis, o Partido Comunista, que governava a União Soviética e vinha consolidando Estados satélites ao redor do mundo, oferecia um caminho viável para o poder.

E assim, em um dia de verão de 1968, Davis pagou sua contribuição de filiação de 50 centavos de dólar e ingressou na célula revolucionária totalmente negra do Partido Comunista, o Che-Lumumba Club.[30]

Ela se pôs a trabalhar de imediato, abrindo uma escola para jovens revolucionários na Venice Boulevard em Los Angeles. Davis relatou:

> Assim que os programas foram organizados, eles ficaram lotados de jovens empolgados. Das três e meia da tarde, quando os alunos do segundo ciclo do ensino fundamental entravam, até as 10 da noite, o espaço era o cenário de reuniões, aulas e discussões sobre tópicos como a luta pela libertação dos negros nos Estados Unidos, o movimento na área de Los Angeles, estratégias e táticas de organização comunitária, e teoria marxista-leninista da revolução.[31]

Ao mesmo tempo, Davis também começou a ensinar teoria revolucionária no sistema de universidades públicas estaduais. Na primavera de 1969,[32] o departamento de filosofia da Universidade da Califórnia em Los Angeles ofereceu a Davis um cargo temporário como professora assistente interina enquanto ela concluía sua tese de doutorado intitulada "A Teoria da Força de Kant".[33]

Contudo, o ensino radical de Davis logo foi interrompido. Naquele verão, uma campanha de difamação teve início, culminando com reportagens de jornais, primeiro no *Daily Bruin* da UCLA e depois no *San Francisco Examiner*, que apontavam Davis como membro do Partido Comunista. As autoridades estabelecidas, representadas pelo governador Reagan e pelo Conselho de Regentes da universidade, reagiram imediatamente. Assim como tinham feito com seu mentor Herbert Marcuse, o conselho tentou remover Davis de seu cargo docente, alegando uma proibição estadual contra a contratação de comunistas nas universidades.

No entanto, em vez de esconder sua filiação, Davis virou o jogo contra o *establishment* e declarou com orgulho que era comunista, usando a discussão para se colocar como vítima da repressão governamental.[34]

Para angariar apoio, Davis proferiu uma série de discursos em *campi* de universidades públicas. Ela leu trechos do livro *Essay on Liberation*, de Marcuse, acusou o sistema universitário de "racismo institucional" e denunciou os membros dos Conselhos de Regentes por sua cumplicidade no "genocídio deliberado dos membros do Partido dos Panteras Negras".[35] Em outro comício, realizado em conjunto com Marcuse, Davis incentivou os estudantes a ingressar nos movimentos revolucionários. "Temos que ir para as ruas", ela bradou. "Precisamos discutir a respeito de uma mudança total e completa das estruturas da sociedade, porque essa é a única maneira pela qual um conceito como a liberdade acadêmica vai se tornar relevante. Temos que ir para as ruas."[36]

No ano seguinte, aconteceria um período de aceleração em todos os *fronts*. Davis intensificou sua retórica contra as universidades, aprofundou seus relacionamentos com os movimentos militantes e iniciou uma campanha pela libertação dos radicais negros George Jackson, Fleeta Drumgo e John Clutchette da Prisão Estadual de Soledad, onde estavam detidos por diversos crimes de rua e pelo assassinato de um agente penitenciário que havia sido espancado e jogado de um terceiro andar. Davis se tornou uma defensora fervorosa dos três "Irmãos de Soledad" e começou uma correspondência, depois um caso de amor, com George Jackson, que se radicalizara na Prisão Estadual de San Quentin e fundara uma gangue prisional marxista-leninista chamada Black Guerrilla Family.

Davis enviou a Jackson uma série de cartas manifestando sua dupla paixão: por ele e por sangue. Ela escreveu: "George, meus sentimentos por você são muito profundos. Minha memória falha quando busco no passado um encontro com um ser humano tão forte e tão belo como você. Algo em você conseguiu romper a fortaleza que ergui há muito tempo em torno de minha alma".[37] Ela passava horas fantasiando a respeito de violência e da libertação de seu amor da prisão: "Temos que aprender a exultar quando o sangue dos porcos fardados é derramado"; "Devemos aprender a planejar o ataque, direcioná-lo para a aniquilação total do monstro"; "Eu me vejo derrubando essa porta de aço, lutando para chegar até você, arrancando a porta de sua cela e te libertando".[38]

Quando o verão de 1970 alcançou seu auge, Davis recebeu a decisão final da Universidade da Califórnia: o Conselho de Regentes decidiu deixar que seu contrato expirasse sem renovação. Então, suas cartas passaram a assumir um tom cada vez mais irascível.

Davis começou a passar os dias com o irmão de George, Jonathan Jackson, de 17 anos, e garantiu que eles estavam elaborando "planos maravilhosos" para a revolução. Ela escreveu para George:

> Todos os meus esforços de vida seguiram uma única direção: libertar George Jackson e os Irmãos de Soledad. Cara, eu me meti em um monte de encrencas, mas não dou a mínima. Eu te amo. Eu amo meu povo. É só isso que importa. A libertação custe o que custar. Os meios são determinados pela natureza e intensidade da resposta do inimigo. O opressor norte-americano nos revelou o que devemos fazer se levamos a sério nosso compromisso. Se eu levo a sério meu amor por você, meu amor pelo povo negro, devo estar pronta para ir até o fim. Eu estou.[39]

Nesse sentido, Davis e Jonathan Jackson começaram a reunir um arsenal de armas. Em 1968 e 1969, Davis comprou uma pistola automática calibre .38 e uma carabina M-1, e depois, acompanhada por Jonathan na primavera e no verão de 1970, adquiriu outra carabina M-1 e 150 cartuchos de munição. Finalmente, em 5 de agosto, Davis e Jonathan visitaram George em San Quentin, e em seguida, dirigiram-se a uma casa de penhores em San Francisco e pagaram em dinheiro por uma espingarda calibre .12 e uma caixa de cartuchos.[40]

A palavra "revolução" não era mais uma metáfora. Eles estavam se preparando para a guerra.

Dois dias depois, em 7 de agosto de 1970, essas armas se tornaram parte da história. Jonathan Jackson levantou-se de seu assento da galeria do Tribunal do Condado de Marin, sacou a pistola Browning .38 de uma mochila, jogou-a para um dos réus e, em seguida, tirou a carabina M-1 de seu sobretudo e gritou para as pessoas atônitas: "Não se mexam!".[41]

Três presidiários de San Quentin e radicais políticos – James McClain, Ruchell Magee e William Christmas – se encontravam no tribunal naquele dia devido ao suposto esfaqueamento de um agente penitenciário por McClain.[42] Após Jackson ordenar ao público que não se mexesse, os homens entraram em ação. McClain segurou a pistola junto à cabeça do juiz Harold Haley, Magee libertou Christmas da gaiola de detenção, e eles amarraram juntos o promotor público adjunto e três juradas com corda de piano, tomando-os como reféns. Então, Jackson exibiu a espingarda calibre .12, e os homens a prenderam sob o queixo do juiz. Por curto tempo, eles consideraram a hipótese de tomar um bebê como refém, mas desistiram quando a mãe começou a gritar: "Não, não peguem meu filho!".[43]

À frente do grupo de reféns, Jackson e seus três cúmplices anunciaram suas exigências: eles queriam que as autoridades libertassem os Irmãos de Soledad, incluindo o namorado de Angela, George Jackson, até as 12 horas daquele dia, ou todos os reféns seriam mortos. Eles atravessaram o corredor, dizendo a um fotógrafo "nós somos os revolucionários", e entraram em um furgão amarelo alugado da Hertz com a intenção de se dirigir até o Aeroporto Internacional de San Francisco.[44]

Porém, o quarteto não conseguiu ultrapassar as barreiras. Quando o furgão se aproximou do perímetro, quatro agentes penitenciários de San Quentin trocaram uma rajada de tiros com os sequestradores. Simultaneamente, no interior do furgão, o promotor público adjunto se apossou da pistola de McClain, atirou na barriga de Magee e disparou contra os outros homens até descarregar toda a munição. Toda a troca de tiros durou 19 segundos.[45]

Depois que a fumaça se dissipou, pôde-se constatar que Jonathan Jackson, James McClain, William Christmas e o juiz Haley estavam mortos. Ruchell e o promotor público adjunto ficaram gravemente feridos. Milagrosamente, todas as juradas sobreviveram.

Os investigadores arrastaram os corpos para fora do furgão por meio de cordas, temendo que pudessem estar com explosivos, e passaram a vasculhar o interior do veículo. Eles descobriram que Jonathan Jackson havia escondido alguns dos suprimentos para a execução do sequestro em dois livros, *Violence and Social Change* e *The Politics of Violence: Revolution in the Modern World*, ambos assinados e datados na contracapa por Angela Davis.

Na mochila de Jonathan, eles encontraram as impressões digitais de Angela Davis em mais dois livretos: o manual de instruções da carabina M-1 e o *Minimanual of the Urban Guerrilla* [*Manual do Guerrilheiro Urbano*], de Carlos Marighella. Em sua carteira, acharam um pedaço de papel amarelo com o número de um telefone público próximo do balcão de passagens da American Airlines no Aeroporto Internacional de San Francisco.

Finalmente, após verificarem os números de série do armamento, descobriram que todas as quatro armas usadas na ação remontavam a certa "Angela Y. Davis".

Nesse ínterim, enquanto o sangue secava do lado de fora do Tribunal do Condado de Marin, testemunhas avistaram Angela Davis no saguão do aeroporto de San Francisco, onde ela rapidamente comprou uma passagem da Pacific Southwest Airlines para Los Angeles – e foi se esconder.[46]

Em seu livro autobiográfico, Davis se apresenta como uma escrava fugitiva, escapando dos chicotes e dos cães farejadores do senhor de escravos branco. "Milhares de meus ancestrais esperaram, como eu fiz, pelo anoitecer para encobrir seus passos, apoiaram-se em um único amigo verdadeiro para ajudá-los, sentiram, como eu, os dentes dos cães em seus calcanhares. Era simples. Eu tinha que ser digna deles", ela escreveu.[47]

No entanto, a realidade foi menos heroica. O FBI colocou Davis na lista dos 10 fugitivos mais procurados por seu papel no ataque ao tribunal, e nos dois meses seguintes, a jovem professora utilizou uma rede de benfeitores de esquerda ricos, ativistas e militantes para disfarçar sua aparência física, passar por uma sequência de casas seguras e escapar da polícia.[48] Em outubro, no entanto, o FBI seguiu a pista de Davis e um misterioso herdeiro chamado David Poindexter Jr. até um motel da rede Howard Johnson em Midtown Manhattan, onde agentes federais arrombaram a porta e os prenderam.[49]

* * * *

O presidente Richard Nixon celebrou a prisão de Davis em cadeia nacional de televisão, elogiando o diretor do FBI, J. Edgar Hoover, pela captura de seu alvo[50] e por enviar um "alerta" aos outros radicais.[51]

Porém, Davis, apesar de algemada e acorrentada, não estava impotente. Já na Penitenciária Feminina de Nova York, para onde foi enviada, seu nome era entoado pelas outras detentas, que golpeavam as portas das celas com os punhos. Grupos de partidários esquerdistas se reuniam nas ruas abaixo para oferecer seu apoio. Uma rede de comitês e organizações radicais lançou uma campanha de propaganda em seu favor, que chegou às telas da televisão e colunas dos jornais ao redor do mundo.[52]

No entanto, durante esse período, os textos mais significativos foram escritos pela própria Davis. Em 1971, após ter sido transferida para a Prisão do Condado de Marin, Davis editou e contribuiu para uma coletânea intitulada *If They Come in the Morning* [Se eles vierem de manhã], que incluía ensaios de autoria das principais figuras do movimento militante negro: os líderes dos Panteras Negras, Huey P. Newton e Ericka Huggins, os escritores em cativeiro George Jackson e Ruchell Magee – ambos enfrentando acusações de homicídio relacionadas ao caso de Davis – e uma variedade de comunistas, advogados e ativistas comprometidos com a causa.

No livro, Davis elabora cuidadosamente sua imagem pública e descreve a progressão de seu despertar político. Assim como Marcuse, ela acreditava que os marxistas negros, providos da autoridade espiritual de seus ancestrais e do poder intelectual de sua ideologia, estavam destinados a liderar o novo proletariado e subverter a ordem dominante. Em seus ensaios, Davis retratou os Estados Unidos como um monstro multitentacular, que usava os braços do Estado para administrar a sociedade e mergulhar as minorias em uma vida de crime e desesperança. Ela identificou o sistema de justiça – legislação, tribunais, prisões e polícia – como o principal "instrumento de dominação de classe" e executor físico da "ideologia racista" norte-americana. Para os negros, não havia escapatória. Para Davis, a classe subalterna negra era "forçada a recorrer a atos criminosos, não como resultado de escolha consciente – implicando alternativas –, mas porque a sociedade reduziu objetivamente suas possibilidades de subsistência e sobrevivência a esse nível.[53]

Contudo, ainda havia esperança. Davis vislumbrava uma nova consciência surgindo nos guetos e nas prisões. Por meio de uma rede de gangues de rua e organizações do Black Power, que haviam recentemente ganhado as manchetes devido aos eventos de violência extrema em Watts (em Los Angeles) e em Newark (em Nova Jersey), a classe subalterna negra começava a se organizar e desenvolver uma ideologia de autodeterminação. O criminoso negro, que antes aprendia que ele era o agressor dos inocentes, estava aprendendo que, na verdade, era vítima da sociedade opressora. Ele não era um "prisioneiro", mas sim um "prisioneiro político". Seus crimes – furto, roubo, violência, até estupro – não eram transgressões, mas sim atos de rebelião moral.

Enquanto Davis cativava a imaginação pública com seus textos e entrevistas, sua equipe jurídica se preparava para defendê-la no tribunal. A equipe seguiu uma estratégia em duas partes: enquadrar o processo judicial como uma perseguição política e semear dúvidas acerca das provas contra ela.

Os promotores desenvolveram sua argumentação passo a passo, demonstrando que Davis estava empenhada em libertar seu namorado, George Jackson, passara o verão com o irmão dele, Jonathan Jackson, comprara todas as armas usadas no ataque ao tribunal, e sua assinatura e suas impressões digitais haviam sido encontradas nos livros e livretos que pregavam o uso da violência encontrados junto ao cadáver de Jonathan. Eles também apresentaram uma nova e dramática prova: testemunhas tinham avistado Davis com o furgão amarelo alugado no dia anterior ao ataque e, segundo os promotores, ela planejara ser a responsável pela fuga, esperando na cabine do telefone público do aeroporto para coordenar as ações finais do grupo.[54]

Porém, em relação a este último ponto, a acusação ficou devendo. A defesa admitiu que Angela estava apaixonada por George, que ela se achava muito envolvida com Jonathan, que havia comprado todas as armas e que se encontrava no aeroporto no dia do ataque. Entretanto, como Jonathan e os prisioneiros nunca chegaram ao aeroporto, os promotores não conseguiram provar de maneira incontestável que ela estava coordenando diretamente a fuga. A prova era muito forte, mas circunstancial.

Davis e seus advogados impregnaram o julgamento com uma narrativa política simpatizante desde o início. Davis disse ao tribunal durante sua acusação:

> Eu estou diante deste tribunal como alvo de uma armação política que, longe de apontar para minha culpa, envolve o estado da Califórnia como um agente de repressão política. Para garantir que essas questões políticas não sejam encobertas, sinto-me obrigada a desempenhar um papel ativo em minha própria defesa como ré, como mulher negra e como comunista. Tenho o dever de ajudar todos os envolvidos diretamente no processo, assim como o povo deste estado e o povo norte-americano em geral, a compreender

completamente as questões substanciais em jogo em meu caso. Estas têm a ver com minhas crenças políticas, com minhas filiações e com meus esforços diários para combater todas as condições que têm paralisado econômica e politicamente a América Negra.[55]

A defesa contou com uma equipe de advogados renomados, psiquiatras, psicólogos e um grafologista para ajudar na seleção do júri, e recorreu a uma série de ativistas de esquerda e membros do Partido Comunista para fornecer álibis para Davis em momentos importantes. Esses álibis eram frágeis – eram dados por aliados políticos, muitas vezes ocorridos em espaços privados de difícil comprovação –, mas, no final das contas, juntamente com a natureza circunstancial da prova da acusação e o viés político do processo, foram suficientes.

Davis e seus advogados seduziram o júri composto só de brancos, convencendo-o de que a revolta no tribunal de Mari foi uma "insurreição de escravos" e que Angela era um "símbolo da resistência".[56] Eles inverteram a situação, identificando o estado como o agressor, e Davis como a vítima. Durante as 13 horas de deliberação do júri, os fatos do caso pareciam perder importância e a narrativa política ganhou força.

Quando o juiz recebeu os jurados de volta na sala do tribunal, o secretário do júri leu o veredicto para cada uma das três acusações. "Nós, o júri da causa acima mencionada, consideramos a ré, Angela Y. Davis, inocente de sequestro... Inocente de homicídio... Inocente de formação de quadrilha."[57]

O tribunal irrompeu em aplausos. Um dos jurados fez a saudação do Black Power para o público do lado de fora da sala do tribunal e disse aos repórteres: "Fiz isso porque queria mostrar que me identificava com as pessoas oprimidas da plateia. Durante todo o julgamento, eles acharam que éramos apenas um júri composto por brancos de classe média. Eu quis expressar minha solidariedade com a luta deles".[58] Mais tarde naquela noite, a maioria dos jurados compareceu a um festival de rock em comemoração à absolvição de Davis.

Quatro homens morreram e um dos reféns ficara paralítico da cintura para baixo, mas a justiça revolucionária havia sido feita. Angela Davis colocara a sociedade norte-americana em julgamento, e vencera.

CAPÍTULO 6

"MATAR OS PORCOS"

A eclosão da revolução negra

Após sua absolvição, Angela Davis embarcou numa turnê mundial. Ela falou para multidões de adoradores em Los Angeles, Chicago, Detroit e Nova York. Em seguida, viajou por toda a União Soviética, Ásia Central, Bulgária, Tchecoslováquia, Cuba e Chile.[1]

As burocracias estatais dos países comunistas, que tinham enviado "1 milhão de rosas para Angela", reuniram as massas em sua homenagem, com 50 mil pessoas recebendo-a calorosamente em Berlim Oriental,[2] e centenas de milhares celebrando-a em Havana, onde ela fez um discurso em conjunto com o ditador cubano Fidel Castro.[3] Em Moscou, Davis elogiou efusivamente o sistema de governo soviético e seu comportamento em relação às minorias raciais. Ela declarou:

> A possibilidade de ver com meus próprios olhos a realização prática da política étnica de Lênin será de grande ajuda em nossa própria luta para resolver o problema étnico nos Estados Unidos. Tudo o que vimos na União Soviética vai nos inspirar em nossa luta. Nossa dedicação ao marxismo-leninismo e ao comunismo, assim como nossas próprias convicções ideológicas, reforçaram-se consideravelmente.[4]

Ao mesmo tempo, Davis também se tornou um símbolo da revolução de esquerda em seu país. Ela falou em *campi* universitários e publicou uma autobiografia de grande sucesso, intitulada *An Autobiography*, que emoldurou sua história de vida como a "narrativa do neoescravo" de sua época.[5] Em suas palestras para estudantes, Davis apresentou a ideia de que o racismo era o grande poder invisível, e alertou que os Estados Unidos estavam em uma escalada rumo a um futuro fascista. Por exemplo, em 1972, ela disse o seguinte aos estudantes da Universidade Estadual da Califórnia em Fullerton:

> Podemos remontar aos últimos quatro anos ao tentarmos prever o que vamos enfrentar nos próximos quatro anos. E o que eu tentei fazer foi procurar entender o que aconteceu na Alemanha antes da tomada do poder pelos nazistas. E percebi alguns paralelos muito assustadores entre a deterioração do sistema judicial da Alemanha pré-nazista – estou enfatizando isso, na Alemanha pré-nazista – antes da tomada do poder por Hitler. Há alguns paralelos muitos assustadores entre o que acontecia lá naquela época e o que vem acontecendo aqui agora.[6]

Para Davis, essas condições terríveis serviam como justificativa para a revolução – e para quase qualquer transgressão que a levasse adiante. Ela sustentava que os criminosos pertencentes a minorias – como os seis membros do San Quentin Six, acusados de assassinar três agentes penitenciários durante uma tentativa de fuga;[7] Ruchell Magee, que participara do sequestro e assassinato no tribunal de Marin;[8] e Ricardo Chavez Ortiz, que sequestrara um avião para "salvar os Estados Unidos e o mundo inteiro"[9] – tinham sido levados a cometer esses crimes por causa do racismo da sociedade e, portanto, deveriam ser considerados "prisioneiros políticos" – vítimas merecedoras de libertação, em vez de criminosos merecedores de condenação.

Em sua palestra em Fullerton, Davis exemplificou esse princípio com uma história sobre Emily Butler, uma mulher negra de 24 anos que trabalhava no escritório da Receita Federal em Atlanta, que, depois de uma briga com os colegas, pegou um revólver calibre .22, atirou quatro vezes à queima-roupa em sua supervisora branca e ficou em pé ao lado do corpo da mulher morta, dizendo-lhe: "Eu te odeio demais. Espero que tenha te matado".[10] Porém, para Angela Davis, a culpada não era Butler, que descarregara o revólver em sua supervisora, mas a sociedade que não lhe deixou outra opção a não ser matar. "Temos que entender que Emily Butler não é culpada", Davis disse para os estudantes eufóricos. "Foi o racismo que puxou o gatilho. O racismo. E se uma pessoa precisa ser acusada e presa, essa pessoa é Richard Nixon, a reencarnação do próprio racismo."[11]

Apesar de suas referências a Kant e Hegel, a verdadeira ideologia de Angela Davis era simples: guerra total contra a sociedade norte-americana, justificando qualquer atrocidade, desde os campos de prisioneiros da União Soviética até o assassinato a sangue-frio da supervisora da Receita Federal – tudo em nome da revolução.

E Davis não estava sozinha. Havia um movimento inteiro por trás dela. As gangues prisionais marxistas-leninistas, o Partido dos Panteras Negras e, posteriormente, o Exército de Libertação Negra estavam ocupados organizando os guetos, reunindo um arsenal de armas e, tomando como exemplos os exércitos de libertação do Terceiro Mundo, preparando-se para a guerra de guerrilha urbana.

"A América tem que aprender que os negros não são os sofredores eternos, os prisioneiros universais, os únicos que podem sentir dor", eles alertaram. "O tempo de luta é o nosso tempo."[12]

* * * *

Quem mais encarnou a vida e o espírito da revolução marxista negra foi um homem chamado Eldridge Cleaver.

A biografia de Cleaver contém a trajetória completa da revolução: ele se radicalizou nas prisões californianas, atuou como ministro da Informação do Partido dos Panteras Negras e liderou o movimento em seu percurso final e apocalíptico. Cleaver era o contraponto masculino e passional em relação ao intelectualismo feminino, frio e calculista de Angela Davis.

Ele lutara, escrevera e causara destruição com as próprias mãos.

Como grande parte das figuras do movimento de libertação negra, o despertar de Cleaver começou no sistema prisional. Ele passara longos períodos de sua juventude em detenção juvenil e, como adulto, foi enviado para a penitenciária de San Quentin após uma condenação por estupro e assalto com intenção de homicídio.

Na prisão, Cleaver buscou sua própria transvaloração dos valores, reformulando seus crimes como um mecanismo de libertação. Em sua autobiografia de grande sucesso, *Soul on Ice*, ele relatou seu mergulho na loucura quando jovem – "Durante vários dias, eu vociferei minha raiva e indignação contra a raça branca, contra as mulheres brancas em particular, contra a América branca em geral" – e, em seguida, sua rejeição "à lei do homem branco" e a criação de seu próprio universo moral, em que todas as transgressões eram permitidas. Ele escreveu:

> Eu virei um estuprador. Para aprimorar minha técnica e meu *modus operandi*, comecei praticando com garotas negras no gueto – no gueto negro, onde ações sombrias e viciosas não parecem aberrações ou desvios da norma, mas sim parte da suficiência do Mal do dia. Quando me achei bom o suficiente, saí do gueto e procurei presas brancas.[13]

Contudo, Cleaver teimou que o estupro de mulheres brancas não era algo pessoal, e sim político. Por meio do ato de dominação física, o homem negro poderia se transformar de um "serviçal supermasculino" de *status* inferior em um revolucionário sexual de *status* superior. Cleaver prossegue:

> O estupro era um ato insurrecional. Desafiar e pisotear a lei do homem branco, seu sistema de valores, me deliciava, bem como o fato de estar profanando suas mulheres – e acredito que esse aspecto foi o mais gratificante para mim, porque eu estava muito ressentido com o fato histórico de como o homem branco usou a mulher negra. Meu sentimento era de que estava me vingando. Do local do ato de estupro, a consternação se espalha exteriormente em círculos concêntricos. Eu queria enviar ondas de consternação por toda a raça branca.[14]

Uma vez na prisão, Cleaver renegou sua convicção, alegando que tinha transcendido a antimoralidade relativa ao estupro e encontrado a salvação no marxismo-leninismo. Porém, esses temas iniciais – violência, vingança, ódio, loucura – permearam sua vida e o movimento nacionalista negro que ele representava, desde suas origens sórdidas até suas conclusões catastróficas.

Angela Davis, que apoiou Cleaver nos primeiros tempos,[15] forneceu o arcabouço intelectual para pôr fim ao Estado norte-americano. Cleaver, que teve uma opinião oscilante sobre Davis ao longo dos anos,[16] revelou seu coração depravado e vingativo.

Após ser solto da prisão, Cleaver ingressou no Partido dos Panteras Negras e, trabalhando em estreita colaboração com seu fundador, Huey P. Newton, forjou a ideologia do movimento militante negro. Escritor talentoso que combinava retórica de alto nível com exortações em estilo gangsterístico e publicou uma longa sequência de ensaios e artigos nas páginas do boletim informativo *Black Panther* e da *Black Scholar*, uma revista acadêmica radical que servia como polo para estudos revolucionários e pós-coloniais, Cleaver afirmou:

> A ideologia do Partido dos Panteras Negras inclui a experiência histórica do povo negro e a sabedoria adquirida em sua luta de 400 anos contra o sistema de opressão racista e exploração econômica na Babilônia, interpretada através do prisma da análise marxista-leninista por nosso ministro da Defesa, Huey P. Newton. Basicamente, o que Huey fez foi fornecer a ideologia e a metodologia para organizar o lumpesinato negro urbano. Munido dessa perspectiva ideológica e desse método, Huey transformou o lumpesinato negro de pessoas esquecidas na base da sociedade em vanguarda do proletariado.[17]

A teoria de Cleaver representou um afastamento do marxismo ortodoxo, que preteria o lumpesinato – o delinquente, o sem-teto, o errante e o desempregado –, considerando-o completamente incapaz de desencadear uma revolução. Como Marx e Engels o descreveram no *Communist Manifesto*, o lumpesinato era "a 'classe perigosa', a escória social, a massa passivamente em putrefação, jogada fora pelas camadas mais baixas da antiga sociedade", que "poderia ser arrastada para o movimento por uma revolução proletária", mas, em última análise, não poderia alcançar a consciência necessária ou a ação contínua necessária para pôr fim à classe dominante.[18]

Por outro lado, Cleaver, ao afirmar que "há demasiadas evidências de que Marx e Engels eram racistas", sustentou que os pais fundadores do marxismo tinham depositado uma fé injustificada na classe trabalhadora branca e subestimado a classe subalterna negra.[19] Ecoando as conclusões de Marcuse em *Counterrevolution and Revolt*, Cleaver argumentou que, na verdade, as classes trabalhadoras industriais haviam se tornado uma força conservadora, até reacionária – ou, em suas palavras, "os negros de casa do capitalismo".[20] Portanto, Cleaver acreditava que sua tarefa como ideólogo dos Panteras Negras era desenvolver uma dialética única para a classe subalterna negra e "manifestar sua rebelião na Universidade das Ruas".[21]

Ele afirmou que o objetivo final não era alcançar a "igualdade na produção, que é a visão marxista e um erro básico, mas a igualdade na distribuição e no consumo".[22] Ou seja, o lumpesinato pode não ser capaz de operar as fábricas, mas pode se apropriar de um fluxo constante de benefícios materiais dos homens que conseguem fazer isso.

As iniciativas de propaganda e formação de organização do Partido dos Panteras Negras foram erigidas nessa base ideológica. Começando na Área da Baía de San Francisco e depois se expandindo para dezenas de cidades norte-americanas, os Panteras Negras recrutaram agressivamente membros de gangues, cafetões, prostitutas, criminosos, egressos de escolas e traficantes de drogas, atraindo-os para o partido com o *glamour* da arma.[23] "Para recrutar um número considerável de irmãos das ruas, evidentemente teríamos que fazer mais do que *falar*", Huey Newton escreveu em sua autobiografia, *Revolutionary Suicide*. "Precisávamos oferecer aplicações práticas de nossa teoria, mostrar a eles que não temíamos armas, que não temíamos a morte. O que finalmente conquistou os irmãos foi nossa realização de patrulhas armadas nas áreas onde a polícia vinha atuando."[24]

Os Panteras Negras arrecadaram dinheiro vendendo exemplares do *Little Red Book* [*O Livro Vermelho*] de Mao Tsé-Tung,[25] e em seguida adquiriram armas de fogo, jaquetas de couro, boinas pretas e cintos porta-munições para completar a estética. Rapidamente, eles se tornaram mais conhecidos por seguir, monitorar e intimidar policiais designados para patrulhar bairros negros.

O manifesto dos Panteras Negras, o "Programa de 10 Pontos", converteu a síntese marxista-leninista de Newton e Cleaver numa agenda política tangível, que exigia que o governo federal fornecesse aos negros pagamentos de indenizações em dinheiro, renda mensal garantida, moradias de alta qualidade gratuitas, ideologia racialista nas escolas, o fim da brutalidade policial e a libertação imediata de todos os homens negros detidos nas prisões do país.[26] O *Black Panther*, a publicação oficial do movimento, continha declarações oficiais do partido, notícias da revolução e, em parte por causa das baixas taxas de alfabetização nos guetos, grandes ilustrações gráficas retratando a resistência urbana armada e a execução de policiais.

Newton e Cleaver voltaram a esses temas violentos repetidas vezes, mostrando uma obsessão pelo assassinato de policiais, que eles acreditavam que poderia desencadear a revolução. "Quando as massas ficam sabendo que um policial da Gestapo foi executado enquanto tomava café em um balcão, e os executores revolucionários fugiram sem deixar rastros, percebem a validade desse tipo de abordagem para a resistência", Newton escreveu.[27] "Uma revolução não é um jogo, é uma guerra",[28] reiterou Cleaver, que prometeu em seus pronunciamentos públicos colocar policiais "contra a parede quando os tiros começarem", "espancar aquele moleque Ronald Reagan, governador da Califórnia, até a morte" e incendiar a Casa Branca de Nixon.[29]

Assim com sua camarada Angela Davis, os líderes do Partido dos Panteras Negras não falavam simplesmente por falar. Eles colocavam em prática sua revolução.

Em 1967, durante uma fiscalização de trânsito em Oakland, Newton se envolveu em uma troca de tiros com a polícia que deixou dois policiais feridos e um morto. Inicialmente, ele foi condenado por homicídio culposo, mas, depois de uma reversão de decisão judicial e de dois júris incapazes de chegar a um veredicto, foi libertado.[30] No ano seguinte, Cleaver e um grupo de Panteras Negras planejaram uma emboscada contra a polícia. Porém, depois que Cleaver foi visto urinando na rua por uma viatura policial, eles executaram o plano de maneira improvisada e se envolveram num tiroteio. Cleaver e os demais Panteras Negras dispararam 157 tiros contra a viatura policial, atingindo um policial no braço e nas costas. Cleaver e seu camarada Bobby Hutton se refugiaram no porão de uma casa próxima e trocaram tiros com um destacamento da polícia, que finalmente os expulsou do porão com gás lacrimogêneo, matou Hutton e prendeu Cleaver.[31]

Em 1970, a retórica incendiária do Partido dos Panteras Negras e a guerra de guerrilha de baixa intensidade suscitaram a violência em todo o país. Os departamentos de polícia em Nova York, Nova Jersey, Los Angeles e Detroit relataram aumentos expressivos de ataques contra policiais, que, nas palavras de uma autoridade, eram em grande medida induzidas pela "retórica da violência" dos Panteras Negras e pela "ampla disponibilidade" de seu boletim informativo, que "constantemente incitava" o uso "da arma" para "matar os porcos". O chefe da polícia de Los Angeles alertou que os Estados Unidos estavam enfrentando "uma revolução em prestações" que ameaçava desestabilizar o governo nacional.[32] Enquanto isso, os Panteras Negras expandiam suas operações e se vangloriavam publicamente de terem reunido um arsenal com pistolas, rifles, explosivos, metralhadoras e lança-granadas.[33]

Porém, apesar da ousadia visível, nos bastidores os revolucionários negros enfrentavam problemas. Como Angela Davis observara, as organizações radicais eram vulneráveis a brigas internas, divisões e expurgos. Além disso, o FBI estava se infiltrando rapidamente nas fileiras do Partido dos Panteras Negras, o qual J. Edgar Hoover, diretor do FBI, chamara de "a maior ameaça à segurança interna do país".[34] No final de 1969, agentes federais atacaram de surpresa os escritórios dos Panteras Negras em todo o país e prenderam mais de 200 de seus membros, incluindo 30 que estavam sujeitos à pena de morte e 40 à prisão perpétua.[35]

Nesse período de turbulência, o racha mais significativo nas fileiras do Partido dos Panteras Negras foi entre as facções de Eldridge Cleaver e Huey Newton.

Após ser libertado sob fiança da prisão, onde fora parar por conta da troca de tiros com a polícia, Cleaver fugiu para o exterior e foi visitar os regimes de esquerda amigos em Cuba, Coreia do Norte e, finalmente, Argélia, onde ele instalou a sede internacional do Partido dos Panteras Negras e administrou suas operações norte-americanas do exílio.[36] Fumando haxixe e utilizando os telefones de um palacete de dois andares em Argel,[37] Cleaver continuou a promover a linha marxista-leninista e incentivou seus combatentes a intensificar a guerra de guerrilha urbana e alcançar a "revolução durante nossa vida".[38] Enquanto isso, em Oakland, Newton observava o caos, a morte e a infiltração dizimarem suas fileiras e defendia uma mudança de estratégia em direção à organização pacífica e ao ativismo político.

O FBI também desempenhou um papel, semeando intencionalmente a desconfiança entre os dois líderes, que, em 1971, encerraram sua parceria com uma disputa pública feroz, acusando-se mutuamente de traição e dividindo o Partido dos Panteras Negras em dois – os Panteras Negras da costa oeste permaneceram leais a Newton, enquanto um contingente menor de Panteras Negras da costa leste jurou fidelidade a Cleaver e sua visão de guerra total.[39]

Com isso, nasceu o Exército de Libertação Negra (BLA, na sigla em inglês). Cleaver deu orientações para essa nova facção e editou seu jornal oficial do exílio. Seus 50 ou 60 seguidores em Nova York passaram à clandestinidade e começaram a planejar como arrecadar recursos financeiros, recrutar membros, tramar operações e tornar realidade a retórica acerca de "matar os porcos".[40]

Cleaver e seus homens condensaram sua nova ideologia em uma lista simples de negações: "Somos anticapitalistas, anti-imperialistas e antissexistas"; "Devemos necessariamente nos esforçar para abolir esses sistemas"; "A fim de abolir nosso sistema de opressão, devemos utilizar a ciência da luta de classes".[41]

Em Argel, o marechal de campo Don Cox, braço direito de Cleaver, elaborou um manual para a organização dos grupos de guerrilha urbana, aconselhou os revolucionários urbanos a se organizar em células autônomas e forneceu instruções detalhadas do uso de pistolas, rifles, espingardas, granadas, dinamite e bombas-relógio. "Desde 1619, quando o primeiro navio negreiro aportou trazendo escravos da África para trabalhar no Novo Mundo, inúmeros métodos foram utilizados para conquistar nossa liberdade e libertação", Cox escreveu. "Quando um grupo guerrilheiro atua contra esse sistema opressor executando um porco fardado ou atacando suas instituições, por qualquer meio, atirando, esfaqueando, explodindo bombas etc., em defesa contra os 400 anos de brutalidade, assassinato e exploração racista, isso só pode ser definido corretamente como autodefesa." Como inspiração, o manual incluía fotografias em preto e branco do ataque ao tribunal de Marin e outros ataques contra policiais.[42]

Em seguida, os assassinatos começaram.

Na primavera de 1971, o BLA lançou sua primeira ofensiva, metralhando dois policiais de Nova York e os deixando em estado grave.[43] Naquela noite, mais tarde, o grupo enviou um comunicado ao *New York Times* e a uma estação de rádio do Harlem reivindicando a autoria do ataque e alertando a "polícia estadual fascista":

"(...) as forças armadas domésticas do racismo e da opressão serão confrontadas com as armas do Exército de Libertação Negra".[44] Duas noites depois, os membros do BLA emboscaram dois policiais, matando instantaneamente o primeiro, um homem negro, com um tiro na parte de trás da cabeça, e matando lentamente o segundo, um homem branco, que foi atingido com 13 tiros no corpo e sangrou até a morte enquanto uma radiopatrulha o levava às pressas para o hospital.[45]

Nos dois anos seguintes, o BLA desencadearia um regime de terror: os militantes assassinaram outros cinco policiais,[46] roubaram vários bancos,[47] sequestraram um dono de bar e exigiram o pagamento de resgate,[48] organizaram diversas fugas de prisões,[49] sequestraram aviões comerciais[50] e administraram uma série de atividades criminosas, incluindo tráfico de drogas e assaltos nas ruas.

No entanto, o crime mais chocante do BLA foi o assassinato de dois policiais do Departamento de Polícia de Nova York – Rocco Laurie, um homem branco, e Gregory Foster, um homem negro – no bairro East Village, em Manhattan. Em 27 de janeiro de 1972, como parte de sua segunda "ofensiva da primavera", membros do chamado Esquadrão George Jackson do BLA balearam à queima-roupa os dois homens, atingindo Laurie na virilha e Foster nos olhos, assim espalhando genitália, ossos cranianos e massa encefálica na calçada.[51] Após mutilar os corpos, um dos homens do BLA realizou uma dança de guerra ao estilo ioruba sobre os cadáveres.[52]

Havia uma teoria subjacente à carnificina. Como seus líderes haviam escrito em vários jornais, livretos e comunicados, o Exército de Libertação Negra se via como "uma forma embrionária" dos Exércitos de Libertação Nacional que conquistaram o poder na África e na América Latina. Cleaver e seus homens acreditavam que eram a "classe revolucionária" de combatentes e propagandistas que seriam capazes de "conduzir as massas de negros a um grau mais elevado de consciência revolucionária" e, ao atrair a atenção da mídia com roubos audaciosos e assassinatos, despertar o lumpesinato negro de sua letargia e levá-lo a uma revolta armada contra a estrutura de poder.

Com base na teoria do foquismo, o gueto negro serviria como foco inicial e, em seguida, se espalharia para a sociedade em geral. "Depois que o centro da ação for iniciado, a teoria afirma que ele será a força motora da revolução, e as massas de pessoas oprimidas pegarão em armas e lutarão até a vitória final", o BLA declarou.[53]

A teoria não deu certo.

O público rapidamente recuou com o derramamento de sangue. Mesmo nos bairros negros, onde o BLA esperara conseguir apoio, o movimento perdeu a estima dos moradores. As "execuções revolucionárias"[54] de policiais negros foram recebidas com horror. E, embora o BLA adotasse oficialmente uma política de repressão à heroína nas comunidades negras,[55] roubando e assassinando traficantes de drogas em um suposto esforço para proteger os moradores,[56] os líderes do grupo muitas vezes sucumbiam ao vício e ao caudilhismo dos senhores da guerra,[57] substituindo, em vez de eliminar, os criminosos nas esquinas das ruas.

Nesse ínterim, a operação de contrainsurgência do FBI se intensificava. No auge da campanha de terror do BLA, entre 1971 e 1973, os órgãos de segurança pública mataram sete suspeitos de serem membros do BLA e capturaram outros 18 de seus líderes, o que reduziu o grupo a um punhado de fanáticos que se refugiou nos cortiços e becos de Nova York.[58]

Em 1974, o movimento estava muito enfraquecido. O governo argelino havia expulsado Eldridge Cleaver do país,[59] e a maioria de seus combatentes nos Estados Unidos estava morta, viciada em drogas ou presa. A polícia capturara e indiciara um grande grupo de militantes do BLA envolvidos na violência revolucionária.[60] Dois dos suspeitos pelo assassinato de Rocco Laurie e Gregory Foster morreram em trocas de tiros com a polícia.[61] Nos anos finais, algumas células do BLA estavam consumindo quantidades imensas de cocaína, roubando lojas, traficantes e bancos para alimentar seu vício, que se tornara insaciável.[62] Seus colegas da costa oeste voltaram a uma vida de pequenos delitos, extorsão, proxenetismo, furtos e violência.[63]

Sua teoria política se dissipara, e suas visões da revolução haviam desmoronado. Apesar de toda a postura ideológica de Eldridge Cleaver, Marx talvez estivesse certo, afinal. O lumpesinato – os "ladrões e criminosos de todos os tipos que vivem à margem da sociedade" – pode ter sido muito indisciplinado, violento, hedonista e facilmente manipulável, e, portanto, incapaz de se tornar o verdadeiro sujeito da revolução.[64] Como lamentou Sundiata Acoli, combatente do BLA, a mídia pôde destacar as "tendências lúmpens" do movimento, o que incluía "falta de disciplina, uso liberal de álcool, maconha e palavrões, moral sexual pouco rígida, mentalidade criminosa e ações impulsivas", a fim de desacreditar o grupo desde o início. Segundo outro combatente, as origens do BLA sempre foram mais criminosas do que revolucionárias. "Nós nos embrenhamos no gueto" para encontrar recrutas, ele disse. "Aqueles negões já vinham atirando com suas pistolas na sexta-feira e no sábado à noite (...) Então, nós os recrutávamos e os politizávamos."[65]

Porém, isso não foi suficiente. A convicção original de Cleaver, de que "a ideologia correta é uma arma invencível contra o opressor em nossa luta pela liberdade e libertação", acabou se revelando um *slogan* vazio.[66] Dar um tiro na cabeça de um policial, executar um comerciante inocente por 30 dólares,[67] envolver-se em roubos motivados por drogas: essas não eram ações baseadas em princípios, mas sim crueldade patológica, niilismo e desespero.

Um por um, os líderes do movimento de libertação negra sucumbiram a seus vícios. Huey Newton afundou em uma vida de vício, crime, violência e desesperança. Ele desviou recursos financeiros,[68] foi suspeito de estar envolvido no assassinato de uma prostituta[69] e passou seu tempo em antros de consumo de crack nos guetos de Oakland. Por fim, um traficante associado à gangue prisional Black Guerrilla Family o baleou na cabeça do lado de fora de uma boca de fumo e o deixou morrendo em uma poça de seu próprio sangue.[70]

Cleaver pensou em suicídio, e, com uma arma na mão, teve uma visão mística de seu rosto sobreposto à lua enquanto os rostos de seus velhos heróis – Castro, Mao, Marx e Engels – desapareciam na fumaça. Ele abandonou sua fé no marxismo-leninismo e se envolveu em uma série de conversões religiosas, desde o evangelismo até o mormonismo, passando pelo culto do juízo final e chegando a sua própria religião sintética, que combinava o cristianismo e o islamismo.[71] No entanto, os demônios nunca o deixavam em paz. Como Newton, ele se viciou no consumo de crack nos bairros degradados de Oakland e, depois de sua saúde ir piorando lentamente, morreu de um ataque cardíaco.[72]

Angela Davis também seguiu a linha de luta pela libertação negra até suas sombrias conclusões. Ao longo da década de 1970, ela torceu com entusiasmo por todos os revolucionários que foram a julgamento por seus crimes, incluindo os Irmãos de Soledad, os San Quentin Six e Assata Shakur, a "mãezona" do Exército de Libertação Negra,[73] que foi condenada pelo assassinato de um policial rodoviário de Nova Jersey e, posteriormente, fugiu da prisão e se refugiou em Cuba. Davis arrecadou fundos, escreveu panfletos e organizou comícios para seus camaradas, insistindo que eles eram "guerreiros da liberdade" e "prisioneiros políticos".[74] Mas à medida que os julgamentos rareavam e o país deixava de se interessar pelos guerrilheiros urbanos, Davis perdia grande parte de seu apelo. Seu estilo se tornara ultrapassado, sua retórica, repetitiva, e sua mensagem era ignorada.

Em 1979, quando Davis anunciou sua campanha para a vice-presidência dos Estados Unidos pelo Partido Comunista, ninguém deu a mínima. A campanha mal foi acompanhada pela imprensa nacional, e, após a contagem dos votos, Ronald Reagan, seu antigo inimigo dos tempos da Califórnia, tinha recebido quase 44 milhões de votos. Davis e seu companheiro de chapa, Gus Hall, obtiveram um total de apenas 45 mil.

Aparentemente, a revolução tinha chegado ao fim.

CAPÍTULO 7

DA LIBERTAÇÃO NEGRA AOS ESTUDOS NEGROS

Após o colapso do movimento radical negro, Angela Davis se retirou para o refúgio permanente do revolucionário fracassado: a academia.

Ao longo dos anos, Davis atuaria como professora titular e professora assistente na UCLA, Universidade Rutgers, Universidade Claremont, Universidade de Syracuse, Vassar College, Universidade Estadual de San Francisco, Instituto de Arte de San Francisco e, de maneira mais permanente, na Universidade da Califórnia em Santa Cruz. Ele possuía um talento único para assegurar o apoio das instituições contra as quais estava se rebelando: ao contrário de grande parte de seus camaradas do movimento militante negro, que encontraram seu fim no cemitério ou na prisão, Davis era capaz de manter com êxito sua reputação na sociedade convencional e garantir uma sinecura permanente do governo que ela outrora prometera derrubar.

A influência da longa marcha de Davis através da academia é profunda. Quando arrombou a porta do escritório de registros da UCSD como estudante de pós-graduação, ela exigiu cotas raciais, teoria crítica, ideologia marxista e "estudos sobre os brancos" para desmascarar a natureza opressora da cultura europeia, além de uma crítica geral ao "capitalismo no mundo ocidental, incluindo os papéis cruciais desempenhados pelo colonialismo, imperialismo, escravidão e genocídio". Davis queria uma lista de leitura, incluindo obras de Karl Marx, Vladimir Lênin, Malcolm X, Frantz Fanon e Che Guevara, e também um currículo concebido para "rejeitar toda a estrutura opressora dos Estados Unidos".[1]

Tudo isso se tornou realidade. O currículo radical de Davis passou a ser o programa padrão de ciências humanas nas universidades norte-americanas. Seu programa político virou a plataforma oficial da esquerda progressista. A ideologia dos antigos radicais foi convertida em linguagem acadêmica, dividida em várias subdisciplinas e reeditada como uma ideia original.

De seu posto privilegiado na academia, Davis criou uma filosofia que lançou as bases para os "acadêmicos-ativistas" que passariam a dominar a vida intelectual nos Estados Unidos. Os Weathermen, os Panteras Negras e o BLA atacaram a simbologia dos Estados Unidos: o Capitólio, o Pentágono, o Departamento de Polícia de Nova York, o Bank of America. Mas Davis foi muito mais fundo. Ela procurou apagar completamente as origens e a legitimidade da sociedade ocidental.

No final das contas, os fracassos da década de 1970 não foram mortais. Davis e o movimento militante negro conseguiram se reinventar como uma elite intelectual. E se tornaram ainda mais perigosos após deporem as armas.

* * * *

A conquista intelectual de Angela Davis começou com suas primeiras aulas como professora assistente na UCLA, antes de sua prisão.

O curso, que depois foi publicado como um livreto intitulado *Lectures on Liberation* [Aulas sobre libertação], estabeleceu a fórmula ideológica que serviu como base de seu trabalho pelos 50 anos seguintes: a legitimidade de política identitária, a contestação dos mitos fundadores e a necessidade de uma desconstrução total das instituições norte-americanas. Desde o início, Davis apresentou o mundo como uma dialética hegeliana entre o senhor e o escravo. Ela entrelaçou os grandes temas da consciência, da identidade, do poder e da ação, e defendeu o argumento que somente o escravo poderia compreender a liberdade. Davis afirmou:

> O escravo encontra, ao fim de sua jornada rumo ao entendimento, a verdadeira compreensão do que significa a liberdade. Ele entende que a liberdade do senhor é liberdade abstrata para reprimir outros seres humanos. O escravo entende que isso é um pseudoconceito de liberdade e, nesse ponto, está mais esclarecido do que seu senhor, pois percebe que o senhor é escravo de suas concepções equivocadas, de suas próprias más ações, de sua própria brutalidade, de sua própria iniciativa de oprimir.[2]

Para Davis, a dialética do senhor e do escravo serviu como a chave para desvendar o princípio da igualdade. Ela lembrou a seus alunos que os gregos inventaram a democracia, ao mesmo tempo que também mantinham a escravidão, uma hipocrisia que teve continuidade com os fundadores dos Estados Unidos. De Atenas à Filadélfia, Davis sustentou que os oprimidos, e os escravos negros em particular, "têm exposto, por sua própria existência, as insuficiências não só da prática da liberdade como também de sua própria formulação teórica".

O escravo, seja nos grilhões de ferro do passado ou nos grilhões invisíveis do presente, é o único meio possível de descobrir a liberdade. Por meio de sua identidade e por meio de sua consciência, ele está singularmente qualificado para escapar da sociedade unidimensional e alcançar a verdadeira libertação. E, para Davis, o único caminho viável era a ação. "O escravo está realmente consciente de que a liberdade não é um fato, não é algo dado, mas sim algo a ser batalhado; ela só pode existir mediante um processo de luta." Ela acreditava que, por meio dessa luta, o escravo finalmente poderia concretizar a visão de Marx de transformar o "sonho de aspiração de uma humanidade oprimida" numa realidade imanente e palpável.[3]

O primeiro objetivo da nova teoria da revolução de Davis era estabelecer a identidade racial e sexual como base para a ação política. Começando com seus escritos na prisão, Davis apresentou a si mesma, e por extensão a mulher negra, como a neoescrava, a escrava fugida, a fugitiva atravessando os pântanos – e, em virtude de sua identidade, a encarnação humana da busca pela liberdade.

Davis foi uma das primeiras a sustentar que a luta contra a opressão devia incluir a luta contra o racismo, o patriarcado e o capitalismo. "O movimento socialista nunca deve esquecer que, embora a luta econômica seja indispensável, não é de modo algum o único terreno da atividade anticapitalista significativa", ela escreveu durante sua prisão. O movimento deve eliminar toda a superestrutura que mantém o sistema funcionando, em particular a arquitetura do racismo e a "estrutura de opressão baseada na família". Para Davis, assim como as minorias devem ser libertadas da dominação racial, as mulheres devem ser libertadas do "trabalho pesado de criar os filhos em tempo integral", de seu "confinamento dentro da família" e das "estruturas supremacistas masculinas da sociedade em geral". Ela acreditava que, ao dissolver os laços sociais que sustentam o modo de produção, o revolucionário poderia começar a solapar toda a sociedade capitalista.[4]

Com base na teoria do foquismo, a mulher negra, por causa de sua posição no ponto mais baixo da hierarquia social, proporcionava o foco derradeiro para essa revolta: ela experimentou as opressões interligadas de raça, classe e sexo de uma só vez, e, como tal, era dotada de poderes quase místicos de percepção, autenticidade e autoridade moral. Segundo Davis, as mulheres escravas fugitivas, que "costumavam envenenar a comida e incendiar as casas de seus senhores",[5] forneciam a inspiração histórica para a guerra identitária na sociedade contemporânea. Ela escreveu:

> Nós, as mulheres negras de hoje, devemos aceitar o peso integral de um legado forjado em sangue por nossas mães agrilhoadas. Nossa luta, ainda que idêntica em espírito, reflete condições diferentes, e, portanto, implica caminhos distintos de luta. Todavia, como herdeiras de uma tradição de perseverança suprema e resistência heroica, devemos nos apressar para ocupar nosso lugar onde quer que nosso povo esteja buscando a liberdade.[6]

Davis – como a mulher negra com grilhões nas pernas, que mais tarde se assumiria como lésbica – coloca a si mesma no centro. A revolução emana de sua própria existência.

O trabalho teórico de Davis sobre identidade teve um enorme impacto no desenvolvimento da política de esquerda ao longo da época.

Em 1977, um grupo de ativistas negras lésbicas trabalhando juntas em um grupo conhecido como Combahee River Collective seguiu a liderança de Davis e publicou a seminal declaração do coletivo, que deu origem à expressão "política identitária" e operacionalizou a teoria unificada da opressão. O Combahee River Collective afirmou:

> Neste momento, a declaração mais geral de nossas políticas seria que estamos ativamente comprometidas em lutar contra a opressão racial, sexual, heterossexual e de classe, e vemos como nossa tarefa específica o desenvolvimento de análises e práticas integradas com base no fato de que os principais sistemas de opressão estão interligados. A síntese dessas opressões cria as condições de nossas vidas. Como mulheres negras, vemos o feminismo negro como o movimento político lógico para combater as múltiplas e simultâneas opressões que todas as mulheres negras enfrentam.

Citando o ensaio escrito por Davis na prisão sobre as mulheres negras, as autoras apresentaram a ideia de que a identidade é tanto a fonte de sua opressão como a base para sua resistência contra ela. Segundo elas, a consciência política deve começar com a consciência pessoal e o reconhecimento do próprio lugar na hierarquia social:

O custo psicológico de ser uma mulher negra e as dificuldades representadas por isso para se alcançar a consciência psicológica e realizar trabalho político nunca podem ser subestimados. Há um valor muito baixo conferido à psique das mulheres negras nesta sociedade, que é racista e sexista. Como uma integrante inicial do grupo disse certa vez: "Todas nós somos prejudicadas simplesmente pelo fato de sermos mulheres negras". Somos espoliadas psicologicamente e em todos os outros níveis.

Porém, esse cárcere de opressão também continha a chave. O programa de revolução poderia começar com a investigação dos complexos pessoais, patologias e traumas, que podem ser transformados em armas emocionais, usando o *status* do oprimido como meio de estabelecer a credibilidade e um método de organização da resistência. "Esse enfoque em nossa própria opressão está incorporado no conceito de política identitária", elas escreveram, cunhando a expressão que afetaria drasticamente a política norte-americana pelos próximos 50 anos. "Consideramos que a política mais profunda e potencialmente mais radical emerge diretamente de nossa própria identidade."

Os objetivos do Combahee River Collective não eram originais: sua proposta era a antiga solução tripartite de anticapitalismo, antirracismo e antipatriarcado. Porém, seus meios eram revolucionários.

As ativistas evitaram as inclinações masculinas em relação à violência, construção de sistemas, força física e apropriação dos meios de produção, e criaram um programa especificamente feminino que organizava a identidade, a emoção, o trauma e a manipulação psicológica em função de seus objetivos políticos. A declaração do coletivo reformulou a política da esquerda como uma busca terapêutica baseada na identidade. A linguagem do documento é incrivelmente moderna: a reconceituação da organização de ativistas como "um grupo de apoio emocional"; frases que se legitimam por meio de "como mulheres negras" ou "como feministas negras"; letras maiúsculas sem fundamento em marcadores identitários, tais como Negra e Lésbica; neologismos embaraçosos, como "*herstory*" em vez de "*history*"; referências emocionais a "dor", "alegria" e "sororidade"; hostilidade perversa às mulheres brancas em particular.[7]

Apesar de suas deficiências,[8] a declaração do coletivo é um documento triunfante: uma declaração de independência do "domínio masculino branco", usando um vocabulário e um método de argumentação que se tornariam corriqueiros em todos os cantos da sociedade norte-americana.[9]

O próximo objetivo no projeto de racionalização de Davis era demolir os mitos fundadores dos Estados Unidos, que, de acordo com ela, criaria um atributo para subverter as instituições que mantinham o sistema de dominação racial.

Eldridge Cleaver, o camarada de Davis, descreveu as intenções desse estratagema num provocativo ensaio escrito na prisão intitulado "The White Race and Its Heroes", no qual ele sustentou que, no final da década de 1960, a iniciativa da esquerda de revisão da história norte-americana já tinha provocado consequências. Para Cleaver, os norte-americanos não podiam mais se lembrar de Washington, Jefferson, Hamilton e Lincoln com um sentimento de patriotismo inocente. Seus antigos heróis haviam sido expostos como um elenco de criminosos; o passado se desvinculara do presente e não podia mais servir como o mito nacional. Cleaver escreveu:

> O que aconteceu de repente foi que a raça branca perdeu seus heróis. As novas gerações de brancos, estarrecida com o histórico sanguinário e desprezível esculpido sobre a face do globo por sua raça nos últimos 500 anos, estão rejeitando o conjunto de heróis brancos, cujo heroísmo consistia em erigir o edifício vergonhoso do colonialismo e imperialismo; heróis cujas carreiras se baseavam num sistema de exploração estrangeira e doméstica, enraizado no mito da supremacia branca e no destino manifesto da raça branca.[10]

Cleaver se deu conta do poder de instituir um vazio mítico. Ele declarou que as grandes figuras da vida norte-americana – os Pais Fundadores que haviam criado a República em nome da vida, liberdade e busca da felicidade – tinham "adquirido novos nomes" e foram reduzidos a uma série de "caçadores de escravos, senhores de escravos, assassinos, carniceiros, invasores, opressores".[11] De repente, os norte-americanos que cantavam o hino nacional ou ficavam de pé no juramento à bandeira começaram a sentir um despertar de dúvidas. "A consciência racista dos Estados Unidos"[12] começava a romper as camadas protetoras da negação e da hipocrisia.

Cleaver percebera que todas as sociedades possuíam um panteão de heróis, e se os radicais conseguissem derrubá-lo, a dor se tornaria insuportável e as pessoas se apressariam para encontrar novos heróis para substituí-los. "O fato de um número crescente de jovens brancos estarem repudiando seu legado de sangue e adotando pessoas de cor como seus heróis e modelos é um tributo não só a sua percepção, mas à resiliência do espírito humano", ele afirmou. "Pois hoje, os heróis da iniciativa são pessoas que geralmente não são consideradas brancas: Fidel Castro, Che Guevara, Kwame Nkrumah, Mao Tsé-Tung (...) Ho Chi Minh, Stokely Carmichael, W. E. B. Du Bois, James Forman, Chou En-Lai."[13]

Davis promoveu a mesma linha de ataque, apresentando a escravidão como uma provação infinita da qual os Estados Unidos nunca conseguiriam escapar. Começando em suas primeiras aulas na UCLA, Davis apresentou os Pais Fundadores como a encarnação do mal, assegurando sua própria liberdade à custa de outros. "É impossível não evocar a imagem de Thomas Jefferson e dos outros chamados Pais Fundadores formulando os nobres conceitos da Constituição dos Estados Unidos enquanto seus escravos viviam na miséria", ela disse.[14]

Mesmo Abraham Lincoln, o Grande Emancipador, não escapou dessa crítica. Davis afirmou, anos depois:[15]

> Lincoln não libertou os escravos. Muita gente tem a impressão de que foi Abraham Lincoln que desempenhou o papel principal, e ele de fato ajudou a acelerar o movimento em direção à abolição, mas foi a decisão por parte dos escravos de se emanciparem e aderirem ao Exército da União – tanto mulheres quanto homens – que foi principalmente responsável pela vitória sobre a escravidão.[16]

Além disso, segundo Davis, o regime criado por Lincoln por meio da Proclamação de Emancipação e da Décima Terceira Emenda, que oficialmente aboliu a escravidão, não foi uma tentativa de cumprir a promessa da Declaração de Independência, mas sim um plano duplo de perpetuar o sistema escravocrata por outros meios, sobretudo o sistema prisional. Os Estados Unidos passaram do "cárcere da escravidão para a escravidão do cárcere", que foi criada para controlar os negros mediante a demonstração de que "o encarceramento e a servidão penal eram seu possível destino".

Para Davis, a progressão da história norte-americana não significou a concretização gradual dos ideais norte-americanos. Foi sim a extensão do sistema escravocrata por intermédio de métodos mais sutis. Washington e Jefferson instauraram o Estado escravocrata. Lincoln transformou-o em "uma iniciativa totalitária para controlar a mão de obra negra na era pós-Emancipação".[17] Enquanto isso, a América moderna permaneceu presa "ao mito de que o movimento pelos direitos civis de meados do século XX libertou os cidadãos de segunda classe".[18]

À semelhança de Cleaver, o estratagema de Davis era atacar as origens da memória histórica do país, expor seus princípios mais profundos como um amontoado de mentiras e desmantelar as bases culturais que garantem sua continuidade. Ela se deu conta de que mudar as metáforas do país podia ter um enorme poder sobre seu futuro. Após consolidar a premissa da maldade norte-americana, Davis esperava que a sociedade estivesse pronta para pôr em prática sua conclusão.

Essa é a meta da fórmula ideológica de Angela Davis: "abolição". Se aceitarmos que os Estados Unidos têm raízes na escravidão e opressão, e que os afro-americanos contemporâneos desempenharam o papel de "neoescravos", a única solução justa e razoável será abolir as condições sociais, econômicas e políticas que criaram isso.

Tratou-se de uma escolha arguta. Ao mudar a metáfora de "revolução" para "abolição", Davis foi capaz de embalar seu programa político na autoridade moral dos abolicionistas históricos, ao mesmo tempo que continuava a promover a mesma visão de esquerda. A marca da campanha mudou, mas a substância permaneceu a mesma.

Com base na teoria do foquismo, o foco original do programa abolicionista era o sistema carcerário. Nas décadas de 1960 e 1970, Davis e Cleaver seguiram essa política em escala humana. Davis fez comícios do lado de fora das prisões para libertar uma sequência rotativa de "prisioneiros políticos" e trabalhou com os radicais que lideraram o ataque ao tribunal de Marin. Nesse ínterim, Cleaver se postou diante de plateias e pediu o esvaziamento completo das prisões. "Clamo pela liberdade até daqueles que estão tão alijados da sociedade que odeiam todo o mundo. Caras que tatuam em seus peitos: 'Nascido para odiar', 'Nascido para perder' (...) 'Nascido para matar'", ele bradou.[19] "Entreguem-nos ao Partido dos Panteras Negras. Entreguem-nos para nós. Nós vamos redimi-los das promessas feitas pela Estátua da Liberdade que jamais foram cumpridas."[20]

Os soldados de Cleaver no Exército de Libertação Negra colocaram essa retórica em prática. Um grupo de fuga anfíbia foi enviada para libertar seus camaradas da prisão da Ilha Rikers, em Nova York, e outro grupo tentou cortar as portas de aço da Casa de Detenção de Manhattan com um maçarico de acetileno.[21] Tempos depois, conseguiram libertar Assata Shakur, líder do BLA, contrabandeando três pistolas para a penitenciária feminina Clinton, em Nova York, mantendo dois agentes penitenciários como reféns e escapando em um carro.[22]

Em retrospecto, essas táticas parecem absurdas, de outras eras. Porém, a lógica primitiva da fuga da prisão não desapareceu com o colapso do movimento radical negro – ela simplesmente mudou de forma. Os radicais tinham perdido sua fé no lumpesinato que segurava facas improvisadas junto às gargantas dos agentes penitenciários. Em vez disso, eles transferiram a luta para o terreno respeitável da *intelligentsia* e reconceituaram seu movimento em termos teóricos. A fuga da prisão virou "reforma da justiça criminal". O ato de revolta passou a ser "justiça racial".

Nas mãos dos intelectuais, a prisão, anteriormente o espaço físico de recrutamento do Partido dos Panteras Negras, tornou-se a metáfora para a sociedade em geral e a justificativa para sua destruição.

No mínimo, a mudança do concreto para o abstrato tornou o programa abolicionista ainda mais ambicioso. Davis e seus camaradas começaram a pedir não a libertação dos criminosos de forma individual, mas sim a abolição de todo o sistema. Davis explicou:

> Há um grande número de pessoas atrás das grades nos Estados Unidos – cerca de 2 milhões e meio –, e a prisão vem sendo usada cada vez mais como estratégia para desvio dos problemas sociais subjacentes: racismo, pobreza, desemprego, falta de educação.[23] (...) Neste momento da história dos Estados Unidos, eu não creio que possa haver policiamento sem racismo. Não me parece que o sistema de justiça criminal possa funcionar sem racismo. Ou seja, se queremos imaginar a possibilidade de uma sociedade sem racismo, terá que ser uma sociedade sem prisões.[24]

Além disso, ela acreditava que, uma vez que as prisões fossem eliminadas, as outras instituições seguiriam o mesmo caminho.

Tudo isso acontecia nas sombras. Enquanto a maioria dos norte-americanos considerava a revolução nacionalista negra uma ideia ultrapassada, suas principais figuras estavam ocupadas revisando sua ideologia e criando novos caminhos para a revolta. A partir da academia, Angela Davis arquitetou uma nova fórmula que transformou os impulsos violentos do movimento em uma teoria acadêmica abrangente. Tudo de que eles precisavam era um método de legitimação e uma nova base para reconstruir seu poder.

* * *

Após a desintegração de seu movimento durante os anos do governo Nixon, os radicais negros se concentraram em uma nova estratégia: a longa marcha através das universidades.

Angela Davis, Eldridge Cleaver e o Partido dos Panteras Negras moldaram esse movimento desde o início. No final da década de 1960, tanto Davis quanto Cleaver tinham assegurado cargos docentes no sistema universitário californiano, a despeito das iniciativas contrárias do governador Reagan e dos Conselhos de Regentes das universidades. Davis era professora titular em tempo integral, e Cleaver foi contratado pela Universidade da Califórnia em Berkeley para ministrar um curso único denominado Análise Social 139X, que marcou o surgimento do programa "Experiência Negra" da universidade e serviu como modelo inicial para os departamentos de estudos negros, que logo seriam criados em todo o país.[25]

Em Berkeley, Cleaver dava aulas sobre as "raízes do racismo", e, embora tenha evitado o uso de seus palavrões característicos, encantava os estudantes de esquerda com uma retórica combativa e situava a violência como elemento de expressão política.[26] "Roubo, estupro, organização política, fuga, rebelião, assassinato", ele escreveu na lousa.[27]

Naquele mesmo ano, Cleaver disse aos estudantes da UCSD e da UCLA que a educação deles teria que ser demolida até as bases.[28] De acordo com ele:

> Precisamos fechar o livro em cada página da história norte-americana até este momento, porque está tudo escrito em sangue, corrupção e desumanidade, e não há diretrizes para nos orientar para o futuro. Os acontecimentos estão lá, a história está lá, mas não é a história do povo. É a história dos porcos, para os porcos, pelos porcos.

De acordo com Cleaver, a solução era desempoeirar os livros de Karl Marx – "Um sujeito muito esperto" – e aplicar os "princípios universais do socialismo" ao regime norte-americano, usando todos os meios necessários. "As pessoas não precisam ficar com medo e tremer diante dos servidores públicos", ele disse. "Vocês podem nos matar, mas terão que nos pegar de surpresas, porque se vocês atirarem em nós, vamos atirar de volta."[29]

Após ganhar essa posição inicial, o movimento radical negro procurou converter as universidades num centro de poder mais duradouro. Em vez de cátedras individuais e palestras esporádicas, o movimento queria seus próprios departamentos, seus próprios currículos e seus próprios programas acadêmicos, que poderiam legitimar e promover a ideologia nacionalista negra.

O primeiro alvo foi a Universidade Estadual de San Francisco (SF State).

No final da década de 1960, Cleaver e seus camaradas do Partido dos Panteras Negras ajudaram os estudantes da SF State a se organizar como a União de Estudantes Negros e a Frente de Libertação do Terceiro Mundo, uma homenagem aos guerrilheiros marxistas-leninistas na África, Ásia e América Latina. Esses grupos promoveram manifestações, entraram em confronto com a polícia, ocuparam edifícios no *campus*, entraram em greve e divulgaram uma lista de demandas aos administradores, incluindo a criação de uma Escola de Estudos Étnicos permanente, a contratação de 50 professores de esquerda, a admissão automática de estudantes pertencentes a minorias e a permanência de George Murray, ministro da Educação do Partido dos Panteras Negras, como membro do corpo docente para estudantes pertencentes a minorias.[30]

Do exterior, Cleaver mobilizou os estudantes com um apelo para resistir a "Nixon e seu nariz empinado, a todos aqueles membros embusteiros dos Conselhos de Regentes, [e] todos os porcos dissimulados da estrutura de poder que deveriam estar presos ou diante do pelotão de fuzilamento".[31] Ele afirmou que eles precisavam de um novo livro de história que reconhecesse que havia uma revolução cultural em curso no país.[32]

A campanha teve um sucesso notável. Em poucos anos, a coalizão inaugurou uma faculdade experimental liderada por estudantes, e, por meio de um acordo com a administração após a greve, garantiu a admissão automática de estudantes não brancos e criou os primeiros programas de estudos étnicos e estudos negros do país, com cursos tais como "História do Terceiro Mundo", "Sociologia da Opressão Negra" e "Nacionalismo Negro".[33]

Desde o início, esses programas foram moldados pelo ativismo e pela ideologia do Partido dos Panteras Negras, que habilmente utilizou táticas de pressão de dentro para fora para levar as universidades à submissão. "Os Panteras Negras tiveram uma enorme influência no que aconteceu na Universidade Estadual de San Francisco, com muitos membros da União de Estudantes Negros sendo membros fundadores do partido", explicou Jason Ferreira, atual diretor do Departamento de Estudos de Raça e Resistência da SF State. "Portanto, há uma relação íntima entre a [União de Estudantes Negros] e o Partido dos Panteras Negras."[34]

Essa manobra de conectar a ideologia nacionalista negra com o poder administrativo nas universidades se espalhou rapidamente a partir do *campus* da Universidade Estadual de San Francisco.

Em meados da década de 1970, havia mais de 500 programas de estudo negros em universidades de todo o país. Os ativistas tinham estabelecido a técnica, e a reproduziram em todos os lugares.[35] Como o sociólogo Fabio Rojas documentou, depois que os militantes negros perceberam que sua campanha a favor da guerra de guerrilha estava condenada ao fracasso, eles se voltaram com força total para uma estratégia de captura institucional. Rojas escreve:

> O movimento de estudos negros é um exemplo de movimento social direcionado a burocracias. Os defensores do movimento de estudos negros entenderam claramente que o fato de estar dentro do sistema universitário lhes permitiria transmitir sua mensagem. Usando a formulação do sociólogo Ed Shils, os ativistas consideravam que "o poder da classe dominante resulta de sua ocupação do sistema institucional central", e agiram para se apropriar de parte desse poder para si mesmos.[36]

No entanto, esses departamentos não eram modelos de rigor acadêmico.[37] Segundo o acadêmico negro Shelby Steele, que trabalhara no movimento para criar departamentos de estudos negros, os programas estavam repletos de "vigaristas" e "trapaceiros", mais interessados em obter sinecuras lucrativas do que em realizar trabalho acadêmico significativo. Steele descreve um elenco de personagens fulgurantes que povoavam os novos departamentos: um malandro de rua que chegava ao *campus* ao volante de um Mercedes-Benz novinho em folha; um administrador de programa que era analfabeto funcional, mas sabia praticar o jogo da manipulação; um diretor de departamento furiosamente racista que difamava os brancos, considerando-os "pessoas insensíveis", frias e sádicas.

Porém, as universidades, tomadas por um espírito de "culpa branca", correram para satisfazer suas demandas. "Eu entendi que não tínhamos futuro dessa maneira. Que não tínhamos respeito, não tínhamos metodologia, não tínhamos disciplina", Steele lembrou. "Eu percebi muito rapidamente que esse era um caminho para as minorias ganharem a segurança econômica de uma cátedra universitária. Eles não tinham credenciais verdadeiras e, então, o argumento deles se tornou 'Você tem que me contratar para fazer isso porque eu sou negro.'"[38]

Atualmente, a disciplina de estudos negros foi universalizada: 91% das universidades públicas possuem programas de estudos negros e 42% os consolidaram em departamentos acadêmicos em tempo integral.[39] O movimento de libertação negra pode ter se desintegrado, mas, ao longo do tempo, sua ideologia foi suavizada, adaptada e absorvida pela burocracia acadêmica.

Os conceitos para esses departamentos já estavam disponíveis. O Combahee River Collective codificara a teoria da "política identitária".[40] Stokely Carmichael, líder dos Panteras Negras, criara o conceito de "racismo institucional".[41] Huey Newton e Eldridge Cleaver popularizaram o conceito de "estrutura de poder branca".[42] Angela Davis difundiu as expressões "brutalidade policial", "iniquidades sociais", "representação desproporcional" e "complexo industrial-prisional".[43] Seu mentor Herbert Aptheker criou o termo "antirracismo".[44] Ao longo das décadas, essa linguagem escapou das páginas do boletim informativo *Black Panther* e dos comunicados do Exército de Libertação Negra e se legitimou por meio dos órgãos de produção de conhecimento de prestígio.

Atualmente, esse conjunto de ideias outrora radicais alcançou a massa intelectual. Os bancos de dados de publicações acadêmicas em língua inglesa geram 609 mil resultados para "política identitária", 107 mil resultados para "antirracismo", 92 mil resultados para "racismo institucional", 72 mil resultados para "poder negro", 18 mil resultados para "complexo industrial-prisional", 11 mil resultados para "estrutura de poder branca" e 4 mil resultados para "abolição do sistema prisional".[45] E os jornais e revistas populares adotaram essa linguagem em grande escala. O *New York Times* agora fala de "estrutura de poder branca". O *Washington Post* considera o "racismo institucional". A *Vanity Fair* alardeia a "abolição do sistema prisional".[46]

Porém, há uma pergunta subjacente à linguagem dos esquerdistas: o que eles querem?

Os nacionalistas negros originais explicitaram suas demandas: a destruição violenta dos Estados Unidos; o estabelecimento de um novo regime marxista-leninista; a execução de policiais; a criação de um etnoestado negro no Sul dos Estados Unidos chamado de República da Nova África.[47] Em última análise, essas fantasias intrincadas eram insustentáveis. A teoria do foquismo dos guerrilheiros urbanos foi pulverizada pelos acontecimentos. Suas túnicas e batas africanas de cores vivas deixaram de ser usadas com as mudanças na moda. Não obstante, após se livrarem dos paramentos do extremismo político e do excesso simbólico, as preocupações centrais do movimento original sobreviveram.

Na verdade, estão mais poderosas do que nunca. As demandas da Frente de Libertação do Terceiro Mundo se tornaram realidade em quase todas as universidades públicas. As fugas das prisões e os apelos a favor de um desencarceramento em massa foram formalizados como "reforma da justiça criminal". A teoria da política identitária mudou permanentemente o ativismo da esquerda.

Essa transição do "poder negro para estudos negros" é mais bem compreendida como um processo de racionalização. A segunda geração de ativistas e intelectuais aprendeu com os fracassos do passado e trabalhou para ganhar influência dentro das instituições estabelecidas. Atualmente, eles usam trajes de trabalho casuais em vez de trajes tribais e pedem reembolsos de despesas de viagem em vez de pedidos de resgate. Entretanto, ao longo do tempo, a ideologia básica, após passar pelo processo de racionalização, é notavelmente consistente. Quando Huey Newton e Eldridge

Cleaver elaboraram o Programa de 10 Pontos dos Panteras Negras, eles exigiram ação afirmativa, renda básica universal, ideologia racialista nas escolas, um Estado de bem-estar social amplo, e que o criminoso negro, outrora ridicularizado como parte da "escória da sociedade", se tornasse o novo centro moral.

Essa se mantém como a ideologia funcional do movimento de estudos negros e foi incorporada na agenda legislativa da ala progressista do Partido Democrata. "Sob vários aspectos, as demandas do Programa de 10 Pontos do Partido dos Panteras Negras são tão relevantes – ou talvez ainda mais relevantes – quanto na década de 1960, quando foram inicialmente formuladas", Angela Davis relembrou em 2014. "Eu considero o movimento do Black Power – ou aquilo a que nos referíamos na época como o movimento de libertação negra – como um momento específico no desenvolvimento da busca pela liberdade negra."[48]

Em certo sentido, o movimento alcançou seus objetivos. Os Estados Unidos criaram um amplo Estado de bem-estar social, com volumosos gastos em geração de empregos, moradia, saúde, educação e apoio direto. As universidades instituíram a ação afirmativa e a pedagogia racialista como pilares básicos de seu programa administrativo. Os maiores distritos escolares públicos criaram políticas e currículos para promover o "antirracismo".[49] As cidades que geralmente votam em candidatos democratas transformaram o criminoso negro em símbolo de reverência moral e iniciaram o processo de "desencarceramento, descriminalização e redução da atividade policial".[50]

No entanto, o objetivo de igualdade substantiva permaneceu elusivo. Os radicais negros podem ter capturado as instituições, mas ainda não conseguiram derrubar as estruturas básicas da sociedade.[51]

Em 2013, em um discurso na Universidade de Birkbeck de Londres, Davis reconheceu esse saldo negativo, ao ler os itens do Programa de 10 Pontos do Partido dos Panteras Negras e lembrar aos estudantes que o programa ainda representava o trabalho inacabado da revolução. Ela disse:

> O número um era "Queremos liberdade". O dois, pleno emprego. O três, o fim do roubo de nossas comunidades negras e oprimidas pelos capitalistas; isso era anticapitalista! Queremos o fim imediato da brutalidade policial. (...) Queremos liberdade para todos os negros e oprimidos atualmente detidos em prisões e cadeias federais, estaduais, municipais e militares dos Estados Unidos. (...) Queremos terra, pão, moradia, educação, vestuário, justiça, paz e controle comunitário das tecnologias modernas.[52]

As demandas nunca mudaram. Os radicais queriam concretizar a utopia de Marcuse. Queriam criar um mundo além da escassez, abolindo não só o racismo, mas também as limitações da própria natureza humana.

Os estudantes da Birkbeck perceberam que Davis estava envelhecendo. Ela havia se aposentado da Universidade da Califórnia em Santa Cruz alguns anos antes.[53] Sua voz tinha perdido o ritmo forte e enfatizado que caracterizava seus antigos discursos. Davis continha toda a transformação dialética na progressão de sua própria vida, desde sua primeira manifestação em apoio à Faculdade Lumumba-Zapata na UCSD até as decepções das décadas subsequentes.

Mas ainda assim, Davis acreditava. Finalmente, ela via a revolução a sua espera. E ela estava em busca da faísca.

CAPÍTULO 8

BLACK LIVES MATTER

O renascimento da revolução

O movimento de libertação negra, que havia sido dado como morto no governo Nixon, renasceu no novo milênio com a fundação do Black Lives Matter [BLM].

A retórica, as ambições e até as iniciais [na sigla em inglês] do movimento são idênticos ao do movimento de libertação negra: embora a mídia e os departamentos de relações públicas corporativos enquadrassem o movimento Black Lives Matter como uma extensão do movimento pelos direitos civis, a ideologia da organização está, na verdade, mais alinhada com os revolucionários do Partido dos Panteras Negras, do Exército de Libertação Negra e do movimento de libertação negra marxista-leninista mais amplo. Como resumiu Alicia Garza, cofundadora do Black Lives Matter: "BLM, BLM"[1] – em outras palavras, o movimento de libertação negra e o Black Lives Matter são uma coisa só.

E Angela Davis, então como agora, é sua estrela-guia.

"A professora Angela Y. Davis – filósofa, marxista e ex-Pantera Negra, cuja obra sobre prisões, abolição e luta negra tem se mostrado relevante ao longo do tempo – embasou nossos movimentos e comunidades por décadas", Patrisse Cullors, cofundadora do BLM, explicou na *Harvard Law Review*. De fato, como o ensaio de Cullors revela, a teoria e a práxis do Black Lives Matter é uma recapitulação básica da obra de Angela Davis, começando com suas assertivas históricas abrangentes desde "o tráfico negreiro transatlântico até o complexo industrial-prisional", e apelos para "desestabilizar, desconstruir e demolir os sistemas opressores", incluindo prisões, atividades policiais, fronteiras e controle de imigração.

Da mesma forma, a agenda política do BLM é uma repetição simples do Programa de 10 Pontos do Partido dos Panteras Negras, exigindo "indenização financeira, redistribuição de terras, autodeterminação política, programas de educação culturalmente relevantes, recuperação linguística e o direito de retorno".[2]

As ligações entre os dois movimentos não são só teóricas, mas também extremamente pessoais. A própria Angela Davis atuou como mentora para os líderes do Black Lives Matter, dividindo o palco com as fundadoras do BLM, Cullors e Garza, comparecendo a manifestações do BLM e erguendo o punho do Black Power em apoio aos manifestantes do BLM.[3] Cullors passou um ano estudando Marx, Lênin e Mao com Eric Mann,[4] ex-membro do Weather Underground que descreveu seu Labor Community Strategy Center como "a Harvard das escolas de pós-graduação revolucionárias", ensinando aos alunos como "tirar este país do estado de colonizador branco, eliminar o imperialismo deste país e promover uma revolução antirracista, anti-imperialista e antifascista".[5]

O novo movimento também absorveu as lições da declaração do Combahee River Collective e do livro *Women, Race & Class* [*Mulheres, Raça e Classe*], de Angela Davis, usando identidade, subjetividade e emoção como armas políticas.

Cullors e Garza usaram sua condição de mulheres negras *queer* para mobilizar todo o conjunto de identidades oprimidas. Em seu manifesto na *Harvard Law Review*, Cullors discorre sobre seu trauma pessoal – lidando com a doença mental de seu irmão, sofrendo abusos nas mãos de sua parceira transgênero, passando por "episódios de transtorno de estresse pós-traumático" que levaram a colapsos emocionais – e projeta essas patologias pessoais sobre a sociedade, condenando-a como racista, opressora e cruel.[6] Ela mobiliza a linguagem terapêutica para fins políticos, exigindo que a sociedade que ela denuncia como maligna forneça cura e cuidados.

Davis, que se assumiu como lésbica em 1997 e reconheceu que o movimento falhara em não incluir a gama completa de identidades de gênero no passado, deu sua aprovação a essa nova e bem sintonizada forma de política identitária.[7] As vidas negras importam, ela disse aos ativistas em St. Louis, porque: "As mulheres negras importam, as meninas negras importam, as vidas dos gays negros importam, as vidas dos negros bissexuais importam, os meninos negros importam, as vidas dos negros *queer* importam, os homens negros importam, as lésbicas negras importam, as vidas dos trans negros importam, os imigrantes negros importam, as vidas dos negros encarcerados importam".[8]

Na verdade, o BLM pode ser mais bem compreendido como uma síntese das principais correntes do movimento de libertação negra: a dialética racialista de Angela Davis, a orientação identitária como prioridade do Combahee River Collective, a visão marxista-leninista do Partido dos Panteras Negras – ressuscitada para a era digital.

O grande feito do BLM foi garantir a aceitação das instituições de prestígio, mas sua filosofia, sua estética e suas ambições continuam inalteradas desde os primeiros dias. Cinquenta anos atrás, os guerrilheiros urbanos do Exército de Libertação Negra resumiram sua ideologia em uma fórmula simples: "Somos anticapitalistas, anti-imperialistas, antirracistas e antissexistas"; "devemos necessariamente lutar pela abolição desses sistemas"; "a fim de abolir nosso sistema de opressão, devemos utilizar a ciência da luta de classes".[9] A mesma lógica fundamenta a filosofia do Black Lives Matter. "Não é possível que um mundo onde as vidas negras importam surja sob o capitalismo", Garza afirmou, "e não é possível abolir o capitalismo sem uma luta contra a opressão nacional e a opressão de gênero."[10]

Davis, que forjou pacientemente o arcabouço intelectual para o renascimento do movimento de libertação negra, depositou sua fé no Black Lives Matter. Ela escreveu:

> Eu podia perceber claramente que Patrisse e seus camaradas estavam levando a um nível novo e mais interessante o movimento negro e o de esquerda, assim como o feminista e o *queer*, pois lidavam a sério com as contradições que atormentaram esses movimentos por muitas gerações. Elas reconhecem que a liberdade universal é um ideal mais bem representado não por aqueles que já estão no topo das hierarquias racial, de gênero e de classe, mas sim por aqueles cujas vidas são definidas principalmente pelas condições de falta de liberdade e por lutas contínuas para se livrar dessas condições.[11]

O sonho ainda é o mesmo sonho. Alicia Garza, confundadora do BLM, adotou como lema do movimento o antigo cântico de Assata Shakur, a combatente do Exército de Libertação Negra que foi condenada por assassinar um policial e depois fugiu para Cuba após escapar da prisão. "Quando uso a poderosa demanda de Assata em meu trabalho de organização, sempre começo compartilhando de onde isso vem, compartilhando sobre a importância de Assata para o Movimento de Liberação Negra, qual é seu propósito político e mensagem, e por que é importante para nosso contexto", Garza explica.[12]

O cântico propicia ao movimento um norte político: a sensação de formação da consciência do proletariado negro, o compromisso com a violência como método de libertação e uma referência a uma frase de encerramento do *Communist Manifesto*. "Há e sempre haverá, até que todo homem, mulher e criança negros sejam livres, um

Exército de Libertação Negra", Garza diz. "Devemos nos defender e não deixar que ninguém nos desrespeite. Devemos conquistar nossa libertação custe o que custar. É nosso dever lutar por nossa liberdade. É nosso dever vencer. Devemos amar uns aos outros e apoiar uns aos outros. Não temos nada a perder a não ser nossos grilhões."[13]

Após anos no limbo, o movimento de libertação negra estava pronto para voltar. Ele esperara pacientemente na academia e forjara um novo movimento de rua com uma mensagem mais sofisticada. "Fazemos este trabalho hoje porque em outra ocasião foi feito por Assata Shakur, Angela Davis, [e] pelo Partido dos Panteras Negras", Cullors disse.[14]

Para esse novo trabalho ter sucesso, precisava formular um novo atributo para a revolução.

* * * *

A grande inovação do movimento Black Lives Matter não foi política, mas linguística. Ele não mudou o conteúdo – antirracismo, anticapitalismo, antipatriarcado, anti-imperialismo –, mas sim a apresentação.

A melhor maneira de entender o movimento BLM é como um mecanismo de entrega para a ideologia dos Panteras Negras, passando por um filtro de linguagem de marketing que o torna aceitável para as elites norte-americanas. Assim como Marcuse e os teóricos críticos trocaram a palavra "revolução" pela mais benigna "libertação", os novos radicais embalaram a ideologia da libertação negra no léxico do eufemismo e da ciência social. Eles não se comprometem mais a pôr em ação o "guerrilheiro negro urbano" e a cometer "execuções revolucionárias".[15] Condenam abstrações como "racismo sistêmico" e se comprometem com a "justiça racial". Mesmo a palavra de ordem epônima do movimento, Black Lives Matter, segue essa mudança de tom: os líderes do BLM abandonaram conscientemente a noção masculina do Black Power em favor de uma noção mais feminina do significado humano, o que cria uma moldura simpática, em vez de confrontante.

O objetivo dessa abordagem é criar uma nova narrativa política que legitime sua ideologia e leve automaticamente a suas conclusões. Os ativistas do Black Lives Matter desenvolveram seu argumento para gerar um efeito cascata preciso de emoções humanas, chocando a consciência com exemplos de "brutalidade policial", sintetizando esses eventos raros, mas marcantes, como "racismo sistêmico" e dirigindo o público à causa moralmente incontestável da "abolição".

No processo, o primeiro passo é criar as precondições emocionais a favor de seu argumento. Como o Partido dos Panteras Negras aprendera quando ainda era um pequeno grupo de rua em Oakland, a melhor ferramenta de recrutamento para o movimento é atiçar a raiva contra a polícia. E para o movimento Black Lives Matter, esse método se tornou ainda mais poderoso. Atualmente, os ativistas gravam vídeos de quase todos os tiroteios com a polícia por meio de celulares ou câmeras corporais, que podem ser editados em busca do máximo impacto emocional e reproduzidos nas redes sociais a um custo e uma escala inimagináveis cinco décadas atrás.

Então, a mídia fixa as imagens violentas nas mentes do público, e os ativistas do BLM leem em voz alta as listas dos mortos – "Digam seus nomes" – para estabelecer sua posição moral e obter uma resposta da população em geral.[16]

A técnica subjacente é criar uma âncora emocional em cada ciclo de notícias e apresentar um universo linguístico fechado capaz de ajudar a moldar a sequência de acontecimentos a seguir. Ao contrário de seus congêneres do passado, Cullors, Garza e os líderes do Black Lives Matter buscam engajar as emoções de culpa e vergonha, e não de raiva e medo, adotando um tom terapêutico em vez de militante. O objetivo não é mais despertar a fúria do lumpesinato negro – uma estratégia que se revelou autodestrutiva –, mas incitar os sentimentos da classe trabalhadora qualificada, incluindo o estrato de mulheres brancas liberais que agora ocupam cargos administrativos de destaque em corporações, instituições filantrópicas, universidades e escolas, e que costumam imitar os rituais inicialmente criados por ativistas.

Após alguns anos de condicionamento – sobretudo em torno da morte de Michael Brown, em Ferguson, no Missouri, vítima de tiros disparados por um policial –, essa técnica rendeu dividendos. Mulheres ricas de subúrbios e executivos das 100 maiores empresas relacionadas pela revista *Fortune* começaram a falar a mesma linguagem purificada da classe ativista, fazendo genuflexões para o Black Lives Matter, repetindo os nomes dos mortos e postando um quadrado negro nas redes sociais para prestar homenagem ao movimento.

No processo, o próximo passo é a abstração, passando da ocorrência individual ao princípio geral. Este é o trabalho da teoria. No passado, Angela Davis, Eldridge Cleaver e o Exército de Libertação Negra identificaram inimigos específicos, de carne e osso. Eles fizeram uma ligação direta entre o problema da brutalidade policial e a solução de "matar os porcos". Contudo, essa abordagem não foi eficaz.

A nova geração de ativistas adotou uma estratégia mais sofisticada. Eles usaram ocorrências individuais de brutalidade policial como prova da existência de "racismo sistêmico". O inimigo já não era o policial individual, mas uma abstração que envolve toda a sociedade. Os ativistas da classe trabalhadora qualificada perceberam que não precisavam se envolver no assunto complicado de perseguir e assassinar detetives da polícia de Nova York. Em vez disso, eles poderiam publicar relatórios, repletos de gráficos estatísticos codificados por cores, que exigiam mudanças abrangentes na sociedade.

Na década de 1970, em sua campanha para libertar os Irmãos de Soledad, Davis criara os contornos dessa abordagem. Ela utilizou a técnica da âncora emocional, apresentando os presidiários como "prisioneiros políticos" que precisavam ser salvos do "linchamento legal".[17] Contudo, Davis também mobilizou a perspectiva teórica, atribuindo a situação difícil dos Irmãos de Soledad ao "racismo muito bem entrelaçado na estrutura capitalista desta sociedade",[18] e salientando que os negros representavam 15% da população, mas 30% da população carcerária, o que, para ela, era prova *prima facie* do racismo institucional.[19]

Cinquenta anos depois, o movimento Black Lives Matter e seus aliados aperfeiçoaram a técnica. A mídia idolatra figuras criminosas como Michael Brown, que foi baleado e morto após atacar um policial e tentar se apoderar de sua arma,[20] e Jacob Blake, que foi baleado após resistir à prisão e brandir uma faca.[21] Enquanto isso, ativistas nas universidades geram uma grande quantidade de dados estatísticos, despojados de todas as variáveis confusas, que parecem confirmar a narrativa de racismo generalizado. Não importa que os Irmãos de Soledad, ou seus equivalentes modernos, como Brown e Blake, estivessem longe de ser vítimas inocentes, ou que disparidades na criminalidade possam explicar as disparidades no encarceramento.[22]

Essas contestações podem ser deixadas de lado. Os ativistas criaram uma arma narrativa capaz de absorver qualquer ocorrência em sua estrutura totalizante, e pretendiam usá-la.

No processo, o ponto final é o destino eterno do movimento: a revolução. Desde Marcuse, os teóricos neomarxistas tentaram adivinhar as fases da história norte-americana, murmurando uns com os outros se os Estados Unidos estavam em uma condição pré-revolucionária ou antirrevolucionária. Perto do fim da vida, Marcuse se sentia desesperançado com o fracasso da política revolucionária; Angela Davis e os fundadores do Black Lives Matter são mais otimistas. "O Black Lives Matter sempre tratou de muito mais do que a violência policial ou paramilitar. (...) Trata-se do fato de que os negros merecem uma revolução", Garza, a cofundadora do movimento, afirmou.[23] "Sou muito otimista em relação ao Black Power, e o trabalho que faço todos os dias é ensinar nossas comunidades a usá-lo."[24]

Em certo sentido, as precondições intelectuais e simbólicas já estavam definidas. Em 2016, o movimento havia transformado sua premissa capciosa – âncora emocional, racionalização estatística, inimigo abstrato – em ponto pacífico.

Mesmo Davis, ao refletir sobre o progresso do movimento Black Lives Matter, admitiu alguma surpresa com o quão longe a linguagem da revolução tinha chegado. "'Racismo estrutural', 'supremacia branca', todas essas expressões que foram usadas durante décadas nas fileiras de nossos movimentos agora se tornaram parte do discurso popular", Davis disse aos repórteres.[25]

Ela tinha razão. O antigo vocabulário do Partido dos Panteras Negras virou o novo vocabulário do *New York Times*. Entre 2010 e 2020, o uso pelo jornal de expressões como "racismo estrutural", "supremacia branca", "brutalidade policial" e "antirracismo" disparou.[26] O *New York Times*, como guardião do consenso liberal, logrou o que o Weather Underground e o Partido dos Panteras Negras não conseguiram: convencer milhões de norte-americanos de que os Estados Unidos são uma nação supremacista branca que explora sistematicamente os negros e outras minorias.

De acordo com o Pew Research Center, essa narrativa se consolidou na mente dos eleitores do Partido Democrata. Em 2009, apenas 32% dos democratas acreditavam que o racismo era um "grande problema" nos Estados Unidos; em 2017, essa porcentagem mais do que dobrara, alcançando 76%.[27]

Essa mudança drástica na percepção do público parece contraditória. Sob quase qualquer parâmetro, o racismo diminuiu nos Estados Unidos desde a época do Partido dos Panteras Negras. As leis garantiram tratamento igual desde a aprovação da legislação dos direitos civis de meados da década de 1960. As atitudes racistas entre os brancos caíram vertiginosamente após esse período, com praticamente nenhuma oposição ao casamento inter-racial, escolas com integração racial e bairros com diversidade racial em meados da década de 1990.[28] As mortes de homens negros pela polícia diminuíram 72% entre 1965 e 2005[29] – e os números absolutos ocultam o fato de que a grande maioria dessas ocorrências é em resposta a ameaças com riscos de morte, e, portanto, justificáveis.[30] Finalmente, em 2008, os Estados Unidos elegeram seu primeiro presidente negro, Barack Obama, o que, na época, foi celebrado como um divisor de águas racial.

Porém, em vez de marcar o início de uma nova era de reconciliação racial, os Estados Unidos mergulharam num retrocesso racial. De acordo com o instituto de pesquisa Gallup, de 2001 a 2013, cerca de 70% dos adultos avaliaram positivamente as relações entre negros e brancos.[31] Em seguida, quando a narrativa do movimento Black Lives Matter começou a ganhar influência em resposta a uma série de ocorrências policiais de grande repercussão, esse número subitamente desabou. Em 2021, a porcentagem de norte-americanos com uma avaliação positiva das relações inter-raciais despencou para 42%. Entre os afro-americanos, a porcentagem caiu de 66% para 33% – a menor proporção já registrada.

As evidências sugerem que a narrativa do movimento Black Lives Matter conseguiu capturar a consciência norte-americana, e que a percepção se tornou mais forte do que a realidade.

Em 2021, o Skeptic Research Center realizou uma pesquisa perguntando aos norte-americanos quantos homens negros desarmados eles acreditavam ter sido mortos pela polícia em 2019. A maioria dos entrevistados que se descreveram como "muito liberais" estimou que o número era de pelo menos mil homens, com um quinto desses entrevistados estimando que o número era de pelo menos 10 mil. Mesmo entre os entrevistados que se descreveram como "moderados", mais de um quarto acreditava que a polícia tinha matado pelo menos mil homens negros desarmados ao longo do ano.[32]

O número real, de acordo com o banco de dados do *Washington Post* sobre homens negros mortos pela polícia, foi de 14; um décimo de 1% das estimativas mais altas dos entrevistados "muito liberais".[33]

Em outras palavras, a narrativa do movimento Black Lives Matter, que havia suscitado o espectro de genocídio estatal contra os negros,[34] conseguiu criar uma percepção que serviu às aspirações políticas do movimento, mesmo que tenha se desvinculado dos fatos. O propósito, porém, não é a exatidão, mas sim o ativismo. O movimento forjou conscientemente seu apoio entre os 15% dos eleitores do Partido Democrata que se descrevem como "muito liberais" e são mais receptivos à narrativa catastrófica.[35] Não se trata de uma fração insignificante. Representa mais de 7 milhões de cidadãos norte-americanos que estão comprometidos com a política e aceitaram a ideia de que a polícia vem assassinando sistematicamente homens negros desarmados em escala industrial.

Para esse grupo, a fórmula com três partes distintas – âncora, racionalização, inimigo – revelou-se um poderoso ciclo de realimentação. Cada manchete reforçou a resposta emocional. Cada artigo opinativo no *New York Times* fortaleceu a mitologia do movimento. Os membros desse grupo acreditavam que a "supremacia branca" não é uma metáfora do passado, mas uma realidade urgente e concreta da América contemporânea. Esses são os homens e mulheres, predominantemente jovens, brancos e altamente qualificados, que estão prontos para ir às ruas.[36]

Após o aumento constante da sensação de ansiedade dos anos pós-Obama, eles estavam à beira de uma explosão.

* * * *

O estopim foi aceso em 25 de maio de 2020.

Naquele anoitecer em Minneapolis, em Minnesota, um policial branco chamado Derek Chauvin prendeu um homem negro chamado George Floyd devido à suspeita de ter usado dinheiro falso para comprar cigarros. Floyd, dono de um extenso registro de antecedentes criminais, incluindo invasão de propriedade, furto, porte de drogas e apontar uma arma para a barriga de uma jovem durante um assalto a uma residência, estava agindo de forma desordenada e pediu aos policiais para deitá-lo no chão.[37] Chauvin o conteve com o joelho no pescoço, enquanto Floyd lhe dizia repetidamente "Não consigo respirar" e, em seguida, "Eu vou morrer".[38]

Chauvin não cedeu. Ele manteve a pressão sobre o pescoço de Floyd e, após arrepiantes nove minutos e meio, Floyd perdeu a consciência. Pouco depois, ele foi declarado morto.

O homicídio, que foi fotografado por espectadores que alertaram repetidamente os policiais de que Floyd estava correndo sério perigo, causou grande comoção em todo o país. Foi a confirmação perfeita do ciclo narrativo criado por ativistas do Black Lives Matter ao longo dos cinco anos anteriores: um policial branco tirando a vida de um homem negro pobre, à vista de todos – de maneira brutal e insensata, e sem nenhum remorso.

Na noite seguinte à morte de Floyd, os protestos começaram. Primeiro, em Minneapolis, ativistas fizeram uma passeata pelas ruas, atiraram pedras e garrafas na polícia e vandalizaram a delegacia do Terceiro Distrito.[39] Em seguida, começaram a saquear lojas e incendiar quarteirões inteiros da cidade.[40] No mês seguinte, os protestos eclodiram em todos os 50 estados, desencadeando uma onda de tumultos, violência e destruição.

O caos representou uma oportunidade para uma rede pouco rígida, mas poderosa, de organizações militantes de esquerda. Antes dos tumultos, o FBI havia divulgado um relatório alertando sobre o crescimento de "extremistas identitários negros", inspirados no Exército de Libertação Negra. Esses radicais "justificavam historicamente e perpetravam violência contra a polícia, que eles percebiam como responsável pela opressão institucionalizada dos afro-americanos", o FBI advertiu.[41] Durante décadas, eles não tiveram a polícia como alvo, mas após a morte de Michael Brown em 2014, deram início a uma onda de violência de três anos. Um extremista emboscou e matou cinco policiais em Dallas. Outro emboscou e atirou em seis policiais em Baton Rouge. Um terceiro atacou quatro policiais em Nova York com uma machadinha, prometendo uma "revolta em massa" contra "os opressores".[42]

Além disso, os tumultos após a morte de George Floyd proporcionaram uma porta de entrada para grupos anarco-socialistas constituídos predominantemente por brancos, que aproveitaram a desordem em curso para difundir sua mensagem e atacar os símbolos do Estado. De acordo com um relatório do Network Contagion Research Institute em Rutgers, essas milícias "antifascistas", ou Antifa, utilizaram comunicações descentralizadas *on-line* para recrutar novos membros e organizar protestos violentos. Os grupos militantes, que se assemelham ao movimento Weather Underground da geração anterior, utilizaram propaganda digital para mobilizar unidades locais em cidades como Seattle e Portland, no Oregon, onde sitiaram prédios públicos, enfrentaram as forças policiais e vandalizaram propriedades privadas e públicas, incluindo estátuas históricas.[43]

Seus conteúdos são reminiscentes do antigo manifesto *Prairie Fire*: a exaltação da violência "revolucionária", fotografias de membros armados até os dentes, ilustrações de porcos com legendas exortando os seguidores a "matar" e "assassinar" policiais. Sua estética também provém conscientemente dos movimentos radicais da década de 1960. Os grupos afiliados ao movimento Antifa se deixam fotografar em campos de treinamento de guerrilha, criam xilografias de Karl Marx e rifles de assalto Kalashnikov, e utilizam o antigo léxico dos movimentos clandestinos, prometendo desencadear a "revolução" contra o "Estado predatório" e seus "vândalos fascistas".[44]

Ao nível tático, os novos grupos militantes brancos se organizaram em células autônomas, ou "grupos conectados à rede", com uma divisão de trabalho complexa. Há "soldados escudeiros", "soldados de campo", "socorristas", "brigadas de incêndio", "observadores de polícia", "construtores de barricadas", "combatentes da linha de frente", "*designers*" e equipes de "comunicação digital".[45]

Trata-se de um avanço importante. Em 1969, o Weather Underground tentou incitar as massas em Chicago durante os "Dias de Fúria", mas as massas nunca chegaram; os radicais foram sumariamente espancados, humilhados e presos pela polícia. Em 2020, em contraste, os novos grupos militantes de esquerda, armados com garrafas, pedras, armas e bombas, conseguiram manter mais de 100 noites consecutivas de tumultos e destruição em cidades como Portland, dominando as ruas e colocando a polícia na defensiva.[46]

Como destacou o National Contagion Research Institute:

> Uma característica importante dos grupos conectados à rede é sua capacidade de frustrar a habilidade das autoridades policiais de detectar ataques ideológicos direcionados. Um núcleo principal de atores consegue mobilizar

a violência e o desrespeito à lei. Se isso se difunde, os grupos conectados à rede habilitam uma estrutura capaz de adaptação e evolução, sobretudo se reaparecer ao longo de dias consecutivos de tumulto.[47]

De acordo com os órgãos de segurança, o resultado é que esses grupos de esquerda descentralizados iniciaram uma "insurgência de baixa intensidade contínua com ataques ideológicos direcionados por extremistas antigoverno".[48]

Com a disseminação dos tumultos, parecia que o antigo proletariado dividido em duas partes de Marcuse tinha ressurgido – e, sob o estandarte do Black Lives Matter, gerou devastação.

Os protestos após a morte de George Floyd foram os mais amplos desde o auge da Nova Esquerda em 1968. Ocorreram mais de 10 mil manifestações em todo o país, com os manifestantes praticando violência, saques, incêndios criminosos e vandalismo nos 50 estados.[49] A polícia prendeu mais de 10 mil manifestantes e registrou 25 mortes relacionadas aos tumultos.[50] Os manifestantes causaram mais de 2 bilhões de dólares em danos materiais – o maior prejuízo coberto por seguro já registrado devido a desordem civil.[51]

A violência bruta e a destruição ganharam as manchetes dos jornais norte-americanos, mas os padrões e os detalhes dos tumultos promovidos pelo movimento Black Lives Matter revelam outro aspecto interpretativo. A guerra física foi uma expressão de uma guerra simbólica mais profunda. Os atos individuais de violência – o ataque contra delegacias de polícia urbanas, os coquetéis molotov lançados em viaturas policiais, a derrubada de estátuas históricas, o saque em grande escala de hipermercados – eram, na verdade, representações de uma revolução cultural em curso havia muito tempo.

Os manifestantes estavam seguindo inconscientemente a fórmula que Angela Davis sugerira outrora aos estudantes em suas primeiras aulas na UCLA: apagar o passado, demolir o presente e controlar o futuro. Eles buscaram travar uma guerra contra os símbolos e a memória histórica da fundação do país. Vandalizaram e derrubaram estátuas de George Washington, Thomas Jefferson e Abraham Lincoln, pichando frases como "senhor de escravos" em Jefferson e datas como "1619" em Washington. "Fazemos algo ao derrubar essa imagem", disse um homem. "Eu estou vivendo só do seguro-desemprego. Então, posso até ganhar dinheiro do governo para desmantelá-lo." As autoridades, em vez de defenderem as estátuas, as removeram.[52]

Davis também percebeu o poder dessa reconstrução narrativa. Com os tumultos após a morte de George Floyd se alastrando, ela declarou à revista

Vanity Fair que as manifestações de rua eram "ensaios para a revolução", e elogiou a destruição das estátuas históricas. "Essas estátuas são nossos lembretes de que a história dos Estados Unidos da América é uma história de racismo. Assim, é natural que as pessoas tentem derrubar esses símbolos", ela disse. "Se é verdade que os nomes estão sendo alterados e as estátuas estão sendo removidas, também deve ser verdade que as instituições estão olhando para dentro e descobrindo como se transformar radicalmente. Esse é o verdadeiro trabalho."[53]

Ou seja, o propósito de derrubar estátuas não era simplesmente exercer poder nas ruas, mas também solapar os mitos fundamentais da sociedade, ou, nas palavras de Eldridge Cleaver, transformar os "heróis brancos" dos Estados Unidos em "arquivilões" na origem de uma sociedade opressora.[54] Quando esses mitos fossem desfeitos, os manifestantes acreditavam que a população procuraria preencher o vazio com novos mitos, e a revolução poderia finalmente ocorrer. "Os protestos oferecem às pessoas uma oportunidade de se juntar a essa demanda coletiva para promover uma mudança profunda, uma mudança radical. Cortar as verbas da polícia, abolir o policiamento como o conhecemos agora", Davis concluiu. "São os mesmos argumentos que defendemos há muito tempo no que se refere ao sistema prisional e todo o sistema de justiça criminal. Foi como se todas as décadas de trabalho de tantas pessoas, que não receberam nenhum crédito, se concretizassem."[55]

Por um período do verão de 2020, o movimento Black Lives Matter conseguiu uma importante vitória tática: o domínio das ruas.

Cidade após cidade, os ativistas do BLM, incluindo suas facções paramilitares nacionalistas negras e anarcossocialistas, bloquearam áreas urbanas, intimidaram os moradores e instituíram sua ideologia como um requisito social. Multidões de apoiadores do BLM fizeram uma passeata pelas ruas e ameaçaram moradores e clientes de restaurantes ao ar livre até a submissão.

Em Washington, D. C., dezenas de ativistas mascarados, com seus punhos erguidos na tradição do Black Power, cercaram uma mulher sentada à mesa de um restaurante. Eles entoaram "Sem justiça, sem paz" e proferiram ameaças a poucos centímetros do rosto dela. "Você é cristã?", perguntou um dos ativistas aos berros. "Erga seu maldito punho!", outro bradou.[56] Em Pittsburgh, manifestantes negros quebraram garrafas e gritaram com os clientes brancos: "Dane-se [a polícia] e danem-se os brancos que criaram o sistema que é contra o meu!".[57] Em Nova York, ativistas subiram nas mesas e lançaram insultos contra um dono de restaurante branco: "Não queremos você aqui! Não queremos sua porra de taqueria! Propriedade de homens brancos de merda!".[58]

Em todas essas cidades, as multidões se tornaram violentas após o pôr do sol: saques, incêndios criminosos, vandalismo e destruição. À medida que essas ameaças se intensificavam, as grandes redes varejistas começaram a publicar declarações de lealdade ao movimento, e lojistas locais afixaram cartazes com a inscrição "Black Lives Matter" e fotografias de George Floyd em suas vitrines – em alguns casos, por convicção, mas na maioria dos casos, por medo. A mensagem: "Nós nos submetemos. Por favor, não incendeie este estabelecimento".[59]

Nesse ínterim, a mídia nacional adotou a perspectiva do BLM. Mesmo nas agências de notícias, como a Reuters, os repórteres passaram a imitar o estilo e o conteúdo das ruas. "Michael Brown. Eric Garner. Freddie Gray", a Reuters entoou. "Seus nomes estão gravados nas memórias dos norte-americanos, exemplos flagrantes de violência policial letal que incitaram protestos e originaram grandes indenizações para as famílias das vítimas."

Embora algumas das reportagens que cobriram os primeiros dias de caos em Minneapolis fossem explícitas acerca da violência – "Protestos e saques irrompem em Minneapolis devido a uma morte com conotações raciais por parte da polícia", dizia uma manchete –, a cobertura rapidamente passou por um filtro de ideologia e eufemismo com o avanço do verão. Os artigos começaram a enquadrar os tumultos como um "novo acerto de contas nacional sobre a injustiça racial" e a descrever os protestos como "pacíficos, na maioria das vezes", apesar da violência generalizada, dos saques e da criminalidade.

As reportagens baseadas em dados e as "checagens de fatos" das agências de notícias não se saíram melhor, recontextualizando sistematicamente informações precisas sobre violência racial e policiamento a fim de enfraquecer as narrativas opostas e alinhar sua cobertura com a retórica do movimento Black Lives Matter.[60]

O ápice da jornada de tumultos ocorreu em 6 de junho em Minneapolis. Naquela tarde, o prefeito progressista da cidade, Jacob Frey, de 38 anos, vestindo uma camiseta Henley azul e cinza e uma máscara facial com o *slogan* "Não consigo respirar", chegou a uma manifestação em apoio à abolição da polícia. Milhares de manifestantes ocupavam as ruas, com cartazes dizendo "Defendam as vidas dos negros" e "Abolição da polícia já".[61]

Os organizadores animaram a multidão com chamadas e respostas. "Nós estamos aqui! Nós não iremos embora! Nós vamos construir um novo estado! Cortem as verbas da polícia de Minneapolis!" Mais tarde, os líderes do protesto, postados em cima de um palco improvisado no meio de um cruzamento, chamaram o prefeito

Frey para se juntar a eles. Os ativistas abaixo, usando máscaras com a mensagem "Parem de matar os negros", cercaram-no com os punhos erguidos.[62]

"Jacob Frey, temos uma pergunta para você cuja resposta só pode ser sim ou não. Você se compromete a cortar as verbas do Departamento de Polícia de Minneapolis? Sim ou não?", uma mulher negra no palco o questionou, enquanto Frey baixava os olhos. "Não queremos mais polícia. Está claro? Não queremos pessoas com armas circulando em nossa comunidade, atirando em nós. Você tem uma resposta? É um sim ou é um não?", a mulher bradou, com a multidão rugindo cada vez mais alto a seu redor.

Finalmente, Frey assumiu a postura de uma criança envergonhada e sussurrou ao microfone: "Eu não apoio a eliminação completa da polícia".[63]

A multidão se enfureceu. "Cai fora daqui! Você não é de nada!" Em seguida, os manifestantes passaram a entoar um cântico – "Vaza, Jacob, vaza!" –, e zombaram de Frey enquanto ele avançava em zigue-zagues pela multidão em direção à saída. "Vergonha! Vergonha! Vergonha! Vergonha!", eles gritavam. "Não estamos aqui para ouvir esse papo-furado sobre reforma da polícia. Acabe com a polícia e, depois, com as prisões!"[64]

Todo o espetáculo estava carregado de significado simbólico: a ascensão da multidão; o ritual de humilhação pública; a marcha furiosa da dialética. Por um momento, os ativistas reencenaram os acontecimentos lendários da Comuna de Paris. Eles haviam transformado o espírito evanescente da revolta em um momento carnal. Com os corpos grudados uns nos outros, os ativistas acreditavam que, depois de incendiar a delegacia do Terceiro Distrito do Departamento de Polícia de Minneapolis, poderiam "construir um novo estado" em seu lugar.

A presença pairante acima de tudo – acima do corpo a corpo das manifestações de rua, acima dos signos e significantes da guerra de propaganda, acima da violência desencadeada em nome da justiça social – era a de Angela Davis.

Após a morte de George Floyd, Davis, com 76 anos, foi ressuscitada pela imprensa e reconduzida a sua posição de consciência da revolta racial. Sua foto adornava as páginas da revista *Time*, onde ela foi celebrada como uma das 100 pessoas mais influentes do ano. "Ela ousou se levantar contra um sistema racista. Ela viu e testemunhou tudo, e continua a inspirar, educar e resistir à opressão", comentou um analista.[65] "Uma ativista. Uma autora. Uma acadêmica. Uma abolicionista. Uma lenda", derramou-se em elogios outro.[66]

Como os órgãos de imprensa soviéticos nos velhos tempos revolucionários, a mídia norte-americana apresentou o movimento Black Lives Matter como uma marcha rumo à libertação. Suas transgressões – os centros comerciais incendiados, as vítimas das represálias, os policiais mortos – deveriam ser minimizadas, encobertas, ignoradas. Nenhuma delas poderia ser utilizada como forma de pressionar o BLM, que, diziam, não era uma organização, mas sim um movimento.

Adotaram o refrão de Assata Shakur, que, perante um juiz devido a acusações de sequestro e assalto à mão armada, disse aos jurados:

> O Exército de Libertação Nacional não é uma organização: vai muito além disso. Trata-se de um conceito, um movimento popular, uma ideia. O conceito do BLA surgiu por causa da opressão política, social e econômica contra as pessoas negras deste país. E onde há opressão, haverá resistência. O BLA faz parte desse movimento de resistência. O Exército de Libertação Negra defende a liberdade e a justiça para todas as pessoas.[67]

Como Davis explicara muitas décadas antes, a revolução exigiria certa quantidade de violência. Naquela época, seu camarada Jonathan Jackson levava os exemplares surrados e com as páginas com as iniciais de Davis de *Violence and Social Change* e *The Politics of Violence* para dentro do tribunal do Condado de Marin. Atualmente, os jovens radicais levam as ideias de *Autobiography* e *Women, Race & Class* de Davis para os edifícios incendiados de Minneapolis, Portland e Seattle. Os danos concretos perpetrados por seus seguidores – naquela época, como agora – são incorporados na narrativa dos bens abstratos. Quando isso não dá certo, os crimes são justificados como uma reação automática à opressão.

Para Davis, esse era o preço do progresso. Ela declarou à *Vanity Fair*:

> Eu sempre reconheci meu próprio papel como ativista em ajudar a criar as condições de possibilidade para a mudança. E isso significa expandir e aprofundar a consciência pública sobre a natureza do racismo, do heteropatriarcado, da poluição do planeta e sua relação com o capitalismo global. Portanto, deve haver uma maneira de pensar sobre a ligação entre todas essas questões e como podemos começar a imaginar um tipo de sociedade muito diferente. Isso é o que significa "cortar as verbas da polícia". Isso é o que significa "abolir a polícia".[68]

Por um momento, no verão de 2020, pareceu que Davis poderia finalmente transformar em realidade o sonho estagnado fazia tanto tempo.

CAPÍTULO 9

OCLOCRACIA EM SEATTLE

A cidade de Seattle foi o epicentro da revolução George Floyd. Os saques espetaculares e a violência em Minneapolis e Portland podem ter dominado as manchetes, mas sob a superfície os ativistas em Seattle lançaram uma campanha sem precedentes para transformar os protestos de rua num novo regime político. Eles aperfeiçoaram a narrativa ao estilo Angela Davis acerca do "complexo industrial-prisional", reuniram milhares de militantes nas ruas e defenderam a derrubada dos três pilares do sistema tradicional de justiça – a polícia, as prisões e os tribunais –, substituindo-os por uma nova concepção de lei e ordem com base nos princípios da justiça social.

Essa campanha levou décadas para ser elaborada. Nos anos que antecederam 2020, os progressistas radicais da cidade gradualmente obtiveram o controle sobre todo o aparato da política local, incluindo a mídia, as instituições acadêmicas, as fundações filantrópicas, o Conselho Municipal e a burocracia pública. No entanto, houve uma exceção importante: o sistema de justiça criminal. Os ativistas acreditavam que a polícia, as prisões e os tribunais eram o último resquício de uma sociedade opressora e o último baluarte contra o controle total.

Em sua concepção, se eles conseguissem desmantelar a instituição da justiça criminal, poderiam finalmente começar a estabelecer a nova sociedade que escapara de seu alcance.

Durante os protestos após a morte de George Floyd, em vez de resistir, o *establishment* político da cidade aderiu à campanha dos ativistas para desmantelar o sistema de justiça. Seguindo a diretriz dos ativistas, as autoridades eleitas em

Seattle e no Condado de King anunciaram sua intenção de, simultaneamente, cortar as verbas do Departamento de Polícia de Seattle, fechar permanentemente a maior prisão do condado e esvaziar o sistema de tribunal municipal. Eles argumentaram a favor de que a manutenção tradicional da ordem pública deveria ser substituída pelo que poderia ser descrito como um "sistema de justiça alternativo" de programas sem fins lucrativos ideologicamente alinhados. Acreditavam que poderiam substituir o Estado carcerário por um novo Estado terapêutico, sob o pressuposto de que, quando a opressão do sistema de justiça fosse revogada, a nova sociedade poderia ser orientada por meio de psicoterapia, alternativas ao processo criminal e rituais de justiça ao estilo tribal.

Os fundamentos teóricos desse movimento foram tirados diretamente do manual da ideologia da libertação negra. Nikkita Oliver, a autodenominada "abolicionista" que se tornou a figura central do movimento para desmantelar o sistema de justiça de Seattle, modelou conscientemente sua política e estética com base em Angela Davis, bradando para as multidões que elas deviam se juntar à luta para pôr fim ao "capitalismo racializado" e eliminar definitivamente "o patriarcado, a supremacia branca e o classismo".[1] Na insurreição de 2020, milhares de ativistas de esquerda atenderam ao chamado de Oliver, tomando as ruas, quebrando vitrines de lojas e assumindo o controle de um distrito policial na região de Capitol Hill da cidade. Por um breve momento, eles estabeleceram sua própria Comuna de Paris: a Zona Autônoma de Capitol Hill – ou CHAZ, na sigla em inglês –, tentando criar um sistema de autogoverno fora do alcance do opressor norte-americano.

Os ativistas, que se consideravam os "novos abolicionistas", estavam dispostos a se envolver no jogo perigoso. Eles enxergavam o caos como o preço necessário – e o acelerador – para sua revolução. Sua agenda foi copiada quase textualmente das páginas do programa do Partido dos Panteras Negras. Eles disseram: "Honrando a longa história da luta abolicionista, nós nos associamos a seus esforços para retirar as verbas do complexo industrial-prisional, investir em nossas comunidades e criar as condições para nosso objetivo final: um mundo sem polícia, onde ninguém é mantido numa jaula".[2]

Contudo, ao contrário do Partido dos Panteras Negras, que se dissolvera na história, os jovens revolucionários de Seattle acreditavam que tinham os órgãos estatais a seu lado. Os mais altos servidores públicos da região acatavam seus pleitos, imitavam sua linguagem, juntavam-se a eles nas barricadas e prometiam cortar as verbas da polícia e transformar o sistema de justiça criminal conforme os princípios do "antirracismo".

Nesse período, parecia que Seattle estava se desintegrando. A criminalidade cresceu drasticamente no centro da cidade; as lojas protegiam suas vitrines com barricadas; os cidadãos começaram a temer que a cidade entrasse num período prolongado de casos. No entanto, os ativistas e a classe política avançaram com seu experimento de "abolição" com incrível rapidez. Eles elevaram um conjunto de três mandamentos – "Abolir a polícia", "Abolir as prisões" e "Abolir os tribunais" – a uma nova categoria de santíssima trindade. Transformaram uma palavra de ordem de rua – "queimar tudo" – numa plataforma política real.

Eles acreditavam que seu tempo havia finalmente chegado.

* * * *

O primeiro mandamento dos novos abolicionistas é "abolir a polícia".

Na narrativa dos ativistas, as forças policiais norte-americanas foram inicialmente criadas para capturar escravos fugitivos, e têm atuado como guardiões da supremacia branca desde então. Como a Decriminalize Seattle Coalition sustentou: "A polícia nunca serviu como uma resposta adequada aos problemas sociais. Ela está baseada na violência contra os negros. Para proteger as vidas dos negros, este momento exige investir e ampliar nossa segurança e nosso bem-estar para além do policiamento".[3]

Portanto, a solução nunca pode ser a reforma: o sistema policial deve ser desmantelado. Nos distúrbios após a morte de George Floyd, essa linha de pensamento ganhou aceitação no governo local. O Conselho Municipal de Seattle, respondendo à pressão dos ativistas, divulgou um projeto de lei que sugeria um caminho para abolir o departamento de polícia e substituí-lo por um novo "Departamento de Segurança Comunitária e Prevenção da Violência" sob o comando de civis. O plano se baseou na ideia de que o "racismo institucional" e a "insuficiência de investimentos em comunidades não brancas" eram a causa da criminalidade, e depois que o departamento de polícia fosse abolido e seu orçamento redistribuído para as comunidades não brancas, os assistentes sociais e as organizações sem fins lucrativos poderiam manter a paz mediante a "práxis sensível ao trauma, de apoio à identidade de gênero e antirracista" e "a transferência imediata de terras públicas subutilizadas para propriedade da comunidade composta por negros, indígenas e não brancos"[4] – o que, na prática, significa governo baseado no ativismo.

Entretanto, a fim de aumentar a pressão externa, a turba itinerante de ativistas patrulhava as ruas dos bairros residenciais e fazia visitas noturnas a servidores públicos vacilantes. O grupo, que se autodenominava Every Day March [Marcha diária], reunia grupos de até 300 pessoas e se dirigia às residências pessoais da prefeita de Seattle, Jenny Durkan, da chefe de polícia de Seattle, Carmen Best, e de quase todos os membros do Conselho Municipal. Eles tocavam tambores, entoavam palavras de ordem, aterrorizavam os vizinhos e deixavam mensagens ameaçadoras nas entradas de garagem e nas portas de seus supostos inimigos: "Libertem as comunidades oprimidas", "Não sejam racistas nojentos", "Guilhotinem Jenny".[5]

Em um incidente, a multidão se dirigiu até a casa do membro do Conselho Municipal Andrew Lewis e o acordou depois da meia-noite. Quando Lewis chegou à entrada do prédio, o chefe da turba, Tealshaw Turner, exigiu que ele se comprometesse verbalmente com o corte de verbas para a polícia. Sozinho à porta do prédio, Lewis, visivelmente assustado, cedeu. Ele prometeu reduzir o orçamento da polícia em 50%, demitir os policiais contra os quais haviam sido registradas reclamações de cidadãos e redirecionar milhões de dólares em financiamento público para "comunidades não brancas". Após ter conseguido o que desejava, Turner fez menção de partir, mas antes ameaçou: "Se você não cumprir a sua promessa, com certeza nós voltaremos".[6]

Apesar dessas ameaças, ou talvez por causa delas, o governo se posicionou em favor dos manifestantes. Ao mesmo tempo que eles ampliavam seu controle das ruas, o Conselho Municipal aprovou uma legislação para privar o departamento de polícia de recursos essenciais para o controle de multidões, como *spray* de pimenta, gás lacrimogêneo, balas de borracha e bombas de efeito moral.[7] Em uma carta desesperada aos moradores, a chefe de polícia Best alertou que os policiais não teriam "nenhuma capacidade de intervir com segurança para preservar a propriedade no meio de uma multidão violenta"[8] – em suma, comunicando o colapso da lei e da ordem no perímetro urbano.

Embora a ordem de controle de tumultos tenha sido bloqueada por um juiz horas antes de entrar em vigor, um policial veterano disse que os ativistas adotaram uma estratégia agressiva: reduzir o poder da polícia o suficiente para alcançar a oclocracia (ou seja, o exercício do poder pela multidão) e, em seguida, pressionar os políticos por mais. Se conseguissem cortar as verbas da polícia e privar os policiais de armas de controle de multidões, poderiam acabar com o monopólio estatal da violência. Sempre que seus líderes conseguissem mobilizar uma grande multidão, poderiam dominar o ambiente físico e estabelecer um novo padrão de ordem pública que se adequasse a seus princípios de justiça social.

De maneira inacreditável, no meio da crescente baderna nas ruas e da intimidação das autoridades públicas, a maioria dos eleitores de Seattle apoiou o plano de cortar verbas da polícia. Numa pesquisa por telefone, mais da metade apoiou o plano de "reduzir permanentemente o orçamento do Departamento de Polícia de Seattle em 50% e destinar esse dinheiro para serviços sociais e programas comunitários".[9]

De acordo com fontes do departamento de polícia, os policiais ficaram atônitos. Eles estavam sitiados em duas frentes: nas ruas e nos corredores da Prefeitura. As turbas vestidas de preto quebraram impunemente as vitrines de agências bancárias e lojas, o Conselho Municipal votou a favor de um conjunto inicial de cortes orçamentários que preparou o terreno para a "abolição", e os ativistas empreenderam com êxito uma campanha de humilhação do legislativo e de intimidação política contra a chefe de polícia Best, que acabou renunciando ao cargo.

"Nossa liderança está em estado caótico", um policial da linha de frente afirmou. "A prefeita tomou a decisão de permitir que um grupo de mil pessoas imponha a política de segurança pública para uma cidade de 750 mil habitantes."[10]

* * * *

O segundo mandamento dos novos abolicionistas é "abolir as prisões". Esse tem sido um tema recorrente em movimentos radicais, desde a tomada da Bastilha na Revolução Francesa até a fuga da Prisão de Kresty na Revolução Russa.

Na Seattle contemporânea, porém, a revolução vem acontecendo de dentro para fora. Segundo um conjunto de documentos vazados do Gabinete do Executivo do Condado de King, na época de George Floyd, os formuladores de políticas estavam ocupados em elaborar as justificativas para o fechamento permanente da maior prisão da região e para o término de todo encarceramento de jovens – incluindo menores acusados de crimes graves como estupro e assassinato.

Os documentos oficiais retratam o sistema prisional como uma instituição de "opressão baseada em raça e forjada para manter a supremacia branca". Num gráfico em forma de pirâmide, os formuladores de políticas alegaram que o crime e o encarceramento eram apenas manifestação na "ponta do iceberg"; no entanto, em um nível mais profundo, o sistema de justiça está baseado na "cultura supremacista branca", "distribuição desigual de renda", "acumulação de poder" e na crença de que as "pessoas não brancas são perigosas ou devem ser temidas". Após estabelecer essa premissa, a conclusão é inevitável: a supremacia branca não pode ser reformada; ela deve ser abolida.[11]

Para esse fim, Dow Constantine, o executivo do Condado de King, divulgou um plano para acabar de maneira definitiva com a detenção de jovens e fechar a prisão no centro de Seattle, que representava cerca de dois terços da capacidade total das prisões do condado. E, ao contrário da retórica de libertar os "infratores não violentos", mais da metade dos presidiários do sistema do Condado de King estavam presos por crimes violentos – portanto, o plano, por simples aritmética, libertaria criminosos violentos nas ruas.[12]

Os agentes penitenciários do condado, que não foram consultados sobre o anúncio do executivo, ficaram chocados. Um supervisor afirmou que "os ativistas [estão] procurando reescrever a narrativa da sociedade" e, se os fechamentos forem aprovados, "os que sofrerão no final são [as minorias raciais], já que a criminalidade aumentará drasticamente e o desrespeito à lei se tornará a norma". De acordo com o supervisor, após o anúncio, os agentes penitenciários da linha de frente e as equipes médicas das prisões ficaram em estado "caótico" e se preparando para "demissões em massa".[13]

Porém, em vez de levar em conta essas preocupações, o executivo do condado decidiu que era simplesmente o preço do progresso: segundo documentos internos, ele alertou sua equipe para esperar "estresse, confusão e sensação de opressão" no departamento, mas disse que isso não deveria impedir o trabalho de criar uma "mudança na estrutura de poder" e aconselhou seus funcionários a deixar "vir à tona a discriminação e o racismo internos", para que pudessem ser suprimidos.[14]

A pergunta enfrentada por esses funcionários era evidente: o que substituirá as prisões nesse novo regime? A principal coalizão do movimento progressista de reformas da região, a Budget for Justice, tinha uma resposta: o governo deveria "transferir os recursos financeiros dos sistemas formais de justiça para programas de cuidados comunitários" que "se baseiam em práticas da justiça restaurativa que são sensíveis ao trauma e baseadas em direitos humanos e equidade". Os ativistas destacaram três iniciativas sem fins lucrativos como modelos para o novo sistema de justiça – Community Passageways, Creative Justice, and Community Justice Project [Projeto de passagens comunitárias, justiça criativa e justiça comunitária] – que oferecem programas de "círculos de cura", "narrativa de histórias", terapia baseada em arte e organização comunitária.[15]

As três iniciativas compartilham uma base filosófica comum: a suposição de que a pobreza, o racismo e a opressão forçam os despossuídos a uma vida de crime e violência. Seus programas são concebidos claramente para desconstruir como "os sistemas de poder criam condições que perpetuam a violência em nossas casas e vidas diárias" e ajudar os infratores a "reimaginar uma sociedade na qual sua libertação não só é possível como também sustentável pela própria comunidade". Elas encarnam o coração e o espírito da revolução, mas foram um desastre na prática, e não conseguiram desenvolver a capacidade de servir com substitutos úteis para o "sistema de justiça formal".[16]

Em um caso de grande repercussão, os promotores encaminharam um jovem infrator chamado Diego Carballo-Oliveros para um programa de "círculo de paz", em que os líderes da organização sem fins lucrativos queimaram sálvia seca para afastar energias negativas, passaram uma pena de fala[17] e guiaram Carballo-Oliveros por "meses de autorreflexão".[18] Segundo um dos agentes penitenciários com conhecimento do caso, os promotores e os ativistas exibiram o jovem pela cidade como o "exemplo brilhante" de sua abordagem.[19] No entanto, duas semanas depois de concluir o programa do círculo de paz, Carballo-Oliveros e dois cúmplices atraíram um garoto de 15 anos para a floresta, assaltaram-no e depois o atacaram, cortando seu abdome, peito e cabeça com uma faca retrátil. O garoto fez um telefonema desesperado para a irmã, e um transeunte chamou uma ambulância, mas a vítima perdeu muito sangue e morreu mais tarde no hospital.[20]

Apesar desses reveses públicos, Dow Constantine, o executivo do Condado, persistiu em seu plano de fechar permanentemente a prisão do centro da cidade e acabar com o encarceramento de todos os jovens. E os ativistas trabalharam para acelerar o processo. Durante os tumultos, eles enviaram uma turba até a casa de Constantine na escuridão da noite para exigir que ele fechasse a prisão imediatamente. Eles o interromperam com gritos e sacudiram latas de tinta *spray*, intimando Costantine a libertar todos os prisioneiros jovens, incluindo menores acusados de assassinato, porque "a polícia assassina o tempo todo".

Constantine, parado sob um poste de iluminação com os braços cruzados, assentiu com a cabeça vagamente e procurou acalmar a turba.[21]

* * * *

O terceiro mandamento dos novos abolicionistas é "abolir os tribunais". Em termos simples, os revolucionários modernos querem destruir a concepção existente de "justiça" e substituí-la por um novo regime de "justiça social".

Na imaginação histórica da esquerda radical, os tribunais norte-americanos não são o fórum imparcial e público descrito na Sexta Emenda, mas sim uma extensão de um aparato estatal brutal, racista e punitivo. Em Seattle, há muito tempo os ativistas procuraram limitar o alcance e a autoridade dos tribunais municipais. Durante anos, organizações influentes, como Budget for Justice e Public Defender Association, defenderam eliminar a fiança em dinheiro, reduzir consideravelmente o departamento de liberdade condicional, diminuir a quantidade de juízes municipais e atenuar os requisitos de registro de agressores sexuais – tudo no âmbito da "mudança contínua, real e progressiva da política e do sistema".[22]

No entanto, com a ascensão do movimento Black Lives Matter propiciando um ambiente político ainda mais favorável, a coalizão de ativistas se mobilizou em prol de uma agenda muito mais ambiciosa: abolir completamente o tribunal municipal e transferir a autoridade para um sistema de tribunal alternativo administrado por organizações sem fins lucrativos alinhadas ideologicamente, como o programa Law Enforcement Assisted Diversion, ou LEAD, que oferece "resposta a situações de crise, avaliação psicossocial imediata e serviços abrangentes de longo prazo, incluindo tratamento de transtornos relacionados à dependência química e moradia"[23] – ou seja, uma iniciativa para substituir o aparato estatal punitivo por meio de um processo terapêutico.

Infelizmente, o regime sociopolítico que surgiu após essas "reformas iniciais" não marcou o início da utopia, mas se degenerou em anarquia. Nos anos que antecederam 2020, Seattle se tornou um refúgio para acampamentos de barracas, consumo de drogas em lugares públicos e desordem nas ruas, e ostentou uma das taxas de crimes patrimoniais mais elevadas do país. O programa LEAD, que recebeu milhões de dólares em recursos municipais por ano, falhou repetidas vezes em produzir resultados. Em seu original "estudo científico", ao levar em conta mandados de prisão antigos, o LEAD não teve nenhum impacto estatisticamente significativo em novas prisões – ou seja, a participação do LEAD foi tão eficaz quanto não fazer nada.[24]

Em 2019, depois de uma série de casos de "reincidentes" notórios, Ed McKenna, juiz do Tribunal Municipal de Seattle, tentou soar o alarme acerca do fracasso da cidade em processar criminosos habituais, como Francisco Calderon, um morador de rua que acumulara mais de 70 condenações, mas continuou a obter acordos de pena sem prisão da promotoria e da defensoria pública.[25] O apelo de McKenna para restaurar a ordem pública causou alvoroço. A história de Calderon recebeu ampla cobertura da mídia e se harmonizou com um relatório explosivo sobre os "delinquentes contumazes" da cidade, que aterrorizavam os moradores e as empresas com poucas consequências.[26]

Contudo, a postura pública de McKenna provocou uma reação contrária ainda mais forte. Quase imediatamente, os líderes do movimento de justiça progressista – o procurador municipal Pete Holmes, a chefe da defensoria pública Anita Khandelwal e a cofundadora do LEAD Lisa Daugaard – travaram uma impiedosa guerra de relações públicas contra o juiz e conseguiram pressioná-lo com sucesso a se aposentar dois anos antes do término de seu mandato.

Após se mudar para outro estado, o juiz McKenna alertou o público de que a coalizão de justiça progressista estava perigosamente próxima de criar um sistema judicial alternativo. Ele sustentou que os líderes da coalizão governamental e sem fins lucrativos de justiça criminal vinham se tornando "senhores e proprietários contemporâneos", com o poder de exercer a justiça fora do arcabouço constitucional. McKenna explicou que os programas alternativos sem fins lucrativos, que existem além dos limites do Estado e não estão sujeitos a um escrutínio público significativo, estavam infringindo potencialmente a Sexta Emenda, que garante o direito a um julgamento público perante um júri de seus pares.

McKenna disse:

> Em [esquemas alternativos anteriores ao julgamento], os réus em potencial são contatados por promotores e informados de que, se participarem 'voluntariamente' de programas específicos, não serão apresentadas acusações criminais contra eles. Contudo, a preocupação ética é se as pessoas acusadas estão abrindo mão de seus direitos "consciente e voluntariamente" ou se as pessoas acusadas se sentem obrigadas a abrir mão desses direitos sob a ameaça de acusação e prisão.[27]

No entanto, apesar dessas preocupações éticas, a campanha para substituir a justiça pelo ativismo continuou em ritmo acelerado. Após os tumultos causados pela morte de George Floyd, dezenas de promotores do Condado de King, organizados como o "Equity & Justice Workgroup", divulgaram uma carta incentivando sua promotoria a parar de ingressar com acusações de agressão, furto, tráfico de drogas, arrombamento, fuga, evasão tarifária e roubo de carros – na prática, passando todos, exceto os crimes mais graves, para o processo alternativo sem fins lucrativos.[28]

Enquanto isso, os mentores do LEAD, percebendo a oportunidade de ampliar seu poder, declararam formalmente sua intenção de levar a cidade "além da polícia" e atuar como elemento central do novo complexo de justiça progressista.[29]

Os funcionários dos tribunais municipais sentiram sua vulnerabilidade. Temeram que todo seu setor do governo, concebido para propiciar um fórum aberto para a justiça e um anteparo contra a tirania, poderia ser destruído pelos novos abolicionistas. "O sistema não quer ser reformado e resiste à reformulação", declarou Daugaard, cofundadora do LEAD, aos repórteres. "E não resta dúvida de que não teríamos nada parecido com a magnitude da conversa de reestruturação que vem ocorrendo se não fossem as demandas significativas das pessoas nas ruas."[30]

De repente, os ativistas que construíram com paciência seu movimento se achavam em vantagem. Seattle se viu no meio de um momento extraordinário: o movimento em favor da abolição da polícia, das prisões e dos tribunais já não era mais o sonho de radicais e utopistas marginalizados; ele tinha sido adotado nas esferas mais altas do Estado.

"Estamos preparando o terreno para um tipo diferente de sociedade", afirmou Kshama Sawant, membro socialista do Conselho Municipal, no auge dos tumultos. "Nós estamos chegando para desmantelar esse sistema extremamente opressor, racista, sexista, violento e completamente falido do capitalismo: esse Estado policial. Não podemos parar e não vamos parar até acabar com ele e substituí-lo por um mundo baseado em solidariedade, democracia autêntica e igualdade: um mundo socialista."[31]

* * * *

O momento Comuna de Paris dos novos abolicionistas veio durante a longa e turbulenta tarde de 8 de junho de 2020.

Os manifestantes haviam atacado sem parar o quartel-general da polícia do Distrito Leste da cidade, arremessando garrafas, pedras e explosivos na linha de policiais que protegiam o prédio. Então, de repente, a polícia desapareceu. A prefeita decidira entregar o distrito policial para a turba. Os policiais fecharam o prédio com tábuas, removeram as barricadas e recuaram para a cidade, deixando os manifestantes fazerem a transição desconcertante do protesto para a conquista.

Naquele anoitecer, grupos de homens armados associados ao movimento Antifa, ao John Brown Gun Club e a outras organizações militantes de esquerda fixaram um novo perímetro de segurança ao redor do bairro e declararam o território como Zona Autônoma de Capitol Hill, ou CHAZ, prometendo governá-lo de acordo com os princípios da justiça social. Durante a noite, a CHAZ se transformou num experimento de laboratório em pequena escala para os compromissos ideológicos da esquerda moderna e demonstração do conceito relativo a um novo sistema de governo, incluindo a abolição da polícia, das prisões e dos tribunais.[32]

Os resultados desse experimento de abolição são bastante esclarecedores. Quase de imediato, os ativistas estabeleceram a estrutura social básica da CHAZ, seguindo a teoria de política identitária formulada na declaração do Combahee

River Collective. As mulheres negras, indígenas e transgênero foram elevadas à posição de maior autoridade; a identidade determinava o *status* social; os brancos foram intimados a realizar rituais de expiação. Por meio de uma série de discursos e reuniões, os líderes da comuna procuraram implantar a prática social da "decolonização", concedendo tratamento favorável a minorias raciais, "centralizando" mulheres negras e indígenas em todas as reuniões públicas, e incitando os brancos a "superar a culpa ou fragilidade" e "comprometer-se com ações e responsabilidades a longo prazo".

Em um evento noturno, um ativista dos direitos indígenas com uma bandana roxa cobrindo o rosto anunciou uma campanha de indenizações imediatas em pequena escala: "Quero que vocês deem 10 dólares a uma pessoa afro-americana desta zona autônoma", ele disse para a multidão. "Brancos, eu vejo vocês. Vejo cada um de vocês, e lembro de seus rostos. Encontrem uma pessoa afro-americana e deem a ela 10 dólares."[33]

A prática de distribuição racial era um tema recorrente. Os líderes da CHAZ adotaram políticas de segregação racial explícita, com alguns espaços reservados para os BIPOC – negros, indígenas e não brancos, na sigla em inglês. O ativista Marcus Henderson, um agricultor urbano negro com diploma de engenharia de Stanford, criou um projeto agrícola compartilhado no parque do bairro com uma placa anunciando: "Este jardim é para negros e indígenas e suas plantas aliadas".[34] Como Henderson disse aos repórteres, o jardim urbano era uma resposta à "questão de como os negros têm sido privados de direitos por tanto tempo"[35] e uma demonstração de "posse coletiva da terra, reavendo a propriedade e realmente fazendo-a funcionar em prol do povo".[36]

Alguns dias depois da declaração de independência da CHAZ, os ativistas começaram a considerar a formalização do governo da zona autônoma.[37] Embora os manifestantes estivessem unificados em oposição ao Departamento de Polícia de Seattle, várias facções concorrentes surgiram na CHAZ – e se envolveram numa luta intrapartidária para representar o movimento.

Os ativistas do movimento Black Lives Matter, liderados por Nikkita Oliver, queriam que o novo microestado priorizasse a desigualdade racial e o corte de verbas da polícia. Os grupos socialistas e antifascistas deram ênfase à natureza política radical dos protestos, com Kshama Sawant, membro socialista do Conselho Municipal, insistindo que a ocupação deveria ser orientada para o "desmantelamento do próprio capitalismo" e avanço da "revolução socialista". Uma terceira facção composta predominantemente por jovens brancos burgueses desejava transformar a CHAZ em uma festa comunitária, com muralistas, músicos e pequenos comerciantes oferecendo artesanato e entretenimento ao estilo Woodstock.[38]

Em 10 de junho, com o objetivo de obtenção de um consenso e de designação de uma liderança para o movimento, os manifestantes organizaram a primeira Assembleia Popular da CHAZ. Após montarem um palco e instalarem um sistema de som, um dos oradores apresentou a questão da autoridade legítima, perguntando ao público: "Qual é a estrutura e como vamos alcançar algum tipo de hierarquia comunal com a qual todos nos sintamos satisfeitos?". Em resposta, o público vaiou e insistiu que o movimento deveria permanecer sem líderes e horizontal. No final da Assembleia Popular, um dos ativistas admitiu que nenhuma liderança tinha sido instituída, mas sustentou que o grupo havia optado em favor dos princípios ideológicos de um "sistema abolicionista" e do "compromisso com a solidariedade e responsabilidade perante as comunidades negra e indígena".[39]

No entanto, esse vácuo de autoridade legítima não perdurou.

Alguns dias depois da Assembleia Popular, as facções mais bem armadas e agressivas na CHAZ começaram a exercer domínio sobre o território e se tornaram o poder de polícia na prática. Um grupo rotativo de vigilantes armou seus seguidores com rifles semiautomáticos e ocupou posições nas barricadas. Esses soldados retiraram jornalistas à força da zona autônoma e espancaram os dissidentes que se opuseram a seu domínio. Em um incidente, militantes mascarados do Antifa confrontaram de modo violento um pregador de rua cristão e provocador, sufocaram-no até ele perder a consciência e o arrastaram pelas ruas. Em outro incidente, uma grande multidão perseguiu e capturou um homem que supostamente tinha roubado itens de uma loja de autopeças local antes de incendiar o edifício. A polícia, tendo cedido o controle da CHAZ para os ativistas, não respondeu a nenhum pedido de auxílio.[40]

Em seguida, começaram as mortes. A primeira vítima de assassinato foi morta num surto de violência de gangues. A segunda, que, ao que se diz, estava desarmada e dando umas voltas com um carro roubado, foi alvejada pelas forças paramilitares da CHAZ. Na breve história de independência da zona autônoma, houve dois assassinatos, quatro tiroteios adicionais e uma taxa de homicídios geral que acabou por ser quase 50 vezes maior do que a da cidade de Chicago.[41] Numa ironia cruel, todas as vítimas identificadas eram homens negros, exatamente o grupo demográfico para o qual o Black Lives Matter e os líderes da CHAZ afirmaram oferecer proteção.

Depois dos homicídios, os ativistas perderam confiança em seu projeto revolucionário, e a prefeita tomou medidas para retomar o território. No início da manhã de 1º de julho, uma unidade policial de Seattle, armada com cassetetes longos e rifles semiautomáticos, desocupou de vez a Zona Autônoma de Capitol Hills. Enquanto os policiais e as equipes de serviços públicos removiam as barricadas e limpavam as pichações, o verdadeiro legado da CHAZ foi revelado: dois jovens negros, Lorenzo Anderson Jr., de 19 anos, e Antonio Mays Jr., de 16, tinham morrido sob a falsa promessa de utopia.[42]

A verdade é politicamente inconveniente, mas factualmente incontestável: o verdadeiro problema nos Estados Unidos, desde o Partido dos Panteras Negras até o movimento Black Lives Matter, não é a brutalidade policial, mas a brutalidade das ruas norte-americanas. Ao instituir uma "zona sem polícia", a CHAZ não se tornou pacífica; na realidade, tornou-se sem lei, brutal e violenta. A governança dos extremos não é automaticamente melhor, mas muitas vezes é pior do que a governança do centro.

Enquanto a mídia nacional realizava sua autópsia final da CHAZ, houve um detalhe trágico que escapou despercebido. O edifício do Distrito Leste do Departamento de Polícia de Seattle, que os radicais acreditavam ser um símbolo da "supremacia branca", foi construído originalmente sob a liderança de Sam Smith, o primeiro membro afro-americano do Conselho Municipal de Seattle, que queria proporcionar tempos de resposta mais rápidos para o Distrito Central da cidade, onde os moradores negros haviam exigido maior proteção policial.[43] A ironia é profunda: Smith, que cresceu no Sul Profundo dos Estados Unidos no período da vigência do sistema de segregação racial (Jim Crow), via a polícia como um serviço público; 60 anos depois, radicais com educação superior a viam como uma força do mal que devia ser abolida.

As consequências desse movimento foram devastadoras. Os ativistas do Black Lives Matter obtiveram os mesmos resultados do movimento de libertação negra que os precedeu: violência, instabilidade, caos e mortes. Após os tumultos causados pela morte de George Floyd, os Estados Unidos testemunharam o maior aumento anual de homicídios desde o início do registro em 1960: um total de 21,5 mil pessoas baleadas, esfaqueadas, envenenadas, surradas e espancadas até a morte.[44] Os cientistas sociais atribuíram os milhares de assassinatos adicionais às consequências não intencionais do movimento Black Lives Matter.[45]

Em Seattle, o mesmo cenário se repetiu. No ano dos tumultos, a polícia registrou o maior número de homicídios numa geração, com os maiores índices de violência concentrados em comunidades negras.[46] Os vitimados muitas vezes voltaram a se tornar vítimas. Por exemplo, Horace Lorenzo Anderson, pai de um dos adolescentes mortos na CHAZ, foi alvejado no rosto, mas felizmente, ao contrário de seu filho, sobreviveu.[47]

No entanto, o fracasso da CHAZ, assim como o fracasso da Comuna de Paris, não vai deter a revolução.

Como seus antecessores históricos, os novos abolicionistas não têm intenção de realizar reformas no âmbito da ordem social vigente. Eles procuram derrubar completamente essa ordem social. Marx, e posteriormente Herbert Marcuse e Angela Davis, viram a efêmera Comuna de Paris como um modelo em pequena escala para seu projeto maior de revolta moral e política. A Zona Autônoma de Capitol Hill tinha a mesma função, atualizada para a era digital – e, como no passado, a irrupção da violência e instabilidade foi considerada um acelerador, e não um dissuasor, em relação à mudança social. Afinal, a revolução é a aplicação implacável da dialética negativa: subverter, mudar, desmascarar, destruir.

Em Seattle, o clima revolucionário criou uma sensação de perigo. Os proprietários de edifícios fortificaram quarteirões inteiros. Grupos de sem-teto criaram grandes mercados de drogas ao ar livre. Os traficantes vendiam heroína, fentanil e metanfetamina em plena luz do dia. Os viciados conseguiam dinheiro esvaziando lojas de esquina e quebrando janelas de carros.[48] Enquanto isso, os revolucionários da classe trabalhadora qualificada usaram a imagem dos oprimidos para justificar ações mais radicais e travar sua própria guerra simbólica. Também usaram seu vasto aparato informacional para moldar a percepção da realidade rumo à revolução.

O objetivo final é alcançar o impossível: trazer a promessa do paraíso para a terra. Angela Davis disse a seus alunos:

> [Certa vez] Karl Marx afirmou que a religião é o sonho de aspiração de uma humanidade oprimida. As vontades, as necessidades e os desejos verdadeiros são transformados em sonhos de aspiração por meio do processo de religião, porque parecem impossíveis neste mundo: essa é a perspectiva de um povo oprimido. Mas o que é importante, o que é crucial, é que esses sonhos estão sempre prestes a voltar a seu *status* original: as aspirações e as necessidades reais aqui na terra. Sempre há a possibilidade de redirecionar esses sonhos de aspiração para o aqui e agora.[49]

PARTE III
Educação

CAPÍTULO 10

PAULO FREIRE

O mestre da subversão

No outono de 1969, o educador marxista brasileiro Paulo Freire chegou ao *campus* da Universidade Harvard com uma mala cheia de roupas e um original em português de um livro que ele intitulou de *Pedagogia do Oprimido*. Freire chegou na condição de exilado, forçado a deixar o Brasil após um golpe militar de direita, e logo se envolveu em círculos políticos radicais em Cambridge, Massachusetts. Com a chegada do frio do inverno, Freire deixou a barba crescer e adotou a aparência de um guru – o teórico do Terceiro Mundo com os segredos da subversão.

Na breve permanência de Freire em Harvard, onde ele atuou como pesquisador adjunto do Centro de Estudos em Educação e Desenvolvimento, Freire e seus colegas traduziram o original de *Pedagogia do Oprimido* para o inglês, o que, ao longo das décadas subsequentes, ajudou a transformar a educação norte-americana. *Pedagogy of the Oppressed* vendeu mais de 1 milhão de exemplares.[1] Ele é agora a terceira obra mais citada em ciências sociais.[2] Tornou-se um texto fundamental em quase todas as escolas de pós-graduação em educação e programas de capacitação de professores. Embora Freire tivesse passado apenas seis meses em Cambridge, ele partiu como um profeta da esquerda intelectual e identificou o sistema educacional como um veículo para a revolução.

Como livro, *Pedagogy of the Oppressed* é um teste de Rorschach. Em um primeiro nível, a obra apresenta uma lição simples, até incontestável: as crianças devem se engajar em sua própria educação e se envolver na solução criativa dos problemas, em vez de serem submetidas ao aprendizado mecânico e ao controle de cima para baixo. Atualmente, essa percepção é apresentada nas escolas norte-americanas como "pedagogia crítica" e "ensino culturalmente responsivo", com Freire desempenhando o papel de professor amável e barbudo que quer cultivar o espírito da justiça social.

Contudo, sob a superfície, há uma corrente mais profunda e preocupante que percorre todo o conteúdo de *Pedagogy of the Oppressed*. Freire embasa sua pedagogia na crença política de que o capitalismo escravizou a população e "anestesiou" os oprimidos do mundo com uma série de mitos: "o mito de que a ordem opressora é uma 'sociedade livre'"; "o mito de que todas as pessoas são livres para trabalhar onde querem"; "o mito de que essa ordem respeita os direitos humanos"; "o mito da propriedade privada como fundamental para o desenvolvimento humano pessoal"; "o mito da caridade e generosidade das elites".[3]

Freire está pronto para oferecer a solução. Por meio de sua obra, ele revela a visão de um sistema educacional ideal que desconstrói os mitos da sociedade, desmascara seus opressores e desperta nos estudantes a "consciência revolucionária".[4] A linguagem de Freire – libertação, revolução, luta – não é meramente simbólica. As figuras políticas mais citadas no livro são Lênin, Mao, Guevara e Castro, todos os quais recorreram à violência para promover sua causa política.

"A revolução pode começar na sala de aula", Freire disse a seus alunos, "mas terá seu desfecho nas ruas". Ele cultuava a ação decisiva dos militantes do Terceiro Mundo e via o sistema educacional como o local de recrutamento ideal para a revolução cultural que subverteria o mundo. Ele bradou:

> A "revolução cultural" pressupõe a reconstrução total da sociedade. Conforme a revolução cultural aprofundar [a consciência crítica] na práxis criativa da nova sociedade, as pessoas começarão a perceber por que os vestígios míticos da antiga sociedade sobrevivem na nova. E, então, elas serão capazes de se libertar mais rapidamente desses fantasmas.[5]

Paulo Freire se imaginava um oráculo: um homem que desmitificara as opressões de seu tempo. Porém, na verdade, ele era um homem que desencadearia crueldades inimagináveis em nome da justiça. "O ideal reside em punir os perversos – os assassinos das lideranças populares, dos camponeses e dos povos da floresta – aqui e agora", ele proclamou.[6]

O professor risonho e barbudo era mais um fanático do que um guru. Mesmo quando os regimes marxistas-leninistas se revelaram como propagadores de grandes barbáries, ele se recusou a abandonar a fé. Ele se apegou a seus ídolos – Che, Lênin, Mao – mesmo quando suas próprias sociedades os repudiaram. Porém, apesar do fracasso de sua ideologia em todos os lugares em que foi tentada, sua influência se enraizou em um lugar improvável: os Estados Unidos da América.

Foi onde ele se tornou um profeta.

* * * *

Paulo Reglus Neves Freire nasceu em Recife, no dia 19 de setembro de 1921. A cidade, que havia sido um dos principais portos de escravos das Américas, permanecera pobre, atrasada e muito movimentada na costa do Atlântico. Enquanto outras regiões do Brasil começavam a se industrializar, o Nordeste se mantinha estagnado: a economia continuava seguindo o padrão colonial, com grandes fazendas que supriam o mercado mundial com açúcar e um sistema ferroviário primitivo.[7] Na época da juventude de Freire, a região tinha a menor renda *per capita* da América Latina e uma das maiores taxas de analfabetismo, desnutrição e doenças tropicais.[8]

A família Freire se situava socialmente de forma precária entre a classe média e a classe baixa. Joaquim, o pai de Paulo, era um oficial da Polícia Militar, mas foi obrigado a se aposentar precocemente devido a um problema cardíaco, e nunca mais conseguiu encontrar um emprego fixo. Ele acabou morrendo quando Paulo era adolescente, o que levou a família a enfrentar circunstâncias muito difíceis. A mãe de Paulo manteve algumas das aparências da classe média – roupas, gravatas, um piano na sala de estar –, mas as crianças costumavam passar fome.[9]

Freire remontou as origens de seu pensamento político às privações de sua infância. "Minhas vivências como criança e como adulto ocorreram socialmente no âmbito da história de uma sociedade dependente, em cuja natureza terrível e dramática participei desde cedo", ele recordou em sua autobiografia. "Devo destacar que foi essa natureza terrível da sociedade que fomentou minha crescente radicalidade."[10] Como exemplo de sua educação política, Freire relata uma história na qual ele e um grupo de amigos, exaustos e famintos, entraram sorrateiramente em um pomar para roubar mamões, mas foram pegos pelo proprietário. "Eu devo ter ficado pálido por causa da surpresa e do susto. Não sabia o que fazer com minhas mãos trêmulas, das quais o mamão caiu no chão", Freire escreveu. "Naquela ocasião, roubar a fruta era necessário, mas o homem me deu um sermão moralista que tinha pouco a ver com minha fome."[11]

Este mundo simbólico da infância de Freire – parte lembrança, parte alegoria – propiciou o fundamento humano para a filosofia que se exteriorizou na maturidade de Freire. De fato, os sentimentos de traição e indignação de Freire com as condições de Recife se justificavam. O antigo território colonial estruturava-se em hierarquias rígidas e tolerava um sofrimento tremendo dos pobres. O sistema de latifúndios, em que grandes proprietários de terra enviavam uma imensa quantidade de trabalhadores para plantações de cana-de-açúcar, ainda mantinha o estigma do feudalismo. Os camponeses estavam presos a terra e trabalhavam até a exaustão. Além disso, como analfabetos, estavam impedidos de votar nas eleições. Eles viviam à mercê dos proprietários de terras nacionais e dos mercados de *commodities* estrangeiros, que sempre tinham sido senhores brutais.[12]

A política proporcionou um caminho para escapar desse pesadelo.

Após concluir o ensino médio, Freire foi para a Universidade Federal de Pernambuco, obteve um diploma em direito e ingressou no Serviço Social da Indústria (SESI), onde começou a trabalhar como educador dos cidadãos mais pobres da região. Ele deu início a sua carreira como inovador e reformista, acreditando que a "educação progressista" poderia levar a alfabetização às massas e incorporar seus interesses no sistema governante. Como jovem, ele percorreu as favelas da cidade e as áreas rurais isoladas pregando o valor de uma "educação democrática" e o "trabalho do homem com o homem".[13]

No SESI, Freire concebeu a prática dos "círculos de cultura", em que os participantes se envolviam num diálogo ativo com seus instrutores, buscando entender sua posição histórico-política, assim como a mecânica da alfabetização. Esse foi o período de Freire como humanista, orientado pela convicção de que "os seres humanos, ao criar e recriar coisas e transformar o mundo, podem transcender a situação em que seu *estado de ser* é quase um *estado de não ser*, e avançar para um estado de ser, em busca de *se tornar mais* plenamente humano".[14]

Com o tempo, porém, Freire se sentiu desiludido com esse modelo. Ele passou a enxergar seu trabalho no SESI como algo que atendia aos "interesses da classe dominante", e criticou a instituição por abandonar seu propósito utópico e se transformar num "serviço paternalista e burocrático".[15] Para Freire, a instituição representava os valores do humanismo, mas era, em última análise, concebida "para mitigar a luta de classes e impedir o desenvolvimento de uma consciência política e militante entre os trabalhadores". Era uma tentativa das entidades industriais de "domesticar" os homens que povoavam as plantações de cana-de-açúcar e os chãos de fábrica.[16]

Como reação, Freire buscou uma nova teoria que adequasse a natureza radical da luta de classe com uma filosofia política igualmente radical. Ele se aprofundou na literatura marxista, que forneceu o impulso utópico e a visão de uma sociedade sem classes, assim como os meios para alcançá-la: a revolução. Segundo Freire, isso foi uma espécie de conversão espiritual que uniu o humanismo cristão ao marxismo dialético. "Foram a mata de Recife, refúgio dos escravos, e as ribanceiras onde os oprimidos do Brasil vivem, aliadas a meu amor por Cristo e à esperança de que Ele seja a luz, que me levaram a Marx", ele escreveu. "A realidade trágica das ribanceiras, matas e brejos me levaram a Marx."[17]

A conversão de Freire foi rápida e profunda. Em meados da década de 1960, à medida que os revolucionários marxistas começaram a tomar o poder na Ásia, África e América Latina, Freire começou a considerar a educação como um meio de impulsionar e apoiar a "revolução cultural" que propiciava a base intelectual para transformar a ordem política, econômica e social do Terceiro Mundo. "A revolução é sempre cultural", ele escreveu, "quer seja na fase de denunciar uma sociedade opressora e proclamar o advento de uma sociedade justa, quer na fase da nova sociedade inaugurada pela revolução."[18]

Nesse período, a pedagogia reformista dos primeiros anos de Freire virou uma pedagogia marxista visando nada menos que a transformação completa da sociedade. Em *Pedagogy of the Oppressed*, ele descreve esse novo método:

> A pedagogia do oprimido, como uma pedagogia humanista e libertária, possui duas fases distintas. Na primeira, os oprimidos desvendam o mundo da opressão e, por meio da práxis, comprometem-se com sua transformação. Na segunda fase, em que a realidade da opressão já foi transformada, essa pedagogia deixa de pertencer aos oprimidos e se torna uma pedagogia de todas as pessoas no processo de libertação permanente.[19]

Como deve ser interpretada essa nova abordagem pedagógica? Primeiro, é necessário reconhecer que, ao longo de sua vida, Freire adotou uma postura ambivalente: ele utilizou abstrações como "libertação" que poderiam ser interpretadas sob o prisma do humanismo ou radicalismo. "Libertação" significava um processo pessoal de atingir a *conscientização*, ou "consciência crítica", que liberta o aluno do analfabetismo, desamparo e ignorância. Porém, "libertação" também significava uma luta revolucionária para pôr fim a um determinado regime político e instaurar o marxismo-leninismo como a nova ideologia do Estado.

A fim de suavizar sua imagem, os discípulos de Freire têm enfatizado sistematicamente sua missão humanista, retratando-o como uma figura sábia e pacífica. Em uma representação típica, Donaldo Macedo, tradutor para o inglês de várias obras de Freire, e Ana Maria Araújo Freire, segunda mulher de Freire, declararam que o educador e filósofo brasileiro "jamais se manifestou a favor da violência ou da tomada do poder pela força das armas, nem defendeu isso. (...) Ele lutou e vinha lutando por uma sociedade mais justa e menos perversa, verdadeiramente democrática, onde não haja opressores contra oprimidos, onde todos possam ter uma voz e uma oportunidade".[20]

Porém, essa suavização, que procura tornar a obra de Freire aceitável para o público de nossa época, é absurda.

De forma explícita, Freire justificou a violência em *Pedagogy of the Oppressed* e defendeu revolucionários violentos como Lênin, Stálin, Castro e Mao,[21] que deixaram um rastro de cerca de 90 milhões de mortos.[22] Freire escreveu:

> A violência é desencadeada por aqueles que oprimem, que exploram, que não reconhecem os outros como pessoas, e não por aqueles que são oprimidos, explorados e não reconhecidos. Consciente ou inconscientemente, o ato de rebelião pelos oprimidos (um ato que é sempre, ou quase sempre, tão violento quanto a violência inicial dos opressores) pode suscitar o amor. Enquanto a violência dos opressores impede que os oprimidos sejam plenamente humanos, a resposta destes a essa violência se fundamenta no desejo de perseguirem o direito de ser humanos.[23]

Mesmo depois de as atrocidades dos heróis de Freire serem reveladas, ele continuou a idealizá-los. Em 1974, ele considerou a Revolução Cultural Chinesa – que resultou na morte, fome e perseguição de milhões de pessoas inocentes – como a "solução mais genial do século".[24] Em 1985, ele descreveu Che Guevara como a encarnação da "autêntica utopia revolucionária", o que "justificou a guerra de guerrilha como uma introdução à liberdade".[25] Para Freire, a violência revolucionária era mais bem compreendida como "um ato de amor".[26]

No entanto, os militares brasileiros adotaram uma interpretação diferente. Na década de 1960, Freire havia ampliado seus "círculos de cultura" por toda a região Nordeste brasileira e comandou um programa-piloto em Angicos, no Rio Grande do Norte, com o apoio do presidente esquerdista João Goulart, que delineara uma ambiciosa agenda política conhecida como Reformas de Base, que incluía aumento da carga tributária das empresas, redistribuição de terras em larga escala, concessão do direito de voto para os analfabetos e maiores investimentos em educação. Goulart participou de uma cerimônia num dos círculos de cultura de Freire em Angicos, na qual o anfitrião do presidente declarou com orgulho que o movimento estava criando "um povo que decide, um povo que está se erguendo, um povo que começou a tomar consciência de seu destino e começou a participar do processo histórico brasileiro de maneira irreversível".[27]

Naquele mesmo ano, Goulart contratou Freire para desenvolver a campanha nacional de alfabetização do governo federal, que,[28] juntamente com as Reformas de Base, eles esperavam que finalmente marcasse o início da "Revolução Brasileira".[29] O Partido Comunista Brasileiro apoiou plenamente a iniciativa, convencido de que as "reformas estruturais da sociedade" de Goulart proporcionariam "um elo no processo revolucionário que culminaria com o advento e a construção do socialismo".[30]

Com tal retórica, Goulart, Freire e os comunistas se colocaram diretamente na mira dos militares brasileiros e dos presidentes norte-americanos John F. Kennedy e Lyndon Johnson. Em 1963, diplomatas norte-americanos e aliados brasileiros trocaram mensagens desenfreadamente, alertando a respeito de "um processo de subversão institucional de extrema gravidade" que "pode exigir a eliminação da ameaça por meio de ação militar". Uma mensagem descreveu o programa de alfabetização de Goulart e Freire como uma campanha de "lavagem cerebral" que utilizava as mesmas técnicas dos comunistas chineses.[31]

No final de março de 1964, os militares brasileiros puxaram o gatilho. Os generais depuseram Goulart, acabaram com os programas de alfabetização e prenderam suspeitos de serem comunistas e subversivos. Autoridades militares denunciaram a campanha nacional de alfabetização como uma tentativa de "comunizar" o Brasil e criar "5 milhões de robôs eleitorais em favor dos partidos populistas, incluindo os comunistas".

Em questão de meses, as forças armadas desmantelaram a estrutura da campanha de Freire. Os militares apreenderam uma grande quantidade de documentos, detiveram líderes dos círculos de cultura e até incendiaram alguns edifícios escolares. O novo regime acusou Freire e seus camaradas de liderar "o trabalho de subversão mais sutil e eficiente já realizado no Brasil", com o objetivo principal de transformar as "massas analfabetas em um instrumento para a conquista pacífica do poder pelo Partido Comunista".[32] No inverno, o governo prendeu Freire em sua casa e o transferiu para uma cela de prisão em Recife. "Mais um para a jaula", o oficial de segurança disse.[33]

Nos 70 dias seguintes, os interrogadores questionaram Freire sobre suas técnicas de subversão, apoio à revolução comunista, relação com Cuba e a URSS, e um suposto depósito de armas descoberto na sede do movimento de cultura popular de Freire.[34] Freire negou as acusações, considerando-as como "alucinações".[35]

Por fim, os militares o libertaram. Com receio de ser preso novamente, Freire pediu asilo na embaixada boliviana, e dali partiu para o exílio.

Nos 16 anos seguintes, Freire percorreu o mundo, incluindo os Estados Unidos, a América Latina e a África pós-colonial, procurando colocar em prática suas teorias de libertação. Segundo Freire, o golpe militar no Brasil o radicalizara.[36] O humanista amável de Recife tinha se transformado no pedagogista da revolução mundial. Freire havia perdido a esperança na política reformista e, quando partiu para o exílio, havia se tornado um marxista convicto, que acreditava que só a transformação total da sociedade poderia pôr fim à desumanização das classes trabalhadoras.

Embora seu projeto tivesse fracassado no Brasil, Freire acreditava que poderia ter sucesso em países do Terceiro Mundo aonde os comunistas tinham chegado ao poder, como Chile, Nicarágua, El Salvador, Angola, Moçambique, Tanzânia, Cabo Verde, São Tomé e Príncipe, e um pequeno país na costa ocidental da África: Guiné-Bissau.

* * * *

A costa da Guiné-Bissau adentra o Oceano Atlântico como um conjunto de dentes de tubarão. A série de ilhas, baías e enseadas proporcionava condições seguras para a navegação das caravelas coloniais portuguesas, que utilizavam a Guiné-Bissau como centro de trânsito para o envio de escravos africanos para o Brasil. Os portugueses dominaram a Guiné-Bissau por quase cinco séculos, embora nunca tivessem se aventurado muito no interior do território, limitando seu empreendimento colonial ao litoral e a pequenos centros urbanos ao longo da costa. Até uma fase tardia do século XX, grande parte do interior do país permaneceu intocado pelo mundo moderno.

Quando Freire chegou à capital do país, Bissau, em 1975, a colônia parada no tempo acabara de conquistar sua independência de Portugal e estabelecera um regime marxista-leninista revolucionário, sob a liderança do Partido Africano da Independência da Guiné e Cabo Verde, ou PAIGC. Freire chegou a convite do presidente Luís Cabral, meio-irmão e sucessor do líder revolucionário Amílcar

Cabral, que havia sido assassinado no final da guerra. Luís Cabral e seu comissário de Educação, Mário Cabral, convidaram Freire com a esperança de que o brasileiro pudesse usar as técnicas pedagógicas para ajudar o governo a levar da fase da revolução militar, que Freire descreveu como "a tomada do poder", para a revolução cultural, que ele descreveu como a "inauguração de uma sociedade de mulheres e homens no processo de libertação progressiva".[37]

A tarefa de educar as massas era desafiadora. O país tinha acabado de emergir de uma década de guerra violenta, e apenas 10% da população era alfabetizada.[38]

Em várias cartas a Mário Cabral, comissário da Educação, Freire expressou grande admiração pelos guerrilheiros e concebeu o programa nacional de educação como uma extensão da revolução, combinando sua campanha de alfabetização com o planejamento econômico centralizado, uma política agrícola coletivista e doutrinação política. Escreveu Freire:

> Se a sociedade, ao se reconstruir, se mover em direção ao socialismo, ela precisará, por um lado, organizar seus métodos de produção com esse objetivo em mente, e, por outro, estruturar sua educação em estreita relação com a produção, tanto do ponto de vista da compreensão do processo produtivo quanto da formação técnica dos aprendizes.[39]

Para Freire, o novo regime deve "considerar a alfabetização dos adultos como um ato político, coerente com os princípios do PAIGC",[40] o que, em conformidade com a doutrina marxista, levaria a uma sociedade em que "a produtividade econômica aumentaria até o ponto em que a consciência política das massas populares se tornaria mais clara".[41]

Na prática, Freire e seus colegas conceberam uma campanha de alfabetização que só pode ser descrita como propaganda. O conteúdo do programa se concentrou em oito "temas nacionais", incluindo produção, defesa, educação, cultura e trabalho, e incorporando *slogans* revolucionários de Amílcar Cabral e ensinamentos destinados a infundir "clareza política" nas massas. Freire imaginou transformar os professores em um grupo de "militantes" por meio de "uma revisão permanente de [seu] condicionamento ideológico de classe".[42]

Ao seguir a teoria revolucionária de Amílcar Cabral, Freire sustentou que os *assimilados* do país, moradores urbanos e a insignificante burguesia deveriam cometer "suicídio de classe" e ir para as fazendas, a fim de transcender as fronteiras entre cidade e campo, mente e corpo, ricos e pobres.[43] A ambição de Freire não era só forjar uma sociedade marxista-leninista, mas também criar "o novo homem e a nova mulher". Para ele, a população nativa da Guiné-Bissau podia ser "analfabeta, no sentido literal do termo", mas "era muito alfabetizada politicamente" por causa de sua experiência na guerra de libertação.[44]

No entanto, Freire e o regime cometeram uma série de erros fatais. Primeiro, eles basearam todo seu projeto político e cultural num conjunto de ideias econômicas que estavam fadadas ao fracasso. Na primeira Assembleia Nacional Popular após a independência do país, o PAIGC aboliu a propriedade privada, nacionalizou toda a terra, ordenou a coletivização da agricultura por meio dos Comitês de Aldeia e decretou o monopólio estatal sobre bens básicos por meio das Lojas Populares administradas pelo governo.

A revista *Black Scholar*, uma das principais publicações do radicalismo negro nos Estados Unidos, descreveu o programa da Guiné-Bissau em um artigo de 1980:

> Os líderes escolheram basear a economia na agricultura, na qual 86% da população está envolvida. O governo vem introduzindo gradualmente a produção mecanizada e diversificada nas áreas de cultivo tradicionais. Ele considera um sistema coletivista de algum tipo como a solução para o progresso econômico. Os pequenos agricultores são incentivados a adotar o modo cooperativo. As fazendas estatais estão em operação sempre que possível. (...) As fazendas experimentais foram criadas pelo Estado; algumas no interior, onde existiram grandes propriedades abandonadas pelos portugueses.[45]

Em segundo lugar, apesar da visão de Amílcar Cabral acerca de um marxismo distintamente africano, baseado na "reafricanização das mentes", os comissários da Educação escolheram o português como a língua nacional de ensino.[46] A decisão foi desconcertante: eles estavam adotando a língua do poder colonial, mas, acima de tudo, adotando uma língua que quase ninguém no país conseguia entender. Na época, apenas 5% da população da Guiné-Bissau falava português. O restante do país se comunicava numa mistura de línguas tribais e indígenas.[47]

Amílcar Cabral sonhara com a revolução como uma campanha para "decolonizar mentalmente" a população nativa, mas, ao optar pelo português como língua nacional, o regime estendeu a influência da língua colonial no país mais do que nunca.[48] E ao convidar Freire, o regime acrescentou mais uma ironia: o educador chegou à África como um autodeclarado libertador, mas trouxe consigo a língua e a mentalidade de um europeu – afinal, ele era descendente de colonizadores portugueses na colônia mais importante da metrópole.

Por fim, a visão de Freire para a Guiné-Bissau se inspirou na Revolução Cultural Chinesa, que se revelaria um desastre econômico e humano. Como Freire explicou no livro de memórias sobre seu trabalho na Guiné-Bissau, *Pedagogy in Process* [*Cartas à Guiné-Bissau*], seu modelo era a comuna agrícola Dazhai, na província de Shanxi, na China, que o presidente Mao celebrou na campanha "Aprenda com Dazhai" como tendo aprimorado o desenvolvimento econômico comunista, a produção agrícola e a educação em massa.

Embora a Revolução Cultural Chinesa estivesse à beira do colapso quando Freire chegou à Guiné-Bissau, ele ainda acreditava que ela era a solução para o futuro do país. Ele escreveu:

> O novo clima criado pela libertação permite que o povo se envolva numa campanha de alfabetização e na reforma agrária. Um programa ligado à produção que busca desenvolver incentivos sociais, como o trabalho cooperativo, e que se preocupa com o bem comum deposita sua fé nos seres humanos. Possui uma crença crítica, não ingênua, na capacidade das pessoas de serem transformadas no processo de reconstrução de sua sociedade.

Para Freire, o programa de trabalho coletivo em Dazhai era a prova de que o marxismo revolucionário tinha tornado possível "a dinâmica de transformar a realidade", que poderia ser aplicada diretamente à situação da Guiné-Bissau.[49]

Havia um problema: apesar da insistência de Freire em dizer que ele não se deixava iludir pelos "mitos" das sociedades capitalistas, ele foi seduzido pelos mitos ainda mais perigosos das sociedades comunistas.

Na realidade, Dazhai foi um desastre. O presidente Mao forçara os camponeses a seguir rotinas de trabalho brutais, mourejando dia e noite até a exaustão, e o governo inventara os números da safra: a comuna não era autossuficiente, mas recebia subsídios estatais significativos. Enquanto isso, os grandiosos projetos de construção em Dazhai, terraplanando montanhas até o leito rochoso e aterrando as ravinas, eram poços sem fundo econômicos; nenhum desses projetos levou a uma maior prosperidade ou produtividade agrícola.[50] Como concluiu um estudioso da campanha de Dazhai: "Raramente houve um momento histórico em que coincidiram a repressão política, os ideais equivocados e uma visão absolutista de prioridades e métodos corretos, para resultar em ataques tão concentrados contra a natureza, destruição ambiental e sofrimento humano".[51]

Freire deveria ter agido com mais discernimento. Em 1975, quando ele chegou à Guiné-Bissau, a Revolução Cultural Chinesa estava a menos de um ano do colapso total – e o sistema agrícola coletivo de Dazhai seria oficialmente rejeitado pouco tempo depois.[52]

Porém, Freire ainda se encontrava sob o fascínio da Revolução Cultural. Ele ignorou os horrores, as brutalidades, as ondas de fome, os massacres e as mortes em massa que se acumularam ao longo da revolução. Ele não manifestou ceticismo algum em relação à campanha de propaganda e seus *slogans* fantasiosos sobre Dazhai, tais como "mover as montanhas para criar campos agrícolas" e "mudar o céu e alterar a terra".[53] Mesmo em 1985, quando a violência e a destruição da revolução chinesa já eram conhecidas pelo mundo, Freire se recusou a reconhecer seus erros. Ele continuou a enaltecer os "grandes méritos" da Revolução Cultural[54] e louvou o presidente Mao como um modelo de "tolerância", "humildade" e "paciência".[55]

Essa cegueira – a negação dos velhos mitos e a certeza nos novos – condenou os esforços na Guiné-Bissau.

Em 1977, o Terceiro Congresso do Partido da Guiné-Bissau promulgou uma política agrícola nacional que era quase idêntica à antiga política soviética de "acumulação primitiva socialista".[56] Como resultado, a produção de alimentos despencou. O país se converteu de exportador líquido de arroz em dependente de ajuda estrangeira. A escassez de alimentos, a fome, o contrabando, o suborno e a corrupção eram generalizados. O programa de educação nacional de Freire degenerou em pura ilusão.

Em uma aula para jovens educadores no Centro Máximo Gorki de Formação de Professores da Guiné-Bissau, o brasileiro afirmou que qualquer insucesso na educação era uma falha na política:

> A militância nos ensina que os problemas pedagógicos são, antes de tudo, problemas políticos e ideológicos. Portanto, insistimos cada vez mais, nos seminários de qualificação, na análise da realidade nacional, na clareza política do educador, na compreensão do condicionamento ideológico e na percepção das diferenças culturais. Tudo isso deve começar muito antes da discussão a respeito das técnicas e dos métodos de alfabetização.[57]

Os resultados do programa econômico de Cabral e do programa de educação de Freire foram idênticos: um fracasso completo.

Durante anos, *Nô Pintcha,* jornal oficial da Guiné-Bissau, procurou apoiar a campanha de alfabetização de Freire com manchetes otimistas.[58] Porém, no estudo mais completo do programa de Freire na Guiné-Bissau, a acadêmica

Linda Harasim descobriu que, apesar de todo o grande alarde, o projeto de Freire foi completamente infrutífero.[59] Segundo os registros oficiais, o Departamento de Educação de Adultos constatou que, dos 26 mil participantes do programa de Freire ao longo de três anos, quase nenhum alcançara a alfabetização básica.[60]

A pedagogia, as codificações, os panfletos, a faculdade de formação de professores, a mobilização popular, o apelo ao suicídio de classe – nada disso ensinou a população da Guiné-Bissau a ler. "As atividades previstas e finalmente implantadas eram inadequadas, irrealistas e além das capacidades do país", Harasim concluiu. "O objetivo da estratégia [de Freire] estava mais em orquestrar o 'suicídio de classe' dos [professores de alfabetização] do que nas tarefas concretas, como ensinar a população a ler e escrever."[61]

Em 1977, Freire concluiu seu trabalho na Guiné-Bissau, deixando o país, sob quase qualquer parâmetro, pior do que quando chegou.

Nas três décadas seguintes, a Guiné-Bissau passou por uma série de eventos, incluindo eleições, golpes, assassinatos e uma guerra civil; as políticas econômicas coletivistas fracassadas do país deram lugar a reformas caóticas e, em seguida, ao domínio do mercado negro e surtos recorrentes de inflação.[62] Em 1990, o papa João Paulo II visitou a Guiné-Bissau e rezou para que o país superasse a violência e a corrupção. O papa incentivou o então presidente João Bernardo Vieira a reformar o currículo nacional, que, de acordo com autoridades do Vaticano, ainda estava impregnado de propaganda marxista. "Eu rezo para que os programas educacionais desfrutem de pleno sucesso, começando com a verdadeira alfabetização", ele disse, encorajando a população da Guiné-Bissau a resistir "a tudo que procure esmagar o indivíduo ou anulá-lo em uma coletividade anônima por meio de instituições, estruturas ou um sistema".[63]

Atualmente, a Guiné-Bissau é um Estado falido. Os cartéis de drogas sul-americanos usam as ilhas ao longo da costa como lugar de passagem de drogas, contrabandeando até uma tonelada de cocaína para o território todas as noites. O vasto e corrupto exército da Guiné-Bissau aluga aeródromos e bases navais para os cartéis, que subornam a burocracia com o dinheiro do tráfico de drogas.[64]

Enquanto isso, a população sofre. A Guiné-Bissau é um dos países mais pobres do mundo: quase 70% da população depende de ajuda estrangeira para a sobrevivência básica.[65] O território é assolado pela escravidão, trabalho infantil, casamentos forçados, mutilação genital feminina e tortura da oposição política.[66] E, apesar das ambições do regime, a Guiné-Bissau continua sendo uma sociedade de analfabetos: 54% dos adultos não sabem ler, incluindo 69% das mulheres.[67]

Em retrospecto, Freire cometeu um erro trágico. Ele havia identificado um conjunto de monstros – colonialismo, capitalismo, ignorância, opressão –, mas depositou muita fé na revolução. Na Guiné-Bissau, Freire e Cabral seguiram sua teoria até seus limites, expulsando o poder colonial, desmantelando a economia de mercado e criando o Estado de partido único que, apenas por meio da *conscientização*, "transformaria a realidade".[68] Contudo, após derrotarem o antigo conjunto de monstros, desencadearam outro: violência, barbárie, precariedade e desilusão.

Os portugueses, que nunca haviam estendido sua influência para além da costa, proporcionaram um contraponto conveniente. Porém, após sua partida, os revolucionários tiveram que lidar com as complexas realidades tribais, econômicas, linguísticas e culturais no emaranhado interior do país. Para essa tarefa, as teorias de Freire se mostraram insuficientes. Aonde quer que ele tenha ido – Angola, Moçambique, Nicarágua, El Salvador, Guiné-Bissau –, o sistema de colonialismo dera lugar a um sistema de pobreza, repressão, analfabetismo, assassinatos em massa e guerra civil.

No entanto, apesar dessa série de fracassos, a imagem de Freire como um guru sábio e itinerante perseverou. Seu trabalho prático pode ter sido uma grande decepção – ele acabou favorecendo mais a tirania do que promovendo a alfabetização –, mas seu projeto teórico seria ressuscitado em breve num lugar improvável: os Estados Unidos da América.

CAPÍTULO 11

"NÓS DEVEMOS PUNI-LOS"

O marxismo conquista as salas de aula norte-americanas

Para Paulo Freire, os Estados Unidos eram o opressor supremo – e por essa razão, ele aceitou um cargo na Universidade Harvard, a fim de estudar o inimigo por dentro. "Achei que era muito importante para mim, como intelectual brasileiro no exílio, passar, ainda que rapidamente, pelo centro do poder capitalista", ele disse. "Precisava ver o animal de perto em seu próprio território."[1]

Entre 1969 e 1970, Freire passou seis meses como pesquisador adjunto da Escola de Pós-Graduação em Educação de Harvard, promovendo seminários, escrevendo artigos e frequentando livrarias de esquerda com outros professores e ativistas. Seu trabalho, apesar de ser anticapitalista, foi financiado por duas das maiores fundações norte-americanas: Carnegie Corporation e Fundação Ford. Os meses em Cambridge foram bastante produtivos. Freire trabalhou com um colega para traduzir *Pedagogia do Oprimido* para o inglês e escreveu dois ensaios para a *Harvard Education Review*, que, como o historiador Isaac Gottesman documentou, ajudou a introduzir o "marxismo crítico" no campo da educação norte-americana.[2]

Ainda mais importante, Freire estabeleceu dois relacionamentos fundamentais – primeiro, com o reformador educacional Jonathan Kozol, e, em viagens subsequentes, com o professor Henry Giroux – que, ao longo do tempo, incorporariam suas ideias em todo o sistema educacional público norte-americano. Kozol, que se tornou um dos primeiros defensores norte-americanos de Freire, publicou uma carta na *New York Review of Books* promovendo as teorias do brasileiro e defendendo a tese de que suas ideias eram "diretamente pertinentes às lutas que enfrentamos nos Estados Unidos na atualidade, e em áreas muito menos mecanicistas e muito mais universais do que a mera alfabetização básica".[3]

Giroux se revelou um aliado ainda mais importante. Durante vários anos, Freire se correspondera com Giroux, e, após seu trabalho com os regimes marxistas-leninistas na África e na América Latina, finalmente conheceu o acadêmico norte-americano no início da década de 1980.[4] Giroux, que tinha se envolvido no ambiente intelectual do "marxismo crítico" inspirando-se em teóricos críticos como Herbert Marcuse e em pedagogos críticos liderados por Paulo Freire, foi seduzido imediatamente pelas ideias de Freire.[5]

Depois de estabelecer um relacionamento, Giroux e Freire iniciaram uma longa colaboração, coeditando uma série influente intitulada *Critical Studies in Education*, que deu início ao processo de popularização de suas teorias pedagógicas radicais. Giroux dedicou seu primeiro livro da série a seu mestre, chamando Freire de a encarnação viva do princípio que fundamentava sua obra: "(...) que a pedagogia deve se tornar mais política e que a política deve se tornar mais pedagógica".[6]

Embora o trabalho de Freire tivesse fracassado no Terceiro Mundo, ele procurou revivê-lo no Primeiro Mundo.

Freire acreditava que os Estados Unidos eram a fonte principal dos problemas mundiais, projetando guerra, racismo, imperialismo, dominação e opressão em escala global. Ele também acreditava que o país projetava essas forças internamente. Embora Freire de início se abstivesse de ativismo político explícito durante sua permanência em Harvard – afinal, era um exilado político –, ele discretamente desenvolveu suas próprias teorias sobre os Estados Unidos em colaboração com seus colegas norte-americanos.[7] Como Giroux explicou num artigo para a revista *Curriculum Inquiry*, a análise de Freire precisava levar em consideração a natureza da dominação nos Estados Unidos, que era mais sutil do que nas sociedades pós-coloniais: "O fato da dominação nos países do Terceiro Mundo, assim como a natureza significativa dessa dominação, é relativamente evidente. (...) As condições de dominação não são apenas diferentes nos países industrializados avançados do Ocidente, mas também são muito menos óbvias, e, em alguns casos, pode-se dizer que são mais abrangentes e poderosas".[8]

A teoria básica de Freire a respeito da opressão no Primeiro Mundo era que o capitalismo "desenraizava" os pobres e a classe trabalhadora, e, em seguida, os "domesticava" por meio de uma série de "mitos" que buscavam legitimar e forjar apoio para o sistema de propriedade privada, direitos individuais e iniciativa humana.⁹ Essa ordem democrática liberal criava a aparência superficial de liberdade e prosperidade, mas, mediante uma análise mais profunda, servia aos interesses das elites econômicas e submetia as massas a uma forma de escravidão psicológica. "Talvez a maior tragédia do homem moderno seja sua dominação pela força desses mitos", Freire explicou em seu livro *Education for Critical Consciousness*. "Aos poucos, sem perceber a perda, ele abre mão de sua capacidade de escolha; ele é banido da órbita das decisões. (...) E quando os homens tentam se salvar seguindo as prescrições [das elites], eles se perdem na anonímia niveladora, sem esperança e sem fé, domesticados e ajustados."[10]

Em suas viagens aos Estados Unidos durante a década de 1970, Freire passou a maior parte de seu tempo ajudando a organizar comunidades pobres e minoritárias,[11] acreditando que a revolução deveria começar com o que ele chamava de "o Terceiro Mundo no Primeiro Mundo".[12] O FBI acompanhou de perto os movimentos e as ligações de Freire. O arquivos tornados públicos do FBI descrevem Freire como um "revolucionário intelectual radical" que, segundo informantes confidenciais, estava trabalhando para organizar uma escola de orientação esquerdista em Bridgeport, Connecticut, e dando palestras para jovens militantes, incluindo membros do Partido dos Panteras Negras.[13]

Porém, o educador brasileiro enfrentou uma dupla frustração nos bairros degradados norte-americanos. Após trabalhar com grupos radicais compostos por "negros, índios, chicanos, porto-riquenhos e brancos", Freire escreveu numa carta para um amigo que os revolucionários norte-americanos sofriam "de falta de clareza ideológica e política, de visão estreita da realidade [e] de ausência de pensamento dialético".[14] Além disso, Freire começou a perceber as limitações de trabalhar com as elites, que financiavam sua atuação em Harvard, e, posteriormente, no Conselho Mundial de Igrejas, sediado em Genebra, na Suíça, mas que eram, em última instância, moldadas pelos interesses da sociedade capitalista. "Não podemos esperar que as classes dominantes se suicidem", ele confidenciou. "Na realidade, elas não podem nos permitir implantar um tipo de educação que vai destruí-las, uma vez que a razão de ser da realidade opressora seja revelada."[15]

Essa percepção, originalmente aplicada ao Terceiro Mundo, era ainda mais evidente em relação ao Primeiro Mundo. Se a pequena e frágil elite da Guiné-Bissau não podia ser persuadida a cometer "suicídio de classe", como seria possível convencer as enormes classes média e alta dos Estados Unidos a fazê-lo?

Para Freire, a resposta a essa pergunta estava no sistema educacional. Desde *Pedagogy of the Oppressed*, ele sustentava que as escolas tradicionais haviam sido criadas para mudar a consciência dos oprimidos, e não a situação que os oprimia;[16] ou, em termos modernos, que o foco da educação era individualista em vez de sistêmico. Freire propôs virar do avesso esse modelo: "A solução não é 'integrar' [os alunos] na estrutura de opressão, mas transformar essa estrutura para que eles possam se tornar 'seres por si mesmos'".[17]

Freire acreditava que essa estratégia política era universal. "Em termos metafísicos, a política é a alma da educação, sua própria essência, quer no Primeiro Mundo, quer no Terceiro Mundo", ele afirmou.[18] "A educação deve ser um instrumento de ação transformadora, uma práxis política a serviço da libertação humana permanente. Isso, repetimos, não acontece apenas na consciência das pessoas, mas também pressupõe uma mudança radical de estruturas, durante a qual a consciência se transformará por si mesma."[19]

Na década de 1980, os discípulos norte-americanos de Freire, liderados por Henry Giroux, começaram a tornar realidade as visões do brasileiro. O primeiro passo, uma série de livros em colaboração direta com Freire, exporia sua "teoria crítica da educação" e estabeleceria a base de apoio na academia. Essa iniciativa era explicitamente neomarxista. Como Giroux explicou: "A posição neomarxista, em nossa opinião, fornece o modelo mais esclarecedor e abrangente para uma abordagem mais progressista quanto à compreensão da natureza da educação e do desenvolvimento de um programa emancipatório para a educação social". Giroux acreditava que as escolas públicas atuavam como "agentes de controle ideológico" em favor da classe opressora – que, para ele, o círculo de intelectuais ao redor de Paulo Freire poderia desmistificar e subverter de dentro para fora.[20]

O passo seguinte, segundo Giroux, era dar início a uma "intervenção política" no âmbito da universidade e trabalhar para garantir a estabilidade no emprego de uma centena de intelectuais radicais. Para Giroux, se eles conseguissem reformular os conceitos na academia, acabariam se espalhando nas salas de aula.[21] Assim, com Freire como guru e Giroux como estrategista, o projeto nasceu: os teóricos críticos da educação começaram a desconstruir metodicamente os currículos, as pedagogias e as práticas existentes, e substituí-los, de forma gradual, pela ideologia da revolução.

O que veio a seguir foi simplesmente um golpe. Ao longo de 40 anos, o grupo inicial de Giroux de 100 acadêmicos de óculos e malvestidos expandiu sua influência, recrutou seguidores e dominou o campo da educação. Eles produziram trabalhos acadêmicos, garantiram estabilidade no emprego, marginalizaram os rivais e transformaram a atividade acadêmica em ativismo. O livro *Pedagogy of the Opressed* tornou-se a bíblia das faculdades de pedagogia em todos os Estados Unidos,[22] e criou uma pequena indústria de publicações acadêmicas.[23]

No total, a obra de Freire gerou quase 500 mil citações acadêmicas, e seu discípulo, Henry Giroux, gerou outras 125 mil.[24] Os conceitos de Freire – "mitologização", "invasão cultural", "codificação e decodificação", "consciência crítica" – reformularam a linguagem da teoria pedagógica e dominaram o discurso nas publicações acadêmicas. Com o tempo, essas ideias se tornaram parte da estrutura oficial do ensino superior: a UCLA patrocina o Paulo Freire Institute; a Universidade Chapman promove anualmente a Paulo Freire Democratic Project Awards; a Universidade McGill administra o Paulo and Nita Freire Project for Critical Pedagogy; e iniciativas semelhantes foram criadas em diversos países, incluindo Espanha, Portugal, Irlanda, Alemanha, Finlândia, Áustria, Inglaterra e Brasil.[25]

Como o historiador da educação Isaac Gottesman documentou, o campo da educação passou por uma "virada crítica" que radicalizou a disciplina, desde o ensino fundamental até a universidade. Gottesman explica:

> A virada para o pensamento marxista crítico é um momento decisivo nos últimos 40 anos de pesquisa e estudos acadêmicos na área da educação, sobretudo para os acadêmicos educacionais que se identificam com a esquerda política. Ela introduziu as ideias e o vocabulário que continuam a moldar grande parte dos diálogos no campo da justiça social, tais como hegemonia, ideologia, consciência, práxis e, acima de tudo, a própria palavra "crítica", que se tornou onipresente como descritora em relação aos estudos acadêmicos educacionais de esquerda.[26]

O educador brasileiro se situa no centro dessa mudança: "Freire é a voz de referência – os estudos acadêmicos que advogam a justiça social quase sempre estão em diálogo com essa abordagem educacional crítica".[27]

Ao longo do tempo, os estudos acadêmicos que começaram nas universidades se disseminaram nos sistemas de ensino fundamental e médio. O resultado é que milhares de escolas públicas estão agora ensinando seus alunos, de forma explícita ou implícita, a enxergar o mundo através da perspectiva da pedagogia crítica.

Na Califórnia, o estado vanguardista dos Estados Unidos, as ideias de Freire reformularam completamente o currículo. Em 2021, o Departamento de Educação californiano aprovou um ambicioso Ethnic Studies Model Curriculum [Currículo Modelo de Estudos Étnicos], com o objetivo de transformar a educação em 10 mil escolas públicas que atendem um total de 6 milhões de estudantes. O currículo, baseado em grande parte no arcabouço de consciência crítica, decolonização e revolta de Freire, começa com a suposição de que os alunos devem aprender a "desafiar crenças racistas, intolerantes, discriminatórias e imperialistas/colonialistas" e criticar "a supremacia branca, o racismo e outras formas de poder e opressão". Em seguida, os professores são incentivados a orientar seus alunos a participar de "movimentos sociais que lutam por justiça social" e "forjar novas possibilidades para uma sociedade pós-racista, pós-racismo sistêmico".[28]

R. Tolteka Cuauhtin, um dos primeiros a ocupar o cargo de codiretor do Ethnic Studies Model Curriculum, desenvolveu grande parte do material referente à história inicial norte-americana. Em seu livro *Rethinking Ethnic Studies*, citado no guia de referência oficial do estado, Cuauhtin sustenta que os Estados Unidos foram fundados com base num "paradigma eurocêntrico, supremacista branco (racista, antinegro e anti-indígena), capitalista (classista), patriarcal (sexista e misógino), heteropatriarcal (homofóbico) e antropocêntrico trazido da Europa". Cuauhtin alega que os brancos começaram a "se apropriar da terra", "promover hierarquias" e "desenvolver em favor da Europa/branquitude", o que criou "riqueza em excesso" que "se tornou a base da economia capitalista". O resultado foi um sistema de "hegemonia" branca que continua até os dias de hoje, em que as minorias são submetidas à "socialização, domesticação e 'zumbificação'".

Segundo Cuauhtin, a solução é "nomear, censurar, resistir e transformar a condição neocolonial eurocêntrica hegemônica" numa postura de "resistência transformacional". O objetivo final é "decolonizar" a sociedade norte-americana e instituir um novo regime de "contragenocídio" e "contra-hegemonia", que desafiará a predominância da cultura branca cristã e levará à "regeneração da futuridade epistêmica e cultural indígena".[29]

Na busca desse objetivo, o currículo estadual incentivou os professores a orientar seus alunos na execução de canções, cânticos e afirmações indígenas, incluindo a afirmação "In Lak Ech", que apelava diretamente aos deuses astecas. Os alunos batiam palmas e entoavam cânticos à divindade Tezcatlipoca – a quem os astecas tradicionalmente cultuavam com sacrifícios humanos e canibalismo –, pedindo-lhe o poder para se tornar "guerreiros" da "justiça social". Quando o cântico chegava ao clímax, os alunos realizavam uma súplica por "libertação, transformação [e] decolonização", após o que pediam aos deuses o poder da "consciência crítica".[30]

Isso é puro Paulo Freire. Segundo a "declaração de missão" elaborada pelo Departamento de Educação, o propósito do currículo não é ajudar os alunos a alcançar a alfabetização ou competência, mas propiciar uma "ferramenta para transformação, mudança social, econômica e política, e libertação".[31] Os autores do currículo retrataram deliberadamente os Estados Unidos como uma nação opressora que deve ser "decolonizada" por meio da política. Despudoradamente, eles promoveram os astecas – que sacrificaram brutalmente milhares de homens, mulheres e crianças inocentes – a símbolos religiosos da ideologia aprovada pelo estado da Califórnia.

Como Cuauhtin relata, os cristãos brancos cometeram "teocídio" contra a espiritualidade indígena.[32] Essas divindades devem ser ressuscitadas e restauradas a seu lugar legítimo na cosmologia da justiça social. Num sentido filosófico, trata-se de uma vingança dos deuses.

Esse currículo já está transformando os distritos locais em centros de ativismo político de esquerda.

Em 2020, a Secretaria de Educação do Condado de Santa Clara realizou uma série de cursos de capacitação de professores para implantação de estudos étnicos na sala de aula. Como explicou Jorge Pacheco, assessor estadual de estudos étnicos, o currículo modelo se baseia na "pedagogia do oprimido", e, embora os fundamentos marxistas da teoria possam "assustar as pessoas", ele insistiu que os professores devem ter "como base a política correta para educar os estudantes".

Nos cursos de capacitação, Pacheco disse aos professores que os Estados Unidos possuem um regime político baseado no "colonialismo de povoamento", que ele descreveu como um "sistema de opressão" que "ocupa e usurpa terras, trabalho e recursos de um grupo de pessoas em benefício de outro". Segundo Pacheco, o regime colonialista de povoamento "não é apenas algo cruel do passado, mas [um regime que] existe desde que os colonizadores passaram a viver em terras ocupadas".

Qual é a solução? Pacheco disse aos professores que eles devem "despertar [os alunos] para a opressão" e orientá-los a "decodificar" e finalmente "destruir" o regime político dominante. Nesse processo, o primeiro passo é ajudar os alunos a "entrar na mente de um homem branco" como Cristóvão Colombo e analisar "qual ideologia levou esses colonizadores brancos do sexo masculino a serem ávidos por terras e poder e justificar o roubo de terras indígenas por meio do genocídio". Pacheco descreveu esse processo como a transformação de estudantes a partir dos seis anos de idade em "intelectuais ativistas" que "decodificam sistemas de opressão" em seus elementos constituintes, incluindo "supremacia branca, patriarcado, classismo, genocídio, propriedade privada e Deus".

"Nunca é cedo demais" para o processo de conversão ser iniciado, Pacheco afirmou, dizendo aos educadores que eles deveriam "aproveitar a empatia inata das crianças" a fim de reformular seus fundamentos ideológicos.[33]

Atualmente, esse método de pedagogia crítica é obrigatório em toda a Califórnia. Após a divulgação do currículo modelo, a Assembleia Estadual da Califórnia aprovou rapidamente uma lei tornando os estudos étnicos uma exigência para a graduação de todos os estudantes do ensino médio, o que tornará a "pedagogia do oprimido" a ideologia oficial em todos os distritos escolares californianos.[34]

Os ativistas dos estudos étnicos compreendem a natureza de desestabilização de seu projeto, mas acreditam que isso lhes proporciona vantagem para seus fins políticos mais amplos. Na apresentação em Santa Clara, os orientadores forneceram ao público um folheto com uma citação de Paulo Freire: "Costumam dizer que a consciência crítica é anárquica. Outros acrescentam que a consciência crítica pode levar à desordem. Alguns, porém, confessam: por que negá-la? Eu tinha medo da liberdade. Não tenho mais medo!".[35] No mínimo, eles buscam uma revolução moral – e, a partir desse tumulto, a revolução política que poderia se seguir.

Os pedagogos críticos destacam a ideologia, mas há outra força mais profunda em jogo: a expansão fria e deliberada da burocracia da escola pública. Em cada etapa do processo de "decolonização" está implícita uma transferência de poder dos pais, das famílias e dos cidadãos para a classe burocrática: administradores, orientadores, consultores, especialistas, assessores e burocratas.

Ao seguir o modelo das universidades, os maiores distritos escolares começaram a incorporar as pedagogias críticas na burocracia, sob uma variedade de nomes, como "Diversidade e Inclusão", "Equidade Racial" e "Programas Culturalmente Responsivos". Esses departamentos cumprem um propósito duplo. Primeiro, eles atuam como um mecanismo de imposição ideológica. Segundo, funcionam como um programa de oportunidades de emprego para graduados universitários com formação em teorias críticas. Ao contrário da afirmação de muitos céticos de que os estudantes nas áreas de raça, gênero e identidade teriam dificuldade para encontrar emprego, esses diplomados com formação ideológica encontraram oportunidades em expansão acelerada na burocracia educacional.

As estatísticas revelam a extensão dessa mudança de poder. Entre 1970 e 2010, a quantidade de estudantes nas escolas públicas norte-americanas registrou um aumento de 9%, ao passo que a quantidade de administradores experimentou um acréscimo de 130%. No total, atualmente, metade dos funcionários das escolas públicas é de administradores não ligados ao ensino, burocratas e trabalhadores de apoio.[36] Segundo o Departamento de Trabalho norte-americano, existem agora centenas de milhares de gestores de escolas públicas ganhando

100 mil dólares por ano, em média, o que é muito mais do que ganham os professores em sala de aula e a média das famílias norte-americanas.[37]

Esse experimento de 50 anos quase não propiciou melhorias nos resultados acadêmicos – o desempenho em avaliações dos estudantes do ensino médio permaneceu estagnado desde que o governo federal começou a coletar dados em 1971[38] –, mas a expansão da burocracia continua, com o crescimento recente impulsionado pelas divisões de "diversidade e inclusão" nos maiores distritos escolares. Como a Heritage Foundation descobriu, 79% dos distritos escolares com mais de 100 mil estudantes contrataram um "diretor de diversidade" e implantaram programas de "diversidade, equidade e inclusão" ao estilo universitário.[39]

O Seattle Public Schools proporciona um modelo de como a burocracia pode se enraizar profundamente. O distrito, que possui um orçamento anual de 1 bilhão de dólares para 52 mil estudantes, criou um Departamento de Promoção da Equidade Racial; uma Divisão de Equidade, Parcerias e Engajamento; um Departamento de Estudos Étnicos; um Escritório de Realizações de Homens Afro-Americanos; e um Comitê Consultivo de Equidade e Raça. Os programas de raça e identidade do distrito recebem pelo menos 5 milhões de dólares em financiamento anual exclusivo e envolvem centenas de funcionários escolares, que criam políticas em escritórios centrais e as implantam como parte das "Equipes de Equidade Racial" ao nível escolar.[40]

Esses cargos são exclusivamente ideológicos: por exemplo, como parte do Departamento de Promoção da Equidade Racial, o distrito emprega um diretor em tempo integral para criar "movimentos de libertação negra", um gestor de programas em tempo integral para "desmantelar ativamente os sistemas de opressão", e um "teórico crítico da raça" em tempo integral para "desenvolver a capacidade de liderança racial".[41]

A narrativa desses programas é conhecida: nos materiais de capacitação de professores, o Seattle Public Schools explica que os Estados Unidos são uma "sociedade supremacista branca baseada em raça", que as escolas públicas são culpadas de "assassinato espiritual" das minorias e que os professores brancos devem encarar sua "herança usurpada". A fim de corrigir essas injustiças, os funcionários escolares devem adotar a "pedagogia antirracista", apoiar os "movimentos atuais de justiça social em curso" e trabalhar para a "abolição" da branquitude.[42] No escritório central, os planejadores de aulas estão ocupados concebendo um "currículo libertador para o primeiro ciclo do ensino fundamental, incorporando Estudos Negros em todas as matérias [e] um curso de Estudos Negros em todo o distrito para os estudantes do segundo ciclo do ensino fundamental e do ensino médio, que será obrigatório para a graduação".[43]

Até mesmo a matemática e a ciência foram influenciadas. Segundo o Math Ethnic Studies Framework [Modelo de Estudos Étnicos em Matemática] do distrito, os estudantes devem aprender a rejeitar a "matemática ocidental", que tem sido usada para "oprimir e marginalizar as pessoas e comunidades não brancas", e adotar a teoria superior da "etnomatemática", desenvolvida por Ubiratan D'Ambrosio, professor e matemático pós-moderno brasileiro e aluno de Paulo Freire.[44] O distrito promove o mito pós-colonial de que a teoria matemática "tem raízes nas antigas histórias de pessoas e impérios de pessoas não brancas", cujas realizações foram então roubadas, subvertidas e obscurecidas por europeus brancos. Portanto, os estudantes devem decolonizar a matemática e, segundo Freire, aprender a "decodificar o conhecimento matemático", "defender-se contra práticas matemáticas opressoras" e "mudar a matemática de um pensamento individualista para um pensamento coletivista".[45]

No entanto, em Seattle a verdadeira inovação vai além do conteúdo e do currículo. Os planejadores do distrito iniciaram uma campanha sem precedentes para revestir cada subdivisão do sistema escolar com uma camada de burocracia racial. Como nas universidades, começa com um interminável rodízio de palestras e programas de capacitação, mas termina com o envio de "Equipes de Equidade Racial" orientadas ideologicamente para cada escola do distrito.[46] O programa, que atualmente funciona em 49 escolas, procura criar "educadores racializados", implantar a pedagogia crítica "em todas as salas de aula", desconstruir "a branquitude [e] o privilégio" e se envolver na "defesa do antirracismo nas escolas".[47] Essas equipes são compostas por um administrador e quatro professores em cada escola, que se encontram com regularidade, passam por capacitação extensiva em pedagogia crítica e aplicam a ideologia em todas as dependências do *campus*.[48]

Eles são os olhos e os ouvidos da burocracia, da mesma maneira que os comissários políticos dos regimes pós-coloniais monitoravam e regulavam as práticas das escolas locais. A ideologia é a arma, a burocracia é a autoridade e a revolução é o objetivo.

Os fundamentos já mudaram no âmbito do Seattle Public Schools. Nas reuniões, os professores se identificam por identificadores de raça e gênero – "Brandon, Ele/Dele, Branco", "Nichole, Ela/Dela, Negra" – e participam de rituais elaborados e repetições da crença. Eles confessam seu *status* como colonizadores, prometem "acabar com seu privilégio" e orientar suas salas de aula rumo à "abolição".⁴⁹ Eles também acumulam poder. A burocracia subvenciona e recompensa indivíduos que impõem a ortodoxia, e, por sua vez, reforçam a burocracia. Da etnomatemática às "auditorias de equidade racial" obrigatórias, a educação é submetida ao crivo da política – e não há princípio limitador.

Ao longo de sua existência, Freire demonstrou certa ambivalência acerca da política identitária pura, que vinha ganhando terreno nos círculos acadêmicos. Perto do fim de sua vida, no livro de correspondência com sua sobrinha, *Letters to Cristina* [*Cartas a Cristina*], ele se curvou às categorias identitárias de "classe, gênero, raça e cultura", mas alertou que "a luta pela libertação" nunca poderia ser "reduzida à luta das mulheres contra os homens, dos negros contra os brancos". Em sua retórica, Freire se esforçou para proporcionar uma base para a unidade, priorizando características universais humanas em detrimento de categorias identitárias fragmentadas. "A luta é de todos os seres humanos em direção a um patamar superior", ele escreveu. "Trata-se de uma luta para superar obstáculos com o intuito da humanização de todos. Trata-se de uma luta pela criação de condições estruturais que possibilitem uma sociedade mais democrática."⁵⁰

Porém, ao mesmo tempo, ele não conseguiu resistir às tentações das explicações abrangentes e do reducionismo racial. Ao ser questionado sobre o motivo para os "estudantes não brancos" não terem logrado alcançar resultados educacionais sólidos mesmo nas "chamadas sociedades progressistas", Freire respondeu: "O fracasso dos estudantes não brancos representa o sucesso de um poder racista dominante. (...) Os estudantes negros não são responsáveis por seu fracasso, mas sim as políticas discriminatórias contra eles". Ou seja, as razões complexas para as disparidades educacionais – incluindo influências de formação como família, cultura e hábitos de estudo – poderiam ser reduzidas *a priori* a uma única variável: o racismo. O problema era que as sociedades progressistas podiam ter adotado um regime de igualdade jurídica, mas "ainda não tinham deixado para trás sua natureza racista ou experimentado seu renascimento como sociedades democráticas".

Como sempre, a resposta de Freire era a favor de mais revolução. Para ele, os ativistas de esquerda não só deviam se apoderar da "infraestrutura" das instituições estatais como também trabalhar continuamente para mudar a "superestrutura" da cultura, que inevitavelmente ficava para trás.⁵¹

No entanto, na realidade, esse processo sempre acaba em decepção: da Guiné-Bissau aos guetos da Califórnia, as teorias de Freire nunca resultaram em melhorias significativas das habilidades práticas, como ler e escrever. Elas oferecem uma função crítica constante, mas não uma alternativa substancial. Porém, em vez de confrontar essas falhas em seus próprios termos, os pedagogos críticos as utilizam como justificativa para uma revolução permanente contra a "invasão cultural" da classe dominante.[52] À medida que a ideologia se esgota de maneira lógica e empírica, o humanismo perde força e a vingança revela sua face repulsiva.

No período final de sua vida, Freire relatou em suas cartas que sua visão ainda era influenciada pelas histórias de fantasmas que ouvira na infância, em que Deus enviava os espíritos dos opressores se lamentando na escuridão das plantações de cana-de-açúcar. Porém, como adulto, ele acreditava que essa desforra devia se tornar realidade no mundo material. Ele escreveu:

> O ideal é puni-los na história, e não na imaginação. O ideal está na superação de nossa fraqueza e impotência, deixando de nos preocupar com a punição das almas dos injustos e "fazendo" com que eles perambulem com gritos de arrependimento. Pelo fato de ser o corpo vivo e consciente das pessoas cruéis que precisam derramar lágrimas, nós devemos puni-los na sociedade.[53]

Isso – o idealismo que se degenerou em vingança – é para onde sua revolução se voltaria.

* * * *

Paulo Freire morreu em 1997 no Hospital Israelita Albert Einstein, na cidade de São Paulo.[54] Ele morreu como um herói da esquerda mundial. Na última fase de sua vida, Freire viajou pelo mundo recebendo as honras da *intelligentsia* liberal: o Prêmio UNESCO de Educação para a Paz, o Prêmio Rei Balduíno para o Desenvolvimento Africano e 27 títulos de doutor *honoris causa* de instituições de todo o mundo.[55]

De certa forma, o legado de Freire é uma surpresa. A história deveria ter reduzido *Pedagogy of the Oppressed* a uma curiosidade ideológica. As figuras revolucionárias que ele idealizou – Lênin, Stálin, Mao, Castro, Guevara – revelaram-se monstros. Lênin, Stálin e Mao devastaram suas próprias sociedades em nome da revolução. A Cuba de Castro e Guevara ainda se apega ao comunismo estatal, mas é um país pobre, isolado e autoritário. E todos os regimes dos países que Freire assessorou – Angola, Moçambique, Tanzânia, Cabo Verde, São Tomé e Príncipe e El Salvador – abandonaram o marxismo-leninismo e procuraram, por vezes furtivamente, fazer a transição para uma economia de mercado e um sistema democrático de governo.

E mesmo assim, Freire permaneceu impenitente até o fim. Ele, depois de ver suas revoluções falharem em todo o mundo, depois de ver as mortes em massa desencadeadas em nome da utopia, quis tentar mais uma vez. Em suas últimas obras, não há nenhum sinal de culpa ou introspecção, nenhum resquício de arrependimento acerca dos regimes que ele havia orientado e racionalizado.

Bem depois da queda do Muro de Berlim em 1989, Freire ainda protestava contra "o mal intrínseco do capitalismo" e a "democracia burguesa". Pouco antes de sua morte, ele teimou que "na verdade, o apregoado triunfo do capitalismo e morte do socialismo apenas realça a perversidade do capitalismo, por um lado, e o sonho socialista duradouro, por outro, se for purificado, com sacrifício e dor, da distorção autoritária".[56] Ele minimizou as atrocidades do stalinismo, considerando-as como "erros históricos, filosóficos e epistemológicos", e não como falhas intrínsecas do comunismo estatal. Ele insistiu que seu "sonho", sua "utopia", ainda era possível – só precisava ser purificado, purgado, reimaginado.[57]

Todavia, embora Freire não tenha conseguido institucionalizar suas ideias nos países marxistas-leninistas, sua obra tem tido grande influência nos Estados Unidos – o coração pulsante do capitalismo global.

Para os homens e mulheres do Terceiro Mundo, onde reinavam a pobreza, a fome, as doenças e a corrupção, as abstrações de Freire ofereciam pouco sustento; seu apelo em prol de "cometer suicídio como classe" era uma loucura.[58] Contudo, no Primeiro Mundo, isolado das misérias concretas das sociedades pós-coloniais, os apelos abstratos de Freire à libertação, à revolução e ao socialismo encontraram um público receptivo. Os intelectuais norte-americanos consideraram os conceitos de Freire como uma metáfora, acreditando que as favelas do "Terceiro Mundo no Primeiro Mundo" proporcionavam uma justificativa para, no mínimo, uma revolução cultural. Esses letrados e ativistas, mantidos pelo sistema universitário e celebrados em escolas públicas, imaginaram-se uma nova vanguarda que poderia finalmente corrigir os assuntos pendentes do século XX.

Os coveiros do cemitério em São Paulo podem ter enterrado o corpo de Paulo Freire,[59] mas nada, ao que tudo indica, poderia abalar adequadamente o mundo de suas ideias. Os Estados Unidos podem ter subjugado a revolução no exterior, mas só para se encontrar no meio de uma revolução em casa.

CAPÍTULO 12

ENGENHEIROS DA ALMA HUMANA

Em 1932, o ditador soviético Josef Stálin ergueu sua taça para brindar com um grupo de artistas reunidos na casa do renomado escritor Máximo Gorki. "A 'produção' de almas é mais importante do que a produção de tanques de guerra", ele disse, explicando que os comunistas desejavam não só recriar o mundo da política e da economia, mas também reformular a natureza humana segundo os ditames da ideologia de esquerda. Ele continuou: "Portanto, ergo minha taça para vocês, escritores, os engenheiros da alma humana".[1]

Esse conceito – a aplicação implacável da política aos recônditos mais íntimos do espírito humano – nortearia os regimes comunistas durante a maior parte do século XX. Os soviéticos tinham seus artistas. Os chineses tinham seus propagandistas.[2] Os exércitos do Terceiro Mundo tinham seus pedagogos. Todos estavam comprometidos com a criação do Novo Homem.

Os marxistas no Ocidente, como Paulo Freire, defendiam a mesma filosofia. Freire e seus discípulos acreditavam que as pedagogias críticas poderiam reformular a alma humana e inspirar a revolução de baixo para cima. Porém, em contradição com seus homólogos no Oriente, a linha divisória entre opressores e oprimidos no Ocidente não era a classe social, mas a identidade racial.

Henry Giroux, o colaborador norte-americano mais próximo de Freire, explicou:

> Embora a obra inicial [de Freire] fosse compreensivelmente enraizada numa preocupação quase exclusiva com a classe, muitos de nós percebemos que

ela tinha deficiências teóricas ao lidar com as questões centrais que moldam o debate multicultural. Muitos de nós começamos a expandir a noção de justiça social para incluir um discurso sobre justiça racial. Ou seja, a justiça não poderia ser assumida em termos de posse dos meios de produção, ou estritamente em torno de questões de trabalho ou divisão de riqueza. Estas eram questões muito importantes, mas excluíam questões sobre o racismo, o colonialismo e os mecanismos do Estado racial.[3]

Ecoando a redefinição de Marcuse sobre o proletariado – os intelectuais brancos unidos à classe subalterna negra –, os discípulos norte-americanos de Freire desenvolveram uma estrutura elaborada para categorização e subversão da ordem dominante. Sua principal estratégia pedagógica era classificar como patológica a identidade branca, que era considerada inerentemente opressora, e radicalizar a identidade negra, que era considerada inerentemente oprimida. Às vezes, na literatura acadêmica, essa técnica é referida como "pedagogia revolucionária", "multiculturalismo crítico" ou "decolonização", o que implica livrar o sistema educacional da influência repressiva da "branquitude" e infundir nele a influência libertadora da "negritude".

Peter McLaren, outro discípulo de Freire que trabalhou em conjunto com Henry Giroux, esquematizou a mecânica de como essa nova pedagogia da revolução funcionaria na prática. Para McLaren, os professores e estudantes norte-americanos, devem "[quebrar] o poder imaginário das identidades mercantilizadas no capitalismo" e "construir locais – locais provisórios – em que novas mobilidades estruturadas e linhas de força tendenciais possam ser feitas para suturar a identidade em relação à problemática maior da justiça social".[4]

Apelando diretamente a figuras como Che Guevara e Vladimir Lênin, McLaren sustentou que o objetivo final da pedagogia crítica era utilizar o poder da política identitária a fim de "ganhar o controle da produção de significados"[5] e marcar o início de uma "sociedade socialista democrática" que combinasse "a luta baseada na identidade em torno dos significados culturais" com a tradicional "redistribuição de recursos materiais" marxista.[6] Para McLaren e os pedagogos críticos, esse movimento de decolonização já estava em andamento nos limites da década de 1990, conforme a influência das teorias de Freire começava a se expandir na academia e na administração escolar. "Espaços decolonizados estão se formando em fronteiras", McLaren previu há um quarto de século. "E isso afetará as salas de aula do futuro."[7]

Esse futuro já chegou. Os distritos escolares públicos em todo o país começaram a aplicar os princípios da pedagogia crítica nas salas de aula. A prática segue um padrão recorrente: os professores definem uma âncora emocional ao enquadrar os

Estados Unidos como uma sociedade opressora, dividem os alunos em categorias de "opressor" e "oprimido", e direcionam o grupo para conclusões políticas predeterminadas. Como a czarina da diversidade e os professores ativistas do Buffalo Public Schools explicaram recentemente, os distritos escolares que seguem a "pedagogia da libertação" começam a "preparar [os alunos] aos quatro anos de idade", os ensinam a alcançar a "consciência crítica" e os transformam em "ativistas do antirracismo".[8]

E assim como foi para os revolucionários do Terceiro Mundo, o objetivo de Giroux, McLaren e os pedagogos críticos da segunda geração é sempre o mesmo: desmantelar o sistema de justiça criminal, abalar a estrutura da família nuclear, pôr fim ao sistema do capitalismo e, nas palavras de Freire, transformar as escolas em "um instrumento extraordinário para ajudar a construir uma nova sociedade e um novo homem".[9]

Os pedagogos críticos atuais combinaram essa visão de longa data com as técnicas mais recentes das ciências sociais e comportamentais. As técnicas de Freire foram adaptadas, mescladas e combinadas com uma variedade de outras abordagens educacionais, incluindo justiça social crítica, estudos críticos étnicos, estudos críticos da branquitude, ensino culturalmente responsivo, pedagogia antirracista e aprendizagem socioemocional. Os teóricos dividem o mundo em hierarquias identitárias; os professores se envolvem no trabalho de decolonização; os alunos se convertem em registros em extensos bancos de dados; as burocracias transformam dados humanos em mudanças sociais.[10]

O pedagogo McLaren afirma:

> É importante reconhecer que agora é o momento de desafiar firmemente a prática convencional de ensino até que toda a gama de opções pedagógicas revolucionárias esteja disponível nas escolas públicas do país. Parte da tarefa é ética: tornar a libertação e a abolição do sofrimento humano o objetivo da própria empreitada educacional. Parte da tarefa é política: criar uma sociedade socialista democrática na qual a democracia seja exortada diariamente a cumprir sua promessa.[11]

Ao brindar com os artistas da Rússia pós-revolucionária, chamando-os de "engenheiros da alma humana", Stálin falava de forma metafórica, imaginando o dia em que os artistas poderiam criar novos homens com precisão científica. Os pedagogos críticos acreditam que esse momento chegou. O objetivo acalentado da libertação por meio da educação, estampado no céu por Guevara e implantado na alma por Freire, pode finalmente estar ao alcance. Após os estudantes serem preparados emocionalmente, categorizados individualmente e mobilizados coletivamente, eles podem começar a executar o trabalho da revolução.

*　*　*　*

Na prática, "pedagogia da libertação" compõe-se de duas pedagogias paralelas: uma para o opressor e outra para o oprimido.

O método dominante, dada a demografia racial dos Estados Unidos, pode ser descrito como a "pedagogia da branquitude". O fundamento desse enfoque é a reificação da identidade branca, que é reduzida e reforçada numa categoria essencialista – a "branquitude" – e então carregada com conotações negativas. Barbara Applebaum, destacada acadêmica no campo dos "estudos críticos da branquitude", descreve essa metafísica racialista em seu livro *Being White, Being Good*:

> Os estudos críticos da branquitude começam com o reconhecimento de que a branquitude e seus privilégios concomitantes tendem a permanecer invisíveis para a maioria das pessoas brancas. A fim de desalojar a branquitude de sua posição de predominância, ela deve ser estudada para "tornar visível o que é tornado invisível quando observado como o estado normativo da existência". Dessa perspectiva, o racismo é basicamente um problema dos brancos. (...) Para os brancos, então, é impossível obter uma compreensão do racismo sistêmico sem nomear a branquitude e entender seu funcionamento.[12]

Applebaum sustenta que todos os brancos estão "infectados" por um conjunto de males psicológicos: "ignorância branca", "cumplicidade branca", "privilégio branco", "negação branca" e "supremacia branca".[13] Os indivíduos brancos podem insistir em sua própria retidão moral, mas, na verdade, "todos os brancos, devido ao privilégio branco sistêmico, que é inseparável dos modos brancos de ser, estão comprometidos com a produção e reprodução da injustiça racial sistêmica". Em outras palavras, como Applebaum resume, "'todos os brancos são racistas'" ou, no mínimo, cúmplices, independentemente de seu comportamento, caráter ou crença individual.[14] O racismo está incorporado na própria ontologia da branquitude. Trata-se de uma condição psicológica coletiva que emana e sustenta as estruturas opressivas da sociedade.

Em um sistema assim, o que pode ser feito? Para Applebaum e os pedagogos críticos, começa com a confissão. Uma dupla de teóricos descreve isso de forma simples: "Um grande passo seria os brancos admitirem que são racistas e, em seguida, analisar o que fazer a respeito".[15]

O Distrito Escolar Unificado de San Diego representa um exemplo concreto desse processo. Em um programa de capacitação em todo o distrito, os administradores apresentaram ordens diretas da pedagogia da branquitude, dizendo ao corpo docente branco: "você é racista"; "você está defendendo ideias, estruturas e políticas racistas"; "confronte e examine seu privilégio branco". Trata-se do equivalente pedagógico da terapia de choque: atordoa o sujeito, provoca um caos emocional nele e elimina a doença do organismo. Os administradores admitem que essa técnica provavelmente causará "culpa, raiva, apatia, frustração, estreiteza mental [e] atitude defensiva".[16] Porém, isso faz parte do processo: os professores devem recuar horrorizados diante de sua branquitude.

O tema recorrente dessa pedagogia é a criação de culpa. Em outra capacitação, um consultor do San Diego Unified School District explicou que os professores brancos eram culpados pelo "assassinato espiritual" das crianças negras e que a "branquitude deles reproduz a pobreza, as escolas deficientes, o desemprego elevado, o fechamento de escolas e o trauma dos não brancos". Segundo o distrito, a cura envolve a rejeição aos aspectos associados ao preconceito racial e a "terapia antirracista para os educadores brancos", que devem "reconhecer", "confrontar" e "usar" sua branquitude em prol da causa do "antirracismo"[17] e, nas palavras de um funcionário escolar, da "cura racial".[18] Na prática, esse é o teor da pedagogia crítica: a branquitude é percebida como uma força maligna e invisível que molda o mundo material e se manifesta como doença no âmbito de toda uma raça.

Embora esse método confessional possa teoricamente resolver o problema psicológico da branquitude, ele não resolve o problema econômico e político da "branquitude". Aqui devemos recorrer a outro teórico, Noel Ignatiev, que foi o primeiro ativista, posteriormente acadêmico, a elaborar a teoria do "privilégio da pele branca".

Ignatiev foi aquele que construiu uma ponte entre a antiga esquerda e a nova esquerda: ele trabalhara em usinas siderúrgicas e atuara como representante sindical do Partido Comunista dos Estados Unidos antes de obter um doutorado na Escola de Pós-Graduação em Educação de Harvard. Em um influente ensaio de 1967, *White Blindspot*, Ignatiev elaborou sua teoria de que os capitalistas norte-americanos e os dirigentes sindicais fizeram um pacto ímpio, concedendo privilégios raciais à classe trabalhadora branca a fim de satisfazê-la com confortos materiais, separá-la das minorias oprimidas e impedir o desenvolvimento de uma revolução socialista baseada em classes.[19]

Ignatiev escreveu:

> A classe dominante norte-americana fez um acordo com os falsos líderes da força de trabalho norte-americana e, por meio deles, com as massas dos trabalhadores brancos. Os termos do acordo, formulados ao longo dos 300 anos da história do desenvolvimento do capitalismo em nosso país, são os seguintes: vocês, trabalhadores brancos, nos ajudam a conquistar o mundo e escravizar a maioria não branca da força de trabalho do planeta, e nós recompensaremos vocês com o monopólio dos trabalhos especializados, protegeremos vocês contra os choques mais severos do ciclo econômico, ofereceremos a vocês instalações de saúde e educação superiores àquelas da população não branca, concederemos a vocês liberdade para gastar seu dinheiro e seu tempo de lazer como desejarem, sem restrições sociais, possibilitaremos ocasionalmente a promoção de algum de vocês para fora das fileiras da classe trabalhadora e, em geral, conferiremos a vocês os privilégios materiais e espirituais condizentes com sua pele branca.[20]

Para Ignatiev, os brancos devem se livrar desse "privilégio da pele branca" a fim de criar solidariedade inter-racial, e então subverter o sistema do capitalismo. Portanto, a renúncia à "branquitude" se torna mais do que um ato pessoal de purificação. Torna-se também um ato político contra toda a ordem racial e econômica. Assim como Freire exortou a burguesia a cometer suicídio de classe na Guiné-Bissau, Ignatiev encorajou os brancos a cometer suicídio racial nos Estados Unidos – tudo, é claro, para promover a revolução.

Ignatiev implorou:

> Os comunistas devem procurar os trabalhadores brancos e dizer francamente: vocês devem renunciar aos privilégios que possuem atualmente, devem se unir aos trabalhadores negros, porto-riquenhos e de outras cores na luta contra a supremacia branca, devem tornar isso a primeira, imediata e mais urgente tarefa de toda a classe trabalhadora, em troca da qual vocês, *juntamente com* o restante dos trabalhadores, receberão todos os benefícios que decerto virão de uma classe trabalhadora (de diversas cores) lutando em conjunto.[21]

Décadas depois, após obter seu doutorado em Harvard e se tornar professor de estudos da branquitude, Ignatiev fundou a revista *Race Traitor* e intensificou sua retórica: "abolir a raça branca"; "traição à branquitude é lealdade à humanidade"; "pretendemos continuar atacando os homens brancos mortos, assim como os vivos, e as mulheres também, até o constructo social conhecido como 'raça branca' ser destruído – não 'desconstruído', mas destruído".[22] Como um dos colaboradores de Ignatiev afirmou, os novos radicais devem ver "o ataque contra a supremacia branca como a chave para a estratégia na luta pelo socialismo nos Estados Unidos".[23]

A visão de mundo de Ignatiev, por mais radical que fosse, não se restringiu aos limites da academia. Seus conceitos e sua retórica, que servem como o elo fundamental entre a ação individual e coletiva, infiltraram-se no sistema de educação pública.

Por exemplo, na East Side Community School, em Nova York, o diretor Mark Federman enviou uma carta aos pais brancos encorajando-os a se tornarem "traidores brancos" e apoiarem a "abolição branca" – a terminologia precisa desenvolvida por Ignatiev décadas antes. A carta incluía um diagrama apresentando oito estágios do desenvolvimento da identidade branca, desde a forma mais baixa, "supremacista branca", passando pelas formas intermediárias, "confessional branca" e "traidor branco", até a forma mais elevada, "abolicionista branco".[24]

O objetivo desse processo, segundo o criador do diagrama, Barnor Hesse, professor da Universidade Northwestern, é desafiar o "regime de branquitude" e, com o tempo, "contestar a autoridade branca" e "não [permitir] o restabelecimento da branquitude".[25] Para Hesse, os conceitos ocidentais de "'racionalidade', 'liberalismo', 'capitalismo', 'secularismo' [e] 'Estado de Direito'" são "mitologias brancas" empregadas para justificar, ampliar e perpetuar a dominação branca.[26] O trabalho teórico de Hesse apresenta análises densas sobre Kant, Hegel, Marx, Weber e Foucault, mas seu diagrama "Oito identidades brancas" é facilmente assimilado por professores e ativistas de esquerda. Hesse afirma que seu método cria um "choque no sistema", que pode começar a preparar o terreno para "a abolição das instituições brancas que se baseiam na autoridade do racismo estrutural e na supremacia branca".[27]

A ambição da pedagogia da branquitude é abrangente: desde as mudanças iniciais na "identidade branca", passando pela condenação das "mitologias brancas", até a subversão de todo o "regime da branquitude", os pedagogos críticos enxergam a manipulação da identidade racial como um mecanismo fundamental para a promoção da revolução de esquerda. Os pais norte-americanos podem expressar desagrado ao submeter seus filhos aos exercícios que desafiam o "privilégio branco", mas eles costumam ser tranquilizados pela linguagem suave e terapêutica de muitos educadores. "Trata-se simplesmente de reconhecer que algumas pessoas começam a vida com mais vantagens do que outras", um professor pode dizer. Ou, se houver resistência, os funcionários escolares podem empregar táticas mais rígidas de culpa e vergonha. Como a East Side Community School disse aos pais: os brancos que hesitam em "admitir [seu] privilégio" estão defendendo a própria supremacia branca. "O racismo e o ódio [são] a causa subjacente que alimenta suas crenças."[28]

Porém, sob a retórica, os pedagogos críticos estão participando de um jogo sério. Eles querem desmantelar os pilares da sociedade ocidental – o racionalismo, o individualismo, o capitalismo, os direitos naturais, o Estado de Direito – e dar início a uma ordem política pós-liberal ou pós-branquitude. Esse processo começa com a engenharia da alma humana: o educador pode remodelar a psicologia da criança e depois conduzi-la pelo caminho do ativismo político.

Embora isso possa ser convertido em ilustrações coloridas para crianças do jardim de infância, a essência da pedagogia da branquitude é pôr em prática uma revolução de valores contra o Ocidente e estabelecer outro conjunto de valores que levará à concretização do sonho elusivo de Paulo Freire: o suicídio da burguesia.

* * * *

A pedagogia para os estudantes de minorias – a verdadeira "pedagogia dos oprimidos" – é a imagem espelhada da pedagogia da branquitude.

Freire e seus discípulos conceituaram as comunidades minoritárias nos Estados Unidos como "o Terceiro Mundo no Primeiro Mundo": o poder dominante criou uma teia de estruturas e mitologias que asseguram os interesses das elites brancas e submergem a consciência dos oprimidos.[29] Assim como as populações nativas em Moçambique ou Guiné-Bissau, as minorias raciais nos Estados Unidos devem lutar para decolonizar suas comunidades e se libertar de seus opressores.

Para Freire, a libertação não pode ser alcançada por meio do cultivo individual, mas requer a transformação da sociedade como um todo. Eis o que ele escreveu em *The Politics of Education*:

> A relação entre a sociedade metropolitana e a sociedade dependente [é] a fonte de seus respectivos modos de ser, pensar e se expressar. Tanto a sociedade metropolitana quanto a sociedade dependente, totalidades em si mesmas, fazem parte de um todo maior, o contexto econômico, histórico, cultural e político no qual suas relações mútuas evoluem.[30]

Portanto, segundo Freire, os oprimidos devem aprender a "ler o mundo" a fim de "ler a palavra".[31] Ou seja, o ponto de partida da educação é obter consciência política, em vez de apenas alfabetização básica. Ele apresenta seu ideal como "uma sociedade crescentemente decolonizada, que rompe cada vez mais os grilhões que a aprisionaram e que a mantêm como objeto de outros aos quais está submetida".[32]

No contexto norte-americano, a relação entre colonizador e colonizado assume uma dimensão racial explícita: as categorias sociais de opressor e oprimido podem ser perfeitamente transpostas às categorias raciais de "branquitude" e "negritude". Enquanto as crianças brancas são orientadas a desmantelar a "branquitude" como um fenômeno psicológico internalizado, as crianças negras precisam desmantelar a "branquitude" como estruturas sociais externalizadas que aprisionam, desprestigiam e reprimem sua "negritude".

Essa interpretação pode ser tanto literal quanto figurativa. Na época de Freire, os decolonizadores travaram guerras físicas para banir os brancos da África, Ásia e América Latina. Atualmente, os decolonizadores travam guerras simbólicas para banir a "branquitude" das instituições norte-americanas, começando na sala de aula e terminando, eles esperam, nas instituições culturais, econômicas e jurídicas. O inimigo está disperso pela superestrutura – e a "negritude" é vista como o antídoto contra a "branquitude".

Peter McLaren, discípulo de Freire, explicita a questão: "A negritude e a branquitude não são simétricas; pelo contrário, elas existem na sociedade no âmbito de uma hierarquia dependente, com a branquitude restringindo o poder social da negritude: ao colonizar a definição do que é normal; ao institucionalizar uma maior alocação de recursos para os distritos eleitorais brancos; e ao manter leis que favorecem os brancos". Portanto, a sociedade deve se libertar das "algemas da branquitude", participar da "luta contra o branco" e adotar a política da "negritude" e da "Razão do Outro" – um arcabouço epistemológico totalmente distinto que nega a racionalidade ocidental e se opõe à "razão violenta, coercitiva e genocida" da branquitude.

McLaren declara:

> Eu clamo pela negação, pelo desmonte e destruição da branquitude tal como a conhecemos. O multiculturalismo revolucionário não se limita a transformar a discriminação atitudinal, mas também se dedica a reconstituir as estruturas profundas da economia política, da cultura e do poder nos arranjos sociais contemporâneos. Não se trata de reformar a democracia capitalista, mas sim de transformá-la, cortando-a em suas articulações e então reconstruindo a ordem social sob a perspectiva dos oprimidos.[33]

Como a "pedagogia da negritude" funciona na prática? Ela começa ensinando aos estudantes pertencentes a minorias a "ler o mundo" através da perspectiva da pedagogia crítica.

A Buffalo Public Schools é um exemplo vívido. O distrito, que atende uma população discente composta de 45% de negros e 80% de minorias,[34] adotou uma "pedagogia da libertação" que segue os princípios de Paulo Freire. Em vez de se concentrar na melhoria do desempenho acadêmico – considerado um mito usado para perpetuar a branquitude –, os administradores escolares adotaram o pacote completo de métodos em voga da esquerda: "ensino culturalmente responsivo", "estratégias educacionais baseadas em equidade", "Black Lives Matter na Escola" e um "currículo emancipatório".[35] Como Fatima Morrell, czarina responsável pela diversidade do distrito, explicou aos professores, a solução para os desafios enfrentados pela sociedade norte-americana é "estar desperto, o que em essência é estar criticamente consciente".[36]

O pressuposto da "pedagogia da libertação" de Buffalo é estabelecer a narrativa de que a estrutura do poder branco nos Estados Unidos oprime sistematicamente as minorias – ou seja, estabelecer as condições das quais os estudantes devem ser libertados. Numa aula de capacitação para todos os professores em que foi apresentado o novo currículo, Morrell explicou que os Estados Unidos "são construídos com base no racismo" e que todos os norte-americanos são culpados do "preconceito racial implícito". Ela sustentou que a "doença norte-americana" leva alguns brancos a acreditar que os negros "não são humanos", o que torna "mais fácil atirar sete vezes nas costas de alguém se você sentir vontade".[37]

Constantemente, o currículo retoma esses temas. No jardim de infância, os professores pedem aos alunos para comparar sua cor de pele com alguns lápis de cor, o que estabelece sua posição na hierarquia racial, e então reproduzem um vídeo que dramatiza crianças negras mortas falando com eles do além-túmulo, alertando os alunos negros de que eles podem ser mortos pela "polícia racista e violência respaldada pelo Estado" a qualquer momento. Na quinta série, os alunos aprendem que os Estados Unidos criaram uma "rota da escola até o túmulo" para crianças negras e que, como adultos, "1 milhão de negros estão presos em jaulas".

No segundo ciclo do ensino fundamental e no ensino médio, os alunos aprendem a teoria do "racismo sistêmico", que ensina que os Estados Unidos foram concebidos para o "empobrecimento das pessoas de cor e para o enriquecimento das pessoas brancas". Os estudantes são informados de que "todos os brancos desempenham um papel na perpetuação do racismo sistêmico" e que as elites brancas, em particular, "trabalham para perpetuar o racismo por meio da política, do direito, da educação e da mídia". Ao final do ensino médio, o pressuposto está firmemente estabelecido: o regime da branquitude, incluindo a epistemologia, a economia e a justiça criminal, constitui a força onipresente que reduziu as minorias a uma vida de miséria, fracasso e opressão.[38]

E então o que acontece? A pedagogia da branquitude. O currículo em Buffalo se opõe explicitamente à epistemologia, aos valores e às instituições ocidentais. As escolas são instruídas a promover os 14 "princípios do movimento Black Lives Matter", que ensinam aos alunos a perturbar a "dinâmica da família nuclear ocidental", desmantelar o "racismo estrutural e a supremacia branca", desafiar o "privilégio cisgênero", romper com o "forte domínio do pensamento heteronormativo" e abolir "o sexismo, a misoginia e a centralidade masculina". Em seu lugar, as escolas devem se tornar "assumidamente negras", apoiar "comunidades negras", criar "rede[s] de afirmação *queer*", abraçar "famílias negras", enaltecer "pessoas trans negras" e contratar "mais professores negros".[39]

Numa série de aulas sobre o governo, o distrito incentiva os alunos a imaginar a substituição do sistema de justiça branco europeu por um sistema de justiça tradicional africano. Segundo o material didático, os brancos criaram um sistema de justiça "punitivo" e "baseado em mérito", que se baseia em penas severas e cria desigualdades. Por outro lado, o sistema tradicional africano se baseia em uma justiça "restaurativa" e "baseada em necessidades", que foca na cura, prioriza o "valor coletivo" em detrimento dos direitos individuais, proíbe a posse de propriedade privada e provê para cada um de acordo com suas necessidades – um comunismo primitivo que precedeu o contato com os europeus.[40]

O distrito utiliza o livro *The Destruction of Black Civilization*, de Chancellor Williams, publicado em 1971, que sustenta que as antigas civilizações negras tinham constituições e sistemas de governo superiores, que, após a colonização, "todos os africanos perderam e dos quais seus descendentes nem sequer têm memória". Williams propõe redescobrir essa tradição da negritude, evocando o poder das antigas civilizações e reconquistando as instituições brancas a sua semelhança. "Curiosamente, a reeducação dos negros e uma possível solução para as crises raciais podem começar somente quando os negros perceberem plenamente esse fato central em suas vidas: o homem branco é seu pior inimigo", Williams escreve. "Pois este não é o discurso de uma militância radical, mas o veredicto sereno e inequívoco de vários milhares de anos de história documentada."[41]

Prontamente, a pedagogia da negritude se transforma em ativismo político puro e simples, que costuma ser dissimulado sob o rótulo de "antirracismo".

Por exemplo, no School District of Philadelphia, os administradores, sindicatos e professores convergiram para a política racial como se fosse a nova estrela-guia. Após os tumultos causados pela morte de George Floyd, o superintendente distrital divulgou uma declaração antirracista prometendo desmantelar "os sistemas de iniquidade racial"[42] e distribuiu um memorando recomendando programas de capacitação racialmente segregados para educadores brancos e negros. Enquanto isso, o sindicato local de professores produziu um vídeo denunciando os Estados Unidos como uma "colônia de colonizadores baseada na supremacia branca e no capitalismo" que criou um "sistema que valoriza pessoas brancas em detrimento de todas as outras".[43] Para o sindicato, a solução é destruir a "estrutura racista do capitalismo", pagar "indenizações para negros e indígenas" e "erradicar a supremacia branca e semear as sementes de um novo mundo".[44]

Na escola de ensino fundamental William D. Kelley, na Filadélfia, que possui 94% de estudantes negros e 100% de estudantes pobres,[45] os administradores reformularam o currículo escolar para se concentrar em ativismo político. Como parte do currículo de estudos sociais, por exemplo, o professor da quinta série desenvolveu um curso para celebrar Angela Davis, louvando a "comunista negra" por sua luta contra a "injustiça e a desigualdade". Ao final do curso, o professor levou os alunos de 10 e 11 anos ao auditório da escola para "simular" um comício do Black Power para "libertar Angela Davis" da prisão, onde uma vez ela foi mantida presa aguardando julgamento por acusações de formação de quadrilha, sequestro e assassinato.

Os estudantes caminharam em direção ao palco, segurando cartazes que diziam "Black Power", "Prisão para Trump", "Liberdade para Angela" e "Black Power Matters". Eles entoaram cânticos sobre a África, apelaram a seus antepassados tribais e, em seguida, gritaram "Liberdade para Angela! Liberdade para Angela!" enquanto ficavam no proscênio.[46] Até mesmo os trabalhos artísticos públicos da escola mostram essa mudança: os administradores pintaram por cima do mural de Martin Luther King Jr., Nelson Mandela e Barack Obama e o substituíram por uma iconografia de Angela Davis e Huey P. Newton.[47]

A teoria em Buffalo, Filadélfia e outros distritos com predominância de minorias é que, ao se concentrar no desenvolvimento da consciência racial e política, as escolas podem preparar os alunos para remodelar o mundo. Segundo Paulo Freire, as escolas poderiam "extrojetar" a ideologia opressora e criar um novo método de libertação com base no conhecimento indígena. Porém, isso é uma ilusão. O apelo para abandonar a epistemologia ocidental e retribalizar a "população do gueto" de Marcuse é um beco sem saída. O apelo aos antepassados tribais ou ao comunismo primitivo das antigas civilizações negras não é capaz de prover uma base sólida para o sucesso no mundo moderno.

Os protestos escolares podem proporcionar compensação psicológica – a fantasia de libertação e vingança –, mas, após a dispersão da multidão e a remoção dos cartazes de papelão, eles não oferecem nada para o futuro. Como um professor da escola William D. Kelley comentou: "Umas das coisas mais tristes acerca do curso sobre Angela Davis é que a maioria dos alunos da turma é funcionalmente analfabeta ou mal consegue ler e escrever".[48]

E este é o problema. A eficácia da pedagogia da libertação nos Estados Unidos é comparável à da pedagogia do oprimido de Freire na Guiné-Bissau – ou seja, é mínima. O Buffalo Public Schools e o School District of Philadelphia possuem orçamentos anuais superiores a 30 mil dólares por criança,[49] significativamente maior do que o gasto educacional médio de todos os outros países do mundo, incluindo países ricos como Dinamarca, Noruega e Suécia.[50] No entanto, os resultados são desanimadores. Em Buffalo, apenas 18% dos estudantes negros alcançam a proficiência básica em inglês e 13% alcançam a proficiência básica em matemática.[51] Na Filadélfia, apenas 27% dos estudantes negros alcançam a proficiência básica em inglês e 11% alcançam a proficiência básica em matemática.[52] Em outras palavras, a maioria dessas crianças ingressa no mundo moderno funcionalmente analfabeta e inapta em matemática.

Elas estão condenadas: não pela "dinâmica da família nuclear ocidental" e pelo "pensamento heteronormativo", mas pelas patologias dolorosas em suas comunidades e pelas imensas falhas das instituições que deveriam atendê-las. A lacuna entre retórica e realidade é quase inacreditável. Na escola William D. Kelley, as crianças de 10 e 11 anos marcham em direção à utopia do "comunismo negro", mas são incapazes de ler e escrever. Os funcionários escolares prometem transformar a sociedade, mas mal conseguem ensinar habilidades básicas.

No caso de Freire, podemos ter alguma compaixão: a Guiné-Bissau era um país paupérrimo, emergindo de uma guerra civil sangrenta, incapaz de produzir alimentos suficientes para seus próprios cidadãos. No entanto, não é o caso do "Terceiro Mundo no Primeiro Mundo". As comunidades marginalizadas de Buffalo, Filadélfia, Baltimore, Detroit e de outras cidades com predominância de minorias possuem grandes orçamentos à disposição, assim como uma classe de liderança supostamente "pós-colonial" de prefeitos, membros do Conselho Municipal, chefes de polícia e promotores públicos negros, muitos dos quais pregam o evangelho da libertação. Que os estudantes dessas cidades saiam da escola quase desprovidos de alfabetização básica é uma tragédia para eles e uma vergonha para os líderes políticos e educacionais que prometem "semear as sementes de um novo mundo".[53]

Infelizmente, os administradores decidiram dobrar a aposta. Como Freire disse sobre suas iniciativas na Guiné-Bissau, eles acreditam que "seus erros metodológicos possuem raízes ideológicas",[54] e, portanto, concentram-se ainda mais no ativismo político. Fazem autocríticas prolongadas, buscam maior pureza ideológica e colocam a culpa na falta de comprometimento por quaisquer falhas.

Em Buffalo, de acordo com um professor veterano, a "pedagogia da libertação" do distrito, transformou-se, na prática, numa sequência de "repreensões, chantagens emocionais e exigências de se depreciar apenas para fazer o outro se sentir 'empoderado'". Os professores devem se submeter a "jogos psicológicos de manipulação" e manifestar apoio às políticas de esquerda da administração, ou correm o risco de retaliação profissional.[55]

Na Filadélfia, em vez de enfrentar o fracasso pedagógico das escolas públicas, os educadores jogam a culpa no "racismo sistêmico" e fazem novas promessas de "justiça racial". Enquanto isso, os ativistas e o sindicato dos professores reforçam seu compromisso com a política racial e criam novas listas de demandas, incluindo "eliminação de práticas inerentemente tendenciosas como testes padronizados", "treinamento antirracista contínuo para todos os funcionários escolares e distritais" e "demissão de professores e administradores racistas".[56]

Para eles, a solução para o fracasso da revolução é mais revolução. Como na Guiné-Bissau, o método de Freire promete reconstruir a estrutura social à imagem dos oprimidos, mas, na prática, oferece uma simulação barata de poder político, incapaz de oferecer um substituto viável para a conquista de competência.

*   *   *

O que os pedagogos críticos querem? Existem muitos termos para seus desejos – decolonização, libertação, equidade, antirracismo –, mas o mais revelador é "abolição".

O termo tem duplo sentido. Aparentemente, apela ao prestígio do movimento antiescravidão. Contudo, sob esse invólucro linguístico, existe teoria crítica pura, operando com uma dialética implacável de negação.

Como Bettina Love, defensora mais proeminente da educação abolicionista, explica em seu livro *We Want to Do More Than Survive*, o programa de abolição é totalizante. Para ela, os Estados Unidos são um "superpredador" que sistematicamente "assassina espiritualmente" crianças pertencentes a minorias e "têm uma longa história de aprovar leis que protegem os brancos que matam, torturam e desalojam pessoas de cor".⁵⁷ Para que os oprimidos possam emergir dessas eternas crueldades, Love sustenta que os ativistas devem abolir toda a gama de instituições norte-americanas, até seus alicerces. A lista de demolições inclui instituições tangíveis como escolas tradicionais, prisões, controle de imigração, posse de armas, legislação sobre drogas, fiança em dinheiro e testes padronizados, assim como abstrações profundas como racionalidade, branquitude e capitalismo, que perpetuam "o sofrimento sombrio" e garantem que "os ricos fiquem mais ricos e os pobres sejam descartados".⁵⁸

Love destruiria tudo isso. Ela acredita que a racionalidade deveria ser suspensa em favor da imaginação, a branquitude deveria ser erradicada em favor da negritude, e o capitalismo deveria ser destruído em favor do coletivismo. Love sustenta que as pessoas de pele escura têm acesso a conhecimentos secretos que podem transformar as sociedades além das restrições do branco opressor. Ao citar o historiador Robin D. G. Kelley, Love sugere que "qualquer revolução deve começar com o pensamento, com a maneira como imaginamos um Novo Mundo, com a forma como reconstruímos nossas relações sociais e individuais, liberando nosso desejo e desenvolvendo um novo futuro com base no amor e na criatividade, e não na racionalidade".⁵⁹

Para Love, esse processo pode ser iniciado por administradores e professores do sistema de ensino público, que é uma representação de um modelo em escala da sociedade em geral. "Gostamos de pensar que a educação é intocada pela supremacia branca, pela raiva branca e pela antinegritude, e que os educadores são de alguma forma imunes à perpetuação do sofrimento sombrio", ela escreve. "Desde o início, a educação se baseou na supremacia branca."⁶⁰ Portanto, o trabalho de abolição começa com a eliminação das patologias brancas como "privilégio branco", "fragilidade branca", "emotividade branca", "violência branca" e "raiva branca".⁶¹

Love diz aos professores brancos que eles devem se questionar constantemente e ceder autoridade às pessoas de pele escura, que podem proporcionar a "visão e o conhecimento coletivos" necessários para a construção da nova sociedade.⁶² Love explica:

> As pessoas de pele clara precisam se curar por conta própria antes de se envolverem com o ensino abolicionista. Mais do que apenas frequentar seminários antirracistas e aperfeiçoamentos profissionais em pedagogia culturalmente relevantes, elas devem lidar com o que é a branquitude, com como a violência é necessária para mantê-la, e com como seus sucessos na vida são subprodutos da

branquitude. As pessoas de pele clara não podem perder sua branquitude; isso não é possível. Porém, diariamente, elas podem tentar lidar com a branquitude e rejeitar a branquitude que está obcecada em oprimir os outros, centrar-se em si mesma e manter a supremacia branca por meio da raiva branca. Sentir-se bem e ser branco é rejeitar a branquitude para o bem da humanidade.[63]

Para Love, a partir daí, a revolução pode avançar. Os educadores podem trabalhar para desenterrar as raízes podres da América e reduzi-las a pó. Mais uma vez citando Robin D. G. Kelley, Love afirma que a solução para os problemas norte-americanos "não pode ser atribuída aos Pais Fundadores, à Constituição ou à Declaração de Independência. Ao contrário, está evidente nas lutas dos despossuídos para revogar as estruturas eurocêntricas, elitistas, patriarcais e desumanizadoras do capitalismo racial e suas bases liberais".[64]

Qualquer que seja o termo utilizado – "abolicionista", "decolonizador", "libertador" –, a nova pedagogia representa um significativo avanço em relação à pedagogia original de Freire, ou seja, a pedagogia dos oprimidos. A segunda geração de teóricos manteve a estrutura básica do neomarxismo revolucionário de Freire, e em seguida ingressou no terreno da identidade e aprendeu a manipular as emoções instintivas da culpa, vergonha, inveja e orgulho. Eles usaram a análise de Freire que considerou o "capitalismo como a origem da dominação"[65] e adicionaram uma política racial capaz de direcionar os estudantes para um ativismo orientado pela identidade.

E suas ambições também são grandes. Como Love disse a uma plateia de professores e funcionários do Departamento de Educação dos Estados Unidos, os brancos devem sacrificar sua riqueza, seu privilégio e seu poder. Os ativistas devem acabar com as prisões, as escolas, o capitalismo e a constituição. As minorias devem estar prontas para receber o que lhes é devido. "Se você fosse oprimido durante 400 anos, você gostaria de recomeçar", ela disse, segundo as anotações do seminário. "Este mundo não foi feito para pessoas de cor, então [nós] precisamos destruí-lo."[66]

Para os pedagogos críticos, nada pode ficar de pé. Em última análise, a meta da abolição é a abolição dos Estados Unidos da América.

CAPÍTULO 13

OS JOVENS SOLDADOS DE PORTLAND

Há poucos lugares no mundo onde radicais políticos e seus filhos queimam de forma ritualística a bandeira norte-americana e bradam "Morte à América": Teerã, Bagdá, Beirute, Cabul, Ramala e Portland, no Oregon.

A cidade de Portland, uma área metropolitana frequentemente coberta de nuvens situada na margem sul do rio Columbia, adquiriu uma reputação de uso excessivo de slogans pitorescos por parte de seus manifestantes políticos. Anarquistas, comunistas, ecofascistas e uma variedade de outros agitadores denunciam regularmente a polícia, os políticos de ambos os partidos e o próprio Estado norte-americano. A queima de bandeiras tornou-se parte da sintaxe habitual do movimento de protesto.

Em 2020, nos tumultos de verão, os adolescentes associados ao movimento Youth Liberation Front intensificaram a retórica com brados de "Morte à América" e promoveram meses de violência para vingar a morte de George Floyd.[1] Crianças de apenas três ou quatro anos participaram da passeata com a multidão até o tribunal federal, erguendo o punho do Black Power e gritando "Dane-se a polícia! Dane-se a polícia!".[2]

A ironia não é difícil de identificar: Portland é conhecida como a "cidade mais branca dos Estados Unidos", e mesmo assim se tornou o epicentro do radicalismo racial do país. A cidade promoveu a culpa branca à condição de religião cívica. Seus cidadãos desenvolveram um conjunto esmerado de rituais, devoções e autocríticas para combater as quimeras do "racismo sistêmico" e da "supremacia branca". A expressão máxima dessa ortodoxia é a violência: milícias urbanas, que se autodenominam "antirracistas" e "antifascistas", são rápidas em quebrar vitrines de seus inimigos e incendiar a propriedade de quem transgride a nova lei moral.

Pode ser fácil descartar isso como obra de alguns radicais inofensivos que estão "mantendo Portland esquisita" e, na maioria das vezes, representam uma coalizão minoritária de descontentes e mentalmente perturbados – uma rápida passada de olhos nas fotos das fichas criminais do Antifa divulgadas pelo Departamento de Polícia de Portland confirmará essa impressão. Porém, nos últimos anos, a ideologia subjacente dos radicais de Portland se institucionalizou. O governo municipal adotou uma série de planos quinquenais de "equidade e inclusão", os lojistas afixaram *slogans* políticos em suas vitrines como forma de proteção, e as escolas locais criaram um programa de educação política para seus alunos que parece propaganda.

As escolas de Portland adotaram conscientemente a "pedagogia do oprimido" de Paulo Freire com sua orientação política, ativaram-na por meio de um currículo saturado de teoria crítica e a impuseram mediante a nomeação de agentes políticos efetivos em cada escola sob o pretexto de "equidade e justiça social". Os documentos internos de três distritos locais – Tigard-Tualatin School District, Beaverton School District e Portland Public Schools – revelam essa mudança revolucionária. Os administradores e os professores combinaram teoria, práxis e poder a serviço do ativismo político de esquerda.

Os resultados são previsíveis. Ao perpetuar a narrativa de que os Estados Unidos são basicamente malignos, introduzindo as crianças na doutrina da pedagogia crítica e idolatrando os manifestantes nas ruas, as escolas conscientemente empurraram os estudantes na direção da revolução. Na linguagem esquerdista, o programa de educação política nos distritos escolares da área de Portland poderia ser descrito como um "canal direto da escola para o radicalismo"; ou, de maneira mais provocativa, como um campo de treinamento para soldados infantis.

Isso não é uma hipérbole: alguns dos grupos anarquistas mais violentos de Portland são liderados por adolescentes. Dezenas de adolescentes foram presos durante o longo período dos tumultos após a morte de George Floyd. Eles vincularam sua causa política à mudança climática, ao anticapitalismo, ao antifascismo e ao movimento Black Lives Matter – o que quer que sirva de pretexto para uma "ação direta" violenta.

O movimento é inequívoco: das escolas para as ruas. E ao contrário daqueles que acreditavam que o fim do governo de Trump conduziria a um "retorno à normalidade", a revolução social e política em Portland não cessou com a ascensão do presidente Biden – ela só acelerou. No dia da posse de Biden, os radicais adolescentes fizeram uma passeata pelas ruas da região sudeste de Portland, quebrando as janelas do escritório da sede estadual do Partido Democrata e desfraldando grandes faixas com seus pleitos pintados à mão: "Não queremos Biden, queremos vingança"; "Nós somos ingovernáveis"; "Um novo mundo a partir das cinzas".[3]

Os jovens de Portland, intoxicados pela revolução e apoiados pelos mais velhos, libertaram-se dos grilhões.

* * * *

Tigard, no Oregon, é uma tranquila cidade suburbana a sudoeste de Portland. A rua principal histórica da cidade é uma mistura de cafeterias, butiques, oficinas de automóveis e restaurantes simples. Historicamente, as disputas políticas da cidade têm se concentrado em questões de zoneamento e uso do solo, com os construtores brigando contra a cidade, os preservacionistas brigando contra os construtores, e os vizinhos brigando entre si – em outras palavras, os padrões políticos típicos de um subúrbio norte-americano próspero e predominantemente branco.

No entanto, os educadores do Tigard-Tualatin School District adotaram completamente a pedagogia radical e a trindade "diversidade, equidade e inclusão" da justiça social.

Em 2020, no auge dos tumultos após a morte de George Floyd, a superintendente de Tigard-Tualatin, Sue Rieke-Smith, e a presidente do conselho, Maureen Wolf, assinaram uma declaração "condenando o racismo e se comprometendo a ser um distrito escolar antirracista". O preâmbulo do documento mencionou os nomes de George Floyd, Breonna Taylor e Ahmaud Arbery, algo que se converteu no rito penitencial em círculos da justiça social e, em seguida, confessou que os "estudantes não brancos do distrito, e os estudantes negros em particular, ainda enfrentam regularmente o racismo em [suas] escolas". Para corrigir essa situação, a superintendente se comprometeu a se tornar "ativamente antirracista", "desmantelar o racismo sistêmico", implantar uma "estrutura coletiva de equidade", consolidar "alicerces de equidade", mobilizar "equipes de equidade" nas escolas, criar "grupos de afinidade estudantis" racialmente segregados e utilizar "uma perspectiva de equidade para todas as futuras adoções curriculares".[4]

No mês seguinte, o distrito anunciou a criação de um novo Departamento de Equidade e Inclusão, e nomeou a ativista de esquerda e pedagoga crítica Zinnia Un como diretora.[5] Rapidamente, Un elaborou um plano para reformular o currículo nas escolas de Tigard-Tualatin. O documento preconizava explicitamente a adoção da "pedagogia do oprimido" de Freire. Seguindo as categorizações de Freire, Un sustentou que o Tigard-Tualatin School District deve passar de um estado de "leitura do mundo" para a fase de "denúncia" contra os inimigos da revolução e, mais à frente, para o estado de "anunciação" das massas libertadas, que começarão a "reescrever o mundo". Para Un, os alvos principais da denúncia não eram o capitalismo e o colonialismo, como eram para Freire, mas o novo conjunto de alvos para o Ocidente moderno: "branquitude", "daltonismo racial", "individualismo" e "meritocracia".[6] Sem dúvida, esses são os valores da sociedade capitalista, mas, em um nível mais profundo, são os valores da sociedade branca, que, para os pedagogos críticos de segunda geração, é o eixo primário da opressão.

Qual é a solução para a branquitude patológica? De acordo com Un e o Tigard-Tualatin School District, a resposta reside na nova forma de "desenvolvimento da identidade branca". Numa série de "recursos antirracistas" fornecidos aos professores, o Departamento de Equidade e Inclusão distribuiu um folheto com estratégias para o "desenvolvimento da identidade branca", destinados a "facilitar o crescimento dos brancos para se tornarem aliados e, mais cedo ou mais tarde, cúmplices, em prol do trabalho antirracista". O processo, formulado na linguagem do desenvolvimento pessoal, parte do pressuposto de que todos os brancos nascem "racistas", mesmo que "não ajam de propósito ou conscientemente de maneira racista". Para transcender esse estado, os estudantes brancos devem reformular suas identidades segundo os ditames da ideologia "antirracista".

O primeiro passo é o "contato", no qual os estudantes brancos são confrontados com "racismo ativo ou experiências do mundo real que destacam sua branquitude". O objetivo é provocar uma ruptura emocional que leva o sujeito para a próxima etapa, a "desintegração", na qual ele sente uma intensa "culpa branca" ou "vergonha branca", acabando por admitir: "Eu me sinto mal por ser branco". Uma vez estabelecidos os ganchos emocionais, o treinamento descreve um processo para levar os estudantes brancos de um estado de "reintegração" para a "pseudoindependência", "imersão" e "autonomia", no qual os brancos podem finalmente atuar como "aliados" para os oprimidos.

Esse é um projeto explicitamente político: nas fases iniciais, o distrito incentiva os estudantes a participar de atividades como "frequentar um treinamento, ingressar em um grupo de aliados, participar de um protesto". Posteriormente, os estudantes brancos são instruídos a analisar sua "supremacia branca velada", promover "conversas difíceis com amigos e familiares brancos sobre o racismo" e utilizar seu "privilégio para apoiar o trabalho antirracista". Na fase final, os instrutores sondam as profundezas da psicologia individual dos estudantes para assegurar que a "branquitude" patológica foi banida de suas psiques. Os estudantes devem responder a várias perguntas para demonstrar seu compromisso derradeiro: "Sua solidariedade faz você perder o sono à noite? Sua solidariedade coloca você em perigo? Sua solidariedade prejudica seus relacionamentos? Sua solidariedade torna você suspeito em relação às instituições predominantemente brancas? Sua solidariedade tem espaço para a raiva negra?".[7]

Não se trata de uma pedagogia da educação; trata-se sim de uma pedagogia da revolução.

O programa de "desenvolvimento de identidade" também segue o processo de doutrinação clássico: persuadir os iniciados de sua culpa fundamental, apresentar uma solução por meio da participação no grupo, manipular as emoções para obter anuência, identificar um bode expiatório amorfo, exigir lealdade total à nova ortodoxia, fazer proselitismo através de círculos pessoais, isolar-se de antigos amigos e de familiares, e manter a solução definitiva fora de alcance.

Uma professora veterana, que pediu para não ser identificada por medo de represálias, afirmou que o novo movimento liderado por Un e o Departamento de Equidade e Inclusão provocou uma "grande mudança" no distrito. O foco passou imediatamente do acadêmico para o político – e a expectativa era de que os funcionários aderissem à nova ideologia. A professora veterana descreveu o curso de aprimoramento profissional que deixou arrasados alguns de seus colegas numa escola vizinha: "Alguns professores choraram de verdade por causa de sua 'branquitude'".[8]

O que leva ao último pilar da nova pedagogia em Tigard-Tualatin: a aplicação. Logo que Zinnia Un assumiu o cargo de diretora de equidade e inclusão, ela formulou uma nova política de "discurso de ódio" concebida para evitar discursos discriminatórios legítimos – e para considerar patológica qualquer oposição política ao novo regime. Num memorando interno enviado aos professores, o distrito traçou uma política clara em que símbolos e opiniões de direita eram proibidos, ao mesmo tempo que símbolos e opiniões de esquerda eram tacitamente incentivados. Como um exemplo, o documento considerou o boné com a inscrição "Make America Great Again" como um "símbolo de ódio ou opressão" e recomendou que os professores explicassem aos alunos que o boné "fazia com que [os estudantes] sentissem medo" e "provocava um distúrbio considerável no ambiente de aprendizagem".[9]

Isso é proposital. O distrito exige que os professores celebrem um movimento político e condenem outro. "Sinto-me quase como se estivesse pisando em ovos. É preciso ter cuidado com o que se diz", a professora veterana afirmou. "Tenho receio de dizer o que penso por medo de perder meu emprego. (...) Ou seja, o que aconteceria se eu dissesse que sou cristã conservadora republicana? Como isso seria recebido? Como isso seria encarado?" Quando questionada sobre como o novo programa de educação político a afetara pessoalmente, sua voz falhou, e ela disse baixinho: "Não quero voltar ao trabalho. Não acredito nisso. Vai contra minha fé religiosa. Está completamente errado. Todos nós somos iguais perante os olhos de Deus. Está completamente errado o modo como estamos educando nossos filhos. Eu não preciso sentir vergonha por causa da cor de minha pele".[10]

* * * *

A cidade de Beaverton nasceu com a chegada da estrada de ferro Oregon Central Rail Road em 1868. Desde então, a pequena comunidade agrícola se transformou num subúrbio movimentado e próspero. Os funcionários da Nike enfrentam o trajeto até a sede corporativa da empresa na avenida Southwest Murray com dificuldade, assim como os funcionários dos laboratórios de pesquisa da Intel em Hillsboro, próximo dali. Tal como Tigard, que faz divisa com a cidade ao sul, Beaverton é uma comunidade predominantemente branca e asiático-americana. Apenas 2% da população da cidade é negra.[11]

Beaverton divide outra semelhança importante com Tigard: suas escolas públicas foram dominadas pelo pânico racial após a morte de George Floyd. Seguindo as mesmas teorias educacionais do distrito de Tigard, os professores de Beaverton elaboraram e começaram a implantar um novo currículo para todos os níveis de ensino, começando no jardim de infância. A linguagem geral para esses currículos pareceu inofensiva – "diversidade", "empoderamento", "transformação", "ensino culturalmente responsivo" –, e a maioria dos pais, atarefados com os compromissos do dia a dia, normalmente daria uma olhada no currículo na noite da reunião de pais e professores e se esqueceria dele.

Em 2020, no entanto, muitos pais acompanhavam mais de perto a educação dos filhos por causa dos *lockdowns* provocados pelo coronavírus e das condições do ensino a distância. E descobriram que o currículo revelava seu radicalismo nos detalhes.

Uma família, que havia se mudado para Beaverton em parte devido às escolas públicas muito bem conceituadas da cidade, juntou uma pasta com as aulas dadas ao filho da terceira série. O módulo de estudos sociais sobre raça começou de forma inocente: a professora pediu aos alunos de oito e nove anos para refletirem sobre sua "cultura e identidade" e se juntarem a ela para "celebrar a diversidade", junto com imagens de um mapa-múndi e desenhos de crianças sorridentes. No entanto, as aulas subsequentes se tornaram mais críticas. A professora explicou aos alunos que "raça é um constructo social" criado por elites brancas, que usam essas categorias "para manter o poder e o controle de um grupo em detrimento de outro". Isso, a professora disse, é "racismo", que "pode determinar experiências da vida real, inspirar ódio e ter um impacto negativo importante na vida dos negros".

O módulo seguinte se concentrou no "racismo sistêmico" e na história dos Estados Unidos. A professora disse aos alunos que o racismo "contamina a própria estrutura de nossa sociedade", incluindo "riqueza, emprego, educação, justiça criminal, moradia, vigilância e saúde pública". Para acompanhar o módulo, a professora incluiu um vídeo em que o apresentador acusava diretamente as crianças de serem racistas: "Nossa sociedade promove o racismo. Ela promove o racismo desde que nascemos. Claro que vocês são racistas. A ideia segundo a qual de algum modo esse conjunto de ideias atingiu a todos, exceto vocês, é um pensamento mágico e não serve para nada". Em seguida, o apresentador disse aos alunos que, se não se convertessem à causa, eles "confirmariam o *status quo* de certos grupos tendo recursos, acesso e oportunidades, e outros grupos sendo literalmente mortos".

Os módulos finais apresentaram a solução: os alunos deviam adotar os princípios da "revolução", "resistência" e "libertação". A professora introduziu esses princípios por meio de várias fotografias de ativistas infantis, o punho erguido do Black Power e as manifestações do movimento Black Lives Matter, além de cartazes de protesto com palavras de ordem como "Silêncio branco = Cumplicidade", "Vidas negras > Propriedade", "AmeriKKKa" e "Parem de nos matar". Segundo o currículo, o objetivo era que os alunos se tornassem "agentes da mudança" e "antirracistas em todos os aspectos das [suas] vidas". Eles deviam lutar ativamente contra a "supremacia branca, a cultura dominada por brancos e as instituições desiguais"; caso contrário, estariam defendendo essas perversidades. Na aula final, o currículo instruía os alunos do terceiro ano a "realizar o trabalho interior para descobrir uma maneira de reconhecer como se dá sua participação nos sistemas opressores", "realizar o trabalho externo e descobrir como mudar os sistemas opressores" e "aprender a ouvir e aceitar críticas com cortesia, mesmo que seja incômodo".[12]

As famílias que tomaram conhecimento do currículo ficaram indignadas.

Uma mãe, que emigrou do Irã para os Estados Unidos, afirmou que as aulas eram "totalmente inaceitáveis" e lembravam a doutrinação política na República Islâmica. "Eu me mudei para cá porque aqui são os Estados Unidos, por causa dos direitos e das oportunidades que temos. E este não é o destino que desejo para meu país", ela explicou. Quando indagada sobre sua infância no Irã, ela começou a chorar. "Lembro-me de que tínhamos que nos reunir de manhã no pátio da escola e entoar 'Morte à América'. Eu pensava 'Não quero recitar isso. Tenho tios e tias nos Estados Unidos. Não quero que eles morram.'"

Sem demora, seu marido enviou uma carta ao Beaverton School District, criticando o currículo por "apresentar material racista sob o disfarce de 'antirracismo'". Ele disse que o distrito vinha tentando esconder o conteúdo do curso das famílias. "Eles estão tentando doutrinar as crianças", ele afirmou. "E vêm fazendo isso de maneira muito cuidadosa e aos poucos." Para ele, a intenção final da nova pedagogia era colocar a criança contra os pais. Após o início do curso, seu filho ficou dividido entre o que era dito pela escola e o que era dito pela família, e de vez em quando chorava por causa da confusão. "Pouco a pouco, eles estão minando as defesas das crianças, minando as defesas dos pais e criando pequenos guerreiros da justiça social", o pai afirmou. "Eles estão tentando deixar as crianças excessivamente empáticas e emocionais a fim de torná-las mais receptivas a (...) algum tipo de revolução."

Finalmente, a mãe e o pai decidiram retirar o filho do curso de estudos sociais e fizeram planos para transferi-lo para outra escola no ano seguinte. Embora tenham temporariamente conseguido optar pela saída do curso, eles temiam que, deixada sem controle, a campanha para transformar as crianças em uma "espada apontada para a revolução" poderia levar a consequências sociais mais amplas.

A mãe assinalou que, inicialmente, muitos iranianos apoiaram a Revolução Islâmica em 1979 para depor o xá e marcar o início de um mundo melhor, mas só para ficarem profundamente desapontados. Os revolucionários prometeram uma nova utopia, mas acabaram transformando o país numa tirania brutal. "Os cidadãos não têm nenhum direito", ela disse. "[Os revolucionários] enforcam pessoas nas ruas. Eles desaparecem com elas. Não só com elas, mas com suas famílias, que são torturadas durante meses em prisões políticas, e depois, mortas."

E, para ela, isso poderia acontecer nos Estados Unidos. "Estou combatendo isso na escola e até em meu trabalho, porque vejo este país seguindo esse caminho."[13]

Infelizmente, o tipo de ensino em Beaverton não é mais a exceção no estado do Oregon – rapidamente, ele está se tornando a regra. Em 2017, os legisladores estaduais aprovaram um projeto de lei que reformulou o currículo do Oregon e implantou um curso obrigatório de "estudos étnicos" que reflete a ortodoxia racial emergente,[14] que, na linguagem da Critical Ethnic Studies Association, promete desconstruir, desmantelar, abolir, erradicar, resistir e suspender os elementos constituintes da ordem liberal.[15]

De acordo com as versões preliminares dos novos padrões curriculares do estado do Oregon, as crianças do jardim de infância serão obrigadas a aprender a "diferença entre propriedade pública e privada" de bens e capital, e "desenvolver a compreensão da formação identitária relacionada ao eu, à família, à comunidade, ao gênero e à deficiência".

Na primeira série, elas aprenderão a "definir equidade, igualdade e sistemas de poder", "examinar a construção social no que se refere à raça, afiliação étnica, gênero, deficiências e orientação sexual" e "descrever como características individuais e grupais são usadas para dividir, unir e classificar grupos raciais, étnicos e sociais". Na terceira, quarta e quinta séries, os alunos aprenderão a desconstruir a Constituição norte-americana, identificar "sistemas de poder, incluindo supremacia branca, racismo institucional, hierarquia racial e opressão", e "examinar as consequências do poder e dos privilégios em questões associadas com pobreza, renda e acumulação de riqueza".

Se o currículo do primeiro ciclo do ensino fundamental estabelece a premissa – os Estados Unidos são o grande opressor –, o currículo do segundo ciclo do ensino fundamental e o currículo do ensino médio proporcionam a conclusão. Os padrões de aprendizagem parecem um velho panfleto de esquerda. Os alunos devem internalizar os princípios de "subversão, resistência, desafio e perseverança" baseados na raça. Eles devem lutar contra a "opressão estrutural e sistêmica" do capitalismo, da autoridade, da religião e do governo. Eles também devem se comprometer com a "busca da justiça social".[16]

Como deixam bem claro os documentos internos do Departamento de Educação do Oregon, o objetivo dos estudos étnicos não é o resultado acadêmico, mas a "mudança social"[17] – a educação é o meio, a política é o fim.

*   *   *   *

Se as cidades de Tigard e Beaverton representam as categorias de teoria e práxis, a cidade de Portland representa a conclusão delas: poder.

Nos últimos anos, Portland emergiu como o principal centro dos movimentos radicais de esquerda dos Estados Unidos. A rede pouco rígida da cidade composta por grupos marxistas, anarquistas e antifascistas transformou o tumulto de rua numa forma de arte. Após a morte de George Floyd, os radicais de Portland atacaram policiais e cercaram prédios federais por mais de 100 noites consecutivas; eles se armaram com pedras, garrafas, escudos, facas, armas de fogo, tijolos, *lasers*, tábuas, explosivos, gasolina, barricadas, fitas com pregos para furar pneus, socos-ingleses e coquetéis molotov.[18] Após o caos, muitas empresas localizadas no centro da cidade fecharam as portas, e as companhias de seguro começaram a aumentar os custos das apólices ou a se recusar a emitir apólices por causa do risco contínuo de destruição de propriedades.[19]

A mesma filosofia que inspira os radicais de rua também inspira os burocratas do Portland Public Schools, que institucionalizaram a filosofia da justiça social e incorporaram o ativismo político em todos os aspectos do sistema educacional. Nos últimos anos, os administradores se comprometeram a tornar o "antirracismo" a estrela-guia do distrito, com a promessa de forjar "um sistema educacional que intencionalmente abala – e forma líderes para abalar – os sistemas de opressão". O superintendente reorganizou a burocracia em torno desses objetivos, contratando um novo czar de equidade e anunciando um "Plano Quinquenal de Equidade Racial", que promete uma sequência estonteante de acrônimos e bordões acadêmicos como "interseccionalidade" e "universalismo direcionado".[20]

Não se pode subestimar o quão profundamente a ideologia política de esquerda tem sido enraizada em todos os aspectos do sistema de escolas públicas de Portland.

Para uma professora veterana do ensino fundamental, que se descreve como uma liberal de longa data, a "jornada antirracista" do distrito começou com boas intenções uma década atrás, mas ao longo do tempo, tornou-se um dogma sufocante. Atualmente, essa professora deve se submeter a cursos de antirracismo obrigatórios todas as semanas e seguir a posição oficial em todo seu magistério e em seus comunicados. Ela revelou:

> Desde o início, disseram-nos que não poderíamos questionar [o programa de antirracismo]. Telefonei para o departamento de recursos humanos e perguntei se eu precisava declarar que acredito nisso e se eu tinha que lecionar dessa perspectiva. E me disseram que eu precisava entender, que precisava saber tudo sobre isso, [e] que provavelmente perderia meu emprego se meu diretor estivesse muito comprometido em garantir que eu usasse esse enfoque ao lecionar.

Numa sessão de antirracismo, essa professora foi obrigada a participar de um exercício intitulado "linha de opressão". Os instrutores formaram uma fila de educadores e, gritando, enumeraram várias injustiças – racismo, sexismo, homofobia etc. Então, pediram aos professores que eram vítimas desses males para darem um passo à frente. Em seguida, o recinto foi dividido entre os opressores e os oprimidos, com homens e mulheres brancos heterossexuais forçados a ajustar contas com sua identidade como opressores. Segundo a professora, o objetivo era consolidar o poder ideológico e intimidar os professores brancos a se renderem por meio da culpa coletiva e do medo de serem rotulados como racistas.

Para a professora, o curso de antirracismo "foi o instrumento de ataque", mas o objetivo final é o "desmantelamento da cultura ocidental" e o prenúncio de uma nova utopia esquerdista. "Tenho certeza de que é exatamente o que eles querem", a professora disse. "E desmantelar significa simplesmente desmontar até que não haja mais nada para sustentá-la, e então eles poderão substituí-la."[21]

No momento atual, a ideologia do "antirracismo" impregnou todos os departamentos do distrito.

Mesmo os educadores do curso de inglês como segunda língua começaram a ensinar os princípios da pedagogia crítica para imigrantes e refugiados. De acordo com documentos internos, os professores desse curso são instruídos a desenvolver "contranarrativas" à cultura norte-americana dominante e concentrar seu ensino na "defesa da equidade racial para estudantes emergentes bilíngues e multilíngues". Como parte do currículo, eles são solicitados a ensinar aos imigrantes que "o racismo nos Estados Unidos é generalizado e atua como o ar que respiramos" e que "as conquistas dos direitos civis para as pessoas não brancas devem ser interpretadas com entusiasmo moderado".

A fim de combater a influência perniciosa de sua própria "Branquitude", o distrito recomenda que os professores adotem uma série de afirmações, começando com "conhecer a mim mesmo como um ser racial" e então "[desconstruir] a Presença e o Papel da Branquitude em minha vida e [identificar] maneiras de desafiar minha Branquitude". Finalmente, após se livrar de suas limitações raciais, os professores podem iniciar o trabalho de "interromper o racismo institucional" e "a perpetuação da Supremacia Branca".[22]

Esta é uma decisão curricular desconcertante. Portland possui uma substancial população de imigrantes e refugiados de países como Somália, Etiópia, Eritreia, Guatemala e El Salvador. Essas famílias escaparam de algumas das condições mais horripilantes do mundo, incluindo guerra civil, genocídio, fome e pobreza extrema. A cidade de Portland não é perfeita, mas é com certeza, em comparação, um refúgio de paz e oportunidade para os estrangeiros. No entanto, as escolas de Portland estão empenhadas em ensinar aos filhos dos imigrantes e refugiados que eles devem destruir o próprio país que lhes propiciou um porto seguro.

Como esse regime de formação de professores se traduz na sala de aula? De todas as maneiras que se poderia esperar.

Nas escolas de ensino fundamental de Forest Park, Whitman e Marysville, uma professora chamada Sarita Flores, que coordena o curso de tecnologia da informação, assumiu o papel de uma inquisidora política. Segundo os documentos internos vazados e relatos de denunciantes, Flores mantém sessões semanais de "antirracismo" nas quais os professores brancos são solicitados a permanecer em silêncio, "honrar os sentimentos dos BIPOC" e "dar espaço para os educadores BIPOC e aumentar a quantidade deles". Numa série de apresentações semelhantes a uma sessão de luta[23] do século XX, Flores instrui os professores a "aprofundar [sua] análise política sobre o racismo e a opressão" e "começar a cura com pedidos de desculpas públicas acerca do [seu] racismo, e depois a voltar a se desculpar por meio de uma auditoria com uma abordagem antirracista".[24]

Durante uma dessas sessões, segundo um denunciante, Flores acusou uma de suas colegas brancas do sexo feminino, gritando "você me faz sentir insegura, você me faz sentir insegura" repetidas vezes por 90 segundos.[25]

Para Flores e outros docentes da ala da justiça social do Portland Public Schools, a revolução é a única solução. Numa apresentação para os professores, Flores afirmou que "um educador em um sistema de opressão é um revolucionário ou um opressor". Numa pasta hospedada no site do distrito, Flores compartilhou uma ilustração com os professores que justificava a violência política contínua em Portland: "A causa básica de todo tumulto é algum tipo de opressão. Se quisermos acabar com os tumultos, vamos precisar acabar com a opressão. Se quisermos acabar com um tumulto sem acabar com sua causa básica, a agenda não terá a ver com paz e justiça – terá a ver com silenciamento e controle".

A mensagem de Flores para os alunos era semelhante. Numa série de aulas em vídeo ministradas a seus alunos do ensino fundamental, Flores declarou que "os negros eram usados como escravos nos Estados Unidos" e, portanto, os alunos deviam se tornar "combatentes pela justiça". No auge dos protestos em Portland, Flores veiculou outra aula em vídeo dizendo às crianças que "protestar é quando as pessoas seguram cartazes e fazem passeatas pela justiça. Vocês treinaram para este momento o ano todo: a luta pela justiça".[26]

No ensino médio, a instrução básica sobre "cor da pele" e "combatentes pela justiça" se transforma em formação ideológica avançada e protestos de rua em tempo real. O currículo está repleto de pedagogia crítica. Na Lincoln High, escola pública abastada, com apenas 1% de estudantes negros matriculados, alguns alunos têm dois anos completos de "estudos críticos da raça". O curso, ministrado por Jessica Mallare-Best, começa com formação em identidade racial, supremacia branca, racismo institucional e capacitação racial, com o objetivo de fornecer "métodos nos quais os alunos possam começar a ser ativistas e aliados em prol da mudança". Na segunda série, os alunos dedicam dois semestres ao estudo de "fragilidade branca", "branquitude como propriedade", "a permanência do racismo", "organização coletiva" e "ser um ativista", a fim de se prepararem para "contribuir com o desmantelamento da supremacia branca".[27]

O próximo passo é óbvio. O abstrato se torna concreto. A teoria leva à ação. Os alunos, engajados na lógica da revolução racial, saem da sala de aula e vão para as ruas.

Isso aconteceu na cidade toda. Na Escola de Primeiro Ciclo do Ensino Fundamental Sabin, crianças de apenas cinco anos realizaram um protesto simulado e ergueram os punhos na tradição do Black Power ao lado de seus professores.[28] Na Escola do Segundo Ciclo do Ensino Fundamental Ockley Green, a "abolicionista da polícia" Teressa Raiford realizou uma assembleia sobre justiça social e conduziu centenas de estudantes para as ruas para efetuar um protesto no meio de um cruzamento sem a permissão dos pais e sem notificá-los.[29]

Nos tumultos após a morte de George Floyd, esses protestos liderados por professores e alunos se intensificaram. Os alunos do segundo ciclo do ensino fundamental da zona nordeste de Portland realizaram uma passeata pública em defesa do corte de verbas da polícia.[30] Os estudantes do ensino médio da zona sudoeste de Portland fizeram passeatas pela região exigindo que os moradores brancos pagassem "indenizações" para as pessoas negras. Outras escolas realizaram comícios, passeatas, protestos e campanhas de ativismo simulados, tudo em favor da ideologia oficial do distrito.[31]

A meta da pedagogia crítica fora alcançada: os alunos haviam atingido a "consciência crítica" e estavam prontos para levar sua revolta para o mundo.

* * * *

A consequência do programa educacional de Portland é sombria: a violência política. No longo verão dos tumultos após a morte de George Floyd, os estudantes e os professores da área de Portland se envolveram em distúrbios, vandalismo e destruição generalizados.

O Youth Liberation Front (YLF), criado por adolescentes e que recrutou a maioria de seus membros nas escolas do ensino médio da área de Portland, foi um dos grupos mais ativos e violentos da cidade. Os líderes do movimento dividiram o grupo em células autônomas para evitar a infiltração por parte da polícia e armaram seus membros com escudos, armas de fogo, máscaras contra gás e explosivos. Após a morte de George Floyd, o grupo organizou uma greve dos estudantes do ensino médio e depois participou de tumultos por mais de três meses seguidos. "Nós somos um bando de adolescentes armados com transtorno do déficit de atenção com hiperatividade e erva-mate", eles declararam nas redes sociais. "Podemos suportar um ataque às cinco da manhã e nos recuperarmos completamente apenas algumas horas depois. Voltaremos repetidas vezes até que cada prisão seja reduzida a cinzas e cada muro seja transformado em ruínas."[32]

Durante o verão, o YLF conduziu uma revolta juvenil que abalou a cidade. As autoridades policiais da área de Portland prenderam dezenas de menores de idade e jovens adultos por crimes relacionados a protestos, incluindo tumultos, arrombamentos, destruição de propriedades, arremesso de pedras e garrafas contra policiais, exibição de uma pistola de brinquedo para uma multidão, incêndio na sede do sindicato da polícia e pisoteamento de um homem inconsciente.[33]

Os professores de Portland também se envolveram no caos. No mesmo período, a polícia prendeu pelo menos cinco professores por crimes relacionados a protestos, incluindo tumulto grave, conduta desordeira, obstrução à ação policial e agressão a um agente federal. Todos, exceto um professor, foram libertados imediatamente sem pagamento de fiança,[34] e pelo menos dois professores do Portland Public Schools ainda estavam empregados pelo distrito um ano depois.[35]

Nada disso deveria causar surpresa. Durante anos, os administradores, os professores e os líderes políticos de Portland brincaram com fogo. Eles encheram a cabeça dos jovens com visões tenebrosas dos Estados Unidos e prometeram a plenitude por meio da revolução. Porém, como a destruição após a morte de George Floyd revelou, essa revolução era desprovida de valores positivos. Foi prometido aos jovens soldados de Portland "um novo mundo a partir das cinzas", mas o resultado real, se conseguissem o que queriam, seria um mundo de ruínas – frio, vazio e devastado.

É difícil não enxergar isso como um jogo cínico: professores e administradores, abrigados na burocracia pública e protegidos pela confiança do público, participam de um teatro absurdo do marxismo cultural, contando histórias sobre "a pedagogia dos oprimidos" para seus alunos privilegiados, moradores de subúrbios e predominantemente brancos. No entanto, apesar de toda a conversa acerca de "libertação" e "consciência crítica", eles estão, na verdade, condenando esses jovens a uma visão de mundo extremamente pessimista, na qual o racismo e a opressão permearam todas as instituições, sem outra opção a não ser a violência.

Em Portland, as instituições governamentais alcançaram o estranho paradoxo no qual o Estado, por meio dos órgãos educacionais, está incitando sua própria destruição. Elas condenaram toda a estrutura da ordem social e enalteceram as figuras que as arrasariam. Podem conseguir o que desejam, mas não da maneira que imaginam. Como os historiadores alertaram desde tempos imemoriais, a democracia pode facilmente degenerar em oclocracia, o que ocorre quando o povo perde a fé no sistema governante e no Estado de Direito. O resultado não é a utopia, mas a anarquia.

Em Portland, as instituições governamentais estão moldando o caráter dos jovens nesse regime de desordem e podem não conseguir suportar as consequências quando a história virar. Quando os manifestantes da cidade gritam "De quem são as ruas? Elas são nossas!" em pergunta e resposta, devemos prestar atenção a eles – e ter cuidado com o que está por vir.

PARTE IV
Poder

CAPÍTULO 14

DERRICK BELL

O profeta do pessimismo racial

Derrick Bell continuou sendo um pessimista até o fim amargo. Ele ascendera de origens humildes para se tornar o primeiro professor negro da Escola de Direito de Harvard. Publicara livros de grande sucesso e ganhara elogios da mídia nacional. Além disso, havia sido mentor de um jovem e promissor estudante chamado Barack Obama, que tempos depois conquistaria a presidência dos Estados Unidos.

Porém, em 2010, um ano antes de sua morte por tumor carcinoide, Bell reafirmou seu princípio básico: o progresso era uma ilusão, um mito, uma falsa esperança. "Barack é um político brilhante, um homem muito inteligente, fez uma grande campanha", ele disse. Porém, o motivo pelo qual os brancos votaram nele não foi para curar as feridas do racismo, mas para assegurar seus próprios interesses mediante um cálculo político cínico. Bell não viu a eleição do primeiro presidente negro dos Estados Unidos como um momento transcendente, mas como mais um caminho para a eterna recorrência do racismo norte-americano. "Não estamos agora na era pós-racismo, mas sim numa era na qual o racismo foi ressuscitado", ele afirmou. "A verdade é que ainda vivemos numa sociedade racista."[1]

Derrick Bell era um radical, mas não um radical nos moldes tradicionais. Ele era um acadêmico afável, que usava óculos de armação preta muito grandes e ternos de lã impecáveis. Apresentava um comportamento tranquilo nos tribunais e havia escrito um denso e volumoso livro de casos jurídicos intitulado *Race, Racism, and American Law*.[2] Ao mesmo tempo, ele estava intimamente ligado ao meio radical de esquerda: Bell oferecera apoio jurídico a Angela Davis em seu julgamento por assassinato, estudara a pedagogia crítica de Paulo Freire e mantivera um relacionamento próximo com membros do Partido dos Panteras Negras, como Kathleen Cleaver, mulher de Eldridge Cleaver.

Porém, ele vinha adotando uma postura diferente em relação a seus contemporâneos: Bell percebera as limitações da virada militante da esquerda na década de 1970 e queria levar a luta das ruas para as salas dos professores universitários. O lumpesinato negro havia revelado a impotência derradeira da revolução ao estilo do Terceiro Mundo. Para Bell, o estratagema superior era racionalizar essas ideias e levá-las às instituições de elite.

Nessa tarefa, Bell era um mestre. Ele possuía uma visão estratégica brilhante e um magnetismo pessoal surpreendente. Em sua longa carreira em Harvard, Bell cultivou um grupo de jovens intelectuais sob sua orientação – estudantes de direito que viriam a criar a disciplina de teoria crítica da raça – e os estimulou a desafiar as instituições de dentro para fora. Em seu ativismo pessoal, ele manipulou com habilidade a lógica da ação afirmativa e o sentimento de culpa branca a fim de alcançar seus objetivos políticos no âmbito da academia. E, sobretudo, elaborou uma ampla teoria do pessimismo racial que se tornou o tom dominante da ideologia racialista de esquerda, passando da retórica da revolução marxista-leninista para a retórica do ressentimento das elites.

Não é exagero dizer que Derrick Bell preparou o terreno para a política racial de nosso tempo. Por intermédio de uma combinação de escrita jurídica e criativa, Bell reformulou a história norte-americana sob uma luz sinistra. Ele sustentou que Washington, Jefferson e Lincoln eram os autores cínicos de uma "história escravocrata da Constituição",[3] que "o racismo é um elemento integrante, permanente e indestrutível desta sociedade",[4] e que o regime contemporâneo de igualdade daltônica era, na verdade, uma nova e insidiosa forma de racismo "mais opressora do que nunca".[5]

Nas histórias de ficção de Bell, que lhe permitiam transgredir as expectativas corteses com distância razoável entre seus personagens e suas opiniões pessoais, ele enchia suas páginas com rancor e paranoia. Em sua opinião, a sociedade branca alimentava os negros com mitos, símbolos e um feriado nacional, mas nunca lhes proporcionava um reconhecimento verdadeiro. Em seu livro mais conhecido, *Faces at the Bottom of the Well*, as histórias apresentavam "tipos paramilitares de extrema direita"[6] caçando negros nas matas e suscitavam a possibilidade de que os brancos talvez exterminassem seus compatriotas de pele escura em um "holocausto negro".[7] Nas fantasias de Bell, os brancos negociavam os negros com extraterrestres, assassinavam todos os funcionários negros em Harvard e pagavam taxas de licença para exercer discriminação explícita. Bell acreditava que o progresso era uma ilusão, e dizia a seus leitores, sem rodeios: "Os negros nunca conquistarão igualdade plena neste país".[8]

No entanto, apesar dessa postura de fatalismo, Bell também exibiu um método para alcançar o poder. Ele organizou protestos, greves e denúncias. Seu grupo de estudantes ativistas se envolveu em campanhas de pressão sob a bandeira da "diversidade". Bell constrangeu colegas em público e anunciou sua intenção de renunciar na imprensa nacional.

Bell não era um revolucionário ao estilo de Huey Newton, mas algo muito mais perigoso: um ator institucional que sabia como usar a política racial para manipular a burocracia. Suas realizações mais duradouras tiveram como base seus escritos, mas se tornaram realidade por intermédio de seus alunos, que amalgamaram seus pressupostos raciais com uma demanda substancial para desconstruir a ordem constitucional. Esses alunos, que se autodenominavam "teóricos críticos da raça", atacariam agressivamente os princípios fundamentais do país, defendendo o desmantelamento da igualdade daltônica, a limitação da liberdade de expressão, a substituição dos direitos individuais por direitos baseados em identidade de grupos e a suspensão dos direitos de propriedade privada em favor da redistribuição racial.[9]

Bell não era um marxista dogmático – ele admitiu que nunca teve tempo para ler os textos originais de Marx[10] –, mas seus alunos complementaram a educação jurídica deles com uma mistura de teoria crítica, pós-modernismo, nacionalismo negro e ideologia marxista.[11] E seguindo a estratégia de seu mestre Bell, os estudantes ativistas, convertidos em teóricos críticos da raça, aprimoraram seus currículos com o intuito de influenciar a elite, e não de promover uma rebelião violenta. Eles não queriam fabricar bombas e detoná-las no Capitólio ou assassinar policiais. Eles queriam sim criar uma base teórica para solapar o regime norte-americano como um todo, vinculando suas ideias ao verdadeiro poder administrativo no governo, na educação e no direito.

Atualmente, pouco mais de uma década após a morte de Bell, a ofensiva-relâmpago de seus alunos através das instituições foi bem-sucedida. A teoria crítica da raça, seja pelo nome ou por meio do eufemismo de "diversidade, equidade e inclusão", tornou-se a ideologia padrão das universidades, do governo federal, das escolas públicas e do departamento de recursos humanos corporativo. Trata-se de um golpe impressionante que começou com a visão de um homem brilhante, mas problemático.

*   *   *   *

As raízes do pessimismo de Derrick Bell Jr. foram plantadas nos argilitos de Pittsburgh, na Pensilvânia. Seu pai nasceu no meio das plantações de algodão e amendoim do Alabama, abandonou a escola na sexta série e emigrou para o Norte para trabalhar nas usinas siderúrgicas. A família sobreviveu à Grande Depressão, e Derrick pai acabou conseguindo um emprego como carregador numa loja de departamentos, onde ganhava respeitáveis 19 dólares por semana. Seu filho, Derrick Jr., era pequeno, estudioso e tímido. As crianças negras do bairro o aterrorizavam e o perseguiam pelas ruas. "Eu era muito pequeno e não sabia brigar", Bell lembrou.[12]

Então, a sorte da família mudou. Derrick pai apostou na loteria e ganhou uma quantia inesperada de 700 dólares. Ada, sua esposa, insistiu que a família investisse o dinheiro na compra de uma casa de três quartos numa parte predominantemente branca do Hill District da cidade, e assim foi feito. Derrick pai se orgulhava de sua propriedade – a família tinha uma vista de toda a cidade pela janela dos fundos – e do fato de ganhar o suficiente para que sua mulher pudesse ficar em casa cuidando das crianças.[13]

A partir do segundo ciclo do ensino fundamental, Derrick Jr. começou a entregar jornais, atendendo às residências da classe trabalhadora qualificada negra do bairro. Ele testemunhou um quadro notável de sucesso negro – médicos, pastores, homens de negócios, advogados e juízes –, apesar do vergonhoso sistema de segregação racial.

Dois homens ao longo da rota de Bell de entrega de jornais, o juiz Homer Brown e o advogado Everett Utterback, perceberam uma inteligência inquieta no garoto e o encorajaram a pensar na possibilidade de uma carreira no direito. "[Eles] praticamente me adotaram. Eles me convidavam para tomar chá e para visitá-los nos feriados. Além disso, estavam sempre dispostos a dar conselhos que, em resumo, me faziam entender que 'nós conseguimos e você também pode'", Bell escreveu.[14] Era uma época de subordinação racial inconcebível, mas Bell vira a possibilidade de dignidade e esperança para o futuro. "Minha família desfrutou do que, pelos padrões dos negros, era uma vida de classe média", ele recordou. "Meus pais incentivaram e arcaram com minha educação universitária, bem como a de meu irmão e minhas duas irmãs."[15]

Embora ele descreva seus vizinhos brancos no Hill como amigáveis e respeitosos, havia uma corrente subjacente de tensão racial na casa de Bell. Derrick pai, que crescera nas áreas rurais isoladas do Sul Profundo e enfrentara a crueldade do racismo branco – certa vez ele foi açoitado, machucado e humilhado por um grupo de adolescentes brancos na feira do condado –, ensinou ao filho a manter uma desconfiança compreensível em relação aos brancos. "Meus pais não odiavam os brancos. Eles simplesmente lidavam de modo realista com as questões raciais tal como as encontravam", Bell escreveu anos depois. "Meu pai costumava citar um repertório mental de afirmações raciais. Por exemplo: 'Filho, você precisa trabalhar muito porque os brancos estão planejando e maquinando enquanto nós, negros, estamos comendo e dormindo.'" Derrick pai deu autorização ao filho para convidar brancos para sua casa, mas: "Quanto a mim, eu nunca confiei neles".[16]

Ao mesmo tempo, Derrick pai ensinou seu filho a ser forte. Quando trabalhou como carregador e, mais tarde, fundou uma empresa de gestão de caminhões de coleta de lixo, o pai de Bell sempre exigiu o respeito dos brancos – e eles o tratavam com respeito. Como contou a seu filho, depois de ser açoitado pelos adolescentes brancos na feira do condado, ele os encontrou num trecho deserto da estrada e os espancou até deixá-los caídos no chão.

À medida que se tornava adulto, Bell Jr. alcançava um sucesso imenso. Ele obteve um diploma de graduação na Universidade Duquesne, serviu um período na Força Aérea dos Estados Unidos e, em 1954, seguindo o incentivo dos advogados negros de sua antiga rota de entrega de jornais, matriculou-se na Faculdade de Direito da Universidade de Pittsburgh. Foi um ano promissor para as expectativas dos negros. A Suprema Corte havia declarado inconstitucional a segregação racial nas escolas públicas, e o movimento pelos direitos civis começava a proporcionar vitórias significativas. Bell, o único estudante negro na Faculdade de Direito, por meio de seu envolvimento com as organizações da área de direitos civis, conheceu as maiores personalidades jurídicas negras da época: Charles Houston, Thurgood Marshall e William Hastie.

Após a formatura, ele conseguiu um emprego no Departamento de Justiça, depois na NAACP em Pittsburgh e, por fim, no escritório central da NAACP na cidade de Nova York. Na época, o sentimento era de otimismo total. Hastie, o primeiro juiz federal negro dos Estados Unidos, disse ao jovem Bell que seu interesse em legislação de direitos civis era admirável, mas que ele "nasceu 15 anos atrasado para seguir uma carreira na área de direitos civis" – em outras palavras, a luta pela igualdade racial estava quase ganha.[17]

Mesmo assim, Bell se entregou ao trabalho relacionado aos direitos civis com coragem e entusiasmo.

Entre 1960 e 1966, ele supervisionou ou litigou quase 300 casos de integração escolar no Sul Profundo.[18] Ele escreveu:

> No início da década de 1960, duvido que eu tenha sido o único advogado na área de direitos civis que se via como a contraparte do Cavaleiro Solitário carregando uma pasta. Nós voávamos para algumas cidades do Sul, preparávamos nossas audiências com advogados locais e falávamos destemidamente em tribunais muitas vezes repletos de brancos hostis de um lado e de negros esperançosos do outro. Independentemente dos resultados, éramos os heróis de nossos clientes negros e de seus amigos e apoiadores. "Advogado, você enfrentou mesmo aqueles racistas", eles nos diziam com admiração. Acreditávamos que estávamos derrubando as barreiras legais da segregação racial e abrindo um novo e amplo caminho rumo à liberdade e à justiça.[19]

Bell prosseguia nesse trabalho, quando se casou e constituiu família, que, devido ao ritmo frenético do escritório e das viagens, ele ocasionalmente negligenciava.[20] Porém, Bell acreditava que servia a maior, talvez a mais importante, causa de seu tempo. E, segundo a opinião geral, ele era um advogado extraordinário. Nos tribunais, Bell defendeu James Meredith, que se tornaria o primeiro estudante negro na Universidade do Mississípi, e percorreu os condados rurais ajudando os negros locais a lutar pela integração escolar.

No verão de 1964, o *New York Times* enviou um repórter para cobrir a campanha de Bell em prol da integração escolar. Ele tinha uma tarefa difícil diante de si. Os moradores brancos estavam ocupados alterando as linhas limítrofes, mudando o zoneamento dos distritos escolares e molestando as famílias negras locais a fim de solapar o esforço de dessegregação. Bell declarou ao repórter que os moradores negros do Condado de Leake, no Mississípi, enfrentavam ameaças de violência, despejo e ruína econômica, e estavam com medo. No entanto, uma família reuniu coragem para matricular a filha de seis anos numa escola que antes era exclusivamente branca. O próprio Bell veio de Nova York, colocou a menina sob sua proteção e a acompanhou até a escola no primeiro dia de aula, sob a guarda de 50 policiais, 18 delegados federais e nove agentes do FBI.[21]

No tribunal, apesar da desconfiança e da hostilidade cabal de muitos juízes, Bell provou ser um litigante persuasivo. Ao longo do verão, ele conquistou uma série de vitórias em Clarksdale, Biloxi e Jackson. As manchetes do *New York Times* captaram o espírito do momento: "Escola rural do Mississípi aceita a matrícula de uma menina negra sob forte vigilância";[22] "Escolas do ensino fundamental no Mississípi estão integradas";[23] "Integração ordenada por juiz federal que deplora o fato".[24] O Mississípi fora o último baluarte da dessegregação, e Bell, a criança precoce de Pittsburgh, ajudou a forçar o estado a obedecer.

Foi um triunfo memorável. O movimento pelos direitos civis estava mudando o regime jurídico nos Estados Unidos, até na extensa região algodoeira do Delta do Mississípi. Havia um senso de otimismo que impregnou toda a literatura da época. Em 1954, a Suprema Corte decidiu pela inconstitucionalidade da segregação racial nas escolas públicas ao julgar o caso *Brown vs. Board of Education*, e em 1964 e 1965, respectivamente, o Poder Legislativo aprovou a Lei dos Direitos Civis e a Lei dos Direitos de Voto. Figuras como William Hastie acreditavam que a igualdade jurídica era o fim de um longo caminho – uma vez que os negros tivessem alcançado a cidadania plena, finalmente chegariam à Terra Prometida.

Contudo, isso acabou se revelando uma falsa esperança. Conforme a década de 1960 chegava ao fim, muitos ativistas constatavam aos poucos que a igualdade perante a lei não levaria facilmente à igualdade das condições humanas.

Bell, talvez um tanto melancólico por natureza, começou a enxergar toda a empreitada como uma amarga desilusão. Em sua autobiografia, ele recorda um momento em uma sala de tribunal no Sul Profundo em que observava um juiz tratar seus clientes negros com desprezo, e, no instante seguinte, ministrar com júbilo o juramento de cidadania a um grupo de imigrantes europeus. Em suas próprias palavras, foi uma "epifania no tribunal" que abalou profundamente sua fé no movimento. Bell lembrou:

> [O juiz] pediu aos cidadãos recém-naturalizados para se reunirem ao redor de sua tribuna para prestarem juramento; depois lhes deu as boas-vindas ao país com um tom de voz amável e caloroso, o completo oposto do tratamento que dispensara a meus clientes em busca do amparo ao qual a Suprema Corte dissera que tinham direito uma década antes. Mas não foi isso que me surpreendeu. O que me deixou paralisado na cadeira, atônito, foi essa constatação: no momento em que essas pessoas se tornaram cidadãs, sua branquitude as tornou mais aceitáveis para este país, mais acolhidas por ele, do que os negros que eu estava defendendo jamais seriam. A constatação me levou a um momento de dúvida existencial: qual era o sentido? Por que eu tentava fazer com que as crianças fossem admitidas em escolas onde não eram desejadas e onde – a menos que fossem excepcionais – provavelmente se

sairiam mal? Era bem provável que elas abandonassem os estudos ou fossem expulsas por responder com raiva ou violência ao tratamento hostil que certamente receberiam.[25]

Essas questões o assombrariam pelo resto de sua vida. O garoto otimista que entregava jornais para os profissionais qualificados negros de seu bairro sofrera um golpe tremendo. Um novo Derrick Bell, marcado pela experiência e despojado de suas ilusões juvenis, nasceu nas planícies aluviais do Mississípi. Anos depois, ele voltou ao Condado de Leake e visitou duas irmãs que haviam lutado lado a lado com ele durante a batalha pela integração e naquele momento sentiam o mesmo pessimismo subjacente. "Em retrospectiva, eu me pergunto se dei o conselho certo a vocês", Bell disse a elas. "Também me perguntei se aquela foi a melhor maneira de proceder", uma delas respondeu. "Já está feito. Fizemos isso e ainda estamos avançando."[26]

Bell também continuou avançando em sua carreira profissional. Ele passara quase uma década viajando pelo Sul Profundo e trabalhando nas trincheiras da legislação de direitos civis. Então, conforme a década de 1960 chegava ao fim e seu desencanto com o trabalho jurídico completava seu ciclo, ele agarrou uma nova oportunidade. Diversas faculdades de direito, sentindo a pressão de contratar minorias raciais para o corpo docente, entraram em contato com Bell com propostas para o cargo de professor. Em pouco tempo, a oportunidade de ouro chegou: a Escola de Direito de Harvard queria tornar Bell seu primeiro professor negro em tempo integral.

Como o próprio Bell admitiu, ele não tinha as qualificações de acordo com os padrões tradicionais. Eis o que Bell escreveu em sua autobiografia:

> Na primavera de 1969, quando aceitei a oferta da Escola de Direito de Harvard para integrar seu corpo docente, tanto a faculdade quanto eu tínhamos motivos para reconhecer que minha nomeação era pioneira, uma verdadeira missão, que representaria um ponto de virada na história da instituição. A quebra da tradição ocorreu em dois aspectos. Primeiro, eu me tornaria o primeiro professor negro em tempo integral nos 150 anos de história de Harvard. Segundo, ao contrário de praticamente todo o corpo docente naquela época, minhas qualificações não incluíam graduação com distinção numa escola de direito de prestígio ou um estágio judicial na Suprema Corte. Além disso, eu não havia exercido a profissão em um escritório de advocacia importante, onde um sócio influente, ele próprio um ex-aluno de Harvard, pressionava por minha nomeação.[27]

Bell compreendeu a política de contratação baseada em raça por instituições de elite – uma espécie de protótipo da ação afirmativa – e a viu sem ilusões. "Não devemos esquecer, em particular aqueles de nós que somos os 'primeiros negros', que nossas escolhas, nomeações e promoções não se baseiam apenas em nossas credenciais, capacidades ou experiências", ele afirmou. "Tão importante quanto o mérito – ou provavelmente mais importante – é o fato de que chegamos ao momento certo."[28]

Em Harvard, Bell trabalhou para transformar seu desencanto com o movimento pelos direitos civis numa teoria consistente de raça e poder.

Em 1973, ele publicou seu seminal livro de casos jurídicos *Race, Racism, and American Law*. A orientação política da obra era inequívoca: na página de abertura, Bell reproduziu a famosa fotografia dos dois velocistas negros erguendo o punho na tradição do Black Power nos Jogos Olímpicos de 1968. O livro, originalmente publicado para um público específico de estudiosos do direito, continha o princípio essencial do que viria a ser conhecido como "teoria crítica da raça". Bell sustentou que raça é "um constructo social vago, que é continuamente reinventado e manipulado para manter a dominação e reforçar o privilégio branco". Seu objetivo era examinar "o papel do direito em concretizar as diferenças raciais, manter a desigualdade racial e reificar o *status quo*", e em seguida alterá-lo por meio da aplicação do poder político.[29]

Bell se sentia insatisfeito com o regime de daltonismo racial judicial, e começou a buscar soluções mais radicais. Ele leu com avidez as obras do comunista italiano Antonio Gramsci[30] e de Paulo Freire[31] – este último, por coincidência, trabalhava na Escola de Pós-Graduação em Educação de Harvard ao mesmo tempo que Bell trabalhava na Escola de Direito de Harvard –, procurando entender como as sociedades reproduzem o controle social e como seria possível subverter essas forças mediante a apropriação institucional e a educação racial. Gramsci propiciou a Bell um arcabouço teórico para explicar como a legislação de direitos civis, embora aparentemente ajudasse minorias, servia na verdade aos interesses das elites brancas. Freire propiciou a Bell uma justificativa teórica para impregnar seu magistério com ativismo político.

Além disso, Gramsci e Freire corroboraram o anticapitalismo reflexivo de Bell. Desde a infância em Pittsburgh, Bell sempre vira o racismo e o capitalismo como mutuamente interligados. "O racismo é muito mais que apenas o ódio dos brancos pelos negros. Trata-se do principal sustentáculo desta sociedade capitalista, do controle tanto dos negros quanto dos brancos", ele acreditava.[32] Essa formulação simplista permaneceria com a ideologia política básica de Bell pelo resto de sua vida. "Vivemos nesta sociedade capitalista", ele reiterou décadas depois, "que, por definição, significa que algumas pessoas vão ganhar muito dinheiro, conquistar muito poder, mediante a exploração de muitas outras pessoas."[33]

Após anos dessa efervescência, absorvendo a literatura radical e se adaptando aos privilégios da estabilidade no cargo acadêmico, Bell reuniu uma série de artigos de revistas jurídicas e contos de ficção, e os aglutinou numa ampla teoria do pessimismo racial, que marcaria o fim da trajetória de desencanto de Bell. "Para muitos dos participantes do movimento pelos direitos civis, a decisão do caso *Brown* representou não só o golpe fatal do sistema de segregação racial como também uma prescrição para a cura das feridas raciais da sociedade", Bell escreveu.[34] Contudo, para ele, essa visão era uma ilusão. Os brancos não podiam mais manter as estruturas do racismo explícito, mas as tinham mantido vivas com grande astúcia e sutileza, usando instituições aparentemente "daltônicas" para reproduzir invisivelmente a dominação branca. Ele escreveu:

> Eu sustento que a decisão do caso *Brown* em romper com a posição de longa data do tribunal sobre essas questões não pode ser compreendida sem considerar o valor da decisão para os brancos, não só para aqueles preocupados com a imoralidade da desigualdade racial, mas também para os brancos em cargos de formulação de políticas capazes de perceber os avanços econômicos e políticos no país e no exterior que resultariam do abandono da segregação.[35]

Segundo Bell, as elites brancas se comprometeram com os direitos civis para reforçar sua credibilidade moral em relação à União Soviética, para acalmar os soldados negros que esperavam igualdade após sua participação na Segunda Guerra Mundial e para acelerar a transição do Sul de uma economia agrícola para uma economia industrial. Ele chamou esse fenômeno de "convergência de interesses": os brancos celebravam os avanços para os negros, mas sob esses apelos superficiais à liberdade e igualdade, sempre garantiam primeiro seus próprios desejos materiais. Ao longo do tempo, os elementos superficiais tinham mudado, mas a estrutura de poder permanecia igual.[36]

Bell passou a ver todo o regime jurídico após o caso *Brown* como um trabalho de profundo cinismo racial. Depois de uma geração de iniciativas de integração, as escolas públicas tinham começado a regredir para a separação racial *de facto*, com as escolas de negros ficando cada vez mais para trás.[37] Os brancos podiam aliviar sua culpa apontando para a legislação de direitos civis e a igualdade jurídica *de jure*, sem ter que sacrificar nenhum de seus privilégios econômicos ou políticos. Como ele escreveu posteriormente, as elites brancas haviam "reconfigurado a retórica da igualdade"[38] a fim de preservar a essência da supremacia branca.

Além disso, conforme a interpretação de Bell, os negros proporcionavam aos Estados Unidos um bode expiatório eterno. Conforme desenvolvia sua teoria ao longo dos anos, Bell foi tão longe a ponto de argumentar que a democracia norte-americana em si estava baseada na manutenção da dominação capitalista por meio do controle racial. De acordo com ele:

> O racismo não é uma anomalia, mas sim um componente essencial da democracia liberal neste país. A extrema desigualdade de propriedade e riqueza nos Estados Unidos é o resultado direto da disposição histórica e contínua de muitas pessoas brancas, talvez a maioria, em se identificar e tentar imitar aqueles do topo da pirâmide econômica, ao mesmo tempo que encontram consolo em sua condição permanentemente modesta ao se desidentificar e se recusar a se unir aos negros e outras pessoas de cor.[39]

O marco da conversão completa de Bell ocorreu em meados da década de 1980. Ele vinha elaborando a premissa de seu argumento desde os primeiros anos na Escola de Direito de Harvard. Porém, o ponto culminante de sua transformação intelectual veio com uma reviravolta surpreendente: Bell abandonou as convenções da escrita acadêmica jurídica e adotou a ficção criativa como um novo método de argumentação.

O catalisador para a virada narrativa de Bell foi um convite para escrever o prefácio para a edição da *Harvard Law Review* – o espaço editorial mais prestigioso do mundo acadêmico jurídico – dedicada à atuação da Suprema Corte em 1984. Bell se sentiu apreensivo com a ideia de escrever um artigo acadêmico. Em vez disso, ele propôs escrever quatro histórias de ficção baseadas numa temática de raça e direito.

> Eu queria escrever sobre raça, mas escrever sobre isso no contexto estritamente jurídico, com milhares de notas de rodapé, seria bastante entediante. E os editores disseram: "Sabe, se você fizesse o esperado, seria comum, mas tudo bem. Mas se você escrevesse essa ficção, nós [ficaríamos muito empolgados com isso]." Eles me ajudaram, nós nos esforçamos muito e esse foi o início, porque pela primeira vez – e provavelmente pela última – o prefácio da *Harvard Law Review* foi constituído basicamente por quatro histórias alegóricas.[40]

Os editores, incluindo Elena Kagan,[41] futura juíza da Suprema Corte, ajudaram Bell a realizar seu desejo de "avaliar as contradições e as inconsistências que permeiam o mundo dolosamente real da opressão racial" usando "as ferramentas não só da razão, mas também da irracionalidade, da fantasia".[42] Por meio dessas histórias, Bell foi capaz de se desfazer dos requisitos acadêmicos e apresentar sua teoria do pessimismo racial em narrativas cruas e repletas de emoção.

As histórias em si – "The Chronicle of the Celestial Curia" ["A crônica da cúria celestial"], "The Chronicle of the DeVine Gift" ["A crônica do dom divino"], "The Chronicle of the Amber Cloud" ["A crônica da nuvem âmbar"] e "The Chronicle of the Slave Scrolls" ["A crônica dos pergaminhos do escravo"] – eram simples alegorias raciais: os espíritos de três mulheres negras arcanas e misteriosas explicam como o Estado do bem-estar social liberal nunca levará à igualdade substancial; um executivo de uma empresa de produtos para cabelos afro oferece financiamento para professores de direito pertencentes a minorias, mas administradores brancos se recusam a contratar além de um número mínimo; uma nuvem misteriosa infecta crianças brancas com as patologias sociais do gueto negro, mas os legisladores brancos se recusam a proporcionar a cura para as crianças negras; um pastor descobre pergaminhos mágicos na África que podem tirar os negros norte-americanos da pobreza, mas brancos invejosos o obrigam a queimar os pergaminhos no porão de um navio de madeira.

As lições didáticas são tudo, menos sutis. Bell retrata os brancos como exploradores impiedosos que sentem prazer com a subordinação permanente dos negros norte-americanos. Para Bell, após o fim da escravidão e da segregação, os brancos usaram cinicamente a legislação dos direitos civis, as políticas de bem-estar social, a ação afirmativa e o daltonismo racial para criar uma "miragem" de igualdade, enquanto secretamente fazem "tudo a seu alcance para assegurar seu domínio e manter seu controle".[43] Bell alegou que a narrativa padrão do progresso racial era pouco mais do que um mito racial, concebido para absolver os brancos da responsabilidade histórica e para induzir os negros à complacência dos dias de hoje. Enquanto isso, o comportamento real dos brancos era tão cruel como sempre. Jubilosamente, eles retinham, atrasavam e destruíam qualquer mecanismo em prol do progresso dos negros.

Como ele escreveu em suas crônicas, a promessa de igualdade sempre foi uma farsa. A história verdadeira dos Estados Unidos é um longo desfile de horrores desde as origens do país até os dias atuais. Na revisão histórica de Bell, os constituintes "foram incapazes de imaginar uma sociedade em que brancos e negros vivessem juntos como concidadãos", "a Proclamação de Emancipação destinou-se a atender os interesses da União, não dos negros", "na verdade, as emendas [à Constituição] relativas à Guerra de Secessão favoreceram muito mais os objetivos da indústria e da política do Norte do que serviram para proteger os direitos mais básicos dos libertos", e o movimento social que obteve a Lei dos Direitos Civis e a Lei dos Direitos de Voto "deve ser visto como parte da fantasia social norte-americana".[44]

A visão política de Bell era uma recorrência infinita: a branquitude era o veneno invisível que transformava cada vitória em derrota. Suas histórias estavam repletas de amargura, e ainda assim, por causa de sua publicação na *Harvard Law Review*, provocaram imediatamente controvérsia e interesse.

Apesar de sua insistência vitalícia de que "não se preocupava em escrever para agradar os brancos",[45] de repente Bell se tornou uma estrela entre a *intelligentsia* branca, que sempre teve atração por mensagens de racismo branco e maldade norte-americana. Ele participou de programas de rádio e televisão para expor sua teoria unitária de catástrofe racial. Uma grande editora comprou os direitos das crônicas de Bell e pediu a ele que as ampliasse em uma série de livros que viriam a ser *And We Are Not Saved* [E nós não estamos salvos] e *Faces at the Bottom of the Well* [Rostos no fundo do poço]. Ambos se tornariam *best-sellers* na lista do *New York Times*, e o segundo incluiu uma história que foi adquirida e transformada em filme pela rede de TV a cabo premium HBO.

O pessimismo implacável de Bell se converteu em uma marca – e ele perseguiu isso pelo resto da sua vida. Bell se tornara o grande misantropo, o grande profeta do apocalipse, e, concluindo a reversão de sua juventude, abandonou toda a esperança no "antigo mito da igualdade da nação".[46] Dessa maneira, o padrão foi definido: quanto mais sombrio seu trabalho, maior sua influência; quanto mais apocalípticas suas conclusões, maior seu prestígio.

"O racismo é um elemento essencial, permanente e indestrutível desta sociedade", ele bradou. "O racismo que viabilizou a escravidão está longe de morrer na última década do século XX nos Estados Unidos."[47] Aliás, ela poderia voltar, Bell alertou. Os brancos norte-americanos eram tão depravados que poderiam até mesmo submeter novamente pessoas como ele à escravidão. "A escravidão é, como um exemplo do que os brancos norte-americanos fizeram, um lembrete constante do que os brancos norte-americanos poderiam fazer."[48]

Não havia mais volta. Bell criara um pesadelo que veio a capturar a imaginação da esquerda. Ele estava se movendo rumo ao auge de seu poder – sua fama e seu cinismo estavam crescendo em paralelo –, e ele queria exercê-lo. Bell olhou ao redor, indignado com a situação do país e a cumplicidade das instituições, e se preparou para obter, se não a igualdade, então a vingança.

CAPÍTULO 15

"EU VIVO PARA IMPORTUNAR OS BRANCOS"

A política do eterno ressentimento

Derrick Bell tinha todos os sinais do sucesso acadêmico – um cargo de professor titular em Harvard, artigos em publicações jurídicas de prestígio, um grupo de alunos a seus pés –, mas ele queria mais. Conforme sua própria descrição, Bell não era um acadêmico tradicional, mas um ativista com o olhar voltado para a aplicação no mundo real.

Bell passara a década de 1980 em um estado de desassossego, forjando sua ideologia, testando campanhas de ativismo e aprimorando suas técnicas. Em 1980, ele deixou Harvard e se tornou deão da Escola de Direito da Universidade do Oregon, mas acabou saindo após a universidade se recusar a contratar uma mulher asiático-americana. Em seguida, ele lecionou durante um ano na Escola de Direito de Stanford, onde os alunos reclamaram que seus cursos estavam impregnados de ideologia em vez de teoria constitucional,[1] e, finalmente, em 1986, ele voltou para o corpo docente da Escola de Direito de Harvard. Bell tinha perdido as ilusões com a possibilidade de reforma por meio do processo democrático, mas havia descoberto o potencial de uma nova estratégia: reformular os costumes e valores das instituições de elite.

Bell concluiu que a revolução não ocorria nas ruas, mas sim na sala de reuniões do corpo docente e na sala de seminários.

Ao longo dos anos, Bell se transformara em um "professor libertador" ao estilo de Paulo Freire,[2] que recrutava estudantes para a política no *campus*. Segundo um dos discípulos de Bell, o professor de direito Charles Lawrence III, Bell e seus alunos se imaginavam como equivalentes modernos dos "trabalhadores rurais, ferreiros e condutores da Underground Railroad [rede de rotas secretas e esconderijos usada em meados do século XIX para ajudar negros escravizados a escapar para estados livres ou para o Canadá]"[3] e tinham o dever de contestar o "modelo tradicional de educação branca e masculina"[4] e começar a "substituir essas ideologias e práticas por aquelas que nos libertam".[5]

Estudantes radicais o seguiam aonde quer que ele fosse e solicitavam sua participação em protestos, ocupações e passeatas no *campus*. Lawrence lembrou:

> Para [Bell], a sala de aula não é apenas um palco ou pódio, mas também um lugar para contar e ouvir histórias, um terreno fértil para novas ideias, um laboratório, um *workshop* para elaboração de teorias. As aulas de Derrick Bell são "grupos de cura" onde as mentes negras, e as mentes daqueles que optam por se unir a nossa causa em solidariedade, são "decolonizadas". São "salas de guerra" onde as estratégias de luta são concebidas e de onde as batalhas políticas são lançadas. Como um "primeiro" em Harvard, coube ao professor Bell formular um paradigma para a pedagogia libertadora, uma metodologia para nós, professores de cor, que nos vemos compelidos pela necessidade para a vanguarda da luta.[6]

Outros professores de esquerda no círculo de influência de Bell logo se juntaram à luta. Em um longo ensaio para a revista *City Journal*, a escritora Heather Mac Donald retratou como essa alardeada "pedagogia libertadora" se manifestava na sala de aula. Segundo Mac Donald, esses teóricos seguiram a linha de argumentação de que "o direito é apenas uma máscara para o poder branco masculino" e atacaram o que consideravam como "hierarquias ilegítimas", que incluíam praticamente todos os aspectos da ordem liberal, incluindo a neutralidade jurídica, o governo limitado e a propriedade privada. Na prática, os professores dessa nova abordagem, que recebeu o nome de "estudos críticos do direito" antes de ser absorvida pela "teoria crítica da raça", transformaram suas aulas em um "fórum para difamação dos brancos", o que desencadeou uma enorme hostilidade pessoal contra os estudantes brancos sob o pretexto de crítica jurídica.

"Eu ia para casa chorando todos os dias", uma estudante branca revelou. "Não importava o que eu dissesse, a resposta era: você não sabe porque é branca.

Alguns colegas não falavam comigo depois da aula. Isso me assustou, porque eu achava que era muito liberal, e fui tratada como se fosse o diabo."[7]

As relações entre os membros do corpo docente não eram melhores. Quando os acadêmicos de estudos críticos do direito e seus aliados deram início a sua ofensiva, um professor começou a descrever a Escola de Direito de Harvard como "a Beirute da educação jurídica", com facções rivais tentando se solapar mutuamente. Os teóricos críticos do direito e, depois deles, os teóricos críticos da raça eram os que tinham vantagem sobre os demais. Eles haviam compreendido o poder da política racial e sabiam que capturar instituições de prestígio como Harvard estabeleceria o precedente para o discurso da elite no futuro. "Há um tipo peculiar de vaidade ou megalomania em Harvard de que o lugar é a alma da classe dominante norte-americana", um professor declarou ao *New York Times* durante o conflito. "Quem vence nas batalhas institucionais locais acha que vai controlar o destino cultural e institucional dos Estados Unidos."[8]

Bell estava pronto para liderar a iniciativa.

Em 1986, ao retornar a Harvard, a principal exigência de Bell era que a universidade contratasse mais racialistas de esquerda para o corpo docente.[9] Ele fez apelos públicos à "diversidade" e "ação afirmativa", mas a estratégia implícita, que era óbvia para os observadores externos da época, era preencher o corpo docente com aliados ideológicos que o ajudariam a solapar as bases da teoria jurídica tradicional e substituí-las pelos princípios que se tornariam conhecidos como teoria crítica da raça. Bell organizou protestos, comandou passeatas estudantis e buscou mais influência ameaçando pedir demissão se suas exigências não fossem atendidas. Ele avaliava que, como primeiro contratado por ação afirmativa na Escola de Direito de Harvard, possuía um poder simbólico significativo e, ao provocar um alvoroço, poderia prejudicar a reputação da universidade. "Harvard precisa mais de nós do que nós precisamos de Harvard", sua mulher o lembrou.[10]

Em 1987, Bell comunicou a realização de um protesto de quatro dias para apoiar dois acadêmicos que eram teóricos críticos da raça aos quais fora negada a efetivação no corpo docente. Então, três anos depois, ele levou sua estratégia ao limite, escrevendo uma carta à administração e ao corpo docente anunciando que iria entrar em greve até que a escola de direito contratasse e efetivasse como professora titular uma mulher negra. Bell trabalhou junto com estudantes ativistas para organizar manifestações e negociar cobertura exclusiva no *New York Times*.

Bell e seus alunos exigiram que a universidade contratasse a professora visitante Regina Austin, uma teórica crítica da raça conhecida por escrever polêmicas incendiárias que denunciavam a "imaginação cômica racista e sexista do homem branco", celebravam o estereótipo da "vadia negra" e diziam a suas colegas negras que "havia chegado a hora de ficarmos verdadeiramente histéricas".[11]

Essas qualidades eram raras entre os acadêmicos de direito, mas tornaram Austin a candidata perfeita para o ativismo de Bell. Ela trouxe consigo a reputação de ser uma executora rigorosa da política racial. Austin sabia utilizar com destreza o conceito de "diversidade", tanto como defesa quanto como ataque, e era implacável com colegas e alunos que discordavam de suas opiniões. "O problema é que você não pode mais dizer a verdade aqui sem ser acusado de ser racista", disse um de seus alunos ao *New York Times*.[12]

Nesse período, Bell também usou seus textos para aumentar a pressão sobre a administração. Ele sustentou que o processo de estabilidade no cargo em Harvard era um sistema racista, que optava pelo *status quo* e excluía a maioria dos candidatos negros.

Em sua escrita ficcional, Bell ultrapassou ainda mais os limites. À medida que as disputas entre os professores se intensificavam, Bell escreveu uma longa história para a *Michigan Law Review*, tempos depois republicada em *Faces at the Bottom of the Well*, que começava com a explosão de uma "enorme bola de fogo nuclear"[13] no *campus* de Harvard que matava o reitor da universidade e todos os 196 professores e funcionários negros da instituição. Na história, muitos brancos presumiram que os professores negros, desesperados com o ritmo lento da ação afirmativa, tinham executado um "pacto bizarro de assassinato-suicídio"[14] para se tornarem mártires da causa. Por outro lado, os negros tinham certeza de que os "ultraconservadores, possivelmente agindo com o apoio do governo",[15] haviam detonado a bomba em uma trama de assassinato com motivação racial. Ao examinar as cinzas, os investigadores encontraram um relatório de diversidade, o que revelou a branquitude deplorável que continuava a reinar entre o corpo docente de Harvard.

Segundo Bell, a lição da história era que a universidade era uma instituição racista que havia formalizado uma "política de representatividade simbólica negra" que equivalia ao seguinte: "Contrate um se for necessário, mas apenas um".[16] Ele sugeriu que o propósito de sua escrita era "envergonhar os brancos do alto escalão"[17] para ampliar as contratações de diversidade – o que, na narrativa ficcional, eles fizeram.

Porém, na realidade, a história causou frustração nos colegas de Bell em Harvard. Ele chamara a universidade de "*plantation*"[18] e fantasiara diretamente sobre o assassinato do reitor da instituição – uma representação grosseira e vingativa do próprio rancor de Bell em relação a seus colegas.

Bell fora longe demais dessa vez. Após sua greve em favor de Regina Austin e suas fantasias chocantes de assassinato, a administração decidiu que não se submeteria mais à campanha de chantagem racial do professor. A universidade enviou o professor Roger Fisher, que comandou o Harvard Negotiating Project e intermediou acordos de paz complexos no Oriente Médio,[19] mas as negociações não deram em nada.[20] Bell foi inflexível. Ele estava no auge de sua fama e de seu poder, e, assumindo o papel de mártir, recusou-se a ceder.

E assim a administração o excluiu. Robert Clark, deão da Escola de Direito, não cedeu à campanha de pressão de Bell, e Neil Rudenstine, reitor da universidade, recusou-se a se reunir pessoalmente com Bell durante as negociações. Bell passou os dois anos seguintes em licença não remunerada, mantendo suas exigências e mobilizando estudantes que ocuparam o gabinete do deão e denunciaram os administradores como cúmplices de racismo e sexismo.[21]

Porém, após alguns meses de "teatro", o público perdeu o interesse. Bell vinha utilizando essa tática por uma década, e a universidade finalmente desmascarou seu blefe. Na época, a política de Harvard era que os professores não podiam tirar mais de dois anos de licença não remunerada. Conforme o prazo se esgotava, Bell fez exigências de última hora para se reunir com o conselho de administração da universidade.

A administração convocou Bell para uma audiência de apelação na 17 Quincy Street.

Bell escreveu em suas memórias:

> A Universidade não queria uma audiência na qual os estudantes pudessem realizar protestos. Assim, o gabinete do reitor marcou uma reunião com um pequeno grupo de membros da Harvard Corporation e do Conselho de Supervisores a ser realizada comigo no final de julho. Ironicamente, tratou-se do mesmo prédio que ia pelos ares, em minha história de protesto ficcional, e cuja explosão matava o reitor da universidade e os membros negros do corpo docente, e finalmente inspirava a instituição a tomar uma iniciativa importante de contratar candidatos de minorias. Talvez os funcionários da universidade se lembrassem de minha história, pois, na manhã da audiência, o pessoal da segurança uniformizado e à paisana estava visivelmente presente ao redor do prédio.[22]

Bell defendeu seu ponto de vista, mas os administradores permaneceram impassíveis. Eles compareceram à reunião, tramitaram os documentos e o demitiram. Pouco depois de ser dispensado, Bell concedeu uma entrevista ao *New York Times*, que o chamou de "homem profundamente indignado" que não tinha nada além de desprezo por Harvard e por tudo o que essa universidade representava. Bell culpou os administradores e seus ex-colegas, incluindo os cinco professores negros da faculdade de direito que não apoiaram sua missão suicida individual. Ele também confidenciou que dera início a seu protesto enquanto sua mulher, Jewel, estava morrendo de câncer de mama, e admitiu, com um pouco de vergonha, que tinha dúvidas de que seus "protestos eram completamente louváveis".[23]

Tempos depois, Bell escreveu que o único consolo era o fato de ele ter causado desconforto a seus colegas brancos. "Fiquei desapontado, mas também satisfeito – como os negros ficam às vezes – quando nos damos conta de como é fácil assustar os brancos, independentemente do fato de eles deterem todo o poder."[24]

Após essa progressão de tragédia, fracasso e ruptura, o pessimismo de Bell se intensificou. Durante sua licença, Bell conseguira outro cargo docente na Universidade de Nova York. Sua produção literária e seu magistério se tornaram ainda mais cáusticos, com argumentos que apresentavam os Estados Unidos como um país irremediavelmente racista, os brancos como portadores de um mal imenso, e os negros correndo o risco de genocídio e extermínio.

Numa mistura ácida de revisionismo e enfrentamento pessoal, Bell procurou reescrever a história norte-americana como uma longa sequência de trevas e opressão. Ele escreveu histórias de ficção atacando Thomas Jefferson e George Washington, considerando-os hipócritas racistas.[25] Ele defendeu a tese de que a Constituição não era um "documento sagrado",[26] mas sim um pacto em causa própria que protegia os interesses dos brancos que controlavam volumosos "investimentos em terras, escravos, manufaturas e transportes".[27]

Em suas aulas na Universidade de Nova York, Bell dizia aos alunos que a Constituição era um documento inútil, pois a Suprema Corte sempre manipulava as leis para atender aos interesses da elite, recorrendo à Constituição após o fato. "Quando eu era garoto, tínhamos baratas em casa, mas não tínhamos inseticida", Bell revelava a seus alunos. "Então, matávamos as baratas pisando nelas. O que os juízes fazem é pisar nas baratas e depois as pulverizar com inseticida. A Constituição é como o inseticida."[28]

Para Bell, a história verdadeira dos Estados Unidos era a de uma conspiração racial, com as elites brancas manipulando o ódio racial para manter seu monopólio sobre a riqueza e o poder. Essa dinâmica foi estabelecida na fundação do país e continuou sem desvios desde então. "A servidão involuntária dos direitos dos negros aos interesses patrimoniais dos brancos é a explicação básica para a escravidão do passado e para o *status* contínuo de subordinação dos negros hoje em dia", Bell escreveu.[29]

Bell acreditava que toda a trajetória da história racial norte-americana – incluindo a Declaração de Independência, a Proclamação de Emancipação, a Décima Quarta Emenda e a Lei dos Direitos Civis – parecia estar a serviço da liberdade dos negros, mas, na realidade, servia aos interesses próprios dos brancos da elite. Segundo Bell, os Fundadores foram os signatários da Declaração de Independência não para estabelecer os fundamentos da liberdade universal, mas para usar os lucros da escravidão para enriquecer a si mesmos à custa direta e consciente dos negros.[30] Lincoln emitiu a Proclamação de Emancipação não para libertar os escravos, mas "para ganhar a guerra e preservar a União".[31] Os legisladores promulgaram a Décima Quarta Emenda não para estender a cidadania e a proteção igual perante a lei, mas como um mecanismo para discretamente proteger as fortunas dos grandes barões ladrões das ferrovias, dos serviços públicos, bancos e interesses escusos.[32] Mesmo a Lei dos Direitos Civis, conforme a história revisionista de Bell, proporcionou apenas uma cobertura superficial de igualdade daltônica, enquanto, na verdade, consolidava e legitimava as desigualdades raciais existentes.[33]

Bell sustentou que, na era moderna, os negros norte-americanos estavam em situação pior do que em qualquer outro momento desde a escravidão. Um dos personagens de Bell em seu livro *And We Are Not Saved* afirma:

> Desde o início desta nação, os negros têm sido explorados, excluídos e frequentemente exterminados nesta sociedade. Na maior parte desse tempo, as políticas raciais foram prejudiciais de modo flagrante, odioso e terrível, deixando grande parte de nós num *status* subalterno em comparação com todos, exceto os brancos mais pobres. E agora que a Suprema Corte, como resultado de nossas incessantes petições, foi obrigada a reconhecer que a discriminação ostensiva é inconstitucional, nós, para todos os efeitos, ainda somos mantidos num estado de subordinação pelas chamadas políticas neutras de uma sociedade ainda racista porque – pelo amor de Deus – não somos brancos![34]

Bell não fez nenhuma tentativa de ocultar sua hostilidade racial. Na verdade, à medida que sua notoriedade crescia, ele expressava sua animosidade em termos mais diretos e incisivos. Seus dois textos mais conhecidos, *Faces at the Bottom of the Well* e *And We Are Not Saved*, podem, até certo ponto, ser descritos como fantasias extensas sobre depravação branca. Na imaginação de Bell, os brancos são invariavelmente cruéis, egoístas, sádicos, exploradores e maus. Em uma das histórias, ele escreveu que muitos brancos pagariam de bom grado um imposto de 3% em troca de uma "licença de preferências raciais" que lhes permitisse discriminar assumidamente os negros e segregar novamente seus bairros, negócios e escolas.[35] Em outra história, ele escreveu que os brancos secretamente possibilitaram a criminalidade negra a fim de lucrar com a administração de prisões, tribunais e segurança pública, usando o "medo da criminalidade negra" como um mecanismo de estabilização em prol da sociedade.[36]

De seu posto privilegiado na Universidade de Nova York, Bell chegou a apoiar Louis Farrakhan, o notório antissemita e líder da Nação do Islã. Ele afirmou:

> O ministro Farrakhan é talvez o melhor exemplo vivo de um homem negro pronto, disposto e capaz de "dizer as coisas como são" sobre quem é o responsável pelo racismo neste país. Nesse aspecto, ele é facilmente equiparável a todos aqueles condescendentes apresentadores brancos de programas de entrevistas que se consideram muito inteligentes, seguramente mais espertos do que qualquer homem negro. (...) O ministro Farrakhan, sereno, tranquilo e muito por dentro das questões, lida com esses autoproclamados guardiões com facilidade. Eu adoro isso![37]

A história mais conhecida de Bell, "The Space Traders" ["Os negociantes do espaço"],[38] contém o cerne cáustico de sua nova política. A narrativa começa no primeiro dia do ano 2000, quando uma frota de espaçonaves reluzentes chega ao longo da costa do Atlântico, desde Massachusetts até a Carolina do Norte. O líder da força extraterrestre desce da proa de uma das espaçonaves e fala ao povo norte-americano com uma voz simulando Ronald Reagan. Ele propõe um acordo à delegação humana: os alienígenas fornecerão aos Estados Unidos quantidade suficiente de ouro, produtos químicos antipoluentes e combustível nuclear para liquidar a dívida nacional e proporcionar uma fonte permanente de energia limpa; em troca, os alienígenas querem levar todos os cidadãos negros de volta para sua estrela natal.

Na história de Bell, a política racial da sociedade norte-americana se agravara consideravelmente. A economia de *laissez-faire*, a dependência dos programas de assistência social, a aids e a criminalidade desenfreada haviam devastado a comunidade negra. A estrutura do poder branco colocara os negros em campos de concentração urbanos, com muros altos e guardas armados controlando as entradas e saídas. "De vez em quando, os jovens negros escapavam para aterrorizar os brancos. O sonho de que essa classe subalterna negra 'vencesse' algum dia estava morto fazia muito tempo", Bell escreveu.[39] O público norte-americano se achava dividido em dois campos. Os conservadores brancos se empolgaram com o acordo porque cortaria os gastos do governo. O *lobby* empresarial se opôs, porque "a maioria dos líderes empresariais entendia que os negros eram fundamentais para estabilizar a economia, com sua diferença cada vez maior entre as rendas dos ricos e dos pobres".[40]

No final, os legisladores chegaram a um consenso, e aprovaram uma emenda constitucional para autorizar a negociação e enviando-a para o povo votar em referendo. O grupo pró-negociação disse ao público:

> Os constituintes pretendiam que os Estados Unidos fossem um país branco. Após mais de 137 anos de esforços bem-intencionados para construir uma nação inter-racial saudável e estável, concluímos – assim como os constituintes fizeram no início – que nossa sobrevivência hoje exige que sacrifiquemos os direitos dos negros a fim de proteger e promover os interesses dos brancos. O exemplo dos constituintes deve ser nosso guia. O patriotismo, e não a piedade, deve governar nossa decisão. Devemos ratificar a emenda e aceitar a proposta dos Negociadores do Espaço.[41]

No dia da votação, 70% dos norte-americanos votaram a favor de enviar a população negra para o espaço.

Ao amanhecer do Dia de Martin Luther King, as espaçonaves descarregaram seus tesouros e abriram suas escotilhas para o embarque. Bell escreveu:

> As praias estavam lotadas com os recrutados, cerca de 20 milhões de homens, mulheres e crianças negros em silêncio, incluindo bebês. Quando o sol nasceu, os alienígenas se dirigiram a eles, ordenando, primeiro, que se despissem, mantendo apenas uma peça de roupa íntima; depois, que se organizassem em filas; e, por fim, que ingressassem naqueles porões que se abriam na luz matinal, como a "escuridão visível" de Milton. Temerosos, os recrutados olharam para trás. Porém, nas dunas além das praias, com as armas preparadas, estavam os guardas norte-americanos. Não havia escapatória, nenhuma alternativa. Com as cabeças baixadas, os braços agora unidos por correntes finas, o povo negro deixava o Novo Mundo da mesma maneira que seus antepassados haviam chegado.[42]

A interpretação mais proveitosa da obra de Bell não é como literatura, mas como psicodrama. Ele não tinha a mente de um romancista – seus temas e seus personagens eram polêmicos, em vez de representações humanas –, mas sim a mente de um advogado que sucumbira ao desespero. Os personagens mais cativantes das histórias de Derrick Bell não são os Pais Fundadores ou os Space Traders, mas o próprio Derrick Bell. As excessivas emoções sombrias em sua ficção – o ódio, o pessimismo, a inferioridade, o terror – são inseparáveis dos detalhes biográficos do autor. O tema subjacente de todas as suas histórias – a corrupção inata e imutável da América branca – representa a conclusão mais íntima do escritor acerca de seu país de nascimento.

Em suas memórias, Bell revelou a motivação psicológica por trás de seu trabalho como autor e ativista. Ele diz:

> Em essência, a disposição para protestar representa menos uma resposta a uma afronta percebida do que a exteriorização de um estado de espírito. Com frequência, o desejo de mudar a situação ofensiva, que está além de nosso alcance, pode ser um benefício fortuito, e não a verdadeira motivação. De certa forma, aqueles de nós que se manifestam são movidos por um profundo senso de fragilidade de nossa autoestima. A determinação de proteger a noção de quem somos é que nos leva a assumir riscos que resultam em críticas, isolamento e perdas sérias, ao passo que a maioria dos outros, igualmente prejudicados, permanece calada. O protesto capaz de resgatar a autoestima assume valor especial para os afro-americanos numa sociedade onde a discriminação explícita e os atos inconscientes de dominação racial representam uma ameaça contínua tanto para o bem-estar quanto para a saúde mental."[43]

À primeira vista, Bell havia alcançado o auge da realização profissional. Ele foi um advogado de sucesso na área de direitos civis e o primeiro professor titular afro-americano da Escola de Direito de Harvard. No entanto, era acossado pela insegurança. Certa vez, ele confidenciou a sua segunda mulher, Janet Dewart Bell, que "tivera muita coragem em pensar que poderia ser o primeiro professor titular negro em Harvard".[44] Bell possuía uma profunda autoconsciência acerca de sua falta de credenciais jurídicas tradicionais[45] e declarou ao *New York Times* que nunca se sentiu aceito por seus colegas.[46]

Essa contradição levou a uma reação bipolar. Bell se refugiou em um pessimismo racial, ao mesmo tempo que partia para o ataque com raiva simbólica. Ele buscava validação das mesmas instituições que desprezava. Fantasiava sobre o assassinato de seus colegas e ficava indignado com a rejeição deles. "Ser negro nos Estados Unidos significa que somos sempre os intrusos", ele escreveu. "Como tal, somos dispensáveis, e devemos viver sempre em risco de alguma traição derradeira por aqueles que tratarão tal traição como um direito."[47]

Thomas Sowell, economista conservador negro a quem Bell acusara de ser um traidor racial,[48] apresentou uma explicação para o dilema de Bell:

Por anos, Derrick Bell foi um advogado da área de direitos civis, mas não um acadêmico e estudioso do direito do tipo que é nomeado como professor titular de uma das principais escolas de direito. Contudo, ele se tornou professor visitante da Escola de Direito de Stanford e foi professor titular da Escola de Direito de Harvard. Em ambos os casos, era bastante evidente que sua nomeação ocorrera porque ele era negro, e não por possuir as qualificações que levam outras pessoas a serem nomeadas para essas faculdades. As opções de Derrick Bell eram ser alguém insignificante, vivendo à sombra de acadêmicos jurídicos mais completos, ou seguir por um caminho próprio e tempestuoso, apelando para o público racial radical no *campus* e mais além. Seus escritos mostram claramente que este último foi o caminho que ele escolheu.

E, na visão de Sowell, esse caminho representou uma virada trágica. "Os escritos anteriores de Bell foram de um homem sensato dizendo coisas sensatas sobre questões de direitos civis que ele compreendia com base em seus anos de experiência como advogado. Mas agora ele redige especulações e pronunciamentos incoerentes diversos, cujo ponto principal é que os brancos são a causa dos problemas dos negros."[49]

Dessa perspectiva, a bravata de Bell era um disfarce para sua insegurança. Seu ataque ao daltonismo racial, à meritocracia e à estabilidade no cargo acadêmico era uma justificativa para sua posição. O ódio por seus colegas era uma precaução contra a rejeição pessoal. Os problemas de Derrick Bell não eram os problemas do gueto negro – eram os problemas do contratado por ação afirmativa em uma instituição de elite.

Porém, numa ironia cruel, as mesmas estruturas que Bell condenava incentivavam seu pessimismo. Suas histórias cumpriam uma função política importante: Bell era um intelectual negro de grande prestígio que vendia a narrativa do mal branco, que empolgava audiências de esquerda, sobretudo liberais brancos em cargos influentes, que recompensavam Bell com fama, riqueza e prestígio. Sua reação bipolar – ataque e recuo, fúria e resignação – gerou uma tensão significativa. Ele os odiava tanto quanto precisava deles. Buscava rejeição tanto quanto buscava aprovação.

Bell jamais escapou dessa espiral de negatividade. Na virada da década de 1990 para a década de 2000, seu pessimismo inconfundível degenerou em paranoia. Ele desenvolveu um tique verbal: era comum que iniciasse suas respostas em entrevistas na mídia com variações da frase "Talvez eu esteja ficando um pouco racialmente paranoico".[50]

Ele estava. A visão de mundo de Bell foi ficando cada vez mais sombria ao longo dos anos. Suas caracterizações desceram ao nível de caricaturas. Suas percepções se tornaram clichês.

Conforme a demanda por seu pessimismo aumentava, as linhas de seu pensamento chegavam a um julgamento absurdo: para Bell, os brancos norte-americanos eram tão odiosos e sádicos que estavam à beira de exterminar completamente os negros. Ele fantasiou que supremacistas brancos fortemente armados o estavam caçando na floresta. "O que eu encontro? Um crioulo e sua mulher branca que adora crioulos", um dos personagens ficcionais de Bell disse, um "tipo de paramilitar de extrema direita" que ameaçou levar Bell e sua companheira a seu posto de comando avançado, onde eles seriam presos, torturados ou mortos.[51] Os negros corriam um risco tão grande de perseguição, Bell escreveu, que havia um movimento crescente para a construção de uma "rede nacional de *bunkers* secretos para abrigar e alimentar pessoas negras no caso de um holocausto negro ou algum outro ataque generalizado contra os bodes expiatórios históricos dos Estados Unidos".[52] Sua linguagem beirava o catastrófico: "holocausto", "genocídio" e "extermínio".[53]

Essas visões apocalípticas não podem ser consideradas como meras criações ficcionais. Bell realmente acreditava – ou, pelo menos, tinha se convencido a acreditar – que, dada a oportunidade, os brancos cometeriam brutalidades inimagináveis contra os negros. Numa entrevista no programa *Fresh Air*, da NPR, pouco depois da publicação de "The Space Traders", Bell declarou à apresentadora Terry Gross que acreditava que, na vida real, os norte-americanos votariam para expulsar para sempre os negros do universo, assim como fizeram em suas histórias. "As medidas promovidas pelos direitos civis são sempre derrotadas nos referendos populares", ele afirmou sem rodeios, frisando que, em suas palestras públicas, a maioria dos brancos e quase todos os negros lhe diziam que suas comunidades votariam a favor da negociação espacial.[54] Num artigo para uma revista jurídica publicado em resposta a seus críticos, Bell especulou que os Estados Unidos poderiam até cometer "genocídio racial" e eliminar os negros em massa.[55]

Por muito tempo, Bell insistira que a sociedade norte-americana era uma terra devastada que impunha desemprego, pobreza, dependência química, lares desfeitos e anarquia social às pessoas negras. A única função dos negros era servir como bodes expiatórios, estabilizando as relações entre as classes socioeconômicas brancas. Porém, na economia moderna, ele receava que nem essa função pudesse mais ser necessária.

Após a publicação de *Faces at the Bottom of the Well*, Bell participou de um diálogo com outro professor, Sidney Willhelm, que sugeriu que os negros tinham se tornado economicamente supérfluos e, portanto, enfrentavam um "risco crescente de genocídio".[56] Para Willhelm, os escravos foram necessários por causa de sua força de trabalho, mas agora que o trabalho regular havia desaparecido das zonas urbanas, a classe subalterna negra não servia mais sequer à exploração. Bell simpatizou com essa linha de pensamento e a associou com sua crença duradoura da perenidade do racismo.

Bell perguntou:

> Será que os afro-americanos estão presos numa sociedade permanentemente racista? Será que os desenvolvimentos nessa sociedade podem estar levando a seu extermínio? Não posso responder a nenhuma das perguntas com provas que satisfariam você. Nem posso convencê-lo de que a experiência passada me leva, sem mais detalhes, a saber que estou certo sobre o racismo e certo em recear que o professor Willhelm também esteja certo. O que está claro é que os afro-americanos são agora, assim como foram nossos antepassados quando trazidos ao Novo Mundo, objetos de barganha para aqueles que, ainda que lucrem com nossa existência, negam nossa humanidade.[57]

Bell estava pronto para dar o salto final. Ele espreitou junto ao precipício, viu apenas racismo, carnificina e destruição, e pulou.

Nas últimas décadas de sua vida, Bell costumava contar uma história que ilustrava o ponto final de sua filosofia:

> Era o ano de 1964. A noite caía silenciosa e abafada em Harmony, uma pequena comunidade negra perto do delta do Mississípi. Em face da crescente hostilidade branca, alguns moradores de Harmony vinham se organizando para assegurar o cumprimento de uma ordem judicial que exigia a dessegregação de suas escolas no próximo mês de setembro. Caminhando com a sra. Biona MacDonald, uma das organizadoras do movimento, por uma estrada empoeirada e não pavimentada em direção a sua modesta casa, perguntei onde ela encontrava a coragem para continuar trabalhando pelos direitos civis diante das intimidações que, entre outras, incluíam seu filho perder o emprego na cidade, o banco local tentar executar sua hipoteca e tiros serem disparados através da janela de sua sala. "Derrick", ela respondeu de modo lento e sério, "sou uma mulher de idade. Eu vivo para importunar os brancos".[58]

Essa simples frase se tornou o lema pessoal de Bell. Ele escreveu:

A sra. MacDonald não disse que arriscava tudo porque tinha esperança ou expectativa de prevalecer sobre os brancos, que, como ela bem sabia, detinham todo o poder econômico e político, e também as armas. Pelo contrário, ela reconhecia que, impotente como era, tinha e pretendia usar a coragem e a determinação como armas "para importunar os brancos". A sra. MacDonald nem sequer insinuou que seu assédio derrotaria o poder solidamente consolidado dos brancos. Em vez disso, seu objetivo era a provocação, e o efeito de sua importunação era mais poderoso precisamente porque ela se colocava em confronto com seus opressores com pleno conhecimento de seu poder e disposição para usá-lo. (...) Vinte e cinco anos atrás, a sra. MacDonalds compreendeu a teoria que agora, na década de 1990, proponho que os líderes negros e os advogados da área de direitos civis adotem. Se você se lembra da história dela, você entenderá minha mensagem.[59]

Essa história contém os temas básicos do trabalho de Bell: o refúgio no fatalismo, o ataque simbólico. Porém, vista de outro ângulo, a história também mostra as próprias deficiências trágicas de Bell. A sra. MacDonald era uma mulher negra pobre nascida no Sul segregado; Derrick Bell era um professor de Harvard no auge do poder jurídico e profissional. A nobre dignidade da velha senhora se torna, na perspectiva de Derrick Bell, uma resignação. O professor se recusou a reconhecer qualquer progresso. Ele não se imaginava em situação melhor do que a sra. MacDonald, e explicava todo o sucesso negro como servindo, em última análise, aos interesses das elites brancas.

Bell converteu o mal branco e o desespero branco em um fetiche. Ele transformou sua provocativa teoria do pessimismo racial em um poço sem fundo de niilismo racial. O jovem advogado, combatendo o sistema de segregação racial em um terno alinhado, sucumbira a seu próprio cinismo e paranoia. Ela não conseguia provar que o racismo era eterno ou que o genocídio negro era iminente, mas seus medos propiciaram justificativa suficiente para acreditar nisso.

Na epígrafe de *Faces at the Bottom of the Well*, Bell resumiu sua derradeira visão da sociedade:

> Os negros são os rostos mágicos no fundo do poço da sociedade. Até os brancos mais pobres, aqueles que levam suas vidas apenas alguns níveis acima, ganham autoestima ao nos contemplar de cima para baixo. Com certeza eles sabem que sua salvação depende que estendam a mão. Apenas trabalhando juntos é possível escapar. Ao longo do tempo, muitos estendem a mão, mas

a maioria apenas observa, hipnotizada para manter seu compromisso não declarado de nos manter onde estamos, independentemente do custo para eles ou para nós.[60]

Sem esperança, sem progresso, sem transcendência.

O economista Thomas Sowell descreve o declínio filosófico de Bell em termos contundentes:

> Ele desprezou o ideal de uma sociedade daltônica e está realmente a favor de uma sociedade de acerto de contas, uma sociedade de vingança. Isso é especialmente irônico no caso de Bell porque, em determinado momento de sua carreira, ele lutou contra o racismo. E agora ele parece ter se metamorfoseado em alguém que considera que o racismo não deve ser eliminado, mas simplesmente colocado sob nova gestão.[61]

Sowell tinha razão. Bell abandonara a ideia de que os Estados Unidos poderiam transcender o racismo. Ele estava totalmente concentrado em atacar essa sociedade, solapando sua autoconfiança e exigindo vingança psicológica. A questão de o que deveria ser feito com o sistema eternamente racista dos Estados Unidos foi a última contribuição de Bell para a história da teoria jurídica norte-americana. Embora ele mesmo não tenha dado uma resposta abrangente – afinal, ele era um crítico, e não um construtor –, Bell abriu o caminho para que seus alunos seguissem.

Com o tempo, um pequeno grupo de discípulos de Bell, movendo-se de um círculo em Harvard para cargos em academias jurídicas de todo o país, transformaria as percepções de seu mestre em programa prático de estudo acadêmico e ativismo. Eles chamariam seu projeto de "teoria crítica da raça" e mudariam a face da sociedade norte-americana no novo século.

CAPÍTULO 16

A ASCENSÃO DA TEORIA CRÍTICA DA RAÇA

No verão de 1989, Derrick Bell e um pequeno grupo de seus discípulos se reuniram no St. Benedict Center, um convento convertido em local de retiro nos arredores de Madison, em Wisconsin.[1]

O encontro reuniu grande parte das principais figuras do novo movimento jurídico racialista que Bell havia cultivado como professor. Bell, que sempre se sentira excluído de seus colegas de Harvard, passava a maior parte de seu tempo com seus alunos, especialmente os pertencentes a minorias raciais, que confirmavam sua visão de mundo e participavam de seu ativismo. Ele trouxera à tona a questão fundamental – o que fazer diante do racismo permanente e dos insucessos da igualdade jurídica? –, e seus jovens alunos, cuja maioria atingiu a maioridade na era pós-direitos civis, buscavam respondê-la.

Kimberlé Crenshaw, a principal organizadora da conferência, conta a história do planejamento para o "acampamento de verão" em Wisconsin e da criação da expressão para o novo movimento intelectual que se seguiu:

> Comecei a anotar palavras associadas com nossos objetivos, identidades e perspectivas, desenhando setas e caixas ao redor delas para captar os diversos aspectos de quem "nós" éramos e o que estávamos fazendo. Decidimos por aquilo que pareceu ser o balizador mais revelador para esse assunto peculiar. Indicaríamos a localização política e intelectual específica do projeto por meio do termo "crítica", o foco substantivo por meio do termo "raça", e o

desejo de desenvolver uma explicação coesa de raça e direito por meio do termo "teoria".[2]

Ou, como Crenshaw resumiu posteriormente, como uma homenagem a Marcuse: "Percebemos que éramos teóricos críticos que lidavam com raça, e éramos defensores da justiça racial que lidavam com teoria prática".[3]

E assim nasceu a nova disciplina da "teoria crítica da raça".

Crenshaw e outros estudantes que ajudaram na organização acabaram convencendo 24 acadêmicos jurídicos – todos pertencentes a minorias raciais, pois os brancos estavam oficialmente impedidos de participar[4] – a apresentar artigos, realizar apresentações e fazer parte da conferência. O contraste entre a ideologia e o cenário do primeiro encontro, um antigo convento católico, não passou despercebido dos participantes do novo grupo. "Eu participei da conferência inaugural", lembrou Richard Delgado, que se tornaria o principal cronista do movimento. "Nós nos reunimos nesse convento por dois dias e meio, ao redor de uma mesa, numa sala austera com janelas de vitrais e crucifixos aqui e ali – um lugar estranho para um grupo de marxistas – e elaboramos um conjunto de princípios."[5]

Eles se imaginavam como *outsiders*, relegados às margens da academia, unindo-se por necessidade. Derrick Bell era o ponto de referência deles, mas os jovens acadêmicos sonhavam em ir além da crítica e forjar um método para superar o regime de igualdade daltônico. Eles viam a nova disciplina como uma maneira de revitalizar o estudo do direito e infundi-lo com um conjunto heterogêneo de teoria crítica, ideologia racialista e política marxista. Esperavam transformar a constituição norte-americana para alcançar, se não a justiça, pelo menos a desforra.

Embora se sentissem inseguros na época, preocupados de serem impostores acadêmicos,[6] suas teorias iriam muito além dos limites de seu pequeno grupo de professores de direito pertencentes a minorias. "No início, eu não fazia ideia de que a teoria crítica da raça se tornaria uma expressão conhecida por todos", Delgado afirmou muitos anos depois.[7]

Nos anos seguintes à conferência, os recém-formados teóricos críticos da raça publicaram uma infinidade de artigos acadêmicos que consolidaram a disciplina. Esse trabalho foi compilado, resumido e contextualizado em dois livros, *Critical Race Theory: The Cutting Edge* [Teoria crítica da raça: a vanguarda] e *Critical Race Theory: The Key Writings That Formed the Movement* [Teoria crítica da raça: os principais escritos que formaram o movimento], ambos publicados em 1995, e que, juntos, constituíram o cerne da nova filosofia. Os autodenominados "desajustados"[8] e "*outsiders*"[9] haviam elaborado uma colagem intelectual, combinando elementos da teoria crítica, estudos críticos do direito, pós-modernismo, feminismo radical, nacionalismo negro e neomarxismo.[10] Eles misturaram e combinaram os elementos mais ácidos do pensamento moderno, começando com a afirmação de que "a verdade objetiva, assim como o mérito, não existe",[11] passando pela postura ao estilo de Derrick Bell de "profunda insatisfação com o discurso tradicional dos direitos civis",[12] e terminando com um apelo em prol de uma "guerra de posição"[13] contra a branquitude, o daltonismo racial, a propriedade privada e a teoria constitucional tradicional.

Os teóricos críticos da raça não fingiam ser acadêmicos impassíveis em busca de conhecimento. Eles se viam como ativistas políticos em busca de mudanças.

Nos primeiros anos, os teóricos críticos da raça imaginavam que suas teorias acadêmicas desempenhariam a mesma função que a ideologia marxista, com a raça substituindo a classe como o eixo principal da opressão e resistência. Em *Critical Race Theory: The Key Writings That Formed the Movement*, Kimberlé Crenshaw e seus coeditores escreveram:

> Ao legitimar o uso da raça como ponto fulcral e foco teórico do estudo acadêmico jurídico, as chamadas abordagens racialistas do racismo e do direito fundamentaram o desenvolvimento subsequente da teoria crítica da raça de maneira bastante semelhante a como a introdução, pelo marxismo, da estrutura e da luta de classes na economia política clássica fundamentou as críticas subsequentes da hierarquia social e do poder.[14] (...) Mostramos que a linha de base supostamente neutra [da igualdade jurídica daltônica] é, na verdade, um mecanismo para perpetuar a distribuição de direitos, privilégios e oportunidades estabelecida sob um regime de supremacia branca incontestada. A teoria crítica da raça reconhece, portanto, que um retorno a essa chamada linha de base neutra significaria um retorno a um sistema injusto de poder racial.[15]

Na realidade, os elementos da teoria crítica da raça são uma transposição quase perfeita da raça nas estruturas básicas da teoria marxista. "Supremacia branca" substitui "capitalismo" como o sistema totalizante. "Brancos e negros" substituem "burguesia e proletariado", assim como "opressor e oprimido". "Abolição" substitui "revolução" como o método de "libertação".

Isso não é uma mera metáfora ou comparação *post hoc*. Os teóricos críticos da raça recorrem diretamente aos teóricos marxistas e às figuras marxistas-leninistas do movimento de libertação negra. Embora nos anos subsequentes eles tenham tentado minimizar ou negar sua linhagem marxista – Crenshaw, de forma memorável, se recusou a responder se a teoria crítica da raça era "marxismo" em rede de televisão nacional[16] –, é possível descobrir toda a genealogia intelectual nos parágrafos e notas de rodapé dos textos originais da disciplina, que recorrem a Marx, Davis, Freire e aos movimentos revolucionários marxistas-leninistas.

Essas crenças eram fundamentais. Mesmo após o colapso do comunismo global, os teóricos críticos da raça continuaram a acreditar que a força essencial da teoria marxiana, convertida em práxis, estava correta. Eles procuraram repetir a antiga unidade dialética de Herbert Marcuse e Angela Davis e aplicá-la diretamente ao domínio do direito, travando uma guerra intelectual autoconsciente contra "os próprios fundamentos da ordem liberal, incluindo a teoria da igualdade, o raciocínio jurídico, o racionalismo iluminista e os princípios neutros do direito constitucional".[17]

Os jovens acadêmicos tinham uma ambição fervorosa e, seguindo o modelo de Derrick Bell e jogando o jogo da política institucional da elite, obtiveram as credenciais acadêmicas para garantir que suas ideias seriam ouvidas.

* * * *

Desde o início, a teoria crítica da raça foi concebida como uma arma. Os teóricos críticos da raça passaram anos forjando uma ideologia que acreditavam poder solapar a autoridade da "voz do homem branco"[18] e abalar as certezas da "academia branca".[19] Eles forjaram um sistema intelectual que prometia substituir a racionalidade ocidental por uma alternativa racialista, ampliar substancialmente sua coalizão com um novo conceito de identidade política e, a partir de sua base na academia, elaborar uma estratégia para capturar as instituições de elite norte-americanas.

O primeiro elemento-chave da teoria crítica da raça é a reconceituação da verdade pela disciplina. Em meados da década de 1990, os jovens professores de direito afiliados ao movimento tinham absorvido uma epistemologia totalmente pós-moderna, que sustentava que a racionalidade ocidental era uma camuflagem para o poder e a dominação. Eles seguiram a corrente em voga dos filósofos pós-estruturalistas franceses Jacques Derrida e Michel Foucault, afirmando que a "verdade é um constructo social criado para satisfazer os propósitos do grupo dominante"[20] e infundindo ceticismo em relação às noções tradicionais de conhecimento, justiça e liberdade. Deram início a seu projeto político com a ambição de desmantelar a epistemologia dos direitos naturais, abrindo caminho para uma reinterpretação radical. Eles queriam substituir o antigo sistema de daltonismo racial, igualdade e direitos individuais por um novo sistema que poderíamos chamar de teoria do "raciocínio racial".

A tarefa inicial era atacar a própria ideia de racionalidade. Em *Critical Race Theory: The Key Writings That Formed the Movement*, os professores de direito Gary Peller e Charles Lawrence III defenderam de forma assertiva a tese de demolir as concepções existentes de conhecimento, as quais, Peller sugeriu, atuam como uma forma de "colonialismo acadêmico" que impõe as normas culturais brancas sobre as alternativas das minorias.[21] Seguindo a crítica radical dos sociólogos nacionalistas negros, Peller propôs que "a razão ou o conhecimento objetivo não poderiam existir porque a posição de um alguém na estrutura social das relações raciais influenciava o que alguém chamaria de 'conhecimento' ou 'racionalidade'". Em outras palavras, não há uma moldura neutra para interpretar a sociedade, mas sim uma pluralidade de molduras racialmente contingentes com base na posição de alguém como "oprimido ou opressor, quer afro-americano ou branco, quer o sociólogo ou o sujeito".

Portanto, para Peller, o "conhecimento" e a "racionalidade" que sustentavam a ordem liberal dominante – incluindo, entre outras coisas, o direito constitucional, a economia capitalista e o currículo escolar – propiciavam uma ilusão de universalismo que, na prática, servia para subjugar as minorias raciais. "Não poderia haver uma teoria neutra do conhecimento" na crítica nacionalista negra, Peller afirmou. "O conhecimento era, por si só, uma função da capacidade de os poderosos imporem suas próprias visões, para diferenciar entre conhecimento e mito, razão e emoção, e objetividade e subjetividade."[22]

Charles Lawrence III levou a lógica do raciocínio racial a sua conclusão ao oferecer uma alternativa racialista ao "cânone do colonizador".[23] Ele chamou esse sistema de "a Palavra", baseado na tradição da cura mística africana e na "pedagogia do oprimido" de Paulo Freire.[24] A epistemologia de Lawrence prioriza a subjetividade racial, a narrativa, a emoção e o revisionismo, unindo a teoria e a práxis marxianas em direção ao objetivo da "libertação".[25] Ele adotou uma "perspectiva de posição" e disse a seus colegas que deviam "aprender a privilegiar suas próprias perspectivas e aquelas de outros *outsiders*", promovendo conscientemente a "perspectiva da vítima" em detrimento da "perspectiva do perpetrador".[26] Isso funcionava como uma inversão: o conhecimento se subordina ao poder, e oferece aos teóricos críticos da raça uma nova base para derrubar a hierarquia existente. Na prática, a vítima se torna a nova fonte de autoridade – e seus sentimentos subjetivos devem ser validados.

Lawrence ilustrou esse princípio com um exemplo que agora se tornou um clichê. Ele relata a história de uma colega negra que se queixou de uma indicação de leitura, dizendo a ele: "Sinto-me ofendida. Portanto, esses materiais são ofensivos". Para Lawrence, isso foi uma revelação. "Essas são as palavras que são revolucionárias", ele escreveu. "A [colega] fez muito mais do que dar uma perspectiva diferente sobre os materiais. Ela deu autoridade a sua/nossa perspectiva e, ao fazer isso, essa praticante talentosa da Palavra realocou o poder de definir o que é real."[27]

Esse é o fundamento epistemológico nebuloso da teoria crítica da raça: a ofensa pessoal se torna realidade objetiva; a evidência cede lugar à ideologia; a identidade substitui a racionalidade como base da autoridade intelectual.

Lawrence concluiu sua teoria do conhecimento com uma repetição do ditame marxista de que a mensuração adequada de uma filosofia ativista não é se ela se aproxima da verdade, mas, nas palavras dele, "o grau pelo qual o esforço serve à causa da libertação".[28] Em outras palavras, em um mundo onde a verdade não existe, tudo o que resta é poder – e os teóricos críticos da raça pretendiam conquistá-lo.

O segundo elemento-chave da teoria crítica da raça, que se baseia no fundamento do raciocínio racial, é o conceito de "interseccionalidade". A maneira mais simples de explicar a interseccionalidade é que ela amplia o binário opressor-oprimido marxista para uma hierarquia de opressão multivariada e finamente matizada. O conceito já havia sido formulado em termos rudimentares por Angela Davis em *Women, Race & Class*, que procurava abordar sistemas de opressão sobrepostos, mas os teóricos críticos da raça deram um passo adiante em relação a isso. Em um par de ensaios, "Demarginalizing the Intersection of Race and Sex: A Black Feminist Critique of Antidiscrimination Doctrine, Feminist Theory and Antiracist Politics" e "Mapping the Margins: Intersectionality, Identity Politics, and Violence Against Women of Color", Kimberlé Crenshaw transformou a visão original de Angela Davis em um termo latinizado polissilábico – interseccionalidade –, fornecendo um ponto de referência único e concedendo-lhe a percepção de peso intelectual.

Crenshaw começa convidando o leitor a considerar toda a hierarquia de opressão por meio de uma metáfora:

> Imagine um porão alojando todas as pessoas que são desfavorecidas com base em raça, sexo, classe, preferência sexual, idade e/ou capacidade física. Essas pessoas estão sobrepostas – os pés apoiados sobre os ombros – com aquelas na parte mais baixa desfavorecidas por toda gama de fatores, até o topo, onde as cabeças de todos aqueles desfavorecidos por um único fator

encostam no teto. Em iniciativas para corrigir alguns aspectos da dominação, aqueles acima do teto admitem do porão apenas aqueles que podem dizer que "se não fosse" o teto eles também estariam no aposento superior. Um alçapão é desenvolvido, e através dele aqueles situados imediatamente abaixo podem rastejar. Contudo, em geral, esse alçapão está disponível apenas para aqueles que, devido à singularidade de seu fardo e de sua posição privilegiada em relação aos que estão abaixo, estão aptos a passar através dele. Aqueles que, em geral, são multiplicativamente oprimidos são deixados para trás, a menos que de algum modo consigam se incorporar aos grupos autorizados a passar pelo alçapão."[29]

Para Crenshaw, a figura pairando acima do teto do porão – o homem branco, heterossexual, sem deficiências e abastado – é o opressor supremo, que tem o poder de admitir e excluir aqueles abaixo dele. Ele criou um sistema de leis, normas e valores que colocam a mulher negra na extremidade inferior da pilha de corpos humanos. Isso expõe a mulher negra a várias adversidades, desde discriminação racial até violência sexual, mas também lhe concede um *status* quase mágico no âmbito da disciplina da teoria crítica da raça. Após a promoção de "perspectiva da vítima" como fonte de autoridade pela teoria crítica da raça, a doutrina da interseccionalidade confere à mulher negra marginalizada a autoridade máxima: sua palavra é "a Palavra".

O objetivo de Crenshaw era criar uma base mais duradoura para a ação política, transformando a interseccionalidade em um método mais sofisticado de política identitária. "A identidade continua a ser o espaço de resistência para os membros dos diferentes grupos subalternos", Crenshaw escreveu. "Neste momento da história, podemos fazer uma defesa enfática da tese de que a estratégia de resistência mais decisiva para os grupos desempoderados é ocupar e defender uma política de localização social em vez de abandoná-la e destruí-la."[30] Na prática, os teóricos críticos da raça não querem transcender a identidade em busca de valores universais. Eles querem brandir a identidade em busca do poder político da esquerda.

Para Crenshaw, a estrela-guia dessa nova política era a mulher negra marginalizada, que representa a encarnação unitária dos oprimidos – e, pela lógica da interseccionalidade, a fórmula para reestruturar a sociedade ao longo de todos os eixos de opressão. Para a mulher negra marginalizada, o antirracismo era insuficiente, pois não abordava sua identidade de gênero. O feminismo era insuficiente, pois não abordava sua identidade racial. E o anticapitalismo era insuficiente, pois não abordava sua identidade de forma alguma. Ao contrário das teorias mais antigas de política identitária, a teoria unitária de opressão de Crenshaw exigia um método unitário de revolta que libertaria a mulher negra marginalizada ao longo de todos os eixos de identidade simultaneamente.

Politicamente, a inovação de Crenshaw foi que sua teoria de interseccionalidade forneceu a base para um novo Sujeito revolucionário, muito além do proletariado branco de Marx e da coalizão de estudantes brancos e gueto negro de Marcuse. Na visão de Crenshaw, o novo conjunto de opressões – a mulher, a minoria, o homossexual, o deficiente – podia ser agregado numa maioria política, que, apesar das diferenças superficiais, representava a pressão dos corpos na parte mais baixa do porão, fervilhante de ressentimentos e prontos para a revolta.

O último elemento-chave da teoria crítica da raça é a práxis crítica da raça, ou a aplicação da teoria à política prática. Crenshaw e seus colegas adotaram explicitamente a conhecida máxima de Marx na Décima Primeira Tese sobre Feuerbach de que o propósito da filosofia não é interpretar o mundo, mas transformá-lo.[31] "Ao contrário de algumas disciplinas acadêmicas, a teoria crítica da raça contém uma dimensão ativista. Ela procura não só entender nossa situação social, mas transformá-la", Richard Delgado e Jean Stefancic comunicaram nas páginas iniciais de *Critical Race Theory: An Introduction*.[32]

> Os ativistas de rua, por sua vez, precisam de novas teorias para desafiar a ordem social que trata tão mal as comunidades de minorias e os pobres. Similarmente, os teóricos precisam da infusão de energia que provém da exposição a problemas do mundo real, tanto como uma força galvanizadora para o estudo acadêmico quanto como um teste de realidade para sua produção literária. Quanto à crítica ao sistema vigente, os críticos respondem que estão trabalhando no desenvolvimento de uma visão para substituí-lo.[33]

Os teóricos críticos da raça basearam sua estratégia política na obra de Antonio Gramsci, comunista italiano que criou o conceito de "hegemonia cultural" e sustentou que as revoluções de esquerda modernas poderiam ter êxito por meio de uma "guerra de posição" contra o *establishment*. Crenshaw escreveu em *The Key Writings That Formed the Movement*:

> Em parte, os acadêmicos críticos derivam sua visão da ideologia jurídica da obra de Antonio Gramsci. Ao examinar a dominação como uma combinação de coerção física e controle ideológico, Gramsci enunciou o conceito de hegemonia, ou seja, o meio pelo qual o sistema de atitudes e crenças, permeando

tanto a consciência popular como a ideologia das elites, reforça os arranjos sociais existentes e convence as classes dominadas de que a ordem vigente é inevitável.[34]

Para Crenshaw, nos Estados Unidos, a hegemonia em vigor era o regime da "supremacia branca", que, mesmo após o fim da escravidão e do sistema de segregação racial, "ainda estava submerso na consciência popular", e fornecia a estrutura básica da dominação racial.[35] De acordo com a narrativa da teoria crítica da raça, as instituições norte-americanas perpetuaram essa supremacia branca invisível, ao mesmo tempo que a mistificavam por meio de apelos ao mérito, à neutralidade, ao daltonismo racial e à proteção igual perante a lei – todos os quais ilusões concebidas para proteger a "ideologia racista" e os interesses materiais da classe dominante.[36]

Segundo Crenshaw, a solução era não se engajar numa revolução direta contra o Estado, como o movimento militante negro tentara fazer na geração anterior, mas subverter as instituições de produção de cultura de dentro para fora. Em outras palavras, a ideologia de Eldridge Cleaver tinha uma maior chance de sucesso junto com a estratégia de Derrick Bell, que havia conquistado prestígio nas instituições de elite e manipulado sua lógica interna para satisfazer seus próprios objetivos políticos.

"A luta dos negros, assim como de todos os grupos subalternos, é uma luta (...) para manipular elementos da ideologia dominante a fim de transformar a experiência de dominação", Crenshaw explicou. "Gramsci chamou essa luta de 'guerra de posição', e a considerou como a estratégia mais apropriada para a mudança das sociedades ocidentais."[37] Para Crenshaw, essa estratégia proporcionava o método mais poderoso para disseminar a teoria crítica da raça no regime norte-americano e para criar uma "contra-hegemonia" no âmbito da estrutura de poder dos Estados Unidos. E os teóricos críticos da raça, que em meados da década de 1990 tinham assegurado cátedras em escolas de direito de prestígio em todo o país, estavam na posição perfeita para colocá-la em prática.

Mari Matsuda, outra professora de direito que participou da conferência de fundação da teoria crítica da raça, propôs métodos táticos para travar a "guerra de posição".

Em um ensaio para *The Key Writings That Formed the Movement*, Matsuda reuniu toda a subestrutura intelectual da teoria crítica da raça – incluindo a lógica do raciocínio racial, a autoridade do Sujeito interseccional e a guerra de posição gramsciana – em favor dessa visão política. Ela exortou os teóricos críticos da raça a "[olhar] para os menos favorecidos", adotar "a perspectiva daqueles que viram e sentiram a falsidade da promessa liberal" e se valer dos marginalizados para "[definir] os elementos de justiça". Matsuda acreditava que os novos representantes dos oprimidos, que Gramsci chamara de "intelectuais orgânicos", tinham tanto o poder de subverter a ordem jurídica e política vigente, que "serve para legitimar as más distribuições de riqueza e poder existentes", como de reconstruir a sociedade segundo "a experiência real, a história, a cultura e a tradição intelectual das pessoas de cor nos Estados Unidos".[38]

Para Matsuda e os teóricos críticos da raça, o objetivo final do direito não era alcançar a igualdade universal, que eles consideravam uma abstração, mas orientar a máquina estatal para beneficiar as comunidades específicas de carne e osso que compunham a coalizão interseccional. O resultado ideal, Matsuda escreveu, seria que a "interpretação da vítima" da Constituição alcançasse hegemonia, de modo que "a promessa de liberdade" significasse "liberdade do racismo público e privado, liberdade das desigualdades na distribuição de riqueza, e liberdade da dominação por dinastias".[39] Do início ao infinito, a teoria crítica da raça representou a próxima etapa da dialética, prometendo um processo de "mudança fundamental" que poderia, por fim, marcar o início de "uma concepção utópica do mundo" libertado das opressões do passado.[40]

Em um período de tempo bastante curto, os teóricos críticos da raça forjaram sua ideologia, que viam como o "combustível para a transformação social"[41] que se iniciava na universidade e se expandia para fora por meio do ativismo da elite. Como observara certa vez seu mestre Derrick Bell: "A teoria crítica da raça reconhece que revolucionar a cultura começa com a avaliação radical dela".[42] Os jovens acadêmicos estavam prontos para se comprometer com "um programa de resistência acadêmica" que, esperavam, finalmente "estabeleceria as bases para uma resistência em grande escala".[43]

*　　*　　*　　*

Os teóricos críticos da raça haviam definido seus planos iniciais em particular, mas, assim que começaram a publicar, seu movimento foi imediatamente alvo de críticas de acadêmicos importantes. Os críticos tanto da direita como da esquerda atacaram a epistemologia da vítima, o pessimismo injustificado e a estratégia política sectária dos teóricos críticos da raça.

No entanto, as críticas mais contundentes vieram dos acadêmicos negros e dos líderes dos direitos civis.

O primeiro ataque veio de Randall Kennedy, colega de Derrick Bell na Escola de Direito de Harvard, que, em 1989, na *Harvard Law Review*, escreveu um ensaio bastante crítico questionando os fundamentos intelectuais da nova disciplina.[44] Segundo Kennedy, os teóricos críticos da raça não conseguiram respaldar suas alegações de representar a "perspectiva da vítima" na academia e de produzir estudos acadêmicos racialmente distintivos. Os teóricos críticos da raça tentaram reforçar sua "posição" ao reivindicar o estandarte da opressão, mas, para Kennedy, uma análise mais detalhada das evidências sugeriu que os acadêmicos pertencentes a minorias não sofriam exclusão significativa nas escolas de direito. Sua representação limitada podia ser mais bem explicada, entre outras razões, pela quantidade limitada de candidatos qualificados.

Além disso, Kennedy atacou a ideia de que "por causa de seu *status* de minoria e da experiência de vitimização racial associada a esse *status*, as pessoas de cor apresentam perspectivas ou vozes valiosas e especiais, que, se reconhecidas, enriquecerão o discurso acadêmico jurídico".[45] Na realidade, os teóricos críticos da raça "[não conseguiram] mostrar o ineditismo do 'novo conhecimento' e a diferença que distingue as 'vozes diferentes'".[46] Kennedy sustentou que a cor da pele não era um indicador automático de sabedoria ou um direito a uma posição especial. Os teóricos críticos da raça haviam tentado reduzir o mundo a um binário racial rudimentar, que eliminava distinções significativas entre indivíduos que talvez compartilhassem a mesma ascendência racial. Como Kennedy assinalou, a análise deles "engloba em um só contexto de vitimização racial o professor de direito negro [e] o negro desempregado, sem instrução, cativo do gueto", e, ainda pior, assume que todos os membros de uma categoria racial devem ter a mesma opinião.[47]

Kennedy expôs uma verdade embaraçosa: os teóricos críticos da raça defendiam ardorosamente a "diversidade", mas tratavam os grupos raciais como monólitos. A disciplina não transcendeu os estereótipos raciais, mas simplesmente os inverteu: assumia-se que as minorias eram sábias, desfavorecidas e meritórias; enquanto os brancos eram considerados inertes, majestosos e opressores. A raça se tornou um substituto para o valor, e a identidade de grupo se tornou o novo critério de avaliação moral e intelectual.

Kennedy rejeitou categoricamente essa lógica de posição racial – e, junto com ela, a lógica do raciocínio racial – como deletéria para a academia e, por extensão, para a sociedade. Escreveu ele:

> A aplicação generalizada do conceito de posição [dos teóricos críticos da raça] provavelmente seria ruim para os acadêmicos pertencentes a minorias. Seria

ruim para eles porque seria ruim para *todos* os acadêmicos. Seria ruim para todos os acadêmicos porque critérios baseados em *status* para posição intelectual são anti-intelectuais, na medida em que subordinam ideias e trabalho qualificado ao *status* racial.[48]

Em seu esboço inicial, Kennedy percebeu as ambições da nova disciplina – estabelecer um método para obter poder institucional por meio da manipulação racial – e advertiu contra isso.[49] Ele via a redução dos indivíduos a categorias raciais como uma ressurreição vergonhosa da ideia de que "raça é destino".[50] Além disso, considerava os conceitos de "branquitude" e "negritude" como irremediavelmente vagos, mal fundamentados e hostis ao indivíduo e aos valores universais.

O trabalho de Kennedy provocou um conflito imediato. Enquanto ele trabalhava em uma versão preliminar do ensaio, Derrick Bell interveio pessoalmente, dizendo a seu colega mais jovem que ele não deveria publicá-lo porque trairia seu compromisso com sua tribo racial e ideológica. Kennedy o ignorou e publicou a crítica na *Harvard Law Review*, e Bell reagiu com rancor. Ele atacou Kennedy publicamente, afirmando que seu colega desempenhava "o papel de menestrel acadêmico", e que a recepção positiva ao trabalho de Kennedy demonstrava que a "mídia está pronta para conceder a Kennedy o *status* especial de celebridade disponível para qualquer negro disposto a falar em favor dos brancos (...) que, para constar, não estão dispostos a criticar os negros".[51]

Outros acadêmicos perceberam. Questionar a lógica do raciocínio racial provocaria acusações de racismo, ostracismo profissional e uma campanha de assassinato de reputação – mesmo que esses acadêmicos fossem negros. Anos depois, após a morte de Bell, Kennedy reconheceu essa dinâmica em uma retrospectiva, que expressou um respeito relutante a Bell, mas concluiu que ele "era atraído por generalizações grandiosas que se desfazem sob uma análise crítica" e, no final das contas, foi consumido por sua raiva, amargura e frustrações.[52]

O segundo ataque significativo contra Bell e a teoria do pessimismo racial de seus alunos veio de outro de seus colegas, Leroy Clark, que trabalhava como advogado na área dos direitos civis para o NAACP Legal Defense Fund, colaborou com Martin Luther King Jr. na Campanha dos Pobres e depois se tornou professor de direito na Universidade Católica da América.[53] Enquanto Randall Kennedy atacava os fundamentos intelectuais do raciocínio racial e da epistemologia da vítima, Clark atacava a narrativa histórica de Bell sobre o racismo nos Estados Unidos, sustentando que estava descolada dos fatos e era prejudicial ao autoaperfeiçoamento dos negros.

Tendo observado a reação amarga de Bell à crítica, Clark abriu seu artigo com uma nota de advertência:

> Escrevo este artigo com ambivalência, mas com senso de urgência. A ambivalência resulta da crítica à obra de um antigo colega de trabalho, que ganhou meu sincero respeito devido a sua preocupação inquestionável com o drama dos negros. Não tenho dúvida de que o professor Bell escreveu, como sempre, com honestidade. Mas é justamente porque ele é um homem de profunda integridade, denominado o "fundador da teoria crítica da raça", que suas declarações podem ter uma influência poderosa sem precedentes, sobretudo no desenvolvimento de acadêmicos pertencentes a minorias. (...) Portanto, a urgência decorre de minha noção de que o trabalho do professor Bell dissemina uma mensagem prejudicial e desestimulante, que deve ser confrontada e rejeitada se aspiramos moldar criativamente nosso futuro.[54]

Após preparar sutilmente o terreno, Clark atacou a percepção implacavelmente negativa da história norte-americana por parte de Bell e seu argumento de que o racismo é permanente, indestrutível e onipotente na sociedade. Para Clark, a verdade era que, ao longo da história norte-americana, muitos brancos lutaram abnegadamente pela igualdade racial. No período anterior à Guerra Civil, os abolicionistas brancos lutaram para proibir a escravidão por convicção moral e religiosa. Durante o movimento pelos direitos civis, ativistas brancos trabalharam de mãos dadas com ativistas negros para acabar com a prática da segregação e do racismo sancionado pelo Estado.

Bell tentara explicar qualquer manifestação de virtude branca como interesse próprio camuflado, mas, segundo Clark, um estudo histórico básico da Guerra Civil e do movimento pelos direitos civis, no qual tanto ele quanto Bell participaram, não deixava dúvidas: os norte-americanos brancos poderiam transcender seus próprios interesses mesquinhos e contribuir para a concretização da liberdade negra. Ao contrário das caracterizações lúgubres de Bell, Clark sustentou que "os abolicionistas brancos viam os Confederados como os 'Space Traders' de sua época", e que, quando Bell e ele eram colegas no NAACP Legal Defense Fund, pelo menos um terço dos advogados na equipe deles eram brancos.[55]

Da mesma forma, Clark rejeitou a insistência de Bell de que os negros contemporâneos estavam em piores condições do que em qualquer momento desde a escravidão.

Para Clark, os negros, na realidade, tinham dado um "grande salto qualitativo em direção à liberdade" em cada etapa da história norte-americana, desde a abolição, passando pela Reconstrução e a Grande Migração, até a era dos direitos civis.[56] Ele apontou para uma variedade de evidências históricas que contradiziam a teoria de Bell acerca do racismo permanente e, em vez disso, defendeu a tese do progresso contínuo. Ao longo da vida, Clark escreveu, a pobreza entre os negros diminuíra em 60%, três quintos dos negros migraram para a classe média, as mulheres negras alcançaram paridade de renda com as mulheres brancas, e o número de representantes eleitos crescera de algumas dezenas em 1940 para 6,8 mil em 1988. Citando o economista Peter Drucker, Clark resumiu o argumento a favor do otimismo racial: "Nos 50 anos desde a Segunda Guerra Mundial, a posição econômica dos afro-americanos nos Estados Unidos melhorou mais rapidamente do que a de qualquer outro grupo na história social norte-americana – ou na história social de qualquer país".[57]

Isso não quer dizer que Clark fosse excessivamente otimista. Ele reconheceu os desafios persistentes para os afro-americanos, mas sustentou que não poderiam ser atribuídos ao racismo como uma causa onipotente e unitária. Como Clark observou, muitos dos problemas sociais mais evidentes nas comunidades negras pobres também se espalharam para as comunidades brancas pobres. A causa da desvantagem social não podia ser reduzida à única variável de raça, mas devia incluir toda a gama de fatores econômicos e culturais que levam à desigualdade tanto entre como dentro de grupos raciais.

Há uma sensação de angústia pessoal na escrita de Clark. Ele estava aflito pelo fato de que seu antigo camarada havia se perdido, deixando-se levar pela fantasia paranoica de que os brancos contemporâneos estavam ocupados tramando "um futuro holocausto para os afro-americanos".[58] Clark viu algo mais profundo: o "realismo racial" de Bell era, na verdade, uma forma de niilismo racial. Seus protestos não eram uma demonstração de heroísmo moral, mas uma forma de narcisismo e exibicionismo moral.

Clark repreendeu respeitosamente seu antigo colega por abandonar a lição fundamental da era dos direitos civis – que coalizões amplas e multirraciais eram essenciais para o progresso negro – em favor de uma atitude egoísta e autorrealizável de pessimismo. Ele escreveu, mal escondendo sua frustração:

> O professor Bell não oferece uma única abordagem programática para mudar as circunstâncias dos negros. Ele apresenta apenas profecias alarmantes e não analisadas de desgraças, que facilmente atrairão a atenção de uma mídia ávida por polêmicas.[59] (...) A "análise" de Bell é realmente apenas acusação

e "importunação dos brancos", além de ser sabotadora e destrutiva. Não existe amor – exceto pelo próprio grupo –, e há uma restrição na tentativa de compreender os brancos. Há apenas raiva e confusão. Nenhuma ponte é construída – apenas moralismo está sendo vendido.[60]

A crítica final à teoria crítica da raça durante seu período de formação inicial veio de Henry Louis Gates Jr., professor de estudos afro-americanos que chegou a Harvard em 1991, no momento em que Derrick Bell se achava envolvido em sua greve acadêmica. Gates, que posteriormente se tornaria o muito celebrado chefe do Departamento de Estudos Afro-Americanos de Harvard, atacou Bell desde o início. Ele disse que o protesto de Bell era "algo muito corajoso e dramático a se fazer",[61] mas condenou o apoio de Bell a Louis Farrakhan e insinuou que Bell poderia estar dando permissão a "demagogos e pseudoacadêmicos negros" a se recusar a condenar claramente o antissemitismo no âmbito da *intelligentsia* negra.[62]

Furioso, Bell atacou Gates no *New Republic* e no *New York Times*,[63] dizendo que seu colega de Harvard era o equivalente a homens como Clarence Thomas, Shelby Steele e Thomas Sowell, que criticavam os intelectuais negros de esquerda para melhorar sua posição e "servir de consolo para brancos contrariados".[64]

Mas Gates estava apenas começando.

Mais tarde naquele ano, Gates escreveu um ensaio para a revista *New Republic* que apresentou uma crítica ainda mais séria contra o professor e seus jovens discípulos. Gates desferiu duras críticas à ideologia da teoria crítica da raça, traçando uma clara distinção entre o movimento pelos direitos civis, que considerava os direitos civis e as liberdades civis como mutuamente benéficos, e o ativismo crítico da raça, que abandonara a fé nos princípios da Constituição e defendia a regulação, restrição e punição pelo governo de indivíduos por causa de noções vagas de "discurso de ódio". Para Gates, os teóricos críticos da raça se imaginavam vítimas de racismo institucional, preconceito generalizado, exclusão acadêmica e opressão sutil. Mas isso era uma ilusão.

Na verdade, Gates sustentou, os teóricos críticos da raça – professores de direito em universidades de elite – não eram membros de uma classe perseguida. Eles eram membros de uma classe privilegiada com apoio institucional significativo. Podiam apelar às instituições em busca de proteção contra o "discurso de ódio" porque sabiam que as instituições provavelmente ficariam a seu lado. Os teóricos críticos da raça usavam sua identidade como "vítimas" a fim de se aproveitar do poder moral da minoria oprimida, enquanto, na realidade, representavam uma maioria ideológica que buscava consolidar seu próprio poder. "Por que dar ao governo poderes ampliados de regular o discurso de minorias impopulares, a menos que se estivesse confiante de que as minorias impopulares fossem racistas, e não negras?", Gates perguntou retoricamente.[65]

Uma por uma, Gates catalogou as falhas na ideologia dos teóricos críticos da raça e os problemas que surgiriam de seu regime ideal. Ele sustentou que o projeto político deles, que envolveria regular falas e manifestações, substituiria a política com uma forma instável de psicoterapia. Os teóricos críticos da raça fundamentaram sua teoria do conhecimento em bases frágeis de subjetividade radical, que promoveram sua perspectiva como o único ponto de julgamento válido, e então exigiam que fosse transformada em direito positivo.

Gates previu que essa abordagem levaria a inquisições absurdas, fortaleceria os elementos mais histéricos e punitivos da burocracia e entronizaria "um vocabulário de traumas e abusos, no qual as formas verbais e físicas são vistas como equivalentes". Ele citou um exemplo da Universidade de Connecticut, que havia proibido indivíduos de promover "ações que solapassem a 'segurança ou autoestima' de pessoas ou grupos" e, ao mesmo tempo, também proibiu "atribuir objeções a qualquer uma das ações acima à 'hipersensibilidade' do indivíduo ou grupo visado". Em outras palavras, um beco sem saída: os impositores da perspectiva da vítima determinam a culpa, e qualquer tentativa de defesa é considerada uma prova adicional de má conduta.[66]

Ainda mais importante, Gates sustentou que os teóricos críticos da raça transformariam o racismo em uma miragem. Esses teóricos concentraram toda sua atenção nas preocupações da academia e em condenações abstratas do discurso e comportamento da elite, oferecendo muito pouco conteúdo sobre o drama do mundo real da classe subalterna negra. Gates escreveu:

> O problema talvez seja que (...) a contínua pauperização de grandes segmentos dos afro-americanos não pode ser apagada simplesmente por meio de atitudes raciais melhores. A pobreza, tanto negra quanto branca, pode ganhar vida própria, ao ponto de que remover as condições que a causaram pouco contribuiria para aliviá-la. Em vez de responder à nova e cruel situação com modos novos e mais sutis de análise socioeconômica, [os teóricos críticos da raça] contornaram a lacuna entre retórica e realidade forjando definições novas e mais sutis da palavra "racismo". Portanto, um novo modelo de racismo institucional é aquele que pode atuar na ausência de racistas reais. Ao redefinir nossos termos, sempre podemos alegar o seguinte sobre a disparidade econômica entre a América branca e negra: o problema ainda é o racismo (...) e, pelo

que foi estipulado, isso seria verdade. Porém, a aderência a esse vocabulário tem tendido a impedir os modelos mais sofisticados de economia política de que precisamos tão desesperadamente.[67]

Os teóricos críticos da raça tinham substituído o significado pelo verbalismo, e a substância pelo simbolismo. Gates alertou que se eles alcançassem o poder, sacrificariam a liberdade por uma noção ilusória de igualdade, que, no final, poderia acabar destruindo ambas. Ao contrário dos ativistas do movimento pelos direitos civis, o objetivo dos teóricos críticos da raça "não era resistir ao poder, mas aliciar o poder".[68] O resultado seria um sistema de manipulação que utiliza a culpa, a vergonha e intrincadas armadilhas linguísticas e psicológicas para manter o controle social.

Essas três críticas – de Kennedy, Clark e Gates, todas publicadas em 1995 – representaram um desafio intelectual significativo para a teoria crítica da raça. No entanto, não representaram um desafio político significativo. Um por um, Bell e seus discípulos neutralizaram seus críticos negros por meio de calúnias e assassinato de reputações. Bell chamou seus oponentes negros de "menestréis" e os acusou de participar da prática dos "senhores de escravos de promover a feitor e outras posições de poder semelhantes aqueles escravos dispostos a imitar as opiniões dos senhores".[69] Seus alunos reproduziram essa estratégia em uma linguagem terapêutica e mais sutil, ao diagnosticar: os críticos negros sofrem da doença de "inferioridade racial internalizada".

Os teóricos críticos da raça construíram sua filosofia sobre a base instável do pós-modernismo, se autodenominaram os avatares dos oprimidos e criaram uma práxis política manipuladora em busca de uma utopia nebulosa e sempre falha. Tudo isso era óbvio para os primeiros críticos. No entanto, apesar dessas falhas gritantes, os teóricos críticos da raça conseguiram derrotar sua oposição uma a uma e iniciar o processo de implantação de sua ideologia em redutos da elite. A verdadeira genialidade da teoria crítica da raça não era intelectual, mas tática. Os "acadêmicos ativistas" aprenderam a exercer a política racial em ambientes de elite e usá-la como sustentáculo para acumular poder.

Após o estabelecimento das bases ideológicas, os teóricos críticos da raça passaram para a próxima fase de sua campanha: conquistar as instituições.

CAPÍTULO 17

DEI E O FIM DA ORDEM CONSTITUCIONAL

A teoria crítica da raça de modo algum foi criada para revelar a verdade – ela foi criada para chegar ao poder. A verdadeira história da disciplina não é um relato de suas descobertas intelectuais, mas sim de sua ofensiva-relâmpago através das instituições.

Ao longo de 30 anos, os teóricos críticos da raça e seus aliados nos movimentos sociais de esquerda disseminaram essa ideologia em quase todas as instituições de produção de conhecimento dos Estados Unidos, desde departamentos acadêmicos universitários até as 100 maiores empresas relacionadas pela revista *Fortune*. Eles sintetizaram, reduziram e eufemizaram o trabalho intelectual de Derrick Bell e seus discípulos para adoção em massa nos currículos escolares, burocracias governamentais e programas de treinamento em diversidade. Com o tempo, a ideologia se transformou dos princípios abstratos da teoria acadêmica em políticas e prática concretas de "diversidade, equidade e inclusão".

Essa mudança foi inevitável. E brilhante. A fim de alcançar a hegemonia nas instituições, os teóricos críticos da raça tiveram que criar um meio de vincular sua ideologia ao poder administrativo. Inicialmente, eles desenvolveram essas técnicas nos limites da universidade e, em seguida, deslocaram-se lateralmente através dos pontos fracos nas burocracias de outras instituições, sobretudo no aparato de diversidade federal, nos departamentos de recursos humanos corporativos e na imensa administração das escolas públicas. Criaram um sistema circular e autossustentável que gerou sua própria demanda e implantou uma nova e universal classe de "funcionários de diversidade" nas instituições. Essa classe procura desmantelar as antigas proteções de direitos individuais, igualdade daltônica e propriedade privada, substituindo-as por uma moralidade e um sistema governamental alternativos baseados nos princípios da teoria crítica da raça.

De certo modo, a teoria crítica da raça se tornou a supradisciplinar das teorias críticas. Ela aproveitou a estrutura essencial da teoria crítica de Marcuse, absorveu a estratégia de práxis crítica de Angela Davis, fundiu-se com a aplicação da pedagogia crítica de Paulo Freire, e combinou tudo isso em um movimento político descomunal, mas em grande medida invisível, que saiu das margens para o centro do poder norte-americano. Sua teoria – de que a Constituição sustenta o regime da supremacia branca e deve ser substituída por um regime de "equidade racial" – tornou-se dominante em toda a gama de instituições de elite.

Sua práxis – a guerra de posição gramsciana, complementada pelas táticas da política identitária – tem sido surpreendentemente bem-sucedida em promover sua ideologia no poder.

* * * *

O primeiro passo para os teóricos críticos da raça foi criar uma estratégia retórica para ampliar seu poder no âmbito das universidades.

Desde o início, os teóricos críticos da raça formularam sua argumentação como se fosse uma ratoeira. Eles usaram sua epistemologia dos oprimidos para justificar suas reivindicações com base na identidade, em vez de razão, evidência e racionalidade, consideradas como lógica do opressor. A partir daí, conseguiram utilizar a premissa do racismo histórico para suscitar afinidades e, em seguida, pressionar o interlocutor a confirmar suas conclusões, independentemente de estarem ou não justificadas lógica ou historicamente. Ao empregar essa técnica, os teóricos críticos da raça podiam reinterpretar até mesmo momentos de destaque da história norte-americana, como a assinatura da Proclamação de Emancipação ou a aprovação da Décima Quarta Emenda, considerando-os como uma conspiração racial para subjugar os negros. Se alguém discordasse, os teóricos críticos da raça tinham uma série de explicações: o crítico negro estava sofrendo de "opressão racial internalizada"; o crítico branco estava sofrendo de "fragilidade branca", "viés inconsciente" e "supremacia branca internalizada". Eles usavam os sentimentos de culpa e vergonha para coagir seus inimigos a aceitar suas conclusões.

Essa tática funcionou muito bem nas universidades. Os métodos da teoria crítica da raça serviram como racionalizações de conceitos elevados e que são fáceis de usar para as práticas de denúncias, vinganças e encenações moralistas. Basta aplicá-los para obter *status* profissional nas instituições de elite, onde a acusação de racismo é suficiente para converter um membro em boa posição em um pária intelectual. Os acadêmicos de esquerda podem experimentar a emoção moral da acusação com baixo custo por erro – um cálculo atraente para intelectuais que querem reforçar sua reputação como gente corajosa que conta a verdade, sem nunca assumir nenhum risco pessoal ou profissional.

Desde o começo, o objetivo mais amplo era a dominação. Os teóricos críticos da raça empregaram essas técnicas de manipulação, subversão e jogos de *status* com o propósito de incorporar sua ideologia "tão a fundo no estudo acadêmico e no ensino que seus preceitos se tornassem corriqueiros, parte do senso comum".[1] Seu ponto de partida foi a escola de direito, mas os princípios da teoria crítica da raça – epistemologia da vítima, interseccionalidade, racismo sistêmico, ação afirmativa – mostraram-se irresistíveis para outros acadêmicos, que os utilizaram para impor sua própria política e promover sua ascensão profissional.

Diante dessa nova política, as universidades cederam imediatamente. Como assinalou o economista Thomas Sowell em 1990, os administradores pareceram impotentes para resistir ao sequestro racial de Derrick Bell e seus epígonos. As universidades tinham "aperfeiçoado a técnica da rendição preventiva", Sowell revelou.[2] "No exato momento em que há todo esse uso frequente da palavra 'diversidade', existe essa conformidade ideológica muito estreita que vem sendo imposta onde quer que as pessoas tenham o poder para impô-la."[3]

As defesas continuaram a falhar nas décadas subsequentes. A teoria crítica da raça, que alegava representar o impulso decolonizador, colonizou disciplina após disciplina. Os "ativistas acadêmicos", expandindo-se a partir das escolas de direito, rapidamente estabeleceram pontos de apoio em estudos étnicos, estudos das mulheres, ciências sociais, saúde pública, filosofia e educação.

A ascensão da teoria crítica da raça só pode ser descrita como um golpe intelectual. Desde seu início no final de década de 1980 até o presente, a teoria se tornou onipresente em quase todas as disciplinas nas universidades. Sua produção tem sido enorme: os bancos de dados acadêmicos revelam 390 mil resultados para "teoria crítica da raça", incluindo milhares de dissertações, resenhas, artigos, estudos, livros e apresentações em conferências. As principais figuras do movimento – Derrick Bell, Kimberlé Crenshaw, Richard Delgado, Jean Stefancic,

Mari Matsuda e Gloria Ladson-Billings, que fundaram a teoria crítica da raça em educação – registraram quase 200 mil citações em uma ampla variedade de publicações acadêmicas.[4] Atualmente, existem departamentos inteiros, cursos principais e cursos secundários de teoria crítica da raça em dezenas de universidades norte-americanas.[5] "O nome teoria crítica da raça", Crenshaw disse, começou como uma aspiração, mas no espaço de uma década da fundação da disciplina, passou a ser "usado de forma intercambiável no estudo acadêmico sobre raça, assim como Kleenex é usado como lenço de papel".[6]

De certo modo, os teóricos críticos da raça alcançaram a vitória por meio do volume. Só no campo da educação, os teóricos críticos da raça publicaram uma enxurrada de materiais e alojaram suas ideias na arquitetura dos departamentos de educação, que capacitam a força de trabalho docente para as escolas do ensino fundamental e ensino médio dos Estados Unidos. Ao conquistar esses departamentos em um período de 30 anos, os teóricos críticos da raça construíram uma poderosa correia de transmissão para sua ideologia, levando-a das universidades para o sistema de escolas públicas. "Não planejávamos colonizar, mas encontramos uma afinidade natural na educação", afirmou o teórico crítico da raça Richard Delgado. "Ver a teoria crítica da raça levantar voo na educação foi uma fonte de grande satisfação."[7]

Hoje em dia, a teoria crítica da raça alcançou hegemonia nos sistemas educacionais em diversos redutos progressistas. Os estados da Califórnia, Oregon e Washington incorporaram os princípios da teoria crítica da raça no currículo oficial.[8] Desde o jardim de infância, as crianças estão estudando as teorias de "racismo sistêmico", "privilégio branco" e "interseccionalidade", quer diretamente, quer por meio de eufemismos.[9]

Em Detroit, o superintendente escolar disse que o "currículo de seu distrito tem usado bastante a teoria crítica da raça" em todos os cursos de humanidades e ciências sociais.[10] Em Seattle, os administradores contrataram um teórico crítico da raça em tempo integral, aprovaram a teoria crítica da raça como parte do currículo de estudos afro-americanos, realizaram "treinamento em equidade racial" utilizando "princípios da teoria crítica da raça" para professores, e mobilizaram mais de duas dezenas de "equipes de equidade racial" que praticam a "teoria crítica da raça" em escolas em todo o distrito.[11] Em nível nacional, a Associação Nacional de Educação, que representa mais de 3 milhões de professores e funcionários de escolas públicas, endossou explicitamente a teoria crítica da raça e se comprometeu a promovê-la em todos os 14 mil distritos escolares locais.[12]

Porém, a conquista da sala de aula não foi o prêmio mais importante. Nesse mesmo período, a disciplina passou por uma transformação ainda mais significativa: da teoria crítica da raça para "diversidade, equidade e inclusão".

Desde o início, os teóricos críticos da raça entenderam que não se alcança a hegemonia por meio do debate ideológico, mas sim por meio do poder administrativo; o golpe intelectual deve ser seguido pelo golpe burocrático. É aí que a teoria crítica da raça tem sido mais bem-sucedida. Os "acadêmicos ativistas" e seus aliados – toda uma rede profissional de ativistas pela justiça social, instrutores de diversidade, fundações filantrópicas, gestores de ação afirmativa e profissionais de recursos humanos de esquerda – adaptaram as estratégias retóricas das universidades e as transformaram em um programa administrativo padronizado que proporcionaria legitimidade, poder, financiamento e *status* a sua ideologia.

O processo começou com a simplificação: os acadêmicos forneceram os conceitos; os técnicos os converteram em linguagem burocrática. A simetria entre as duas expressões – em outras palavras, entre a teoria e a práxis – revela-se mediante a leitura cuidadosa dos termos básicos que compõem o acrônimo DEI.

Primeiro, "diversidade". O termo recorre à conotação verbal da representação demográfica. Porém, em um nível mais profundo, o eufemismo de "diversidade" é construído sobre bases intelectuais da interseccionalidade, que afirma que o indivíduo não representa apenas uma realidade demográfica, mas também um imperativo político – ou seja, a pessoa deve atender aos critérios de identidade e também promover a "perspectiva da vítima" como uma ideologia. Como Derrick Bell explicou: "Os objetivos da diversidade não serão atendidos por pessoas que parecem negras e pensam como brancas".[13] O resultado prático dessa política é a inversão deliberada da hierarquia de opressão: a "perspectiva da vítima" é colocada acima da "perspectiva do perpetrador" no âmbito da instituição, e o indivíduo supostamente "marginalizado" que representa a ideologia favorecida é deslocado para o centro.

Em seguida, "equidade". Se a diversidade é o arcabouço, a equidade é o método. A palavra é uma ofuscação deliberada. É um homônimo próximo da palavra "igualdade", mas envolve um significado totalmente diferente. O princípio norte-americano de igualdade foi proclamado pela primeira vez na Declaração de Independência, consagrado em sangue com a Guerra Civil e a Décima Quarta Emenda, e codificado com a Lei dos Direitos Civis, que procurou criar um sistema daltônico que tratasse os indivíduos igualmente perante a lei. Porém, para os teóricos críticos da raça, esses documentos proporcionaram uma cobertura superficial de igualdade que camuflava a realidade da dominação racial contínua.

Os teóricos críticos da raça rejeitaram explicitamente o padrão norte-americano de igualdade daltônica, sustentando que o tratamento igual perante a lei representa "mera não discriminação" e serve como um disfarce para a supremacia branca e a opressão capitalista. A equidade é o outro lado da moeda. Ela substituiria o regime de direitos individuais por um regime de direitos grupais, exigindo *tratamento igualitário* por meio da redistribuição de poder e recursos para corrigir desigualdades e alcançar uma igualdade verdadeira".[14]

Por fim, "inclusão". Novamente, o significante e o significado estão em oposição. A palavra "inclusão" possui o significado superficial de tolerância para uma ampla gama de pessoas e opiniões. Porém, seguindo a epistemologia do oprimido, o significado verdadeiro de "inclusão" é a regulação do discurso e do comportamento para proteger o bem-estar subjetivo da coalizão interseccional. Tudo o que é considerado "exclusivo", ou que representa os interesses dos oprimidos, é excluído; tudo o que é considerado "inclusivo", ou que representa os interesses dos oprimidos, é incluído. Essa é a lógica do raciocínio racial, transformada em uma tautologia, gerenciada de cima para baixo pela burocracia. Desde o início, os teóricos críticos da raça sustentaram que a restrição do discurso e comportamento "racista" e "sexista" era essencial para a governança da universidade e, por extensão, para a governança da sociedade.[15] As burocracias internalizaram essa filosofia e usaram a linguagem da teoria crítica da raça – "microagressões", "microiniquidades", "viés inconsciente", "discurso de ódio" – para formular políticas que substituíram a regra da liberdade de expressão pela regra da expressão limitada.

Conjuntamente, a expressão "diversidade, equidade e inclusão" representa um novo modo de governança institucional. A diversidade é o novo sistema de posição racial, equidade é o novo método de transferência de poder, inclusão é a nova base de imposição e aplicação. Tudo isso podia ser apresentado à liderança institucional numa linguagem aparentemente suave, afável, tolerante e aberta – algo a que, combinado com a ameaça de acusação, os administradores de elite foram incapazes de resistir.

Após estabelecerem esse método de colonização nas universidades, os teóricos críticos da raça e seus equivalentes administrativos se expandiram para as burocracias de outras instituições. A primeira e mais natural expansão foi em direção ao governo, que funcionava de maneira muito semelhante à universidade: financiado pelos pagadores de impostos, com uma estrutura administrativa em camadas, operando numa economia de prestígio e existindo fora da disciplina do livre mercado. Desse modo, a ideologia e as táticas da teoria crítica da raça, adaptadas para a linguagem profissionalizada de diversidade e inclusão, foram facilmente transpostas para as agências do governo federal.

A ofensiva-relâmpago foi ainda mais facilitada pela existência do aparato de direitos civis do governo federal – os diversos escritórios de igualdade de oportunidades, os programas para minorias e conformidade legal –, que foram facilmente capturados e convertidos da ideologia daltônica para a ideologia de consciência das cores. Em rápida sucessão e, na maioria dos casos, sem nenhuma determinação explícita do Congresso, as agências federais convergiram para os princípios da teoria crítica da raça em seus programas internos. As burocracias readaptaram seus escritórios de direitos civis para substituir a antiga estrela-guia da "igualdade" pelo novo objetivo de "equidade". O padrão de conquista foi perfeitamente circular: os intelectuais forneceram a ideologia, os administradores capturaram a infraestrutura, e os contratados privados de diversidade se ligaram a uma nova fonte de financiamento e partilha.

Ao longo da última década, todas as agências federais, desde a Agência de Proteção Ambiental (EPA, na sigla em inglês) até o Departamento Federal de Investigação (FBI, na sigla em inglês), adotaram a teoria crítica da raça como uma ideologia interna. Em rápida sucessão, esses departamentos criaram novos programas que condenavam os Estados Unidos como "sistematicamente racistas", interrogavam os funcionários por causa de sua "branquitude" e exigiam lealdade ao governo segundo o "antirracismo", ou, mais precisamente, ao governo segundo os princípios da teoria crítica da raça.[16]

Essa fórmula foi reproduzida em todo o aparato federal. Após a morte de George Floyd, a Administração Nacional de Cooperativas de Crédito informou aos funcionários que os Estados Unidos tiveram sua origem na "supremacia branca".[17] O Departamento de Segurança Interna explicou aos funcionários brancos que eles foram "socializados para papéis opressores".[18] Os Centros de Controle e Prevenção de Doenças organizaram um programa de treinamento de 13 semanas condenando os Estados Unidos como um país dominado pela "ideologia supremacista branca".[19]

Então, as agências instruíram os funcionários a abandonar seu compromisso histórico com a neutralidade e se envolver em ativismo político explícito de esquerda. A EPA orientou os funcionários a internalizar os princípios de "antirracismo, fragilidade branca, microagressões, privilégio branco e racismo sistêmico" para se tornarem "aliados" da causa. O Departamento de Estado promoveu um "desafio de criação de hábitos antirracistas" de três semanas e pediu aos funcionários que firmassem um "compromisso" na "busca da equidade racial". O Departamento de Assuntos de Veteranos realizou uma série de "Races Cafés"[20], com os administradores firmando um "compromisso de equidade" diante dos funcionários.[21]

Quando os investigadores do Escritório de Gestão de Pessoal realizaram uma apuração sobre a presença da teoria crítica da raça no governo federal, descobriram uma avalanche de materiais ideológicos em todas as agências federais. Um investigador relatou:

> A primeira coisa de que me lembro foi o volume impressionante de material. Uma única agência produziu quase mil páginas de documentos apenas sobre treinamento em "viés inconsciente". Tivemos que contratar pessoal adicional só para analisar todo o material. Outra agência tinha vários seminários presenciais sobre "branquitude" que custaram dezenas de milhares de dólares programados apenas para aquele mês.[22]

Até mesmo os fornecedores de armamento para o governo federal se submeteram à nova ideologia.

A Lockheed Martin, a maior empresa do setor de defesa do país, enviou executivos brancos do sexo masculino numa missão para a desconstrução de seu "privilégio de homem branco". Os instrutores explicaram aos homens que a "cultura do homem branco" e os valores de "individualismo robusto", "trabalho árduo" e "busca pelo sucesso" eram "devastadores" para as minorias.[23]

A Raytheon, a segunda maior empresa do setor de defesa, seguiu o exemplo. A companhia lançou um programa de "antirracismo" que ensinava os princípios da "interseccionalidade" e instruía os funcionários a reconhecer "sistemas interligados de opressão" e "analisar o poder em termos de privilégio e marginalização". Segundo o consultor em diversidade da Raytheon, os brancos "dispõem do privilégio da individualidade" e devem silenciar diante das minorias. Finalmente, seguindo a lógica da teoria crítica da raça até sua conclusão, a firma instruiu os funcionários a rejeitar completamente o princípio da igualdade. O padrão daltônico de "tratamento igual e acesso às oportunidades" não é suficiente; em vez disso, a empresa deve buscar a "equidade", que "se concentra na igualdade do *resultado*".[24]

No Departamento do Tesouro, o programa de treinamento é representativo da crescente burocratização da teoria crítica da raça no governo federal. Como parte da Lei Dodd-Frank de Reforma de Wall Street e Proteção ao Consumidor, o governo Obama criou Escritórios de Inclusão de Minorias e Mulheres em todas as agências federais responsáveis pela supervisão do mercado financeiro e nas filiais do Federal Reserve (Banco Central) em todo o país. Segundo vários funcionários federais, que concordaram em falar sob a condição de anonimato, os chefes dos Escritórios de Inclusão de Minorias e Mulheres atuam como comissários políticos, promovendo a ideologia oficial e impondo a ortodoxia. Um funcionário do Tesouro disse que o escritório bombardeia o pessoal "quase diariamente" com conteúdo racial e político. Os funcionários conservadores estão "apavorados", prevendo que os "gerentes no governo federal começarão a coagir os funcionários federais a repetir *slogans* [antirracistas]".[25]

O programa do Departamento do Tesouro seguiu uma narrativa conhecida: os Estados Unidos são uma sociedade racista unidimensional, as instituições do país são mecanismos de opressão, e os cidadãos brancos, em particular, devem expiar sua culpa coletiva e renunciar a sua "branquitude".

Em 2020, o Tesouro contratou dois consultores externos, Howard Ross e Johnnetta Cole, para realizar uma série de programas de treinamento para milhares de funcionários em suas agências financeiras.[26] Juntos, Ross e Cole desempenham os dois papéis do novo proletariado de Marcuse: o burguês branco e a militante negra. Ross é um ativista branco e com educação superior que se tornou "consultor em diversidade", com uma longa história de prestação de serviços para o governo federal: em um período de 15 anos, ele faturou mais de 5 milhões de dólares dos pagadores de impostos norte-americanos por programas de treinamento racial, incluindo dezenas de programas sobre "diversidade", "viés inconsciente" e "privilégio", em agências federais, incluindo os Departamentos de Justiça, de Energia, de Assuntos de Veteranos, de Saúde e a NASA.[27]

Por sua vez, Cole é uma "acadêmica-ativista" marxista com uma trajetória destacada em militância negra. Na década de 1970, Cole liderou diversas organizações apoiadas pelo movimento comunista, incluindo a castrista Venceremos Brigade,[28] a marxista-leninista Angola Support Conference,[29] um grupo de frente em prol de interesses soviéticos chamado U.S. Peace Council,[30] e a July 4 Coalition alinhada ao Weather Underground.[31] Ela denunciou reiteradamente os Estados Unidos por "práticas genocidas contra pessoas não brancas ao redor do mundo" e pelo desejo de "destruir todos os inimigos da América corporativa". Cole celebrou a vitória comunista no Vietnã, até mesmo aprovando os "campos de reeducação" do novo governo, e afirmou que o regime de Castro poderia servir como modelo para "eliminar o racismo institucional"[32] nos Estados Unidos. Com o enfraquecimento do movimento revolucionário nos Estados Unidos, Cole continuou a trabalhar no meio acadêmico como professora e administradora universitária, passando depois a integrar conselhos corporativos e empresas de consultoria, incluindo a Cook Ross Inc., comandada por seu coinstrutor Howard Ross.

No Departamento do Tesouro, Ross e Cole iniciaram sua apresentação para 8,5 mil funcionários com uma breve história dos Estados Unidos, filtrada pela contranarrativa da teoria crítica da raça. "Nós temos um sistema que se baseia na raça", Ross começou. "E um dos defeitos básicos, o pecado original deste país, é que ele foi construído à custa de pessoas que foram escravizadas, e para manter essa estrutura intacta, tivemos que criar sistemas e estruturas (...) por centenas e centenas de anos". Os brancos, Ross prosseguiu, têm uma responsabilidade especial por esses crimes históricos, pois são cúmplices de "um sistema baseado em racismo" e perpetuam esse sistema "não necessariamente por escolha, mas por uma resposta automática às maneiras como somos ensinados". Até "pessoas [brancas] boas e decentes" mantêm o "racismo sistêmico" a menos que estejam "ativamente envolvidas em tentar desmontar o sistema". Os negros, Cole acrescentou, suportaram um reinado de "terrorismo racial" durante 400 anos que continua "até nossos dias".

Para Cole, a solução era os servidores públicos federais, sobretudo os "brancos", que têm a obrigação de realizar um "trabalho interior" sério, se tornarem "ativistas" e promoverem a agenda de "equidade racial".

Em um monitoramento, o Escritório de Inclusão de Minorias e Mulheres divulgou um documento delineando as expectativas para as agências federais responsáveis pela supervisão do mercado financeiro e seus 100 mil funcionários: eles deviam adotar a linguagem da teoria crítica da raça – "branquitude", "privilégio branco", "racismo institucional", "viés inconsciente" –, "encarar o desconforto que essas noções podem causar" e recrutar "todos no governo federal" para "o desmantelamento do racismo sistêmico". Os negros, que sofrem de "transtorno traumático pós-escravidão" e "impacto emocional e fisiológico profundo do racismo", deveriam passar por terapia, meditação, registros em diários e processos de cura para superar sua "opressão". Cole concluiu que, então, os membros de ambos os grupos poderiam começar o trabalho de ativismo político e "realizar mudanças políticas" nos governos locais, estaduais e federal, visando subverter as instituições existentes.[33]

A reversão é drástica. Cole já tinha promovido sua ideologia radical como simpatizante da União Soviética e membro do conselho editorial da revista *Rethinking Marxism*. Nesse momento, ela a estava promovendo como contratada oficial do governo norte-americano. Após 50 anos, a longa marcha se consumava. Finalmente, a esquerda radical vencera sua "guerra de posição" gramsciana e conquistara o poder ideológico no âmbito do Estado norte-americano.

* * * *

A aspiração dos teóricos críticos da raça e de seus aliados em relação à "diversidade, equidade e inclusão" não é simplesmente alcançar a hegemonia cultural na burocracia, mas também utilizar esse poder para reformular as estruturas da sociedade norte-americana. No entanto, na névoa do raciocínio místico e da linguagem terapêutica, às vezes é fácil perder de vista a pergunta básica: o que especificamente eles querem?

A resposta se encontra na literatura original da teoria crítica da raça, que, antes de sua transformação nos eufemismos de "diversidade, equidade e inclusão", era extremamente franca acerca dos objetivos políticos da disciplina. Os teóricos críticos da raça tinham abandonado o vocabulário marxista-leninista de seus precursores, como Angela Davis e o Partido dos Panteras Negras, mas imaginavam uma revolução que impactava com igual intensidade. Eles forjaram uma estratégia de revolta contra a Constituição, usando os mecanismos do poder institucional para mudar as palavras, os significados e as interpretações que fornecem a base da ordem vigente.

"A Constituição é um mero pedaço de papel em face do monopólio da violência e do capital possuído por aqueles que pretendem manter as coisas do jeito que estão", Mari Matsuda afirmou.[34] Acabar com ela não era uma transgressão; era uma obrigação moral. Para Matsuda, se necessário, os teóricos críticos da raça poderiam apelar para a Declaração de Direitos e a Constituição para promover seus interesses, mas, em última análise, acreditavam que "os direitos são o que as pessoas no poder dizem que são".[35] O objetivo não era defender os princípios da Constituição, mas usá-los como uma arma para assegurar a autoridade.

No lugar da interpretação em vigor, os teóricos críticos da raça propuseram uma reformulação de três partes do sistema norte-americano de governança: abandonar a noção de igualdade "daltônica", redistribuir a riqueza seguindo critérios raciais e restringir discursos considerados "odiosos".

Para começar, seguindo a linha de Derrick Bell, os teóricos críticos da raça defenderam a tese de que o "constitucionalismo daltônico" funciona como uma "ideologia racial" que "fomenta a dominação racial branca"[36] e promove uma forma implícita de "genocídio cultural".[37] Para eles, o sistema de direitos individuais e igualdade perante a lei proporcionava uma ilusão de igualdade que não abordava a história da injustiça racial. Os pontos intermediários de "multiculturalismo", "tolerância" e "diversidade" eram substituições inadequadas para "iniciativas governamentais legítimas para lidar com o privilégio racial branco".[38]

Para corrigir essa deficiência, os teóricos críticos da raça propuseram uma nova interpretação da Décima Quarta Emenda que passa de um sistema de direitos negativos – ou seja, proteção contra a intrusão do Estado – para um sistema de direitos positivos, ou seja, um direito a ações do Estado.

Como Bell explicou, o remédio para as limitações da Décima Quarta Emenda, que não havia conseguido alcançar igualdade racial substancial, era "ampliar as proteções da Constituição para incluir direitos econômicos" e um "direito a necessidades básicas – empregos, moradia, alimentos, assistência médica, educação e segurança – como direitos de propriedade essenciais de todos os indivíduos".[39] Na prática, a implantação dessa visão exigiria um sistema de ação afirmativa, cotas raciais, indenizações e direitos baseados em grupos. Portanto, a Constituição se tornaria "consciente das cores" e o Estado trataria os indivíduos de maneira distinta conforme a raça, reduzindo deliberadamente os privilégios dos brancos e garantindo privilégios para as minorias. Para Mari Matsuda, "o único significado relevante da cláusula de proteção igual exige o desmantelamento da ideologia do racismo".[40]

Não há limite para essa linha de pensamento. Para os teóricos críticos da raça, a palavra "racismo" incluía tudo, desde discriminação explícita até resultados desiguais de qualquer tipo, passando por viés inconsciente. E, como Bell insistiu, o racismo tinha um poder eterno e indestrutível sobre a sociedade norte-americana. Em consequência, os teóricos críticos da raça abandonaram a esperança de integração racial e igualdade perante a lei, que era considerada ingênua, e a substituíram por um mecanismo permanente de raciocínio e redistribuição racial.

Em nível abstrato, isso significaria impedir a realização do potencial da Declaração de Independência, da Emancipação e da Décima Quarta Emenda. Em nível prático, significaria categorizar, classificar, ordenar, recompensar e punir permanentemente indivíduos a partir da identidade, e não do caráter, mérito ou de realizações individuais. Para os teóricos críticos da raça, a questão era como, não se, o racismo ocorreu, e quaisquer explicações alternativas para disparidades, tais como família, cultura e comportamento, foram descartadas como racionalizações para a supremacia branca.

Como esse sistema de supremacia branca poderia ser corrigido? Em primeiro lugar, por meio da equalização da riqueza material através da redistribuição racial. A principal justificativa para essa política veio de Cheryl Harris, professora de direito da UCLA, que escreveu um influente artigo na *Harvard Law Review* intitulado "Whiteness as Property", o qual foi celebrado por Derrick Bell e republicado como um dos textos fundadores em *Critical Race Theory: The Key Writings That Formed the*

Movement. No ensaio, Harris sustentou que os direitos de propriedade, consagrados na Constituição, eram, na realidade, uma forma de supremacia branca e deviam ser contestados a fim de a igualdade racial ser alcançada. Harris escreve:

> Nos Estados Unidos, as origens dos direitos de propriedade estão enraizados na dominação racial. Mesmo nos primeiros anos do país, não era apenas o conceito de raça que agia para oprimir negros e índios; de certa forma, foi a interação entre as concepções de raça e propriedade que desempenhou um papel crítico no estabelecimento e manutenção da subordinação racial e econômica. Somente a posse e ocupação da terra por brancos eram validadas e, portanto, favorecidas como base para os direitos de propriedade. Essas formas distintas de exploração contribuíram de maneiras variadas para a construção da branquitude como propriedade.[41]

Assim, Harris estabeleceu a premissa emocionalmente carregada – branquitude e propriedade são inseparáveis da escravidão – que ela então projetou sobre a sociedade moderna. "A branquitude, inicialmente concebida como uma forma de identidade racial, evoluiu para uma forma de propriedade, histórica e presentemente reconhecida e protegida pelo direito norte-americano", ela escreveu.[42] Porém, isso havia sido mistificado pela ideologia racial da Constituição.

> Embora a situação atual de distribuição desigual seja produto da supremacia branca institucionalizada e da exploração econômica, é vista pelos brancos como parte da ordem natural das coisas que não pode ser legitimamente perturbada. Por meio da doutrina jurídica, a expectativa do privilégio contínuo baseado na dominação branca foi reificada; a branquitude enquanto propriedade foi reafirmada.[43]

Contudo, Harris acreditava que esse sistema não era inevitável e, mediante o processo de desmistificação, poderia ser abolido. Ela sustentou que os termos conceituais básicos do sistema constitucional – "'direitos', 'igualdade', 'propriedade', 'neutralidade' e 'poder'" – eram meras ilusões utilizadas para manter a hierarquia racial dominada pelos brancos. Na realidade, segundo Harris, "direitos significam anteparos contra interferências; igualdade significa igualdade formal; propriedade significa expectativas arraigadas que devem ser protegidas; neutralidade significa a distribuição vigente, que é natural; e poder é o mecanismo para defender tudo isso".[44]

Segundo Harris, a solução era substituir o sistema de direitos de propriedade e proteção igual, que ela descreveu como "mera não discriminação", por um sistema de discriminação positiva incumbido de "redistribuir poder e recursos a fim de corrigir iniquidades e alcançar uma verdadeira igualdade".[45] Para alcançar esse objetivo, ela defendeu a redistribuição em grande escala de terras e riquezas, inspirada em parte no modelo decolonial africano. Harris considerou uma suspensão temporária dos direitos de propriedade existentes, seguida por uma campanha governamental para "abordar diretamente a distribuição de propriedade e poder" por meio do confisco de propriedades e da redistribuição baseada em raça. "Então, os direitos de propriedade serão respeitados", Harris observou, "mas não serão absolutos e serão considerados em relação a uma exigência social de ação afirmativa".[46]

Na formulação de Harris, se os direitos fossem um mecanismo de supremacia branca, eles deveriam ser restringidos; se a propriedade fosse "propriedade racializada",[47] seria objeto legítimo para uma reconquista racialista. E o Estado tem justificativa para buscar um regime de "ação afirmativa", que Harris definiu em linhas gerais como "tratamento igualitário",[48] incluindo confiscos de riqueza ao estilo da África do Sul, que, segundo ela, eram "necessários tanto por razões morais como legais para deslegitimar o interesse sobre a propriedade da branquitude; para desmantelar o privilégio concreto e esperado associado à pele 'branca' desde a fundação do país".[49]

A próxima questão encarada pelos teóricos críticos da raça era mais prática: como esse sistema proposto de direitos baseados em grupos e redistribuição racialista seria executado? A resposta era clara: por meio da regulação do discurso "nocivo".[50]

Em um livro intitulado *Words That Wound* [Palavras que ferem], Mari Matsuda, Charles Lawrence III, Richard Delgado e Kimberlé Crenshaw defenderam a ideia de restringir radicalmente a Primeira Emenda a fim de refrear indivíduos e instituições que representam as forças que "promoveriam a estrutura e a ideologia da supremacia branca".[51]

A base do argumento deles era que o discurso pode ser uma forma de violência e, como tal, deve ser restringido pelo Estado de maneira semelhante. "Este é um livro sobre discurso agressivo, sobre palavras que são usadas como armas para emboscar, aterrorizar, ferir, humilhar e degradar", eles escrevem no primeiro parágrafo do livro.[52] Assim como a propriedade privada e a igualdade daltônica, os teóricos críticos da raça sugeriram que a Primeira Emenda não foi concebida para proteger o discurso individual, mas para permitir cinicamente o "discurso de ódio racista" e proteger o sistema da supremacia branca.[53]

Para eles, a liberdade de expressão não atende os cidadãos de maneira igual; na verdade, é tanto um meio como um disfarce para a subordinação das minorias. Quando o Estado permite o discurso nocivo, que varia desde mensagens raciais subconscientes até polêmicas racistas explícitas, isso ameaça a segurança física e psicológica das minorias raciais. Matsuda escreveu:

> Não nos sentimos seguros quando essas palavras violentas estão entre nós.[54] (...) As vítimas da propaganda de ódio cruel experimentam sintomas fisiológicos e sofrimento emocional, incluindo medo visceral, batimento cardíaco acelerado, dificuldade respiratória, pesadelos, transtorno de estresse pós-traumático, hipertensão, psicose e suicídio. Patricia Williams chamou o efeito das mensagens racistas de "assassinato espiritual", reconhecendo a destruição psíquica que as vítimas experimentam.[55]

Para atribuir culpa, os teóricos críticos da raça sustentaram que o conceito de "discurso nocivo" deve ser interpretado por intermédio da perspectiva da interseccionalidade, com a distinção entre vítima e perpetrador oferecendo um critério para a culpabilidade. Os autores de *Words That Wound* foram explícitos em seu argumento de que apenas os brancos tinham a capacidade de cometer violência verbal.

A linguagem racista empregada pelas minorias contra os brancos, como os notórios ataques de Malcolm X contra o "demônio branco", estaria isenta de restrições. Matsuda sustentou:

> Alguns achariam isso problemático, afirmando que qualquer ataque à etnia de qualquer pessoa é nocivo. No caso do demônio branco, há dano e dor, mas é de um grau diferente. Como o ataque não está ligado à perpetuação das relações racistas verticais, não é o pior exemplo paradigmático de propaganda de ódio. O membro do grupo dominante prejudicado pelo conflito com o nacionalista com raiva tem maior probabilidade de ter acesso a um refúgio seguro de interações exclusivas do grupo dominante. O refúgio e a reafirmação da identidade pessoal são mais facilmente alcançados pelos membros dos grupos historicamente não subjugados.[56]

Além do discurso racial, os teóricos críticos da raça também regulariam o discurso político. Sob seu regime ideal, o discurso marxista seria protegido pela Primeira Emenda; o discurso "racista", "fascista" e "nocivo" não seria.[57]

Essa dicotomia simples descrita em *Words That Wound* era uma reformulação básica da "tolerância libertadora" de Marcuse, com o uso das distinções entre negro e branco e esquerda e direita como mecanismos de classificação rudimentares. Mas ao contrário de Marcuse, cuja crítica era geral e filosófica, os teóricos críticos da raça, enquanto professores de direito, criaram um arcabouço detalhado para o regime de supressão de discurso. Eles vincularam a expressão mais sutil do "discurso racista", desde emanações de viés inconsciente até pesquisas acadêmicas com conclusões politicamente prejudiciais, à maior "estrutura do racismo",[58] alegando que ela deveria ser regulada, moldada e limitada pelo Estado para tornar a liberdade de expressão "um veículo de libertação" em vez de "instrumento de dominação".[59]

Na prática, os teóricos críticos da raça instituiriam um sistema de códigos de discurso, regulação de comportamento, detecção de viés e remodelação do subconsciente a fim de gerar um resultado predeterminado de discurso, comportamento e cultura "antirracista". A justificativa, seguindo o exemplo do tratamento da propriedade privada por parte de Cheryl Harris, era que o poder do discurso devia ser redistribuído para desmantelar as instituições e as ideologias que sustentam o sistema racista. O discurso que incorpora a "branquitude" deve ser suprimido; o discurso que incorpora a "negritude" deve ser apoiado. O conteúdo do discurso, começando como o "racismo inconsciente"[60] e terminando com as "palavras provocativas" das ameaças raciais,[61] deve ser reordenado e redirecionado para o objetivo substantivo de derrubar o sistema existente.

Em conjunto, os três pilares do sistema ideal de governança dos teóricos críticos da raça – a substituição dos direitos individuais pelos direitos grupais, a redistribuição de riqueza baseada na raça e a supressão do discurso com base numa avaliação racial e política – constituem uma mudança de regime político.

Sob a ideologia da teoria crítica da raça, o significado da Primeira Emenda, da Décima Quarta Emenda e das proteções à propriedade privada seria destruído. O resultado seria uma forma de tirania: o Estado não só controlaria a distribuição dos recursos materiais, como num regime econômico coletivista, mas também ampliaria seu domínio sobre a psicologia individual, o discurso, a expressão e o comportamento. Esses objetivos duplos – a redistribuição material e não material – seriam alcançados por meio da intervenção autoritária do Estado, ao qual seria concedida uma intrusão sem precedentes na vida pública e privada.

À medida que os ideólogos e burocratas ligados à teoria crítica da raça se entrincheiravam nas instituições, eles trabalhavam para transformar esses conceitos em políticas. Acreditavam que suas ideias estavam prontas para serem postas em prática.

* * * *

A ascensão do regime de DEI já não é mais um exercício acadêmico.

Nos últimos anos, as burocracias de esquerda propuseram e executaram uma gama de políticas baseadas na lógica da teoria crítica da raça. Por exemplo, durante a pandemia do coronavírus, alguns estados criaram uma fórmula com consciência de raça para distribuir vacinas, o que negaria tratamento aos brancos a fim de alcançar a "equidade racial".[62] Na costa oeste, algumas cidades criaram programas de transferência de renda exclusivamente para minorias raciais e sexuais.[63] No governo, algumas agências começaram a exigir programas de treinamento distintos para funcionários "brancos" e "não brancos", de modo que os brancos possam "assumir a responsabilidade por seu próprio racismo" e as minorias possam se proteger de "qualquer dano em potencial [que] possa surgir de uma conversa entre diferentes raças".[64] Algumas escolas públicas seguiram o exemplo, segregando os alunos por raça em excursões e atividades extracurriculares, que, segundo os funcionários escolares, são idealizadas para "criar um espaço de pertencimento", que, eles dizem, sem um pingo de ironia, "trata de nos unir, e não de nos dividir".[65]

Ao nível federal, Elizabeth Warren, senadora por Massachusetts, apresentou um projeto de lei sobre antirracismo na saúde pública que pretende utilizar a teoria da "interseccionalidade" para direcionar recursos a grupos político-raciais favorecidos e para incorporar a doutrina de "disparidades raciais" de causa única em cada órgão do governo federal.[66] Da mesma forma, em seu primeiro dia no cargo, o presidente Joseph Biden editou uma ordem executiva a fim de nacionalizar a abordagem de "diversidade, equidade e inclusão" e "incorporar princípios, políticas e abordagens de equidade em todo o governo federal". No mundo empresarial, as 100 maiores empresas norte-americanas relacionadas pela revista *Fortune* se submeteram à ideologia de "diversidade, equidade e inclusão".[67]

Este é só o começo. Esse movimento busca se estabelecer em cada camada da administração pública e privada, que será reestruturada para promover a moralidade substituta da teoria crítica da raça e trocar a governança pela Constituição pela governança pela burocracia. A estratégia não é emendar a Constituição por meio do processo democrático – o que, os teóricos críticos da raça admitem, seria uma impossibilidade –, mas subvertê-la mediante milhares de medidas administrativas. O estratagema deles inclui normalizar o regime de direitos baseados em grupos, a discriminação ativa, a supressão do discurso e a redistribuição racialista de recursos por meio de pequenas decisões administrativas, que, ao longo do tempo, podem legitimar políticas mais amplas.

A ambição final dos teóricos críticos da raça é consolidar esses princípios como ortodoxia estatal de cima para baixo. Em um ensaio para a *Politico Magazine*, Ibram Kendi, professor da Universidade de Boston e popularizador de grande sucesso da teoria crítica da raça, divulgou sua proposta de uma "emenda antirracista" à Constituição.[68] Kendi explicou:

> A emenda tornaria inconstitucional a iniquidade racial acima de um certo limite, assim como ideais racistas por parte de servidores públicos. Instituiria e financiaria permanentemente o Departamento de Antirracismo (DOA), constituído por especialistas formalmente capacitados em racismo e sem nomeações políticas. O DOA seria responsável por pré-aprovar todas as políticas públicas locais, estaduais e federais para assegurar que não resultem em iniquidade racial, por monitorar essas políticas, por investigar políticas racistas privadas quando surgir iniquidade racial, e por controlar os servidores públicos quanto a expressões de ideias racistas. O DOA seria capacitado com ferramentas disciplinares para uso contra políticos e servidores públicos que não mudam voluntariamente suas políticas e ideias racistas.[69]

Em outras palavras, o escopo e o poder do novo "Departamento de Antirracismo" seriam quase ilimitados. Na prática, ele se tornaria o quarto poder do governo, sem responsabilidade perante os eleitores, que teria autoridade para vetar, anular ou suspender qualquer lei em qualquer jurisdição dos Estados Unidos. Significaria o fim do sistema de federalismo e da autoridade legislativa do Congresso. Além disso, com o poder de "investigar as políticas racistas privadas" e exercer autoridade em relação a "ideias racistas", o novo órgão teria um controle sem precedentes sobre o trabalho dos legisladores, assim como sobre as instituições auxiliares de formulação de políticas, como *think tanks*, centros de pesquisa, universidades e partidos políticos.

Embora a proposta de Kendi – uma versão grosseira das políticas insinuadas em *Words That Wound* e *The Key Writings That Formed the Movement* – seja elaborada como uma emenda à ordem constitucional norte-americana, é mais correto descrevê-la como um fim para essa ordem constitucional. Em nome da justiça racial, os teóricos críticos da raça e seus simpatizantes limitariam, reduziriam ou aboliriam os direitos à propriedade, à proteção igualitária, ao devido processo legal, ao federalismo, à liberdade de expressão e à separação de poderes. Também substituiriam o sistema de freios e contrapesos por uma burocracia "antirracista" com um poder estatal praticamente ilimitado – e todas as outras instituições seriam obrigadas a se ajustar.[70]

Se a teoria crítica da raça fosse bem-sucedida como um sistema de governo, seria fácil imaginar o futuro: uma burocracia onipotente que gerencia pagamentos por transferência entre castas raciais, impõe códigos de discurso e comportamento em constante mudança por meio de regras burocráticas, e substitui as palavras de ordem "vida, liberdade e busca da felicidade" pelo eufemismo sufocante "diversidade, equidade e inclusão".

Esse ainda não é o regime nos Estados Unidos, mas a menos que haja uma reversão no âmbito das instituições, a máquina lenta e parruda da ideologia crítica da raça continuará a acumular poder e marginalizar a oposição democrática. Depois que o público estiver suficientemente afastado da Constituição de 1789 – quando seus heróis tiverem sido destruídos, e suas memórias, separadas de suas origens – ela finalmente se tornará "um mero pedaço de papel", um palimpsesto a ser sobrescrito em busca da "ruptura total" com o passado. Segundo Derrick Bell, será apenas um "inseticida" que foi usado para sufocar e destruir a liberdade americana.

O triunfo do novo regime ideológico significaria o fim de uma sociedade orientada, por mais que imperfeitamente, para os princípios eternos, e a implantação de uma sociedade baseada no acerto de contas racial e no nivelamento burocrático, na qual o indivíduo estaria abandonado à própria sorte.

CONCLUSÃO

A CONTRARREVOLUÇÃO POR VIR

A história da revolução cultural americana é de triunfo. As teorias críticas se tornaram o modelo dominante na academia. A longa marcha através das instituições capturou a burocracia pública e privada. A linguagem do racialismo de esquerda se tornou a língua franca da classe educada.

Porém, por baixo dessas vitórias aparentes, há uma escuridão – um vazio moral que ameaça reverter esses triunfos e transformar a revolução num monstro.

Desde o início, os sinais de alerta estavam presentes. Em termos históricos, a revolução cultural fracassou em todos os lugares onde foi tentada. Na ascensão da Nova Esquerda, Marcuse, Davis e Freire manifestaram apoio absoluto aos movimentos revolucionários comunistas, que estavam colocando em prática suas teorias. Eles não pouparam elogios a Lênin, Mao, Che, Castro e Cabral. Porém, esse sonho logo se transformou em pesadelo. Poucos anos depois do surgimento da Nova Esquerda, as revoluções culturais na China, em Cuba e na Guiné-Bissau se autodestruíram. O governo de Mao aniquilou milhões de seus próprios cidadãos em prol da revolução cultural. O regime de Castro degenerou em tirania estatal. A Guiné-Bissau de Cabral afundou em um estado de estagnação, fracasso e dependência de décadas.

Contudo, os teóricos críticos não se arrependeram. Marcuse defendeu seu apoio à revolução violenta até a morte, afirmando que "há uma diferença entre violência e terror".[1] Freire nunca condenou os regimes de Lênin, Mao e Castro, mesmo quando suas atrocidades já eram de conhecimento público havia muito tempo. Angela Davis jamais se arrependeu de seu apoio ao comunismo global, e alegou que, apesar do colapso da URSS, "a Revolução Russa sempre manterá seu *status* como um momento histórico monumental" e "o marxismo continuará a ser relevante" enquanto o capitalismo sobreviver.[2]

Ao mesmo tempo, esses teóricos se enganaram e foram visionários. A revolução deles fracassou no Terceiro Mundo, mas teve êxito no Primeiro Mundo. Embora o comunismo tenha quase desaparecido da vida moderna, as teorias que o justificavam tomaram o poder no coração do capitalismo. Nos Estados Unidos, a teoria crítica de Marcuse desfez a narrativa nacional até as bases. Angela Davis, Eldridge Cleaver e seus epígonos transformaram "os maiores heróis do país em arquivilões".[3] Os seguidores de Paulo Freire e Derrick Bell têm garantido a repetição incessante desses temas pelas instituições e a transmissão deles para a próxima geração.[4]

Os administradores desse movimento – os intelectuais, burocratas, especialistas, ativistas e engenheiros sociais – estão se aproximando do *status* de "classe universal", na qual Hegel e, de forma modificada, Marx depositaram suas esperanças.[5] Em suas mentes, os membros dessa classe representam o ponto de vista onisciente. Eles conseguem examinar a sociedade como um todo, diagnosticar seus problemas e ministrar a cura por meio da burocracia. Eles converteram a "sociedade da administração total"[6] de Marcuse em uma virtude. Podem alcançar o perfeccionismo humano usando os métodos da revolução e da ciência social.[7]

Porém, isso, assim como no Terceiro Mundo, também se revelou uma ilusão. A ironia mais amarga das teorias críticas é que elas chegaram ao poder, mas não abriram novas possibilidades; ao contrário, elas comprimiram as instituições de prestígio da sociedade com uma nova ortodoxia asfixiante. A revolução ao longo dos eixos de identidade se mostrou instável, alienante e incapaz de gerir uma sociedade complexa, e muito menos de melhorá-la. Ao ocupar cargos de governança, a classe universal revela-se mais paroquial, partidária e inepta do que os administradores modernistas que substituíram.

Sob certa perspectiva, o campo de batalha atual pode parecer opressivo. A esquerda alcançou a predominância cultural em toda a gama de instituições de prestígio. Mas sob outra, existe a possibilidade de reversão. Debaixo da aparência de domínio político universal, a revolução cultural da esquerda apresenta uma vulnerabilidade imensa: as ideologias críticas são uma criatura do Estado, completamente subsidiadas pelo público por meio de financiamentos diretos, esquemas de empréstimo universitário, captura burocrática e aparato regulatório de direitos civis. Essas estruturas são consideradas inabaláveis, mas com vontade suficiente podem ser reformadas, redirecionadas ou abolidas por meio do processo democrático. Aquilo que o público concede, o público pode tomar de volta.

A tarefa mais urgente para os adversários das teorias críticas é expor a natureza da ideologia, como ela atua no âmbito das instituições, e criar um plano para contra-atacar. A oposição deve identificar e explorar implacavelmente as vulnerabilidades da revolução e, então, construir sua própria lógica para superá-la. As teorias críticas se mostraram muito sedutoras, mas conforme progrediram ao longo da dialética e se manifestaram no âmbito das instituições, revelaram uma série de falhas incontornáveis. A "teoria crítica da sociedade" entra em colapso quando é posta em prática. A revolução racial degenera em niilismo quando desencadeia violência. As burocracias de "diversidade, equidade e inclusão" não conseguem melhorar as condições para o cidadão comum.

A oposição deve se posicionar na brecha entre as abstrações utópicas da revolução cultural e seus fracassos concretos. Ela deve criar uma estratégia para cercar as instituições, romper o vínculo entre ideologia e burocracia, e proteger o cidadão comum da imposição de valores de cima para baixo. A tarefa é enfrentar as forças da revolução com uma força igual e contrária, criando uma nova base para a vida comum da nação e reorientando as instituições para os princípios eternos da nação.

Em suma, a tarefa é a contrarrevolução.

* * * *

A primeira vulnerabilidade da revolução cultural é filosófica.

Herbert Marcuse, principal filósofo da Nova Esquerda, criou um sistema teórico fascinante, mas quando entrou em contato com a realidade, começou a desmoronar. À medida que Marcuse ganhava destaque, até mesmo acadêmicos de esquerda começaram a questionar sua teoria da revolução. Por exemplo, o filósofo marxista Alasdair MacIntyre desconstruiu os fundamentos da visão política de Marcuse, denunciando sua "ditadura dos intelectuais" como elitista, autoritária e irremediavelmente ingênua. "Não se pode libertar as pessoas de cima para baixo; não se pode reeducá-las nesse nível fundamental. Como o jovem Marx percebeu, os homens devem se libertar sozinhos", MacIntyre repreendeu. "Tornar os homens objetos de libertação por outros é contribuir para torná-los instrumentos passivos; é designá-los para o papel de matéria inerte a ser moldada nas formas escolhidas pela elite."[8]

Theodor Adorno, antigo colega de Marcuse que rompera com ele por causa dos tumultos estudantis e afastou-se completamente da política prática, disse:

"Quando elaborei meu modelo teórico, eu não poderia imaginar que as pessoas tentariam concretizá-lo com coquetéis molotov".[9]

Porém, a dialética já tinha sido posta em ação. Enquanto a teoria crítica da sociedade conquistava sucessivas instituições, esses acadêmicos mais cautelosos observavam horrorizados a revelação de sua limitação fundamental: a dialética tinha um poder enorme de desintegração, mas era incapaz de instituir uma nova base de verdade e, portanto, forjar uma alternativa no mundo real à sociedade liberal. Marcuse havia vendido sua Grande Recusa como um ato de heroísmo, mas após a dissipação da empolgação inicial da contracultura, revelou-se como uma forma de vacuidade – uma rejeição da sociedade sem uma função positiva correspondente.[10]

O resultado da revolução crítica de Marcuse não foi a criação da sociedade multidimensional, mas sim de uma sociedade unidimensional invertida. A burocracia simplesmente cooptou a ideologia e a transformou num padrão para o novo "homem unidimensional": o funcionário manipulador, atormentado pela culpa e em busca de segurança, fingindo uma revolução mais do que lutando por ela.

Os membros dessa nova elite podem criticar o individualismo, o trabalho árduo, a força silenciosa e a busca pelo sucesso como características da "supremacia branca", mas são incapazes de propor qualquer coisa além de chavões. Reservadamente, sabem que não existe uma maneira viável de fazer da espiritualidade antiga da África Ocidental ou dos rituais perdidos dos astecas a base para governar a universidade ou o sistema escolar moderno, mas publicamente continuam a produzir clichês, fazendo de conta estar na oposição enquanto abdicam de qualquer responsabilidade sobre as instituições que agora controlam.

Marcuse e Rudi Dutschke temiam esse desfecho. Na década de 1950, Marcuse alertara sobre a organização "comunista burocrática centralizada"[11] da sociedade que tinha transformado a União Soviética num regime tirânico.[12] Dutschke foi ainda mais visionário: ele receava que os revolucionários brancos de classe média se tornassem "parasitas do sistema" e usassem as instituições de elite para se presentear com "um certificado de independência e segurança de elite".[13] Ele alertou contra transformar as universidades – e, por extensão, outros domínios do intelectualismo branco de classe média – em um "fetiche". De maneira desesperada, ele queria acreditar que o movimento radical poderia acabar com a "burocracia social do Estado" e destruir "todo o modo de vida do Estado autoritário como havia existido até aquele momento".[14]

Porém, isso era uma impossibilidade. Ao contrário dos desejos de Marcuse e Dutschke, a Nova Esquerda nunca foi capaz de transcender, na expressão de Marx, o abominável mecanismo da dominação de classe" – ela simplesmente substituiu a gestão. Os descendentes da Nova Esquerda apenas ampliaram a "burocracia social do Estado" para novos territórios, onde brigam incessantemente sobre linguagem, símbolos e coisas efêmeras, e seu relacionamento com as instituições se torna meramente parasitário.

Haverá um acerto de contas. O simples fato é que a ideologia da elite não demonstrou nenhuma capacidade para solucionar os problemas das massas, mesmo em seus próprios termos. As teorias críticas atuam mediante pura negação, demolindo as estruturas de classe média e desnudando os valores de classe média, o que serve aos interesses da burocracia, mas deixa a sociedade em estado de desintegração permanente.

No final das contas, a teoria crítica será submetida a um teste simples: as condições estão melhorando ou não? As cidades estão mais seguras ou menos seguras? Os estudantes estão aprendendo a ler ou não? O novo regime só pode silenciar sobre as respostas por algum tempo. O cidadão comum será capaz de sentir a verdade intuitivamente, mesmo que seja temporariamente privado da linguagem para expressá-la.

Essa percepção não pode ser detida. A classe trabalhadora é mais antirrevolucionária hoje do que em qualquer momento durante a agitação. Os cidadãos comuns viram as consequências da ideologia da elite como política pública. Suas estruturas familiares foram desestabilizadas. Sua cultura de autoconfiança foi usurpada pela dependência do Estado. Sua qualidade de vida despencou em um pesadelo recorrente de vício, violência e encarceramento.[15] A visão de Marcuse da erotização emancipada e maleabilidade infinita da natureza humana não resultou em utopia, mas em catástrofe para aqueles com menos capacidade de resistir a isso.

Mesmo Marcuse, o brilhante profeta das teorias críticas, admitiu repetidas vezes que não conseguia enxergar além do abismo. Ele esperava cegamente que a "ruptura total" levasse a um mundo além da necessidade. Todavia, seus descendentes – todos eles com mentes menos brilhantes do que seu mestre – comprovaram que a destruição dos antigos valores não é seguida automaticamente pela criação de novos. Pelo contrário, quando a filosofia da negação prevalece, ela só consegue destruir o tecido social no qual o cidadão comum tem que sobreviver.

* * * *

A revolução racial segue uma linha de desenvolvimento semelhante. Os ativistas do movimento de libertação negra invocaram o espírito romântico do revolucionário e utilizaram teorias do continente europeu para legitimar o uso da violência. Eles acreditavam que a "violência é uma força purificadora" que "liberta o nativo de seu complexo de inferioridade e de seu desespero",[16] e, no final das contas, serve como um catalisador para um progresso significativo.

No entanto, a teoria deles era absurda. A verdade é que sua revolução cultural só poderia existir em uma situação de desintegração. Como oposição, eles poderiam expor a verdade por trás das aparências, desmistificar os grandes mitos e humilhar os antigos heróis, mas depois que as bombas explodiam e o sangue secava, tudo o que eles sentiam era um vazio imenso e devastador.

Em vez de libertar o militante negro de seu "complexo de inferioridade e desespero", a revolução racial reforçou sua posição nessas exatas condições psicológicas. Na verdade, a práxis do movimento de libertação negra não foi uma expressão de libertação, mas sim um desejo de morte. Seguindo Eldridge Cleaver, os militantes internalizaram a imagem do lumpesinato negro, demonstrando pouca confiança em sua capacidade de alcançar a autodeterminação produtiva, e, em vez disso, recorriam quase exclusivamente a sua capacidade de violência e destruição. "Nós assumimos uma posição revolucionária contra toda e qualquer estrutura organizada que existe no mundo", Cleaver escreveu.[17] Estas são palavras de um louco, de um homem-bomba, de um camicase humano e, no final das contas, uma fórmula encantatória de autodestruição.

O verdadeiro cerne da busca pela libertação – a força motora por trás de sua teoria e práxis – é o niilismo. Cleaver acreditava que estuprar mulheres brancas significava "liberdade". Angela Davis acreditava que apontar uma escopeta para o pescoço de um juiz de condado significava "justiça". Os ativistas do movimento Black Lives Matter acreditavam que saquear e incendiar *shopping centers* significava "reparações". Porém, tudo isso, na realidade, é puro ressentimento. O movimento de libertação negra havia racionalizado a violência, primeiro disfarçando-a com Kant e Hegel, e depois, no período contemporâneo, usando-a como método para extorquir apoio corporativo e público. Contudo, esse método de libertação é, em última análise, uma dialética da destruição.

No final, os "abolicionistas", que buscam nada menos que a "ruptura total" da sociedade, só conseguem preencher o vazio com abstrações: "justiça", "libertação", "liberdade". Todavia, suas políticas – cortar verbas da polícia, fechar as prisões, substituir os promotores – não produzem justiça. Elas geram desordem. Cada transgressão da lei revela a vacuidade dessas abstrações; cada espasmo de ativismo desencadeia uma nova onda de violência em bairros pobres.

O segredo desagradável é que a esquerda radical não é capaz de substituir o que destrói. O círculo de paz e o ritual tribal artificial não são substitutos para a arquitetura vigente das instituições sociais. Quando os ativistas de esquerda controlam o momento da decisão, fica claro que eles não têm uma agenda para transformar suas visões radicais em uma realidade estável. Em vez disso, o caos se torna o valor mais elevado. Eles acreditam que estão tendo êxito porque há um frenesi de atividade. A destruição começa a dar um senso de propósito por si só.

Então, os abutres atacam. Os novos revolucionários fingem que estão combatendo os fundamentos da ordem capitalista, mas, quando sua campanha fracassa inexoravelmente, eles simplesmente querem sua parte. Os saqueadores pegam uma caixa de tênis e uma televisão de tela plana. Os intelectuais obtêm sinecuras permanentes nas universidades. Os ativistas recebem o pagamento de um resgate, disfarçado como contribuição filantrópica, das corporações e dos governos locais. A revolução se torna só pose, uma reencenação da década de 1960 no palco do presente.

E os atores principais são bem recompensados. Após seu verão revolucionário, Patrisse Cullors, cofundadora do movimento Black Lives Matter, assinou um contrato com a Warner Bros., grande empresa do setor de entretenimento, e gastou 3,2 milhões de dólares em quatro residências de luxo pelo país.[18] As outras cofundadoras, Alicia Garza e Opal Tometi, também assinaram contratos no setor do entretenimento com renomadas agências de talentos de Hollywood,[19] e o grupo comprou secretamente uma mansão de 6 milhões de dólares no sul da Califórnia.[20] Enquanto isso, sua organização afundou na corrupção desenfreada: um líder supostamente roubou 10 milhões de dólares em doações.[21] Outros transferiram milhões para familiares por meio de empresas de consultoria e entidades sem fins lucrativos suspeitas.[22] Somas vultosas de dinheiro simplesmente desapareceram.

Os ativistas do movimento Black Lives Matter nunca foram uma ameaça ao capitalismo – eles foram seus beneficiários. A onda de caos que desencadearam jamais foi um caminho viável para a libertação – foi um catalisador para a destruição.

* * * *

A tragédia suprema das teorias críticas é que, como ideologia governante, elas aprisionariam os Estados Unidos em um ciclo interminável de fracasso, ceticismo e desespero.

Há uma ironia profunda que assombra as principais figuras do movimento: a solução sempre esteve diante de seus olhos. Herbert Marcuse admitiu que os Estados Unidos estavam entre os países mais livres do mundo, mas ainda assim sustentou que devia ser destruído para alcançar uma verdadeira libertação.[23] Paulo Freire passou décadas procurando pelo segredo da alfabetização, mas sucumbiu ao mito de que a educação deve começar como o suicídio da classe média, cego à evidência de que o oposto é verdadeiro. Angela Davis se rendeu à ilusão de que a revolução violenta era o único caminho para a libertação, enquanto milhões de norte-americanos lutaram por e alcançaram liberdades substanciais apelando à Declaração de Independência e utilizando o processo democrático. Derrick Bell se entregou ao pessimismo numa época de inegável progresso, esquecendo as lições de sua própria ascensão, que foi viabilizada por pais e vizinhos que priorizaram o mérito, a educação, a família e o trabalho árduo, ao mesmo tempo que lutavam para eliminar barreiras e injustiças muito reais.

Relembrando sua vida, Bell descreveu estar preso ao "dilema do manifestante", um sentimento de que cada ação justa tinha o potencial para consequências não intencionais, regressões eternas e o afastamento dos aliados e também dos inimigos.[24] Ele era um homem capturado por suas premissas. Durante décadas, sustentou que o racismo era permanente, indestrutível e essencial. Bell não conseguia se desviar de sua conclusão inevitável sem invalidar o trabalho de sua vida. Ele acreditava estar "aprisionado pela história da subordinação racial" e, como os escravos antes dele, estar destinado a existir no limbo, entre a compreensão abstrata da liberdade e a existência concreta do homem preso e agrilhoado. Sua convicção duradoura era que o "racismo está no centro, e não na periferia; no permanente, e não no efêmero; nas vidas reais dos brancos e dos negros, e não nos recônditos sentimentais da mente".[25]

Há um romantismo sedutor na prosa de Bell, mas, no julgamento final, sua filosofia é mais bem compreendida como niilismo sob a máscara do herói trágico.

Derrick Bell queimou pontes, alimentou mágoas, apequenou vitórias e não reconheceu o progresso autêntico no passado e no presente dos Estados Unidos. Seus discípulos – Crenshaw, Harris, Delgado, Matsuda, Lawrence – levaram adiante as contradições de seu mestre e acrescentaram a busca por algo inautêntico do aluno precoce. Eles ingressaram na vida adulta em um mundo diferente, após a vitórias duramente conquistadas pelos direitos iguais e o regime de ação afirmativa, mas se imaginavam como os avatares dos oprimidos. Eles ocuparam instituições de elite e utilizaram a política da posição, ignorando as massas da classe subalterna negra que, apesar de alcançarem direitos iguais, continuaram o longo declínio em direção à patologia social.[26]

Apesar de todos os seus defeitos, Davis, Cleaver e os revolucionários negros pelo menos lidaram com o lumpesinato negro e recorreram a ele. Por outro lado, os teóricos críticos da raça tratam os lúmpens como leprosos – o lumpesinato está completamente ausente em seu trabalho, exceto como justificativa simbólica para suas abstrações.

Eis onde os teóricos críticos da raça alcançam o impasse final. Seu programa se tornou uma forma de esteticismo vazio da classe trabalhadora qualificada, concebido para manipular o *status* social no âmbito das instituições de elite, e não para aliviar misérias verdadeiras ou governar uma nação.

Os teóricos críticos da raça fingem mostrar um entendimento mais profundo do racismo nos Estados Unidos, mas ao reduzirem o fenômeno complexo da desigualdade a uma única variável causal – o racismo –, sua teoria se mostra perigosamente incompleta. Sua política de "antirracismo" – a destruição das normas da classe média e a construção de uma máquina de patrocínio racial – aprofundaria divisões raciais, em vez de transcendê-las. Ainda pior, solaparia as próprias instituições essenciais para enfrentar a desigualdade nos Estados Unidos.[27]

Os teóricos críticos da raça, que alegam representar os oprimidos, existem completamente fora do sistema de classes: eles representam uma nova classe burocrática que existe fora das demandas do trabalho e do capital, com sinecuras nas instituições e proteção total das restrições de ambos os lados do mercado privado. Eles se consideram como intelectuais orgânicos gramscianos, mas, na realidade, são tigres de papel.

Isso não quer dizer que eles não sejam poderosos. Pelo contrário: eles se apoderaram dos meios de produção cultural e, mediante jogos cínicos do *status* social da elite, iniciaram um golpe burocrático ambiciosíssimo.

Mas agora, quando a ideologia é identificada não como uma força insurgente, mas como árbitra do *status quo*, os teóricos críticos da raça terão que encarar várias questões difíceis. O que eles têm a oferecer aos oprimidos? Como sua revolução avança além da superestrutura cultural? Como suas propostas alcançarão resultados melhores do que os programas de "saúde, educação e bem-estar" da Grande Sociedade, que superaram mais de 1 trilhão de dólares em gastos públicos anuais, mas não conseguiram impedir o aumento das patologias sociais entre as populações pobres de todas as origens raciais? Como eles enfrentarão as condições culturais catastróficas nas comunidades pobres, que representam a maior barreira para a igualdade efetiva nos Estados Unidos?

Não há respostas satisfatórias na literatura da teoria crítica da raça. Apesar de todas as suas pretensões, ela não oferece nada mais do que uma repetição de fórmulas vagas do movimento de libertação negra, que já se exauriu uma geração antes. Os teóricos críticos da raça preferem reencenar as fantasias de revoluções passadas a lidar com a verdade espinhosa de que a única resposta viável para a desigualdade é fortalecer as próprias instituições que eles ajudaram a dissolver.

No fundo, a teoria crítica da raça é um pseudorradicalismo. Professores de Harvard, Columbia e UCLA não são guerrilheiros com os peitos envoltos em bandoleiras. Eles não são uma ameaça ao sistema; são inteiramente dependentes do sistema. Sua ideologia não é revolucionária; é parasitária, pois é dependente de subvenções permanentes do regime que eles ostensivamente querem derrubar.

Os teóricos críticos da raça e seus aliados transformaram o ressentimento em princípio governante. Porém, isso também é uma armadilha: o ressentimento é um instrumento para obter poder, não para exercê-lo com sucesso. Quase se pode imaginar uma sequência cinematográfica, ao estilo dos antigos filmes de propaganda soviética, em que os novos proletários da classe trabalhadora qualificada se apoderam dos meios de produção cultural da elite e, então, chocados e perplexos com sua chegada, entreolham-se com um medo imenso estampado em seus rostos. A revolução era uma pretensão, uma postura de oposição; eles nunca pretenderam manejar as máquinas; não era para funcionar assim.

Esse medo, essa hesitação, abre espaço para outra reversão. Proporciona a oportunidade de enfrentar a revolução, em seu próprio terreno, com uma força igual ou maior de contrarrevolução. As teorias críticas podem ter conquistado hegemonia sobre as instituições de elite, mas seu domínio sobre a superestrutura pode não ser tão sólido quanto parece. Por meio da mobilização das classes envolvidas em ocupações que demandam esforço físico em oposição à abstração da elite, ela pode – e deve – ser quebrada.

*   *   *   *

A revolução de 1968, que embora pareça ter capturado a estrutura das instituições de elite norte-americanas, talvez não tenha sido tão poderosa assim. Ela gerou várias falhas, deficiências e becos sem saída – e nessa lacuna de contradições, uma contrarrevolução pode emergir.

O medo da contrarrevolução assombrou todas as revoluções desde o início. Marx considerou os contrarrevolucionários – a monarquia, a Igreja, a burguesia – como uma ameaça avassaladora e os viu derrotar todos os movimentos políticos de esquerda de sua época.[28] Isso se repetiria ao longo da história: a Revolução Francesa sucumbiu às forças do Termidor,[29] as Revoluções de 1848 perderam para a buguesia,[30] a Revolução Russa sucumbiu aos tiranos internos. Karl Korsch, colega de Herbert Marcuse no Instituto de Pesquisa Social, acreditava que as revoluções do século XX estavam condenadas a seguir um destino semelhante. "Mais do que qualquer período precedente da história recente, e numa escala muito maior, nosso período não é um tempo de revolução, mas de contrarrevolução."[31]

A tarefa urgente para a direita política é compreender corretamente os contornos da revolução atual e criar uma estratégia para derrotá-la em bases políticas reais: revolução contra revolução, instituição contra instituição, negação contra negação. Essa nova contrarrevolução não assumirá a forma das contrarrevoluções do passado: não se trata de uma contrarrevolução de classe contra classe, mas de uma contrarrevolução ao longo de um novo eixo entre o cidadão e o regime ideológico.

Apesar do sucesso da longa marcha através das instituições e da apropriação da "tecnologia de libertação",[32] a nova elite não conseguiu extinguir os desejos burgueses por propriedade, família, religião e representação democrática. Os intelectuais e, em seguida, as instituições passaram décadas depreciando esses desejos, considerando-os racistas, explorativos e ilusórios, mas em silêncio, nas casas pré-fabricadas e pequenas igrejas do interior dos Estados Unidos, eles têm se mostrado extraordinariamente duráveis, mesmo à medida que sua expressão tangível se degradava.

A grande fraqueza da revolução cultural é que ela nega a metafísica, a moralidade e a estabilidade do cidadão comum. Ao mesmo tempo que solapa as instituições da família, da fé e da comunidade, ela cria um vazio no coração humano que não pode ser preenchido com sua ideologia unidimensional.

A contrarrevolução deve começar exatamente neste ponto: para restabelecer os desejos humanos básicos, redesenhar os limites da natureza humana e reconstruir as estruturas para a realização do significado humano, que não pode ser projetado pelas teorias críticas e deve ir para "além da política",[33] ou seja, para o âmbito da ética, do mito e da metafísica. A verdade é que, apesar de meio século de difamação, a maioria dos norte-americanos ainda acredita na Declaração de Independência e na promessa de liberdade e igualdade. As estátuas dos Fundadores dos Estados Unidos podem ter sido derrubadas, pichadas e escondidas.

Seus princípios podem ter sido desconstruídos, denegridos e esquecidos. Porém, a visão dos Fundadores atinge algo eterno.

O cidadão comum compreende isso intuitivamente, no fundo de sua alma, mas tem que ser orientado por meio de um processo de recordação. Os teóricos da contrarrevolução devem reavivar o mito americano e mobilizar o enorme reservatório de sentimentos públicos para um projeto de restauração. Os teóricos críticos atuam mediante negação, mas a contrarrevolução deve atuar como uma força positiva. Enquanto a revolução procura destruir os princípios fundamentais do país, a contrarrevolução procura restaurá-los. Enquanto a revolução avança por meio de uma longa marcha através das instituições, a contrarrevolução avança sitiando as instituições que perderam a confiança pública.

Em termos históricos, a contrarrevolução pode ser entendida como uma restauração da revolução de 1776 em oposição à revolução de 1968. Sua ambição não é assumir o controle do aparato burocrático centralizado, mas destruí-lo. Trata-se de uma revolução *contra*: contra a utopia, contra o coletivismo, contra o reducionismo racial, contra a plasticidade infinita da natureza humana. Porém, também se trata de uma revolução *a favor*: a favor do retorno do direito natural, da Constituição e da dignidade do indivíduo.

Para esse movimento ser bem-sucedido, os mentores da contrarrevolução devem desenvolver um novo vocabulário político com o poder de superar as narrativas racialistas e burocráticas, acessar o profundo reservatório de sentimentos populares que fornecerá a base para o apoio em massa, e criar várias políticas que cortarão permanentemente a conexão entre as ideologias críticas e o poder administrativo.

A contrarrevolução não deve ser entendida como uma reação ou um desejo de volta ao passado, mas como um movimento com a intenção de revitalizar os princípios eternos e reorientar as instituições em direção a sua expressão mais elevada. Portanto, os fundamentos da contrarrevolução são de natureza moral, e procuram orientar o cidadão comum para o que é bom e reconstruir as estruturas políticas de modo que suas intuições morais possam ser concretizadas na sociedade.

Se o ponto final das teorias críticas é o niilismo, a contrarrevolução deve começar com a esperança. Segundo a contrarrevolução, os princípios da sociedade não se orientam em direção a reversões radicais e verdades absolutas, mas rumo à proteção dos valores e instituições simples do homem comum: família, fé, trabalho, comunidade, país. Os intelectuais e os ativistas da contrarrevolução devem dotar a população com um conjunto de valores concorrentes, expressos em linguagem que expõe e supera os eufemismos do regime ideológico de esquerda: excelência em vez de diversidade, igualdade em vez de equidade, dignidade em vez de inclusão, ordem em vez de caos.

A contrarrevolução também deve restaurar uma percepção saudável do tempo histórico. O passado não deve ser lembrado como uma sucessão de horrores, mas sim como um vasto quadro espiritual para a humanidade, no qual suas maiores crueldades e seus maiores triunfos são revelados. A história deve mais uma vez servir como alimento para a sociedade, e seus símbolos mais elevados – os Fundadores, a Constituição, a República – devem inspirar uma defesa renovada e sem constrangimentos. As análises das teorias críticas, na medida em que revelam injustiças, devem ser incorporadas na narrativa da contrarrevolução e servir como lembrete da limitação humana, que foram superadas de maneira gradual e constante através do desenvolvimento dos princípios da República Americana.

O objetivo final dessa campanha deve ser a restauração do domínio político. Nos Estados Unidos, o maior conflito não se dá ao longo do eixo de classe, raça ou identidade, mas ao longo do eixo gerencial que coloca as instituições de elite contra o cidadão comum. Em última análise, a revolução, que busca conectar a ideologia ao poder burocrático e manipular comportamentos por meio da aparência de expertise, é antidemocrática.

Por outro lado, a contrarrevolução busca canalizar o sentimento público e restaurar o domínio do legislativo, executivo e judiciário sobre o domínio de fato dos gestores e engenheiros sociais. Deve dar novo fôlego aos instintos de autogoverno entre as pessoas e mobilizar um movimento orgânico de cidadãos que reafirmarão seu poder nas instituições que têm importância: a escola, o município, o local de trabalho, a igreja, a universidade, o Estado. As estruturas antidemocráticas – os departamentos de DEI e as burocracias capturadas – devem ser desmanteladas e reduzidas a pó. A contrarrevolução deve trabalhar não para se apoderar das instituições centralizadas, mas sim para desestabilizá-las e descentralizá-las em benefício de comunidades pequenas, diversificadas e diferenciadas.

No final, os Estados Unidos sob a contrarrevolução voltarão a ser uma república multifacetada: comunidades locais terão autonomia para seguir sua própria visão do bem, no âmbito de um arcabouço de princípios vinculantes da Constituição. O cidadão comum terá espaço para viver e transmitir seus próprios sentimentos, virtudes e crenças, livre da imposição de valores de instâncias superiores. O sistema de governo protegerá a dignidade básica e os direitos políticos do cidadão, ao mesmo tempo se abstendo da tarefa impossível e utópica de refazer a sociedade a sua imagem. O compromisso desse regime reside no específico, e não no abstrato; no simples, e não no ostentoso; no limitado, e não no ilimitado; no compartilhado, e não na nova sensibilidade.

Sob a revolução cultural, o cidadão comum foi humilhado, pressionado e degradado. Seus símbolos foram contestados e sepultados nas profundezas. Contudo, ele ainda conserva o poder de seus próprios instintos, que o orientam em direção à justiça, e o poder de sua própria memória, que possibilita a recuperação dos símbolos e dos princípios que contêm seu próprio destino.

Os partidários da contrarrevolução devem propiciar uma visão clara desse processo, para que o cidadão comum possa começar a perceber a origem do niilismo que também ameaça sepultá-lo. Os contrarrevolucionários devem se colocar na linha de frente, para que o cidadão comum possa finalmente levantar os olhos, com a expressão cansada e aborrecida, em direção àquela ordem eterna e imutável que lhe trará paz e permitirá que ele finalmente escape do vazio e da desolação que o cercam.

A partir desse começo modesto, a revolução cultural norte-americana pode ser superada. O povo norte-americano pode restaurar os mecanismos do regime democrático, reformar as instituições que comprometeram a vida pública e restabelecer os princípios da revolução de 1776. E pode torná-los realidade, ao contrário de seus adversários, cujas promessas sempre se desvanecem no ar. Pode reassegurar os direitos do cidadão comum, o que lhe permitirá viver em igualdade, criar uma família, participar da República e buscar o bem, o verdadeiro e o belo.

AGRADECIMENTOS

Eu estava com minha família na Lagoa Azul, em Grindavik, na Islândia, quando assinei o contrato para escrever este livro. Foi um começo auspicioso. Suphatra, minha mulher, merece gratidão eterna. Ela tem estado a meu lado em todas as situações, apoiando-me nos momentos difíceis e sempre me desafiando a seguir o chamado do que é verdadeiro, bom e belo. Suphatra me acompanhou durante o processo de escrita e foi uma fonte constante de amor, companheirismo e inspiração. Nossos filhos, Milo, Matteo e Massimo, são minha outra fonte de inspiração. Eles me mostraram o significado de família, comunidade e país – todos os quais ameaçados pela captura ideológica descrita neste livro.

Nos últimos cinco anos, eu tive a sorte de trabalhar com vários centros de estudos conservadores, que proporcionaram o estímulo e o apoio que tornaram este livro possível. Agradeço imensamente a Bruce Chapman, George Gilder e Steve Buri do Discovery Institute, que deram o estímulo necessário para que eu fizesse a transição do mundo do cinema para o mundo da política. Meus amigos do Claremont Institute me propiciaram um sentimento de fraternidade e me desafiaram a pensar de maneira mais radical acerca de filosofia, governança e ação. Por fim, Reihan Salam, Ilana Golant, Brian Anderson, Paul Beston e Brandon Fuller do Manhattan Institute me concederam a oportunidade de realizar meus sonhos: produzir jornalismo, trabalhar em política e ajudar a moldar a cultura. É a maior honra trabalhar para o Manhattan Institute e sua publicação própria, *City Journal*, que é, em minha opinião, a melhor revista política norte-americana.

O processo de escrita deste livro foi tanto um trabalho solitário – muitas horas passadas sozinho lendo, escrevendo e editando – quanto um esforço coletivo. Michael Young, um pesquisador dedicado a este projeto, vasculhou centenas de livros, artigos e antologias em busca de ideias fundamentais e detalhes perfeitos. Sua paixão em tentar compreender a ideologia de esquerda foi uma inspiração constante para continuar investigando, continuar pensando e continuar avançando. Bernadette Serton, à frente do programa de livros do Manhattan Institute, proporcionou apoio importante, ajudando-me a superar a ansiedade de começar um livro e dando sugestões em todas as versões. No final do processo, Joshua Moro foi exemplar, organizando minhas anotações confusas em notas finais abrangentes.

Meu agente, Jonathan Bronitsky, dispõe da rara combinação de sagacidade nos negócios e princípios políticos; ele acredita na missão de seus autores e é um defensor sem igual. Por último, mas não menos importante, Eric Nelson, na HarperCollins, foi um orientador experiente ao longo do processo de escrita e publicação, que assumiu o risco e manteve a paciência com um autor estreante. Sua tranquilidade, seu respeito pelo autor e seu senso de humor cáustico fazem com que seja muito agradável trabalhar com ele.

Em minha equipe do American Studio, Maggie Roberts-Kohl e Armen Tooloee me ajudaram a manter a organização do livro e foram fundamentais no apoio. Armen gerenciou habilmente a execução de diversos projetos e fez de tudo, desde transcrições de páginas de livros em papel até a condução do processo de compilação das notas de rodapé. Ele merece um crédito imenso por todo o trabalho em jornalismo, ativismo e mídia que realizei nos últimos dois anos. Os membros de meu conselho administrativo no American Studio – Marshall Sana, Nathan Rimmer e Pratik Stephen – deram um apoio extraordinário a minha visão e garantiram uma ótima convivência em nosso retiro anual de pesca no Hood Canal.

Por fim, gostaria de agradecer a algumas figuras renomadas que divulgaram meu trabalho inicial e me ajudaram a ingressar no debate público, entre elas Tucker Carlson, Laura Ingraham, Jordan Peterson, Ben Shapiro, Dave Rubin, Glenn Beck, Dennis Prager e muitas outras.

Espero que este livro faça justiça a todos esses amigos, colegas e colaboradores.

NOTAS DE FIM

INTRODUÇÃO

1. Alexander I. Soljenítsin, *Solzhenitsyn: The Voice of Freedom*, livreto (Washington, D. C.: American Federation of Labor and Congress of Industrial Organizations, 1975), PDF, https://history.fee.org/media/3686/134-solzhenitsyn-the-voice-of-freedom.pdf.
2. Ivy League: grupo de oito prestigiosas universidades privadas norte-americanas. (N. do T.)

CAPÍTULO 1

1. David Cooper, ed., *The Dialectics of Liberation* (Baltimore: Penguin, 1968), 7-11.
2. Peter Davis, Jacky Ivimy e Martin Levy, "Memories of the Congress", Dialectics of Liberation, acessado em 21 de novembro de 2022, https://web.archive.org/web/20220516123118/http://www.dialecticsofliberation.com/1967-dialectics/memories/.
3. Cooper, *The Dialectics of Liberation*, quarta capa.
4. Herbert Marcuse, *The New Left and the 1960s: Collected Papers of Herbert Marcuse*, vol. 3, ed. Douglas Kellner (Nova York: Routledge, 2005), 85, Kindle.
5. Marcuse, 81.
6. Davis, Ivimy e Levy, "Memories of the Congress".
7. Marcuse, *The New Left and the 1960s: Collected Papers of Herbert Marcuse*, vol. 3, 81-83.
8. "Interview with Lowell Bergman", Maximum Crowe, maximumcrowe.com, 2000, acessado em 31 de outubro de 2022, https://web.archive.org/web/20040624230852/http://www.geocities.com/Hollywood/Cinema/1501/maxcrowe_lowellbergman.html.
9. Marcuse, *The New Left and the 1960s: Collected Papers of Herbert Marcuse*, vol. 3, 35.
10. Marcuse, 59.
11. Douglas Kellner, "Western Marxism", in *Modern Social Theory: An Introduction*, ed. Austin Harrington (Oxford: Oxford University Press, 2005), 154-74.
12. Patrick O'Brien, "Herbert Marcuse: Liberation, Domination, and the Great Refusal" (dissertação de mestrado, Universidade Lehigh, 2014), https://preserve.lib.lehigh.edu/islandora/object/preserve%3Abp-7256446; "Haters of Herbert Marcuse", site da família Marcuse, acessado em 1º de novembro de 2022, https://www.marcuse.org/herbert/booksabout/haters/haters.htm.
13. George Katsiaficas, "Marcuse as an Activist: Reminiscences of His Theory and Practice", *New Political Science* 36, nº 7 (verão/outono de 1996): 1; Judith Moore, "Marxist Professor Herbert Marcuse's Years at UCSD: Angel of the Apocalypse", *San Diego Reader*, 11 de setembro de 1986, https://www.sandiegoreader.com/news/1986/sep/11/angel-apocalypse/.

14. *Herbert's Hippopotamus: Marcuse and Revolution in Paradise*, documentário, 1997, https://www.youtube.com/watch?v=gbzhmMDFcFQ.
15. "Pontiff Assails Eroticism Again; Scores Freud and Marcuse in Homily at Basilica", *New York Times*, 2 de outubro de 1969, seção de arquivos, https://www.nytimes.com/1969/10/02/archives/pontiff-assails-eroticism-again-scores-freud-and-marcuse-in-homily.html.
16. Lowell, "Maximum Crowe".
17. Moore, "Marxist Professor Herbert Marcuse's Years at UCSD".
18. Herbert Marcuse, *An Essay on Liberation* (Boston: Beacon Press, 1971), 50-51, Kindle.
19. Herbert Marcuse, *Marxism, Revolution and Utopia: Collected Papers of Herbert Marcuse*, vol. 6, ed. Douglas Kellner e Clayton Pierce (Nova York: Routledge, 2017), 95, Kindle.
20. Herbert Marcuse, "A Note on Dialectic", in *The Essential Frankfurt School Reader*, ed. Andrew Arato e Eike Gephardt (Nova York: Continuum, 1978), 444.
21. Marcuse, *An Essay on Liberation*, 4-5.
22. Marcuse, *The New Left and the 1960s: Collected Papers of Herbert Marcuse*, vol. 3, 77.
23. Javier Sethness Castro, *Eros and Revolution: The Critical Philosophy of Herbert Marcuse* (Leiden: Brill, 2016), 20.
24. Sethness Castro, 20.
25. Stephen Kalberg, *Max Weber: Readings and Commentary on Modernity* (Hoboken, NJ: Wiley-Blackwell, 2008).
26. Marcuse contou a um colega que raramente sofrera antissemitismo explícito enquanto crescia na Alemanha. Claro que isso teve uma reviravolta quando os nazistas chegaram ao poder. Douglas Kellner, *Herbert Marcuse and the Crisis of Marxism* (Londres: Macmillan, 1984), 379, https://doi.org/10.1007/978-1-349-17583-3.
27. Theresa MacKey, "Herbert Marcuse: Biographical and Critical Essay", in *Dictionary of Literary Biography*, vol. 242, *Twentieth-Century European Cultural Theorists, First Series*, ed. Paul Hansom (Washington, D. C.: Gale, 2001), 315-29.
28. Kellner, *Herbert Marcuse and the Crisis of Marxism*, 14-17.
29. Marcuse, *Marxism, Revolution and Utopia: Collected Papers of Herbert Marcuse*, vol. 6, 428-29.
30. Herbert Marcuse, *Five Lectures: Psychoanalysis, Politics and Utopia* (Boston: Beacon Press, 1970), 102-3.
31. Marcuse, *Marxism, Revolution and Utopia: Collected Papers of Herbert Marcuse*, vol. 6, 428.
32. Herbert Marcuse, *The Essential Marcuse: Selected Writings of Philosopher and Social Critic Herbert Marcuse*, ed. Andrew Feenberg e William Leiss (Boston: Beacon Press, 2007), Introduction, Kindle.
33. O'Brien, "Herbert Marcuse: Liberation, Domination, and the Great Refusal", 15, 56.
34. Marcuse, *The Essential Marcuse: Selected Writings of Philosopher and Social Critic Herbert Marcuse*, Introduction.
35. Martin Jay, *The Dialectical Imagination: A History of the Frankfurt School and the Institute of Social Research, 1923-1950* (Berkeley: University of California Press, 1996), 44, Kindle.
36. Marcuse, *The New Left and the 1960s: Collected Papers of Herbert Marcuse*, vol. 3, 161.

37 Great Society, em inglês. Programas e políticas sociais criadas pelo presidente Lyndon Johnson na década de 1960, para combater a pobreza e a desigualdade. (N. do T.)
38 Marcuse, 161.
39 Herbert Marcuse, *One-Dimensional Man: Studies in the Ideology of Advanced Industrial Society*, 2ª ed. (Boston: Beacon Press, 2012), Kindle.
40 Marcuse, 18.
41 Marcuse, *An Essay on Liberation*, 65.
42 Marcuse, *One-Dimensional Man*, 7-8.
43 Marcuse, 32.
44 Marcuse, 188.
45 Marcuse, 23-24.
46 Marcuse, 8.
47 Marcuse, *An Essay on Liberation*, 64.
48 Marcuse, 65-66.
49 Marcuse, *One-Dimensional Man*, 39-40.
50 Marcuse, *The New Left and the 1960s: Collected Papers of Herbert Marcuse*, vol. 3, 114.
51 Até certo ponto, o pessimismo de Marcuse acerca da Grande Sociedade seria justificado pela história. A discriminação racial é ilegal há duas gerações, e os gastos com programas de combate à pobreza agora superam 1 trilhão de dólares por ano, e ainda assim, a pobreza e as patologias sociais estão tão arraigadas como sempre. As promessas do presidente Johnson sobre política doméstica, assim com a Guerra no Vietnã, acabariam em exaustão e derrota.
52 Marcuse, *One-Dimensional Man*, 256-57.
53 "Race Troubles: 109 U.S. Cities Faced Violence in 1967", *U.S. News & World Report*, 12 de julho de 2017, https://www.usnews.com/news/national-news/articles/2017-07-12/race-troubles-109-us-cities-faced-violence-in-1967.
54 Arnold Farr, "Herbert Marcuse", in *The Stanford Encyclopedia of Philosophy*, ed. Edward N. Zalta (Metaphysics Research Lab, Universidade Stanford, 2019), https://plato.stanford.edu/entries/marcuse/.
55 Herbert Marcuse, *Negations: Essays in Critical Theory*, ed. Steffen G. Bohm, tradução para o inglês de Jeremy J. Shapiro (Londres: MayFly Books, 2009).
56 Para uma bibliografia selecionada das palestras mais importantes, ver Kellner, *Herbert Marcuse and the Crisis of Marxism*, 491-95.
57 Marcuse, *The New Left and the 1960s: Collected Papers of Herbert Marcuse*, vol. 3, 57.
58 Marcuse, 59.
59 Marcuse, 68.
60 Stephen J. Whitfield, "Refusing Marcuse: Fifty Years after One-Dimensional Man", *Dissent* 61, nº 4 (2014): 102-7, https://doi.org/10.1353/dss.2014.0075.
61 Herbert Marcuse, Bernardine Dohrn e Jamil Al-Amin, "Radical Perspectives", palestras, 5 de dezembro de 1968, Nova York, NY, gravação em áudio de um programa da Radio Free People, Carl Oglesby Papers (MS 514), Coleções Especiais e Arquivos Universitários,

Bibliotecas da Universidade de Massachusetts Amherst, https://credo.library.umass.edu/view/full/mums514-b080-i006.

62 Tom Bourne, "Herbert Marcuse: Grandfather of the New Left", *Change* 11, n° 6 (1979): 36-64; Michael Horowitz, "Portrait of the Marxist as an Old Trouper", *Playboy*, setembro de 1970.

63 Marcuse, *The New Left and the 1960s: Collected Papers of Herbert Marcuse*, vol. 3, 77, 81.

64 Marcuse, *An Essay on Liberation*, 5.

65 Marcuse, 3.

66 Marcuse, 4, 87.

67 Marcuse, 54, 51, 35.

68 Marcuse procurou explicar que a divergência em relação ao marxismo não era uma divergência de forma alguma, mas parte de seu desenvolvimento histórico. "Para a teoria marxiana, a localização (aliás, a retração) da oposição em certas camadas da classe média e na população dos guetos surge como uma divergência intolerável", Marcuse explicou. "Porém, nos países avançados do capitalismo monopolista, o deslocamento da oposição (das classes trabalhadoras industriais organizadas para as minorias militantes) é causado pelo desenvolvimento interno da sociedade; e a "divergência" teórica apenas reflete esse desenvolvimento." Marcuse, *An Essay on Liberation*, 51.

69 Marcuse, *An Essay on Liberation*, Prefácio.

70 Marcuse, 58, 57.

71 Marcuse, 56.

72 Marcuse, 34-36.

73 Marcuse, 53.

74 Herbert Marcuse, *Marxism, Revolution and Utopia: Collected Papers of Herbert Marcuse*, vol. 6, ed. Douglas Kellner e Clayton Pierce (Nova York: Routledge, 2017), 299, Kindle.

75 Marcuse, *An Essay on Liberation*, 53.

76 Herbert Marcuse, *The Essential Marcuse: Selected Writings of Philosopher and Social Critic Herbert Marcuse*, ed. Andrew Feenberg e William Leiss (Boston: Beacon Press, 2007), 33-35, Kindle.

77 Marcuse, 51.

78 Marcuse, 41.

79 Marcuse, 48-50.

80 Marcuse, 44-45.

81 Marcuse, 50-51.

82 Marcuse, 46.

83 Marcuse, 54-55.

84 Marcuse, 46.

85 Ver, por exemplo, Robyn Meredith, "5 Days in 1967 Still Shake Detroit", *New York Times*, 23 de julho de 1997, https://www.nytimes.com/1997/07/23/us/5-days-in-1967-still-shake-detroit.html.

86 Marcuse, *An Essay on Liberation*, 19.

CAPÍTULO 2

1. Tamara Chaplin e Jadwiga E. Pieper Mooney, eds., *The Global 1960s: Convention, Contest, and Counterculture* (Nova York: Routledge, 2017), 274.
2. Barbarella Fokos, "The Bourgeois Marxist", *San Diego Reader*, 3 de agosto de 2007, https://www.sandiegoreader.com/news/2007/aug/23/bourgeois-marxist/.
3. Herbert Marcuse, *The New Left and the 1960s: Collected Papers of Herbert Marcuse*, vol. 3, ed. Douglas Kellner (Nova York: Routledge, 2005), 194, Kindle.
4. Curtis Yee, "The Death of George Winne Jr. and the Fight for a More Peaceful World", *The Triton*, 10 de maio de 2017, https://triton.news/2017/05/death-george-winne-jr-fight-peaceful-world/.
5. *Herbert's Hippopotamus: Marcuse and Revolution in Paradise*, documentário, Paul Alexander Juutilainen, 1997, vídeo, shantiq, YouTube, 4 de março de 2011, 08:18, https://www.youtube.com/watch?v=gbzhmMDFcFQ.
6. James F. Clarity, "Rap Brown Wounded Here in Shootout After Holdup", *New York Times*, 17 de outubro de 1971, https://www.nytimes.com/1971/10/17/archives/rap-brown-wounded-here-in-shootout-after-hold-up-he-and-3-other.html.
7. Marcuse, *The New Left and the 1960s: Collected Papers of Herbert Marcuse*, vol. 3, 27.
8. Marcuse, 129.
9. "Rap Brown Calls Nation on 'Eve' of a Negro Revolt", *New York Times*, 11 de setembro de 1967, http://timesmachine.nytimes.comhttp://timesmachine.nytimes.com/timesmachine/1967/09/11/93872422.html?pageNumber=76.
10. Malcolm McLaughlin, *The Long, Hot Summer of 1967: Urban Rebellion in America*, ed. 2.014 (Nova York: Palgrave Macmillan, 2014), 122.
11. Max Elbaum, *Revolution in the Air: Sixties Radicals Turn to Lenin, Mao and Che* (Londres: Verso, 2002), 69-70.
12. Bernardine Dohrn, "Communique #1 from the Weatherman Underground", transcrição de áudio, 1970, https://socialhistoryportal.org/sites/default/files/raf/0419700521.pdf.
13. Becky W. Thompson, *A Promise and a Way of Life: White Antiracist Activism* (Minneapolis: University of Minnesota Press, 2001).
14. Chaplin e Mooney, *The Global 1960s*.
15. Michael Horowitz, "Portrait of the Marxist as an Old Trouper", *Playboy*, setembro de 1970.
16. Herbert Marcuse, *An Essay on Liberation* (Boston: Beacon Press, 1971), 61-62, Kindle.
17. Horowitz, "Portrait of the Marxist as an Old Trouper".
18. Theodor Adorno e Herbert Marcuse, "Correspondence on the German Student Movement", *New Left Review*, nº 233 (1º de fevereiro de 1999): 128.
19. Adorno e Marcuse, 128.
20. Stuart Jeffries, *Grand Hotel Abyss: The Lives of the Frankfurt School* (Londres: Verso, 2017), 345, 2.
21. Adorno e Marcuse, "Correspondence on the German Student Movement", 125.
22. Adorno e Marcuse, 130.

23 John L. McClellan et al., *The Weather Underground: Report of the Subcommittee to Investigate the Administration of the Internal Security Act and Other Internal Security Laws*, Comitê do Senado dos EUA, 94ª Legislatura (Comitê do Senado dos EUA sobre o Judiciário, janeiro de 1975), 75; Herbert Marcuse, Bernardine Dohrn e Jamil Al-Amin, "Radical Perspectives", palestras, 5 de dezembro de 1968, Nova York, NY, gravação em áudio de um programa da Radio Free People, Carl Oglesby Papers (MS 514), Coleções Especiais e Arquivos Universitários, Bibliotecas da Universidade de Massachusetts Amherst, https://credo.library.umass.edu/view/full/mums514-b080-i006.

24 Judith Moore, "Marxist Professor Herbert Marcuse's Years at UCSD: Angel of the Apocalypse", *San Diego Reader*, 11 de setembro de 1986, https://www.sandiegoreader.com/news/1986/sep/11/angel-apocalypse/; "Regents Ruling Evokes Varied UC Reactions", *Triton Times*, 4 de outubro de 1968, https://library.ucsd.edu/dc/object/bb4164952s/_1.pdf.

25 Melvin J. Lasky, "Ulrike & Andreas", *New York Times*, 11 de maio de 1975, http://timesmachine.nytimes.comhttp://timesmachine.nytimes.com/timesmachine/1975/05/11/92192714.html; Christina L. Stefanik, "West German Terror: The Lasting Legacy of the Red Army Faction" (dissertação de mestrado, Universidade Estadual de Bowling Green, 2009), https://etd.ohiolink.edu/apexprod/rws_etd/send_file/send?accession=bgsu1245696702&disposition=inline; Michael A. Schmidtke, "Cultural Revolution or Cultural Shock? Student Radicalism and 1968 in Germany", *South Central Review* 16/17 (1999): 77-89, https://doi.org/10.2307/3190078.

26 Stephen Gennaro e Douglas Kellner, "Under Surveillance: Herbert Marcuse and the FBI", in *Current Perspectives in Social Theory*, ed. Harry F. Dahms (Bingley, UK: Emerald, 2009), 306, https://doi.org/10.1108/S0278-1204(2009)0000026014.

27 Federal Bureau of Investigation, "FBI File, Subject: Herbert Marcuse, File Number: 9-48255", 1968-76, documento em PDF nos arquivos do autor, apoio aos Panteras Negras, 517, 557; dirigentes do Partido Comunista, 490; conexões com Davis, 470, 493, 595; reunião na Alemanha, 595; apoio a Brown, 362.

28 McClellan et al., *The Weather Underground*, 31.

29 McClellan et al., 32.

30 Anna Robinson-Sweet, "Audio Interview with Naomi Jaffe", Activism at The New School Oral History Program, 9 de janeiro de 2019, acessado em 28 de novembro de 2022, https://digital.archives.newschool.edu/index.php/Detail/objects/NS070104_Jaffe_20190109.

31 Karin Ashley et al., "You Don't Need a Weatherman to Know Which Way the Wind Blows", originalmente em *New Left Notes*, 18 de julho de 1969, site arquivístico Students for a Democratic Society, acessado em 2 de novembro de 2022, https://www.sds-1960s.org/sds_wuo/weather/weatherman_document.txt.

32 Ron Jacobs, *The Way the Wind Blew: A History of the Weather Underground* (Londres: Verso Books, 1997).

33 Ashley et al., "You Don't Need a Weatherman to Know Which Way the Wind Blows".

34 Jacobs, *The Way the Wind Blew*, 23–31.

35 Bryan Burrough, *Days of Rage: America's Radical Underground, the FBI, and the Forgotten Age of Revolutionary Violence* (Nova York: Penguin, 2015), 84-86, Kindle. Em 2009,

numa aparição no canal C-Span, Dohrn afirmou que seu comentário sobre Manson foi feito como uma piada irônica, mas relatos contemporâneos de fontes de esquerda sugerem o contrário. Ver *In Depth*, "In Depth with Bill Ayers", transmitido em 7 de junho de 2009, C-SPAN, https://www.c-span.org/video/?c4460430/user-clip-professor-bernardine-dohrn-remarks-manson-family-remarks; Guardian, "Weatherman Conducts a 'War Council'", 10 de janeiro de 1970, reproduzido em Marxists.org, https://www.marxists.org/history/erol/ncm-1/war-council.htm.

36 Jacobs, *The Way the Wind Blew*, 24.
37 Burrough, *Days of Rage*, 76.
38 Doug McAdam in "Picking Up the Pieces", *Making Sense of the Sixties*, Parte 5, documentário (PBS, 1990).
39 Harold Jacobs, ed., *Weatherman* (Berkeley, CA: Ramparts Press, 1970), 202, https://www.sds-1960s.org/books/weatherman.pdf.
40 Larry Grathwohl in *No Place to Hide: The Strategy and Tactics of Terrorism*, documentário (Western Goals Foundation, 1982), vídeo, thetruthisoutthere32, YouTube, 1º de novembro de 2013, 48:20, https://www.youtube.com/watch?v=9bQEI2RAznY.
41 Marcuse, *An Essay on Liberation*, 69.
42 Jacobs, *Weatherman*, 214.
43 Dohrn, "Communique #1 from the Weatherman Underground".
44 Burrough, *Days of Rage*, 56, 121, 127, 134, 163, 230, 315.
45 Weather Underground, *Prairie Fire: The Politics of Revolutionary Anti-Imperialism* (San Francisco: Communications Co., 1974), 2, 95.
46 Wade Greene, "The Militants Who Play with Dynamite", *New York Times*, 25 de outubro de 1970, https://www.nytimes.com/1970/10/25/archives/the-militants-who-play-with-dynamite-bombing-the-police-report-is.html.
47 Marcuse, *An Essay on Liberation*, 85.
48 Marcuse, 86.
49 Herbert Marcuse in "Interview with Pierre Viansson-Ponte", *Le Monde*, junho de 1969, tradução para o inglês de Anne Fremantle, Marxists.org, acessado em 4 de novembro de 2022, https://www.marxists.org/reference/archive/marcuse/works/1969/interview.htm.
50 Marcuse, *The New Left and the 1960s: Collected Papers of Herbert Marcuse*, vol. 3, 133.
51 Arthur M. Eckstein, *Bad Moon Rising: How the Weather Underground Beat the FBI and Lost the Revolution* (New Haven, CT: Yale University Press, 2016), capítulo 3, e-pub.
52 McClellan *et al.*, *The Weather Underground*.
53 "314. Bernardine Rae Dohrn", Federal Bureau of Investigation Most Wanted posters, acessado em 4 de novembro de 2022, https://www.fbi.gov/wanted/topten/topten-history/hires_images/FBI-314-BernardineRaeDohrn.jpg/view.
54 Burrough, *Days of Rage*, 78.
55 Burrough, 92, 220.
56 *Documents of the Black Liberation Army* (A Radical Reprint, 2021), 147-48, Google Books.
57 Burrough, *Days of Rage*, 74.

58 Herbert Marcuse, *Counterrevolution and Revolt* (Boston: Beacon Press, 2010), 5-6, Kindle.
59 Marcuse, *The New Left and the 1960s: Collected Papers of Herbert Marcuse*, vol. 3, 185.
60 Marcuse, 183.
61 Herbert Marcuse, *Marxism, Revolution and Utopia: Collected Papers of Herbert Marcuse*, vol. 6, ed. Douglas Kellner e Clayton Pierce (Nova York: Routledge, 2017), 427, Kindle.
62 "Communism: 125 Years Later", *New York Times*, 15 de agosto de 1972, https://www.nytimes.com/1972/08/15/archives/marx-and-paramarx-on-capitalist-contradictions.html.

CAPÍTULO 3

1 Para a correspondência entre Marcuse e Dutschke, ver Herbert Marcuse, *Marxism, Revolution and Utopia: Collected Papers of Herbert Marcuse*, vol. 6, ed. Douglas Kellner e Clayton Pierce (Nova York: Routledge, 2017), 334-36, Kindle.
2 Herbert Marcuse, *Towards a Critical Theory of Society: Collected Papers of Herbert Marcuse*, vol. 2, ed. Douglas Kellner (Nova York: Routledge, 2013), capítulo IX, Kindle.
3 Herbert Marcuse, *Counterrevolution and Revolt* (Boston: Beacon Press, 2010), 55, Kindle.
4 Marcuse, 28.
5 Herbert Marcuse, "The Movement in a New Era of Repression: An Assessment", transcrição do discurso, Universidade da Califórnia em Berkeley, 3 de fevereiro de 1971, site da família Marcuse, acessado em 2 de novembro de 2022, https://www.marcuse.org/herbert/publications/1970s/1971-movement-in-new-era-of-repression.pdf.
6 Marcuse, *Towards a Critical Theory of Society*, capítulo IX.
7 Marcuse, *Counterrevolution and Revolt*, 42.
8 Marcuse, 133.
9 Max Elbaum, "Mark Rudd's Self-Criticism", *Frontline* 6, nº 15 (13 de fevereiro de 1989), republicado em Marxists.org, acessado em 13 de novembro de 2022, https://www.marxists.org/history/erol/ncm-7/lom-mark-rudd.htm.
10 Weather Underground, *Prairie Fire: The Politics of Revolutionary Anti-Imperialism* (San Francisco: Communications Co., 1974), Introdução.
11 Weather Underground, 1.
12 Weather Underground, 48.
13 Weather Underground, 119.
14 Weather Underground, 9.
15 Weather Underground, 13.
16 Weather Underground, 148.
17 Weather Underground, 144.
18 Weather Underground, 3-4.
19 Ron Jacobs, "A Second Wind for Weather Underground? The Prairie Fire Statement", *Verso Books* (blog), 3 de novembro de 2017, https://www.versobooks.com/blogs/3469-a-second-wind-for-weather-underground-the-prairie-fire-statement.
20 Bryan Burrough, *Days of Rage: America's Radical Underground, the FBI, and the Forgotten Age of Revolutionary Violence* (Nova York: Penguin, 2015), 369-70, Kindle.

21. Ver Franks, "The Seeds of Terror"; Burrough, "Days of Rage", 370-72.
22. Marcuse, *Counterrevolution and Revolt*, 51.
23. Paul Buhle, *Marxism in the United States: A History of the American Left* (Londres: Verso, 2013), 263.
24. Lucinda Franks, "The Seeds of Terror", *New York Times*, 22 de novembro de 1981, https://www.nytimes.com/1981/11/22/magazine/the-seeds-of-terror.html.
25. "Marcuse Scholars and Activists", site da família Marcuse, acessado em 5 de novembro de 2022, https://www.marcuse.org/herbert/scholars-activists/index-full.html.
26. Bernardine Dohrn, "Communique #1 from the Weatherman Underground", transcrição de áudio, 1970, https://socialhistoryportal.org/sites/default/files/raf/0419700521.pdf.
27. Banco de dados do autor a respeito das biografias dos Weathermen, reunido a partir de fontes públicas.
28. Bruce Bawer, *The Victims' Revolution: The Rise of Identity Studies and the Closing of the Liberal Mind* (Nova York: Broadside Books, 2012), 12, Kindle.
29. Neil Gross e Solon Simmons, "The Social and Political Views of American Professors", 1º de janeiro de 2007, 42.
30. Mitchell Langbert, "Homogenous: The Political Affiliations of Elite Liberal Arts College Faculty", *Academic Questions* 31 (verão de 2018): 186-97, https://doi.org/10.1007/s12129-018-9700-x.
31. Mitchell Langbert, Anthony J. Quain e Daniel B. Klein, "Faculty Voter Registration in Economics, History, Journalism, Law, and Psychology", *Character Issues* 13, nº 3 (setembro de 2016): 428-29.
32. Marcuse, *The Essential Marcuse*, 50.
33. Marcuse, *Marxism, Revolution and Utopia: Collected Papers of Herbert Marcuse*, vol. 6, 381.
34. Eric Kaufmann, "Academic Freedom in Crisis: Punishment, Political Discrimination, and Self-Censorship" (Center for the Study of Partisanship and Ideology, 1º de março de 2021), https://cspicenter.org/wp-content/uploads/2021/03/AcademicFreedom.pdf.
35. Burrough, *Days of Rage*, 361.
36. Jacob Bennett, "White Privilege: A History of the Concept" (dissertação de mestrado, Universidade Estadual da Geórgia, 2012), 15, https://scholarworks.gsu.edu/history_theses/54.
37. "Deconstructing Whiteness Working Group", Divisão de Equidade e Inclusão, Universidade de Oregon, acessado em 5 de novembro de 2022, https://inclusion.uoregon.edu/deconstructing-whiteness-working-group.
38. Cristina Combs, "Recovery from White Conditioning: Building Anti-Racist Practice and Community" (palestra *on-line*, Universidade de Minnesota, Escola de Serviço Social), acessado em 5 de novembro de 2022, https://practicetransformation.umn.edu/continuing-education/part-i-recovery-from-white-conditioning-building-anti-racist-practice-and-community/.
39. Análise do autor do banco de dados do Google Scholar e do Semantic Scholar.
40. Herbert Marcuse, *An Essay on Liberation* (Boston: Beacon Press, 1971), 8, Kindle.
41. Bennett M. Berger, "Just What the Movement Needed, an Elder Who Isn't an Adult", *New York Times*, 9 de julho de 1972, https://www.nytimes.com/1972/07/09/archives/counterrevolution-and-revolt-by-herbert-marcuse-138-pp-boston.html.

42. Arnold Beichman, "Six 'Big Lies' About America", *New York Times*, 6 de junho de 1971, seção de arquivos, https://www.nytimes.com/1971/06/06/archives/six-big-lies-about-america-six-big-lies-about-america.html.

43. Herbert Marcuse, Bernardine Dohrn e Jamil Al-Amin, "Radical Perspectives," palestras, 5 de dezembro de 1968, Nova York, NY, gravação em áudio de um programa da Radio Free People, Carl Oglesby Papers (MS 514), Coleções Especiais e Arquivos Universitários, Bibliotecas da Universidade de Massachusetts Amherst, https://credo.library.umass.edu/view/full/mums514-b080-i006.

44. Zach Goldberg, "How the Media Led the Great Racial Awakening", *Tablet Magazine*, 4 de agosto de 2020, https://www.tabletmag.com/sections/news/articles/media-great-racial-awakening.

45. Marcuse, *An Essay on Liberation*, 34.

46. Erica Sherover-Marcuse, *Emancipation and Consciousness: Dogmatic and Dialectical Perspectives in the Early Marx* (Oxford: Blackwell, 1986).

47. Marcuse, *Marxism, Revolution and Utopia: Collected Papers of Herbert Marcuse*, vol. 6, 391.

48. "Erica Sherover-Marcuse; Created Workshops on Racism", *Los Angeles Times*, obituários, 25 de dezembro de 1988, https://www.latimes.com/archives/la-xpm-1988-12-25-mn-1350-story.html.

49. Marcuse, *Marxism, Revolution and Utopia: Collected Papers of Herbert Marcuse*, vol. 6, 391.

50. Christian Parenti, "The First Privilege Walk", *Nonsite.Org* (blog), 18 de novembro de 2021, https://nonsite.org/the-first-privilege-walk/; Ricky Sherover-Marcuse, "Compilation of Working Assumptions on Racism, Alliance-Building, Diverse Working Groups, Liberation Theory, Recruiting Whites as Allies", documento, julho de 1988, https://communityfoodfunders.org/wp-content/uploads/2015/01/Ricky-Sherover-Marcuse.pdf.

51. Ricky Sherover-Marcuse, "Liberation Theory: A Working Framework", Films for Action, sem data, republicado em 16 de junho de 2017, https://www.filmsforaction.org/articles/liberation-theory-a-working-framework/.

52. Parenti, "The First Privilege Walk".

53. Sherover-Marcuse, "Compilation of Working Assumptions on Racism, Alliance-Building, Diverse Working Groups, Liberation Theory, Recruiting Whites as Allies".

54. Ricky Sherover-Marcuse, "Ten Things Everyone Should Know About Race", Unlearning Racism, sem data, acessado em 5 de novembro de 2022, http://www.lovingjustwise.com/unlearning_racism.htm.

55. Herbert Marcuse e Douglas Kellner, *One-Dimensional Man: Studies in the Ideology of Advanced Industrial Society*, 2ª ed. (Boston: Beacon Press, 2012), 88, Kindle.

56. New England Center for Investigative Reporting, "New Analysis Shows Problematic Boom in Higher Ed Administrators", 6 de fevereiro de 2014, https://web.archive.org/web/20180616113604/https://www.necir.org/2014/02/06/new-analysis-shows-problematic-boom-in-higher-ed-administrators/.

57. Richard Vedder, "900,000 Costly Bureaucrats Work on Campus – How Many Do We Really Need?", Minding the Campus, 12 de junho de 2017, https://www.mindingthecampus.org/2017/06/12/900000-costly-bureaucrats-work-on-campus--how-many-do-we-really-need/.

58 "The Rise of Universities' Diversity Bureaucrats", *The Economist*, 18 de maio de 2018, https://www.economist.com/the-economist-explains/2018/05/08/the-rise-of-universities-diversity-bureaucrats.

59 Samuel J. Abrams, "Think Professors Are Liberal? Try School Administrators", *New York Times*, 16 de outubro de 2018, https://web.archive.org/web/20210816155242/https://www.nytimes.com/2018/10/16/opinion/liberal-college-administrators.html.

60 Universidade da Califórnia em Berkeley, "Vice Chancellor for Equity and Inclusion", memorando informativo, 2021, 2, PDF dos arquivos do autor.

61 Jay P. Greene e James D. Paul, "Diversity University: DEI Bloat in the Academy", documento informativo, Heritage Foundation, 27 de julho de 2021, 2, https://www.heritage.org/education/report/diversity-university-dei-bloat-the-academy.

62 Richard Vedder, "Diversity and Other Administrative Monstrosities: The Case of the University of Michigan", *Forbes*, 23 de julho de 2018, acessado em 5 de novembro de 2022, https://www.forbes.com/sites/richardvedder/2018/07/23/diversity-and-other-administrative-monstrousities-the-case-of-the-university-of-michigan/.

63 Jay P. Greene, "Growth of Virginia Universities' Diversity-Industrial Complex", Heritage Foundation, 17 de setembro de 2021, https://www.heritage.org/education/commentary/growth-virginia-universities-diversity-industrial-complex.

64 Universidade de Pittsburgh, "Pitt's Commitment to Social Justice", Gabinete do Reitor, 4 de novembro de 2022, https://www.provost.pitt.edu/pitts-commitment-social-justice.

65 Dean Bonner, "Response to Black Senate Leaders Letter", 17 de agosto de 2020, Universidade de Pittsburgh, https://www.studentaffairs.pitt.edu/wp-content/uploads/2020/08/ResponseBlackSenate-20200817-final2.pdf.

66 Natalie Frank, "'A Good Stepping Stone': Students, Professors Review New Anti-Racism Course", *Pitt News*, 16 de setembro de 2020, https://pittnews.com/article/160071/top-stories/a-good-stepping-stone-students-professors-review-new-anti-racism-course/; Universidade de Pittsburgh, "Anti-Black Racism: History, Ideology, and Resistance (PITT 0210) – Final Course Syllabus", Gabinete do Reitor, 2020, https://www.provost.pitt.edu/anti-black-racism-history-ideology-and-resistance-final-course-syllabus.

67 Angela Morabito, "UPitt to Hire Professor of 'Oppression'", Campus Reform, 3 de setembro de 2021, https://campusreform.org/article?id=18089.

68 Universidade de Pittsburgh, "Diversity Statement for Leadership Candidates", Faculdade de Medicina, 10 de junho de 2020, https://www.pediatrics.pitt.edu/about-us/diversity-inclusion-and-equity/our-goals/faculty-level/diversity-statement-leadership; Bonner, "Response to Black Senate Leaders Letter".

69 "Waverly Duck Publishes New Book, 'Tacit Racism'", Universidade de Pittsburgh, acessado em 28 de novembro de 2022, https://www.pitt.edu/pittwire/accolades-honors/waverly-duck-publishes-new-book-tacit-racism.

70 Lending Equity, "Creating Student Activists Through Social Justice Mathematics with Dr. Kari Kokka", Lending Equity Center, acessado em 5 de novembro de 2022, https://www.leadingequitycenter.com/63.

71 Universidade de Pittsburgh, "GSWS Faculty Fellowships", Gender, Sexuality, & Women's Studies Program, 4 de novembro de 2022, https://www.wstudies.pitt.edu/people/ant-236.

[72] Michael Vanyukov, "Letter to the Editor: Racial Equity Consciousness Institute Criticized", *University Times*, 23 de setembro de 2021, https://www.utimes.pitt.edu/news/letter-editor-racial-0.

[73] Abigail Thompson, "A Word From…", *Notices of the American Mathematical Society* 66, nº 11 (dezembro de 2019): 1778-79.

[74] Mark Perry, entrevista com o autor, setembro de 2021.

[75] Herbert Marcuse, *The New Left and the 1960s: Collected Papers of Herbert Marcuse*, vol. 3, ed. Douglas Kellner (Nova York: Routledge, 2005), 152, Kindle.

[76] John M. Ellis et al., *A Crisis of Competence: The Corrupting Effect of Political Activism in the University of California* (National Association of Scholars, abril de 2012).

[77] Langbert, "Homogenous".

[78] Michael Levenson, "University Must Reinstate Professor Who Tweeted About 'Black Privilege'", *New York Times*, 19 de maio de 2022, https://www.nytimes.com/2022/05/19/us/twitter-florida-professor-reinstated.html; Gordon Klein, "Why I Am Suing UCLA", *Common Sense* (blog), 30 de setembro de 2021, https://www.commonsense.news/p/why-i-am-suing-ucla.

[79] Larry Gordon, "Leftism at UC Leaves Many with Unbalanced Education, Study Says", *Los Angeles Times*, 1º de abril de 2012, https://www.latimes.com/local/la-xpm-2012-apr-01-la-me-0401-uc-critics-20120402-story.html.

[80] Marcuse, *The New Left and the 1960s: Collected Papers of Herbert Marcuse*, vol. 3, 60.

[81] Marcuse, *An Essay on Liberation*, 87, 89.

[82] Marcuse, *The Essential Marcuse*, 45.

[83] Sherover-Marcuse, "Compilation of Working Assumptions on Racism, Alliance-Building, Diverse Working Groups, Liberation Theory, Recruiting Whites as Allies".

[84] Marcuse, *The New Left and the 1960s: Collected Papers of Herbert Marcuse*, vol. 3, 125.

[85] Marcuse, *An Essay on Liberation*, 74.

[86] Marcuse, *The Essential Marcuse*, 52.

[87] Marcuse, *The New Left and the 1960s: Collected Papers of Herbert Marcuse*, vol. 3, 84.

[88] Marcuse, 85.

[89] Marcuse, 85.

CAPÍTULO 4

[1] Herbert Marcuse, *Counterrevolution and Revolt* (Boston: Beacon Press, 2010), 56, Kindle.

[2] Herbert Marcuse, *Soviet Marxism: A Critical Analysis* (Nova York: Columbia University Press, 1958).

[3] Para a teoria política de Estado gerencial integrado que atua como o "centro vital", ver John Marini, *Unmasking the Administrative State: The Crisis of American Politics in the Twenty-First Century*, ed. Ken Masugi (Nova York: Encounter Books, 2019).

[4] Herbert Marcuse, *An Essay on Liberation* (Boston: Beacon Press, 1971), 89, Kindle.

[5] Herbert Marcuse, *The Essential Marcuse: Selected Writings of Philosopher and Social Critic Herbert Marcuse*, ed. Andrew Feenberg e William Leiss (Boston: Beacon Press, 2007), 42, Kindle.

[6] Marcuse, *Counterrevolution and Revolt*, 55.

[7] Sidney Hook, "An Essay on Liberation", *New York Times*, 20 de abril de 1969, https://www.nytimes.com/1969/04/20/archives/an-essay-on-liberation-by-herbert-marcuse-91-pp-boston-the-beacon.html.

[8] Bennett M. Berger, "Just What the Movement Needed, an Elder Who Isn't an Adult", *New York Times*, 9 de julho de 1972, https://www.nytimes.com/1972/07/09/archives/counterrevolution-and-revolt-by-herbert-marcuse-138-pp-boston.html.

[9] Kenneth A. Briggs, "Marcuse, Radical Philosopher, Dies", *New York Times*, 31 de julho de 1979, https://www.nytimes.com/1979/07/31/archives/marcuse-radical-philosopher-dies-largely-unnoticed-before-60s.html.

[10] Também conhecida como Crise Financeira Global, que começou com a crise financeira de 2007-2008 e teve um impacto significativo nos mercados financeiros e na economia mundial. (N. do T.)

[11] Entrevista realizada pelo autor com o jornalista, setembro de 2021.

[12] Zach Goldberg, "How the Media Led the Great Racial Awakening", *Tablet Magazine*, 4 de agosto de 2020, https://www.tabletmag.com/sections/news/articles/media-great-racial-awakening.

[13] Entrevista realizada pelo autor com o jornalista, setembro de 2021.

[14] Kerry Flynn, "As Subscriber Growth Slows, the New York Times Reveals 100 Million Registered Users", CNN Business, 5 de maio de 2021, acessado em 10 de novembro de 2022, https://www.cnn.com/2021/05/05/media/new-york-times-earnings-q1-2021/index.html.

[15] Goldberg, "How the Media Led the Great Racial Awakening".

[16] Para um estudo de caso detalhado da captura ideológica da Reuters, ver Christopher F. Rufo, "The Price of Dissent", *City Journal*, 5 de janeiro de 2022, https://www.city-journal.org/black-lives-matter-thomson-reuters-and-the-price-of-dissent.

[17] Marcuse, *An Essay on Liberation*, 8.

[18] Conjunto de programas e políticas econômicas e sociais implantados pelo presidente Franklin D. Roosevelt durante a década de 1930 para enfrentar as consequências da Grande Depressão. (N. do T.)

[19] Para compreender as origens e ascensão do Estado gerencial, ver James Burnham, *The Managerial Revolution: What Is Happening in the World* (Nova York: John Day, 1941).

[20] Fiona Hill, "Public Service and the Federal Government", *Brookings* (blog), 27 de maio de 2020, https://www.brookings.edu/policy2020/votervital/public-service-and-the-federal-government/.

[21] Robert Rector e Vijay Menon, *Understanding the Hidden $1.1 Trillion Welfare System and How to Reform It*, Backgrounder, Heritage Foundation, 5 de abril de 2018, http://report.heritage.org/bg3294.

[22] Veronique de Rugy, "A Nation of Government Dependents?", Universidade George Mason, Mercatus Center, 2010, https://www.mercatus.org/research/data-visualizations/nation-government-dependents.

[23] Nesta seção, as informações sobre contribuições se baseiam na análise do banco de dados de contribuições políticas do OpenSecrets durante o ciclo eleitoral de 2020.

24. Jackie Gu, "The Employees Who Gave Most to Trump and Biden", Bloomberg, 2 de novembro de 2020, https://www.bloomberg.com/graphics/2020-election-trump-biden-donors/.
25. Joseph R. Biden Jr., "Executive Order 14035: Diversity, Equity, Inclusion, and Accessibility in the Federal Workforce", The White House, 25 de junho de 2021, https://www.whitehouse.gov/briefing-room/presidential-actions/2021/06/25/executive-order-on-diversity-equity-inclusion-and-accessibility-in-the-federal-workforce/.
26. Ver relatórios investigativos sobre o Departamento do Tesouro, Departamento de Educação, Associação Nacional das Cooperativas de Crédito, Departamento de Segurança Interna, Centros de Controle e Prevenção de Doenças, Departamento de Estado, Agência de Proteção Ambiental e Departamento de Assuntos de Veteranos em Christopher F. Rufo, "Critical Race Theory Briefing Book", 4 de maio de 2022, https://christopherrufo.com/crt-briefing-book/.
27. Christopher F. Rufo, "Nuclear Consequences", 12 de agosto de 2020, https://christopherrufo.com/nuclear-consequences/.
28. Nesta seção, as informações de financiamento se baseiam na análise do autor do banco de dados do Sistema de Gerenciamento de Prêmios do Governo dos Estados Unidos entre os anos de 2009 e 2020.
29. Banco de dados do Sistema de Gerenciamento de Prêmios do Governo dos Estados Unidos.
30. *Ibid*. Ver também Heather Mac Donald, *The Diversity Delusion: How Race and Gender Pandering Corrupt the University and Undermine Our Culture* (Nova York: St. Martin's Press, 2018), capítulo 11, Kindle.
31. A reportagem investigativa detalhada em andamento sobre a ideologia de "diversidade, equidade e inclusão" pode ser encontrada em minha série na revista *City Journal*, em https://www.city-journal.org/christopher-rufo-on-woke-capital.
32. Gu, "The Employees Who Gave Most to Trump and Biden".
33. Tracy Jan, Jena McGregor e Meghan Hoyer, "Corporate America's $50 Billion Promise", *Washington Post*, 23 de agosto de 2021, https://www.washingtonpost.com/business/interactive/2021/george-floyd-corporate-america-racial-justice/.
34. Cisco [@cisco], "At Cisco, we stand in solidarity with those taking action to eradicate systemic racism and inequality. Cisco CEO @chuckrobbins announced a $5M donation to @eji_org, @NAACP_LDF, @ColorofChange, @Blklivesmatter and our Fighting Racism and Discrimination Fund. #BlackLivesMatter", tuíte, Twitter, 1º de junho de 2020, 14h02, https://twitter.com/cisco/status/1267547077892026375; Ramon Laguarta, "PepsiCo CEO: 'Black Lives Matter, to Our Company and to Me'. What the Food and Beverage Giant Will Do Next", *Fortune*, 16 de junho de 2020, https://fortune.com/2020/06/16/pepsi-ceo-ramon-laguarta-black-lives-matter-diversity-and-inclusion-systemic-racism-in-business/; Lauren Thomas, "Read Nike CEO John Donahoe's Note to Employees on Racism: We Must 'Get Our Own House in Order'", CNBC, 5 de junho de 2020, https://www.cnbc.com/2020/06/05/nike-ceo-note-to-workers-on-racism-must-get-our-own-house-in-order.html.
35. Thornton McEnery, "Mending JPM Chief Drops into Mt. Kisco Chase Branch", *New York Post*, 5 de junho de 2021, https://nypost.com/2020/06/05/mending-jpm-chief-drops-into-mt-kisco-chase-branch/.
36. McDonald's, "One of Us", vídeo, McDonald's, YouTube, 2020, 01:00, https://www.youtube.com/watch?v=3HaC5D_TaEo.

37 Para investigações detalhadas sobre os programas de "diversidade, equidade e inclusão" nas 100 maiores empresas relacionadas pela revista *Fortune*, ver "Christopher Rufo on Woke Capital", *City Journal*, 2022, https://www.city-journal.org/christopher-rufo-on-woke-capital.

38 Christopher F. Rufo, "The Woke-Industrial Complex", *City Journal*, 20 de maio de 2021, https://www.city-journal.org/lockheed-martins-woke-industrial-complex.

39 Christopher F. Rufo, "The Woke Defense Contractor", *City Journal*, 6 de julho de 2021, https://www.city-journal.org/raytheon-adopts-critical-race-theory.

40 Walmart, "The Walmart.Org Center for Racial Equity Awards Over $14 Million in First Round of Grants", *press release*, 1º de fevereiro de 2021, https://corporate.walmart.com/newsroom/2021/02/01/the-walmart-org-center-for-racial-equity-awards-over-14-million-in-first-round-of-grants; Walmart, "Center for Racial Equity", Walmart.org, 2022, https://walmart.org/diversity-equity-and-inclusion/center-for-racial-equity.

41 Christopher F. Rufo, "Walmart vs. Whiteness", *City Journal*, 14 de outubro de 2021, https://www.city-journal.org/walmart-critical-race-theory-training-program.

42 Kim Souza, "Top Six Walmart Execs Compensation a Combined $112.39 Million in 2019", *Talk Business & Politics* (blog), 24 de abril de 2020, https://talkbusiness.net/2020/04/top-six-walmart-execs-compensation-a-combined-112-39-million-in-2019/.

43 Toda a melhor evidência disponível sugere que os treinamentos em diversidade não obtêm suas intenções declaradas. Segundo os professores Frank Dobbin e Alexandra Kalev, que analisaram dados de 30 anos de mais de 800 empresas norte-americanas, os treinamentos em diversidade "não reduzem o preconceito, não alteram o comportamento, nem mudam o ambiente de trabalho". Na melhor das hipóteses, os benefícios em potencial desaparecem em poucos dias; na pior das hipóteses, os programas de treinamento em diversidade podem "despertar preconceitos", "tornar [os estereótipos] mais evidentes nas mentes dos participantes" e "provocar resistência nos homens brancos que se sentem injustamente acusados de discriminação". Frank Dobbin e Alexandra Kalev, "Why Doesn't Diversity Training Work? The Challenge for Industry and Academia", *Anthropology Now* 10, nº 2 (4 de maio de 2018): 48-55, https://doi.org/10.1080/19428200.2018.1493182; "Frank Dobbin e Alexandra Kalev Explain Why Diversity Training Does Not Work", *The Economist*, 21 de maio de 2021, acessado em 5 de dezembro de 2022, https://www.economist.com/by-invitation/2021/05/21/frank-dobbin-and-alexandra-kalev-explain-why-diversity-training-does-not-work.

44 Tamara Chaplin e Jadwiga E. Pieper Mooney, eds., *The Global 1960s: Convention, Contest, and Counterculture* (Nova York: Routledge, 2017), 288.

45 Federal Bureau of Investigation, "FBI File, Subject: Herbert Marcuse, File Number: 9-48255", 1968-76, documento em PDF nos arquivos do autor, 601.

46 Judith Moore, "Marxist Professor Herbert Marcuse's Years at UCSD: Angel of the Apocalypse", *San Diego Reader*, 11 de setembro de 1986, https://www.sandiegoreader.com/news/1986/sep/11/angel-apocalypse/.

47 No final de sua vida, Marcuse se tornou um pouco mais moderado, possivelmente no interesse de reformular sua imagem na posteridade. Um ano antes de sua morte, uma jornalista chamada Myriam Malinovich visitou Marcuse em La Jolla e o entrevistou para traçar um perfil para a *New York Time Magazine*. Marcuse estava fora de moda, e os três líderes remanescentes da Facção do Exército Vermelho tinham recentemente cometido

suicídio na prisão alemã de Stammhein, marcando o fim de sua insurgência guerrilheira. Malinovich questionou o professor acerca de seu desejo de suspender os direitos civis dos oponentes políticos, da ligação de sua obra com facções políticas violentas e de sua ideia de ditadura dos intelectuais. Marcuse admitiu que aplicaria a "tolerância repressiva" a qualquer pessoa que se opusesse ao Estado de bem-estar social liberal, incluindo os conservadores na academia. Porém, ele negou ser a inspiração para organizações militantes de esquerda, como a Facção do Exército Vermelho e o Weather Underground. "Eu nunca defendi o terror", Marcuse disse, sustentando que, embora tivesse manifestado apoio à violência política outrora, havia "uma diferença entre violência e terror", e que ele renegou as campanhas de atentados a bomba da Facção do Exército Vermelho. Myriam Miedzian Malinovich, "Herbert Marcuse in 1978: An Interview by Myriam Miedzian Malinovich", in Herbert Marcuse, *Marxism, Revolution and Utopia: Collected Papers of Herbert Marcuse*, vol. 6.

[48] Herbert Marcuse, *The New Left and the 1960s: Collected Papers of Herbert Marcuse*, vol. 3, ed. Douglas Kellner (Nova York: Routledge, 2005), 114, Kindle.

[49] Herbert Marcuse, *An Essay on Liberation*, (Boston: Beacon Press, 1971), 17, Kindle.

[50] Ver Derald Wing Sue *et al.*, "Racial Microaggressions in Everyday Life: Implications for Clinical Practice", *American Psychologist* 62, nº 4 (2007): 271-86, https://doi.org/10.1037/0003-066X.62.4.271.

[51] Harold Marcuse, "Death, Burial, and Grave of Herbert Marcuse in Berlin", site da família Marcuse, 2004, acessado em 13 de novembro de 2022, https://www.marcuse.org/herbert/newsevents/2003berlinburial/gravestone.htm.

[52] Peter Marcuse, "Burying Herbert's Ashes in Berlin: A Personal Reflection on the Interconnections between the Personal and the Political, the Private and the Symbolic", site da família Marcuse, 22 de julho de 2003, acessado em 13 de novembro de 2022, https://www.marcuse.org/herbert/newsevents/2003berlinburial/AshesPeter037hm038pm.htm.

[53] Marcuse, *The New Left and the 1960s: Collected Papers of Herbert Marcuse*, vol. 3, 199.

CAPÍTULO 5

[1] Publicado posteriormente na edição de fevereiro de 1971 da revista *Ramparts* como "Angela Davis in Prison: A Letter".

[2] Herbert Marcuse, *An Essay on Liberation* (Boston: Beacon Press, 1971), 52, Kindle.

[3] "Angela Davis in Prison: A Letter."

[4] Angela Y. Davis, *Angela Davis: An Autobiography* (Nova York: International, 2013), 144, Kindle.

[5] Cecil Williams e Angela Davis, "A Conversation with Angela", *Black Scholar* 3, nº 7/8 (abril de 1972): 36.

[6] Williams e Davis, 36-37.

[7] Williams e Davis, 40.

[8] Marcuse, "Angela Davis in Prison: A Letter", 22.

[9] Sol Stern, "The Campaign to Free Angela Davis... and Mitchell Magee", *New York Times*, 27 de junho de 1971, https://www.nytimes.com/1971/06/27/archives/the-campaign-to-free-angela-davis-and-ruchell-magee-the-campaign-to.html.

10. Yana Skorobogatov, "Our Friend Angela: Soviet Schoolchildren, a Letter-Writing Campaign, and the Legend of Angela Davis", *The Drift*, 21 de outubro de 2020, https://www.thedriftmag.com/our-friend-angela/.
11. Skorobogatov, "Our Friend Angela". Registros e documentos internacionais extensos a respeito do movimento pela liberdade de Angela Davis estão arquivados na Divisão de Originais da Universidade Stanford, "National United Committee to Free Angela Davis", número da coleção M0262, Stanford, Califórnia.
12. Angela Y. Davis, ed., *If They Come in the Morning ...: Voices of Resistance* (1971; reimpressão, Nova York: Verso, 2016), 48, Kindle.
13. Angela Y. Davis, *Angela Davis: An Autobiography*, segunda parte, Kindle.
14. Angela Y. Davis, "Reflections on Race, Class, and Gender in the USA", in *The Angela Y. Davis Reader* (Malden, MA: Blackwell, 1998), 315.
15. Jennifer L. Greer, "Invisible Line down Birmingham Street Was Potentially Deadly", *ComebackTown* (blog), 20 de janeiro de 2021, https://comebacktown.com/2021/01/20/invisible-line-down-birmingham-street-was-potentially-deadly/.
16. Para obter um histórico em detalhes desse período em Birmingham, ver Glenn T. Eskew, *But for Birmingham: The Local and National Movements in the Civil Rights Struggle* (Chapel Hill: University of North Carolina Press, 1997).
17. Cynthia A. Young, *Soul Power: Culture, Radicalism, and the Making of a U.S. Third World Left* (Durham, NC: Duke University Press, 2006), 187-89, Kindle.
18. Davis, *Angela Davis: An Autobiography*, 78.
19. Davis, 79.
20. Davis, 92, 89-90.
21. Barbara Epstein, "Free Speech Movement Oral History Project: Barbara Epstein", Escritório Regional de História Oral, Biblioteca Bancroft, Universidade da Califórnia em Berkeley, 2014, https://digitalassets.lib.berkeley.edu/roho/ucb/text/epstein_barbara_2014.pdf.
22. Davis, *Angela Davis: An Autobiography*, 19.
23. Davis, 111.
24. Davis, 112.
25. Davis, 135.
26. Davis, 145.
27. Rick Heimlich, "Third College: Hope for the Third World", *Triton Times*, 16 de outubro de 1970, https://library.ucsd.edu/dc/object/bb0205870h/_1.pdf.
28. Davis, "Reflections on Race, Class, and Gender in the USA", 317.
29. Davis, *Angela Davis: An Autobiography*, 159.
30. Davis, 187-89.
31. Davis, 191-92.
32. Para uma perspectiva acadêmica sobre a nomeação de Davis, ver "Academic Freedom and Tenure: The University of California at Los Angeles", *AAUP Bulletin* 57, n° 3 (outono de 1971): 382-420.
33. Charles L. Sanders, "The Radicalization of Angela Davis", *Ebony*, julho de 1971.

34. Davis, ed., *If They Come in the Morning...*, 206.
35. "Angela Davis Speaking at UCLA 10/8/1969", áudio, Universidade da Califórnia em Los Angeles, UCLA Comm Studies, YouTube, 2013, 11:30, 06:35, 25:50, https://www.youtube.com/watch?v=AxCqTEMgZUc.
36. "Herbert Marcuse and Angela Davis at Berkeley", gravação dos discursos, Universidade da Califórnia em Berkeley, Pacifica Radio Archives, 1969, 38:00, https://www.pacifica-radioarchives.org/recording/az1025.
37. Bettina Aptheker, *The Morning Breaks: The Trial of Angela Davis*, 2ª ed. (Ithaca, NY: Cornell University Press, 2014), 213, Kindle.
38. Aptheker, 210, 211, 234.
39. Aptheker, 213–14.
40. Lawrence V. Cotj, "The Facts Behind the Angela Davis Case", *Human Events*, 17 de junho de 1972.
41. "Justice: A Bad Week for the Good Guys", *Time*, 17 de agosto de 1970, https://web.archive.org/web/20080913023405/http://www.time.com/time/magazine/article/0,9171,909547-1,00.html.
42. "Another Vital and Necessary Level Has Been Reached in the Revolutionary Struggle in America", *Black Panther*, 21 de agosto de 1970, mantido nos arquivos da Universidade Estadual de Kennesaw, https://soar.kennesaw.edu/bitstream/handle/11360/3547/black-panther-newspaper-FINAL.pdf.
43. Aptheker, *The Morning Breaks*, 209.
44. "Justice: A Bad Week for the Good Guys."
45. Aptheker, *The Morning Breaks*, 189-90.
46. Cotj, "The Facts Behind the Angela Davis Case".
47. Davis, *Angela Davis: An Autobiography*, 5-6.
48. "The Angela Davis Case", *Newsweek*, 26 de outubro de 1970.
49. Linda Charlton, "F.B.I. Seizes Angela Davis in Motel Here", *New York Times*, 14 de outubro de 1970, https://archive.nytimes.com/www.nytimes.com/books/98/03/08/home/davis-fbi.html.
50. Aptheker, *The Morning Breaks*, 23.
51. Carole Alston e Leo Branton, "In Defense of Angela: Profile of the Davis Defense Team", *Black Law Journal* 2, nº 1 (1972): 51.
52. Davis, *Angela Davis: An Autobiography*, 44-45, 64-66.
53. Davis, ed., *If They Come in the Morning...*, 36, 34, 37.
54. Cotj, "The Facts Behind the Angela Davis Case".
55. Angela Y. Davis, "Statement to the Court", 5 de janeiro de 1971, in Davis, ed., *If They Come in the Morning...*, 224-25.
56. Ver o capítulo sobre o advogado Howard J. Moore Jr. in Davis, ed., *If They Come in the Morning...*, 206.
57. "People v. Angela Y. Davis, Trial Transcript, June 4, 1972, Angela Davis", papéis de Angela Y. Davis, 1937-2017, arquivos legais, 1965-97, MC940 52.5, Biblioteca Schlesinger,

Instituto Radcliffe, Universidade Harvard, Cambridge, MA, acessado em 8 de novembro de 2022, https://iiif.lib.harvard.edu/manifests/view/drs:491929913$5i.

58 Cotj, "The Facts Behind the Angela Davis Case".

CAPÍTULO 6

1 Angela Y. Davis, *Angela Davis: An Autobiography* (Nova York: International, 2013), 398, Kindle.

2 O jornal *Neues Deutschland* escreveu em 11 de setembro de 1972 que ela "foi recebida com entusiasmo por 50 mil pessoas".

3 Davis, *Angela Davis: An Autobiography*, Epílogo.

4 "Miss Davis Hails Soviet's Policies", *New York Times*, 10 de setembro de 1972, https://www.nytimes.com/1972/09/10/archives/miss-davis-hails-soviets-policies-but-the-comments-on-tour-arouse.html.

5 Para uma discussão acerca da "narrativa do neoescravo", ver Mechthild Nagel, "Women Outlaws: Politics of Gender and Resistance in the US Criminal Justice System", Universidade Estadual de Nova York em Cortland, 2006, acessado em 10 de novembro de 2022, https://web.cortland.edu/nagelm/papers_for_web/davis_assata06.htm.

6 Angela Davis, "Angela Davis Speaks on the Topic of Oppression and Repression in the U.S. at California State University Fullerton", discurso, gravação em vídeo, Universidade Estadual da Califórnia em Fullerton, Arquivos e Coleções Especiais da Universidade, California Revealed, 17 de novembro de 1972, https://calisphere.org/item/8cef4824d3eb83e821b886c4c3f9e15b/.

7 "San Quentin Six to Open Defense", *New York Times*, 28 de junho de 1976, https://www.nytimes.com/1976/06/28/archives/san-quentin-six-to-open-defense-prosecutor-rests-case-with-review.html.

8 Lacey Fosburgh, "Ruchell Magee, Once Angela Davis' Co-Defendant, Gets Life for Kidnapping", *New York Times*, 24 de janeiro de 1975, https://www.nytimes.com/1975/01/24/archives/ruchell-magee-once-angela-davis-codefendant-gets-life-for.html.

9 "Hijacker Convicted in California Case; Gets Life Sentence", *New York Times*, 25 de julho de 1972, https://www.nytimes.com/1972/07/25/archives/hijacker-convicted-in-california-case-gets-life-sentence.html.

10 Gregory Jaynes, "'I Hate You ... I Hope I Killed You'", *Atlanta Constitution*, 1º de novembro de 1972.

11 Davis, "Angela Davis Speaks on the Topic of Oppression and Repression in the U.S. at California State University Fullerton".

12 Black Liberation Army, "Message to the Black Movement: A Political Statement from the Black Underground", livreto sem data, Arquivos da Universidade Estadual de Michigan, American Radicalism Collection, 1, https://archive.lib.msu.edu/DMC/AmRad/messageblackmovement.pdf.

13 Eldridge Cleaver, *Soul on Ice* (1968; reimpressão, Nova York: Delta, 1999), 32-33.

14 Cleaver, 33.

15. Angela Davis, "Angela Davis Speaking at UCLA 10/8/1969", áudio, Departamento de Comunicação da Universidade da Califórnia em Los Angeles, coleção especial, 25:40, https://comm.ucla.edu/angela-davis-10-8-1969/.
16. Eldridge Cleaver, "On the Case of Angela Davis", *Black Panther*, 23 de janeiro de 1971, Bibliotecas da Universidade Estadual de Utah, Apresentações Digitais, http://exhibits.lib.usu.edu/files/original/1a27cd0588d0593b76d1b880af54d46a.jpg.
17. Eldridge Cleaver, "On the Ideology of the Black Panther Party, Part 1", Black Panther Party, 1970, 1-2, Freedom Archives, http://www.freedomarchives.org/Documents/Finder/Black%20Liberation%20Disk/Black%20Power%21/SugahData/Books/Cleaver.S.pdf.
18. Karl Marx e Frederick Engels, *Manifesto of the Communist Party*, tradução autorizada para o inglês, editada e com notas explicativas de Frederick Engels (Chicago: Charles H. Kerr, 1888, 1910), 29.
19. Cleaver, "On the Ideology of the Black Panther Party, Part 1", 4.
20. Eldridge Cleaver, "On Lumpen Ideology", *Black Scholar* 4, nº 3 (1972): 4.
21. Cleaver, "On the Ideology of the Black Panther Party, Part 1", 10.
22. Cleaver, "On Lumpen Ideology", 10.
23. Curtis J. Austin, *Up Against the Wall: Violence in the Making and Unmaking of the Black Panther Party* (Fayetteville: University of Arkansas Press, 2008), 169-70, Kindle.
24. Huey P. Newton, *Revolutionary Suicide* (Londres: Penguin, 2009), 121, Google Books.
25. Jama Lazerow e Yohuru Williams, eds., *In Search of the Black Panther Party: New Perspectives on a Revolutionary Movement* (Durham, NC: Duke University Press, 2006), 374.
26. Partido dos Panteras Negras, "The Black Panther Party Ten-Point Program", 15 de outubro de 1966, https://www.marxists.org/history/usa/workers/black-panthers/1966/10/15.htm.
27. Huey P. Newton, "In Defense of Self Defense: The Correct Handling of a Revolution", *Black Panther*, 20 de julho de 1967, 3, https://www.marxists.org/history/usa/pubs/black-panther/01n05-Jul%2020%201967.pdf.
28. Eldridge Cleaver, "Education and Revolution", *Black Scholar* 1, nº 1 (novembro de 1969): 52, https://doi.org/10.1080/00064246.1969.11414451.
29. Austin, *Up Against the Wall*, 186, 95.
30. Hugh Pearson, *Shadow of the Panther: Huey Newton and the Price of Black Power in America* (Reading, MA: Addison-Wesley, 1994), 3. Anos depois, numa névoa de fumaça de uma festa com gim, crack e cocaína, Newton supostamente admitiu o assassinato (*Shadow of the Panther*, 7).
31. Austin, *Up Against the Wall*, 165-68.
32. Austin, 89-90. Referindo-se ao testemunho perante o Senado dos Estados Unidos, audiência perante a Subcomissão de Investigação de Administração da Lei de Segurança Interna e de outras Leis de Segurança Interna da Comissão do Poder Judiciário, Ataques a Policiais, 91ª Legislatura, 2ª sessão (Washington, D. C.: US Government Printing Office, 1970).
33. Elaine Brown, *A Taste of Power: A Black Woman's Story* (Nova York: Anchor Books, 1994), 13.
34. "Hoover Calls Panthers Top Threat to Security", *Washington Post, Times Herald*, 16 de julho de 1969, https://www.proquest.com/docview/147638465/abstract/81DAF4E98E63453EPQ/1.

35 Frank J. Donner, *Protectors of Privilege: Red Squads and Police Repression in Urban America* (Berkeley: University of California Press, 1990), 180.

36 Austin, *Up Against the Wall*, 105.

37 Bryan Burrough, *Days of Rage: America's Radical Underground, the FBI, and the Forgotten Age of Revolutionary Violence* (Nova York: Penguin, 2015), 192, Kindle.

38 Austin, *Up Against the Wall*, 297-98.

39 Austin, 305-6.

40 Burrough, *Days of Rage*, 200.

41 Black Liberation Army, "Message to the Black Movement: A Political Statement from the Black Underground", ii.

42 Field Marshall D. C., *On Organizing Urban Guerilla Units*, livreto, publicado por conta própria, 8 de outubro de 1970.

43 "Machine-Gun Fire Hits 2 Policemen", *New York Times*, 20 de maio de 1971, https://www.nytimes.com/1971/05/20/archives/machinegun-fire-hits-2-policemen-machinegun-fire-hits-2-policemen.html.

44 Burrough, *Days of Rage*, 176.

45 Robert Daley, *Target Blue: An Insider's View of the NYPD* (1973; reimpressão, Riviera Productions, 2011), Book 2, Part 1, Kindle.

46 O site Officer Down Memorial Page fornece informações sobre os policiais norte-americanos que morreram no cumprimento do dever. O site dá detalhes sobre as mortes de John Victor Young, James Richard Greene, Gregory Philip Foster, Rocco W. Laurie e Werner Foerster, todos mortos por membros do BLA.

47 "Policeman Is Hurt in $90,000 Holdup of Bank in Bronx", 17 de março; "2 Attempt to Rob a Bank with 11 F.B.I. Men Inside", 30 de setembro; "Teller on Her First Day Pays Out to Gunman", 11 de abril; todos os artigos do *New York Times*, 1972.

48 "Suspect in Kidnapping Sought in the Killing of Two Policemen", *New York Times*, 29 de dezembro de 1972, seção de arquivos, https://www.nytimes.com/1972/12/29/archives/suspect-in-kidnapping-sought-in-the-killing-of-two-policemen.html.

49 Robert Hanley, "Miss Chesimard Flees Jersey Prison, Helped by 3 Armed 'Visitors'", *New York Times*, 3 de novembro de 1979, https://www.nytimes.com/1979/11/03/archives/miss-chesimard-flees-jersey-prison-helped-by-3-armed-visitors-miss.html.

50 Kim Hjelmgaard, "In 1972, Melvin McNair Helped Hijack a Plane to Join Black Panthers in Algeria. 'I Am at Peace with What I Did'", *USA Today*, 20 de agosto de 2021, https://www.usatoday.com/in-depth/news/nation/2021/07/29/melvin-mcnair-black-panthers-hijackers-algeria-1972/7042889002/; Raphael Minder e James Barron, "Telling the Story of 41 Years on the Run", *New York Times*, 29 de outubro de 2011, https://www.nytimes.com/2011/10/29/nyregion/george-wright-tells-story-of-hijacking-from-portugal.html.

51 Daley, *Target Blue*, Book 5, Part 4; Black Liberation Army, "Black Liberation Army Communiques", 1971-72, Freedom Archives, acessado em 10 de novembro de 2022, http://freedomarchives.org/Documents/Finder/DOC513_scans/BLA/513.BLA.communiques.pdf.

52 Polícia Estadual de Maryland, Divisão de Inteligência Criminal, *The Black Liberation Army: Understanding, Monitoring, Controlling*, outubro de 1991, 12, https://www.ojp.gov/pdffiles1/Digitization/136568NCJRS.pdf.

53 Black Liberation Army, "Message from the Black Liberation Army: Spring Came Early This Year", boletim informativo, 1972, pt. III, obtido pelo autor nos arquivos da Universidade Harvard.

54 Black Liberation Army, pt. III.

55 Bill Weinberg, "Interview with Dhoruba Bin Wahad", transcrição, sem data, The Shadow, acessado em 8 de novembro de 2022, http://www.spunk.org/texts/colon/sp001068.txt.

56 Akinyele Omowale Umoja, "Repression Breeds Resistance: The Black Liberation Army and the Radical Legacy of the Black Panther Party", *New Political Science* 21, nº 2 (junho de 1999): 143-45, https://doi.org/10.1080/07393149908429859.

57 Polícia Estadual de Maryland, *The Black Liberation Army*.

58 Umoja, "Repression Breeds Resistance", 146.

59 Henry Giniger, "Black Panthers in Algiers Halt Operations in Rift with Regime", *New York Times*, 9 de setembro de 1972, https://www.nytimes.com/1972/09/09/archives/black-panthers-in-algiers-halt-operations-in-rift-with-regime.html.

60 Morris Kaplan, "9 Allegedly in Black Army Indicted Here", *New York Times*, 24 de agosto de 1973, https://www.nytimes.com/1973/08/24/archives/9-allegedly-in-black-army--indicted-here-9-allegedly-in-black.html.

61 Michael T. Kaufman, "Slaying of One of the Last Black Liberation Army Leaders Still at Large Ended a 7-Month Manhunt", *New York Times*, 16 de novembro de 1973, https://www.nytimes.com/1973/11/16/archives/slaying-of-one-of-the-last-black-liberation-army-leaders-still-at.html; Paul L. Montgomery, "3D Suspect Linked to Police Slayings", *New York Times*, 20 de fevereiro de 1972, https://www.nytimes.com/1972/02/20/archives/3d-suspect-linked-to-police-slayings-hes-believed-to-have-fled-at.html.

62 Polícia Estadual de Maryland, *The Black Liberation Army*, 19-20.

63 Austin, *Up Against the Wall*, 325.

64 Karl Marx, *The Class Struggles in France: 1848-1850* (Londres: Wellred Books, 1968), pt. I, Google Books.

65 Austin, *Up Against the Wall*, 156-57. Alguns analistas de esquerda contemporâneos entenderam que o Partido dos Panteras Negras era motivado mais pelo niilismo do que pelo utopismo. "Jovens negros aventureiros que aderiam aos Panteras Negras não se viam construindo uma revolução social bem-sucedida, mas previam 'deixar o Partido em um caixão' com um policial morto para seu crédito, tendo feito sua parte para vingar a opressão secular de seu povo", os editorialistas do *Workers Vanguard* alertaram em uma crítica contundente de 1972. "Os levantes dos guetos não deram às massas negras um senso de seu próprio poder. Fizeram exatamente o oposto. Durante os tumultos, as próprias casas dos negros é que foram incendiadas, e os policiais é que deram início a uma matança desenfreada". *Workers Vanguard*, nº 4, janeiro de 1972, republicado em https://www.marxists.org/history/etol/newspape/workersvanguard/1972/0004_00_01_1972.pdf.

66 Cleaver, "On the Ideology of the Black Panther Party, Part 1", 3.

67 Global Terrorism Database, "197303270003", (College Park: University of Maryland, 2022), https://www.start.umd.edu/gtd/search/IncidentSummary.aspx?gtdid=197303270003. Para notícias da época, ver "Brooklyn Grocery Owner Is Slain During Robbery", *New York Times*, 28 de março de 1973, https://www.nytimes.com/1973/03/28/archives/brooklyn-grocery-owner-is-slain-during-robbery.html.

68 Wallace Turner, "Ex-Black Panther Chief Arrested on Fraud Charges", *New York Times*, 17 de abril de 1985, https://www.nytimes.com/1985/04/17/us/ex-black-panther-chief-arrested-on-fraud-charges.html.

69 Cynthia Gorney, "Mistrial Declared in Newton Murder Case", *Washington Post*, 25 de março de 1979, https://www.washingtonpost.com/archive/politics/1979/03/25/mistrial-declared-in-newton-murder-case/b6408217-1cf0-4c67-a425-9d25b6ac600f/.

70 Associated Press, "Huey Newton Killed; Was a Co-Founder of Black Panthers", *New York Times*, 23 de agosto de 1989, https://www.nytimes.com/1989/08/23/us/huey-newton-killed-was-a-co-founder-of-black-panthers.html; "Huey P. Newton (17 de fevereiro de 1942-22 de agosto de 1989)", National Archives, African American Heritage, 2016, acessado em 9 de novembro de 2022, https://www.archives.gov/research/african-americans/individuals/huey-newton.

71 Newell G. Bringhurst, "Eldridge Cleaver's Passage through Mormonism", *Journal of Mormon History* 28, nº 1 (2002): 88.

72 David Hilliard, *Huey: Spirit of the Panther* (Nova York: Basic Books, 2009), capítulo 3, Google Books.

73 Daley, *Target Blue*, Book 5, Part 4.

74 Judith Cummings, "Angela Davis Asks Support for 'Political Prisoners'", *New York Times*, 8 de outubro de 1973, https://www.nytimes.com/1973/10/08/archives/angela-davis-asks-support-for-political-prisoners.html.

CAPÍTULO 7

1 "Lumumba-Zapata College: B.S.C.-M.A.Y.A. Demands for the Third College, U.C.S.D.", Universidade da Califórnia em San Diego, 14 de março de 1969, PDF, https://library.ucsd.edu/dc/object/bb2392060k.

2 Angela Davis, *Lectures on Liberation* (New York Committee to Free Angela Davis, 1971), 4, PDF, https://archive.org/stream/AngelaDavis-LecturesOnLiberation/AngelaDavis-LecturesOnLiberation_djvu.txt.

3 Davis, 4, 5, 10.

4 Angela Y. Davis, "Women and Capitalism: Dialectics of Oppression and Liberation", in *The Angela Davis Reader* (Malden, MA: Blackwell, 1998), 174, 171, 170, 160, 175.

5 Angela Davis, "Reflections on the Black Woman's Role in the Community of Slaves", *Black Scholar* 3, nº 4 (1º de dezembro de 1971): 9, https://doi.org/10.1080/00064246.1971.11431201.

6 Davis, "Reflections on the Black Woman's Role in the Community of Slaves", 15.

7 Combahee River Collective, *The Combahee River Collective Statement*, livreto, abril de 1977, obtido em Library of Congress, https://www.loc.gov/item/lcwaN0028151/#:~:text=Summary,Original%20Statement%20Dated%20April%201977.

8 As autoras admitem prontamente que excluíram a maioria de sua coalizão e que há "problemas na organização das feministas negras", mas elas avançaram rumo ao solipsismo, à misandria e à incoerência mesmo assim. Elas sugerem, citando outra autora feminista, que "não têm a menor noção do possível papel revolucionário que os homens

brancos heterossexuais podem desempenhar, já que são a própria encarnação do poder de interesses reacionários estabelecidos", ao mesmo tempo que recorrem a Karl Marx. Elas esperam que toda a sociedade se submeta a suas preocupações pessoais, pois sua liberdade subjetiva "exige a destruição de todos os sistemas de opressão", incluindo o capitalismo, a propriedade privada, a família nuclear e o sistema constitucional de governo. Combahee River Collective, *The Combahee River Collective Statement*.

[9] Combahee River Collective, *The Combahee River Collective Statement*.

[10] Eldridge Cleaver, *Soul on Ice* (1968; reimpressão, Nova York: Delta, 1999), 90-91.

[11] Cleaver, 92.

[12] Cleaver, 95.

[13] Cleaver, 104-5.

[14] Davis, *Lectures on Liberation*, 3.

[15] Angela Y. Davis, *Freedom Is a Constant Struggle: Ferguson, Palestine, and the Foundations of a Movement* (Chicago: Haymarket Books, 2006), 69, Kindle.

[16] Davis, 35.

[17] Angela Davis, "From the Prison of Slavery to the Slavery of Prison: Frederick Douglas and the Convict Lease System", in *The Angela Y. Davis Reader*, ed. Joy James (Malden, MA: Blackwell, 1998), 80.

[18] Davis, *Freedom Is a Constant Struggle*, 69.

[19] Eldridge Cleaver, "An Address Given by Eldridge Cleaver at a Rally in His Honor a Few Days Before He Was Scheduled to Return to Jail", *Ramparts*, 14 de dezembro de 1968, 194.

[20] Cleaver, 193-94.

[21] David Bird, "Police Investigate Apparent Escape Effort by Black Liberationists," *New York Times*, 18 de fevereiro de 1975, https://www.nytimes.com/1975/02/18/archives/police-investigate-apparent-escape-effort-by-black-liberationists.html.

[22] Robert Hanley, "No Checking Was Done on Chesimard 'Visitors'", *New York Times*, 6 de novembro de 1979, https://www.nytimes.com/1979/11/06/archives/no-checking-was-done-on-chesimard-visitors-identification-required.html.

[23] Davis, *Freedom Is a Constant Struggle*, 6.

[24] Davis, 48.

[25] "Social Analysis 139X, Subseries 2.6, Speeches and Lectures 1967-1981, caixa 2, pastas 76-81, Eldridge Cleaver Papers, Biblioteca Bancroft, Universidade da Califórnia em Berkeley.

[26] "Cleaver Omits Obscenities in 'Scholarly' First UC Lecture", *Los Angeles Times*, 9 de outubro de 1968.

[27] Roz Payne, "Eldridge Cleaver Controversy at UC-Berkeley (196 Images)", fotografias, 1968-69, Roz Payne Sixties Archive, Center for Digital Research in the Humanities, Universidade de Nebraska-Lincoln, https://rozsixties.unl.edu/items/show/789.

[28] "Cleaver: No More Neutrality", *Indicator*, 9 de outubro de 1968, https://library.ucsd.edu/dc/object/bb39947572/_1.pdf; Eldridge Cleaver, "Eldridge Cleaver Speaking at UCLA 10/4/1968", vídeo, 4 de outubro de 1968, Universidade da Califórnia em Los Angeles, Departamento de Comunicação, coleção especial, https://www.youtube.com/watch?v=mfRxv_Nz4MY.

29 "Cleaver: No More Neutrality".

30 Fabio Rojas, *From Black Power to Black Studies: How a Radical Social Movement Became an Academic Discipline* (2007; reimpressão, Baltimore: Johns Hopkins University Press, 2010), 73, Kindle; Helene Whitson, "STRIKE!... Concerning the 1968-69 Strike at San Francisco State College", Foundsf.org, acessado em 12 de novembro de 2022, https://www.foundsf.org/index.php?title=STRIKE!..._Concerning_the_1968-69_Strike_at_San_Francisco_State_College.

31 Eldridge Cleaver, "Eldridge Cleaver, Speake's Platform: October 9, 1968", áudio, Universidade Estadual de San Francisco, 1968, 07:16, Poetry Center Digital Archive, https://diva.sfsu.edu/collections/poetrycenter/bundles/222902.

32 Cleaver, "Eldridge Cleaver, Speaker's Platform: October 9, 1968", 15:56.

33 Martha Biondi, *The Black Revolution on Campus* (Berkeley: University of California Press, 2014), 48.

34 Jason Ferreira, "1968: The Strike at San Francisco State", SocialistWorker.org, 13 de dezembro de 2018, http://socialistworker.org/2018/12/13/1968-the-strike-at-san-francisco-state.

35 Ver Bruce Bawer, *The Victims' Revolution: The Rise of Identity Studies and the Closing of the Liberal Mind* (Nova York: Broadside Books, 2012), 125-26.

36 Rojas, *From Black Power to Black Studies*, 27, 284.

37 Até veteranos ativistas pelos direitos civis questionaram o valor dos novos programas de estudos negros. Em 1969, Bayard Rustin publicou uma crítica que capta o espírito. "Os Estudos Negros são um programa educacional ou um fórum para doutrinação ideológica?", Rustin perguntou. "São concebidos para educar acadêmicos qualificados em um campo significativo de investigação intelectual, ou se espera que seus formandos constituam quadros políticos preparados para organizar os moradores destituídos dos guetos negros? Trata-se de um meio de alcançar identidade e força psicológica, ou se destina a propiciar uma falsa sensação de segurança, cuja fragilidade seria revelada até com a menor exposição à realidade? E finalmente, isso oferece a possibilidade de uma melhor compreensão racial, ou de uma regressão ao separatismo racial?" Martin Kilson e Bayard Rustin, *Black Studies: Myths and Realities*, Current Educational Fund Publications (Nova York: A. Philip Randolph Educational Fund, 1969).

38 Bawer, *The Victims' Revolution*, 123-25.

39 Abdul Alkalimat *et al.*, *African American Studies 2013: A National Web-Based Survey* (University of Illinois at Urbana-Champaign, Department of African American Studies, 2013).

40 Combahee River Collective, *The Combahee River Collective Statement*.

41 Kwame Ture e Charles V. Hamilton, *Black Power: The Politics of Liberation* (Nova York: Random House, 1967).

42 Huey P. Newton, "Huey Newton Talks to The Movement", *The Movement*, agosto de 1968, https://archive.lib.msu.edu/DMC/AmRad/hueynewtontalks.pdf; John Brown Society, *An Introduction to the Black Panther Party* (Berkeley, CA: Radical Education Project, 1969), https://freedomarchives.org/Documents/Finder/DOC513_scans/BPP_General/513.BPP.intro.bpp.5.1969.pdf.

43 Em 1971, Davis havia estabelecido a lógica estatística e política essencial da argumentação libertadora negra que continua até hoje. "Dentro do universo confinado e coercitivo da prisão, o cativo se confronta com as realidades do racismo, não apenas como atos

individuais ditados por preconceitos atitudinais; ele é antes obrigado a lidar com racismo como fenômeno institucional, experimentado coletivamente pelas vítimas", Davis escreveu. "A representação desproporcional das comunidades negra e parda, o racismo manifesto das comissões de liberdade condicional, a brutalidade inerente à relação entre os agentes penitenciários e os presidiários negros e pardos – tudo isso e muito mais faz com que o prisioneiro seja confrontado diariamente, de hora a hora, com a existência concentrada e sistemática do racismo." Angela Y. Davis, ed., *If They Come in the Morning ...: Voices of Resistance* (1971; reimpressão, Nova York: Verso, 2016), 38, Kindle.

[44] Herbert Aptheker, *Anti-Racism in U.S. History: The First Two Hundred Years* (Westport, CT: Greenwood, 1992).

[45] A contagem de citações resultou de uma análise do banco de dados acadêmico Google Scholar.

[46] Tanzina Vega e John Eligon, "Deep Tensions Rise to Surface After Ferguson Shooting", *New York Times*, 16 de agosto de 2014, https://www.nytimes.com/2014/08/17/us/ferguson-mo-complex-racial-history-runs-deep-most-tensions-have-to-do-police-force.html; Joe Davidson, "Democrats Seek to Undo Institutional Racism Embedded in Pivotal New Deal Law", *Washington Post*, 12 de junho de 2021, https://www.washingtonpost.com/politics/new-deal-law-racism/2021/06/11/bd3a2612-ca2c-11eb-93fa-9053a95eb9f2_story.html; Caleb Ecarma, "'We Tried Band-Aiding the Problem': Black Lives Matter Activists Split on How Radical Change Should Be", *Vanity Fair*, 18 de junho de 2020, https://www.vanityfair.com/news/2020/06/black-lives-matter-protests-split-police-brutality-solutions.

[47] I. Imari Abubakari Obadele, *Foundations of the Black Nation: A Textbook of Ideas Behind the New Black Nationalism and the Struggle for Land in America* (Detroit: House of Songhay /Julian Richardson Associates, 1975).

[48] Davis, *Freedom Is a Constant Struggle*, 2.

[49] Para documentação de fontes primárias sobre captura ideológica do ensino fundamental e ensino médio, ver a série investigativa "Christopher Rufo on Woke Education", in *City Journal*, https://www.city-journal.org/christopher-rufo-on-woke-education.

[50] Para um exemplo da campanha de "desencarceramento, descriminalização e redução da atividade policial" numa grande cidade norte-americana, ver Christopher F. Rufo, "Chaos by the Bay", *City Journal*, 14 de abril de 2020, https://www.city-journal.org/san-francisco-experiment-in-lawlessness.

[51] Angela Davis descreve essa ambição maior em sua entrevista na prisão, Cecil Williams e Angela Davis, "A Conversation with Angela", *Black Scholar* 3, nº 7/8 (abril de 1972): 36-48.

[52] Davis, *Freedom Is a Constant Struggle*, 72-73.

[53] J. M. Brown, "Angela Davis, Iconic Activist, Officially Retires from UC–Santa Cruz", *Mercury News*, 27 de outubro de 2008, https://www.mercurynews.com/2008/10/27/angela-davis-iconic-activist-officially-retires-from-uc-santa-cruz/.

CAPÍTULO 8

[1] Mike Gonzalez, *BLM: The Making of a New Marxist Revolution* (Nova York: Encounter Books, 2021), capítulo 3, Kindle.

2   Patrisse Cullors, "Abolition and Reparations: Histories of Resistance, Transformative Justice, and Accountability", *Harvard Law Review*, vol. 132, nº 6 (abril de 2019): 1685-86.

3   "TimesTalks: Patrisse Cullors and Angela Davis", transmissão ao vivo gravada, 20 de fevereiro de 2018, New York Times Events, YouTube, 2018, https://www.youtube.com/watch?v=BiAUYJXv2Yo, 01:18:21; "Angela Davis & BLM Co-Founder Alicia Garza in Conversation across Generations", Democracy Now!, YouTube, 2017, 07:14. https://www.youtube.com/watch?v=_gqGVni8Oec; Nelson George, "The Greats: Angela Davis", *New York Times Style Magazine*, 19 de outubro de 2020, https://www.nytimes.com/interactive/2020/10/19/t-magazine/angela-davis.html.

4   Ao longo de seus anos no Weather Underground, Mann foi condenado por agressão e lesão corporal durante um protesto numa escola de ensino médio de Boston, passou 18 meses na prisão por seu papel no saque do Harvard Center for International Affairs, e foi acusado de cumplicidade e depois absolvido em uma tentativa de assassinato depois que seu grupo de Weathermen supostamente disparou tiros pela janela de uma delegacia de polícia. Jeff Magalif, "Judge Convicts Mann on Charge of Assault", *Harvard Crimson*, 8 de novembro de 1969, https://www.thecrimson.com/article/1969/11/8/judge-convicts-mann-on-charge-of/; Eric Mann and Lian Hurst Mann Papers, 1967-2007, Call nº: MS 657, Robert S. Cox Special Collections & University Archives Research Center, Universidade de Massachusetts Amherst, http://scua.library.umass.edu/mann-eric/; *The Weather Underground: Report of the Subcommittee to Investigate the Administration of the Internal Security Act and Other Internal Security Laws of the Committee on the Judiciary*, Senado dos Estados Unidos, 94ª Legislatura, 1ª sessão (Washington, D. C.: US Government Printing Office, 1975), 19.

5   Mike Gonzalez, "To Destroy America", *Heritage Foundation* (blog), 3 de setembro de 2020, https://www.heritage.org/civil-society/commentary/destroy-america.

6   Cullors, "Abolition and Reparations", 1688.

7   George, "The Greats: Angela Davis".

8   Angela Y. Davis, *Freedom Is a Constant Struggle: Ferguson, Palestine, and the Foundations of a Movement* (Chicago: Haymarket Books, 2006), 87, Kindle.

9   Black Liberation Army, "Message to the Black Movement: A Political Statement from the Black Underground", sem data, ii, Arquivos da Universidade Estadual de Michigan, https://archive.lib.msu.edu/DMC/AmRad/messageblackmovement.pdf.

10 Alicia Garza, "Left Forum 2015—Saturday Evening Event", painel de discussão, gravação em vídeo, 30 de maio de 2015, John Jay College of Criminal Justice, Nova York, NY, Other Voices, Other Choices, YouTube, 2016, 26:17, https://www.youtube.com/watch?v=ETdStVAXwgk.

11 Prefácio de Angela Davis, in Patrisse Khan-Cullors e Asha Bandele, *When They Call You a Terrorist: A Black Lives Matter Memoir* (Nova York: St. Martin's Griffin, 2018), xi, xiv, Kindle.

12 Alicia Garza, "A Herstory of the #BlackLivesMatter Movement", *Feminist Wire* (blog), 7 de outubro de 2014, https://thefeministwire.com/2014/10/blacklivesmatter-2/.

13 O cântico é derivado do poema "To My People", originalmente escrito e gravado por Assata Shakur durante sua prisão na Cadeia do Condado de Midlesex em 1973. Reimpresso em Assata Shakur, *Assata: An Autobiography* (Brooklyn, NY: Lawrence Hill Books, 2020), 49-52, Kindle.

[14] Khan-Cullors e Bandele, *When They Call You a Terrorist*, 257.

[15] Black Liberation Army, "Message from the Black Liberation Army: Spring Came Early This Year", boletim informativo, 1972, PDF obtido pelo autor nos arquivos da Universidade Harvard.

[16] As evidências de tiros disparados pela polícia não são compatíveis com a narrativa do movimento BLM. Ver os relatos sobre Michael Brown e Jacob Blake ainda neste capítulo. Para mais detalhes acerca do contexto sobre raça e tiros disparados pela polícia, ver o depoimento de Heather Mac Donald perante o Comitê de Justiça da Câmara, reproduzido como Heather Mac Donald, "Repudiate the Anti-Police Narrative", *City Journal*, 10 de junho de 2020.

[17] Angela Davis, "The Soledad Brothers", *Black Scholar* 2, nº 8/9 (maio de 1971): 2.

[18] Davis, 2.

[19] Angela Y. Davis, ed., *If They Come in the Morning ...: Voices of Resistance* (Nova York: Verso, 2016), 188, Kindle.

[20] Departamento de Justiça, *Department of Justice Report Regarding the Criminal Investigation into the Shooting Death of Michael Brown by Ferguson, Missouri Police Officer Darren Wilson*, 4 de março de 2015, https://www.justice.gov/sites/default/files/opa/press-releases/attachments/2015/03/04/doj_report_on_shooting_of_michael_brown_1.pdf.

[21] Michael D. Graveley, *Report on the Officer Involved Shooting of Jacob Blake,* Procuradoria do Condado de Kenosha, janeiro de 2021, https://www.kenoshacounty.org/DocumentCenter/View/11827/Report-on-the-Officer-Involved-Shooting-of-Jacob-Blake.

[22] Ver o depoimento de Heather Mac Donald perante o Comitê de Justiça do Senado, reproduzido como Heather Mac Donald, "The Myth of Criminal-Justice Racism", *City Journal*, 22 de outubro de 2015.

[23] Alicia Garza, "Black People Deserve a Revolution", vídeo, BBC Select Takes, YouTube, 2021, 01:00, https://www.youtube.com/watch?v=9JUQoMem8mU.

[24] Alicia Garza, "I Am Very Optimistic About the Future", vídeo, BBC Select Takes, YouTube, 2022, https://www.youtube.com/watch?v=uZD_7FSzaRw.

[25] George, "The Greats: Angela Davis".

[26] Zach Goldberg, "How the Media Led the Great Racial Awakening", *Tablet Magazine*, 4 de agosto de 2020, https://www.tabletmag.com/sections/news/articles/media-great-racial-awakening.

[27] Samantha Neal, "Views of Racism as a Major Problem Increase Sharply, Especially Among Democrats", Pew Research Center, 29 de agosto de 2017, acessado em 12 de novembro de 2022, https://www.pewresearch.org/fact-tank/2017/08/29/views-of-racism-as-a-major-problem-increase-sharply-especially-among-democrats/.

[28] Lawrence D. Bobo *et al.*, "The Real Record on Racial Attitudes", in *Social Trends in American Life: Findings from the General Social Survey since 1972*, ed. Peter V. Marsden (Princeton, NJ: Princeton University Press, 2012), 49.

[29] Nancy Krieger *et al.*, "Trends in US Deaths Due to Legal Intervention Among Black and White Men, Age 15-34 Years, by County Income Level: 1960-2010", *Harvard Public Health Review* 3 (janeiro de 2015), https://doi.org/10.54111/0001c/1.

[30] Ver, por exemplo, Wilfred Reilly, "America Run Riot", *Commentary*, 16 de junho de 2020, https://www.commentary.org/articles/wilfred-reilly/

george-floyd-destructive-narrative-riots/. Como assinala Reilly: "Em 2019, o número *total* de negros desarmados mortos pela polícia foi 15. Há 42 milhões de negros nos Estados Unidos. Naquele ano, o número total de indivíduos desarmados mortos pela polícia foi 56. Mesmo adicionando todos aqueles portando uma arma ou atacando policiais, em 2019, a polícia tirou a vida de exatamente 229 pessoas negras, de um total de 1.004 entre os 330 milhões de habitantes dos Estados Unidos. E 2019 não foi um ano atípico. Enquanto escrevia meu livro *Taboo: Ten Facts You Can't Talk About*, analisei em detalhes o ano bastante típico de 2015. Naquele ano, com menos de 365 dias de existência do movimento Black Lives Matter e dos esforços decorrentes da reforma policial, a polícia matou no máximo 1.200 pessoas, 258 das quais eram afro-americanas e apenas 17 das quais eram homens negros desarmados mortos por policiais brancos, ou seja, números quase idênticos aos de 2019".

[31] Megan Brenan, "Ratings of Black-White Relations at New Low", Gallup.com, 21 de julho de 2021, acessado em 13 de novembro 2022, https://news.gallup.com/poll/352457/ratings-black-white-relations-new-low.aspx.

[32] Kevin McCaffree e Anondah Saide, *How Informed Are Americans about Race and Policing?*, Skeptic Research Center, fevereiro de 2021, https://www.skeptic.com/research-center/reports/Research-Report-CUPES-007.pdf.

[33] *Washington Post*, "Police Shootings Database 2015-2022", Fatal Force, acessado em 11 de novembro de 2022, https://www.washingtonpost.com/graphics/investigations/police-shootings-database/?itid=lk_inline_manual_5.

[34] Alicia Garza, "A Herstory of the #BlackLivesMatter Movement", *The Feminist Wire* (blog), 7 de outubro de 2014, https://thefeministwire.com/2014/10/blacklivesmatter-2/; "Black Lives Matter", Auschwitz Institute for the Prevention of Genocide and Mass Atrocities, acessado em 13 de novembro de 2022, http://www.auschwitzinstitute.org/black-lives-matter/.

[35] Hannah Gilberstadt e Andrew Daniller, "Liberals Make Up the Largest Share of Democratic Voters, but Their Growth Has Slowed in Recent Years", Pew Research Center, acessado em 13 de novembro de 2022, https://www.pewresearch.org/fact-tank/2020/01/17/liberals-make-up-largest-share-of-democratic-voters/.

[36] Pew Research Center, *Beyond Red vs. Blue: The Political Typology*, novembro de 2021, 94-100, https://www.pewresearch.org/politics/wp-content/uploads/sites/4/2021/11/PP_2021.11.09_political-typology_REPORT.pdf.

[37] Arelis R. Hernández, "George Floyd's America: A Knee on His Neck", *Washington Post*, 26 de outubro de 2022, https://www.washingtonpost.com/graphics/2020/national/george-floyd-america/policing/.

[38] "George Floyd Arrest Transcript", Tribunal Distrital, estado de Minnesota, 15 de junho de 2020, PDF, https://int.nyt.com/data/documenthelper/7070-exhibit-final07072020/4b-81216735f2203a08cb/optimized/full.pdf#page=1.

[39] CBS News Minnesota, "'It's Real Ugly': Protesters Clash with Minneapolis Police After George Floyd's Death", CBS News, 25 de maio de 2020, https://www.cbsnews.com/minnesota/news/hundreds-of-protesters-march-in-minneapolis-after-george-floyds-deadly-encounter-with-police/.

[40] Farah Stockman, "'They Have Lost Control': Why Minneapolis Burned", *New York Times*, 3 de julho de 2020, https://www.nytimes.com/2020/07/03/us/minneapolis-government-george-floyd.html.

41 Divisão de Contraterrorismo do FBI, "Black Identity Extremists Likely Motivated to Target Law Enforcement Officers", avaliação da inteligência, Federal Bureau of Investigation, 3 de agosto de 2017, 5, https://s3.documentcloud.org/documents/4067711/BIE-Redacted.pdf.

42 Divisão de Contraterrorismo do FBI, 4.

43 Joel Finkelstein et al., *Network-Enabled Anarchy: How Militant Anarcho-Socialist Networks Use Social Media to Instigate Widespread Violence Against Political Opponents and Law Enforcement*, Network Contagion Research Institute, Miller Center for Community Protection and Resilience, Universidade Rutgers, New Brunswick, NJ, 14 de setembro de 2020, 2-7.

44 Finkelstein et al., *Network-Enabled Anarchy*, 8-12; Willem Van Spronsen, "Written Manifesto of Willem Van Spronsen", KIRO News, Tacoma, WA, 2019, PDF, https://media-web.kirotv.com/document_dev/2019/07/15/Manifesto_15897725_ver1.0.pdf.

45 Finkelstein et al., *Network-Enabled Anarchy*, 13.

46 Gillian Flaccus, "Portland's Grim Reality: 100 Days of Protests, Many Violent", Associated Press, 4 de setembro de 2020, https://apnews.com/article/virus-outbreak-ap-top-news--race-and-ethnicity-id-state-wire-or-state-wire-b57315d97dd2146c4a89b4636faa7b70.

47 Finkelstein et al., *Network-Enabled Anarchy*, 13.

48 Finkelstein et al., 16.

49 US Crisis Monitor, "US Crisis Monitor Releases Full Data for 2020", Armed Conflict Location & Event Data Project (ACLED), 5 de fevereiro de 2021, acessado em 13 de novembro de 2022, https://acleddata.com/2021/02/05/us-crisis-monitor-releases-full-data-for-2020/.

50 Anita Snow, "AP Tally: Arrests at Widespread Us Protests Hit 10,000", Associated Press, 4 de junho de 2020, https://apnews.com/article/american-protests-us-news-arrests--minnesota-burglary-bb2404f9b13c8b53b94c73f818f6a0b7; Lois Beckett, "At Least 25 Americans Were Killed During Protests and Political Unrest In 2020", *Guardian*, 31 de outubro de 2020, https://archive.ph/D2Tdx.

51 Thomas Johansmeyer, "How 2020 Protests Changed Insurance Forever", Fórum Econômico Mundial, 22 de fevereiro de 2021, acessado em 13 de novembro de 2022, https://www.weforum.org/agenda/2021/02/2020-protests-changed-insurance-forever/.

52 Os meios de comunicação em Portland, no Oregon, documentaram a destruição de estátuas em detalhes durante os tumultos. Sergio Olmos, Ryan Haas e Rebecca Ellis, "Portland Protesters Tear Down Roosevelt, Lincoln Statues During 'Day of Rage'", Oregon Public Broadcasting, 12 de outubro de 2020, https://www.opb.org/article/2020/10/12/portland-protesters-tear-down-roosevelt-lincoln-statues-during-day-of-rage/; Latisha Jensen, "Portland Man Describes Tearing Down Thomas Jefferson Statue: 'It's Not Vandalism'", *Willamette Week*, 20 de junho de 2020, https://www.wweek.com/news/2020/06/20/portland-man-describes-tearing-down-thomas-jefferson-statue-its-not-vandalism/; Kristian Foden-Vencil, "Some of Portland's Most Prominent Public Art Tumbled This Year. Which Ones Should Come Back?", Oregon Public Broadcasting, 28 de dezembro de 2020, https://www.opb.org/article/2020/12/28/portland-oregon-statues-protest-black-lives--matter-elk/; Rob Manning, "Thomas Jefferson Statue Pulled Down at Portland's Jefferson High", Oregon Public Broadcasting, 14 de junho de 2020, https://www.opb.org/news/article/thomas-jefferson-statue-pulled-down-portland-jefferson-high/; Bryant Clerkley, "George Washington Statue Toppled in Portland", KGW8 News, 20 de junho de 2020,

https://www.kgw.com/article/news/local/statue-of-george-washington-toppled-and-spray-pained-in-hollywood-neighborhood/283-6f3d5c28-74c6-4307-88d7-93c5dfcd59b; Shane Dixon Kavanaugh, "Will They Return? Toppled Portland Statues of Lincoln, Roosevelt Mired in Delays, Uncertainty and Suspicion", *Oregonian*/OregonLive, 21 de outubro de 2021, https://www.oregonlive.com/news/2021/10/will-they-return-toppled-portland-statues-of-lincoln-roosevelt-mired-in-delays-uncertainty-and-suspicion.html.

53   Ava DuVernay, "Ava DuVernay Talks to Angela Davis About Black Lives Matter", *Vanity Fair*, setembro de 2020, https://www.vanityfair.com/culture/2020/08/angela-davis-and-ava-duvernay-in-conversation.

54   Eldridge Cleaver, *Soul on Ice* (1968; reimpressão, Nova York: Delta, 1999), 90-92.

55   DuVernay, "Ava DuVernay Talks to Angela Davis About Black Lives Matter".

56   Andrew Court, "Aggressive Crowd of BLM Protesters Accost White Diners Outside DC Restaurants", *Daily Mail*, atualizado em 2 de novembro de 2020, https://www.dailymail.co.uk/news/article-8664345/Aggressive-crowd-BLM-protesters-accost-white-diners-outside-DC-restaurants.html.

57   Basic Schwab Leader President Dr RollerGator PhD [@drrollergator], "PITTSBURGH PA", tuíte, Twitter, 6 de setembro de 2020, https://twitter.com/drrollergator/status/1302741208570236935.

58   Andy Ngo [@MrAndyNgo], "New York: #BLM Protesters Tell White People Dining Outside to 'Get the f—out of New York' & That Their White-Owned Taquerias Aren't Welcome. The Crowd Chant along. Https://T.Co/E8D7B2rkQ8", tuíte, Twitter, 21 de abril de 2021, https://twitter.com/MrAndyNgo/status/1384670611348365313.

59   Na época do comunismo, o dissidente tcheco Václav Havel escreveu uma conhecida parábola acerca dos comerciantes que são silenciosamente obrigados a afixar placas com a frase "Trabalhadores do mundo, uni-vos" em suas vitrines como uma expressão de obediência ao regime dominante. "Eu considero que é seguro presumir que a esmagadora maioria dos lojistas nunca pensa acerca das palavras de ordem que afixam em suas vitrines, nem as utilizam para expressar suas verdadeiras opiniões", Havel escreveu. "Um lojista a coloca na vitrine apenas porque isso tem sido feito dessa maneira há anos, porque todos fazem isso, e porque é assim que tem que ser. Se ele se recusasse, poderia haver problemas. Ele poderia ser repreendido por não ter a decoração adequada em sua vitrine; alguém talvez o até acusasse de deslealdade. Ele o faz porque essas coisas devem ser feitas se a pessoa quiser se dar bem na vida. Trata-se de um dos milhares de detalhes que lhe garantem uma vida relativamente tranquila 'em harmonia com a sociedade.'" Vaclav Havel, "The Power of the Powerless", outubro de 1978, Universidade Internacional da Flórida, Vaclav Havel Program from Human Rights & Diplomacy, acessado em 12 de novembro de 2022, https://havel.fiu.edu/about-us/publications-and-resources/the-power-of-the-powerless.pdf.

60   Para uma análise completa da cobertura da Reuters, ver Christopher F. Rufo, "The Price of Dissent", *City Journal*, 5 de janeiro de 2022, https://www.city-journal.org/black-lives-matter-thomson-reuters-and-the-price-of-dissent.

61   David Schuman [@david_schuman], "BREAKING: Mayor Jacob Frey Is Here and Making His Way to the Front to Speak Https://T.Co/IjyIwXv9Rh", tuíte, Twitter, 6 de junho de 2020, https://twitter.com/david_schuman/status/1269394658926514176; "Video:

Minneapolis Mayor Booed Out of Rally", *New York Times*, 2020, https://www.nytimes.com/video/us/politics/100000007178355/minneapolis-mayor-booed-out-of-rally.html.

62. David Schuman [@david_schuman], "Paused for a Seated, Fists-up Call and Repeat. This Is Peaceful Protesting, and Has Been for 3+ Hours @WCCO", tuíte, Twitter, 6 de junho de 2020, https://twitter.com/david_schuman/status/1269391464859144194.
63. "Video: Minneapolis Mayor Booed Out of Rally".
64. David Schuman [@david_schuman], "'We're Not Here for Police Reform Bulls**t. Abolish the Police, Then the Prisons'. Roar from the Crowd", tuíte, Twitter, 6 de junho de 2020, https://twitter.com/david_schuman/status/1269352694306820097.
65. Common, "Angela Davis Is on the 2020 TIME 100 List", *Time*, 22 de setembro de 2020, https://time.com/collection/100-most-influential-people-2020/5888290/angela-davis/.
66. Ibram X. Kendi, "100 Women of the Year: 1971: Angela Davis", *Time*, 5 de março de 2020, https://time.com/5793638/angela-davis-100-women-of-the-year/.
67. Shakur, *Assata: An Autobiography*, 169.
68. DuVernay, "Ava DuVernay Talks to Angela Davis About Black Lives Matter".

CAPÍTULO 9

1. Vídeo transmitido ao vivo durante os protestos da Zona Autônoma de Capitol Hill obtido pelo autor. Divulgado pela primeira vez in Christopher F. Rufo, "Burn It Down", *City Journal*, outono de 2020, https://www.city-journal.org/seattle-movement-to-deconstruct-justice-and-social-order.
2. 8toAbolition, "8 to Abolition: Abolitionist Policy Changes to Demand from Your City Officials", 8toAbolition.com, 2020, boletim informativo, PDF, https://static1.squarespace.com/static/5edbf321b6026b073fef97d4/t/5ee0817c955eaa484011b-8fe/1591771519433/8toAbolition_V2.pdf.
3. Decriminalize Seattle Coalition, "Individual Sign On: Support the Call to Defund the Seattle Police Department", petição *on-line*, Defund Seattle Police, verão de 2020, acessado em 14 de novembro de 2022, https://docs.google.com/forms/d/e/1FAIpQLSeLx0UBq_-FmE6YQPgG2aGSmNOI7_LCjpGiNGH4HSq2nWpGSA/viewform?usp=embed_facebook.
4. Ketil Freman *et al.*, "City of Seattle Draft Resolution", Pub. L. N° Draft Public Safety Dept Reorg (2020), http://seattle.legistar.com/View.ashx?M=F&ID=8699266&GUID=CF-75D7B1-35AC-21F-A691-D2000894E7E2&fbclid=IwAR2xqZ44izad2BtyyuNhyJX9n-qBMcls3Cmo3eiN7GikEbEGjyyap6QU-Lew.
5. *Feeds* de redes sociais do Every Day March monitorados pelo autor; Louis Casiano, "Seattle Mayor, Councilmembers See Offensive Messages Written Outside Homes: 'Resign Bi---'", Fox News, 27 de julho de 2020, https://www.foxnews.com/us/seattle-mayor-councilmembers-offensive-messages-outside-homes-resign-bi.
6. Vídeo transmitido ao vivo obtido pelo autor. Divulgado pela primeira vez in Rufo, "Burn It Down".
7. Kshama Sawant, "An Ordinance Relating to the Seattle Police Department; Banning the Ownership, Purchase, Rent, Storage, or Use of Crowd Control Weapons; and Adding a New Section 3.28.146 to the Seattle Municipal Code", Pub. L. No. CB 119805 (2020),

https://seattle.legistar.com/LegislationDetail.aspx?ID=4564636&GUID=90EDF5B-4-7607-43BB-A99C-514C0B51CB56&FullText=1.

8   Carta obtida pelo autor e divulgada in Christopher F. Rufo [@realchrisrufo], "The Seattle Police Chief Is Sending out Letters Telling Residents: 'We Cannot Enforce the Law. You Are on Your Own'", tuíte, Twitter, 25 de julho de 2020, https://twitter.com/realchrisrufo/status/1286902138996572160.

9   EMC Research, "Survey of Likely November 2021 Voters, City of Seattle, WA", relatório de pesquisa telefônica, julho de 2020.

10 Entrevista realizada pelo autor com o policial e divulgada pela primeira vez in Rufo, "Burn It Down".

11 Documentos internos obtidos pelo autor, incluindo: King County Department of Adult and Juvenile Detention, "NYZ EHM Community Supports Meeting", Condado de King, WA, 21 de julho de 2020.

12 E-mail interno obtido pelo autor e divulgado ao público. John Diaz, "A New Vision for Adult and Youth Detention", King County Department of Adult and Juvenile Detention, 21 de julho de 2020. Confirmado posteriormente por Dow Constantine, Executivo do Condado de King, em seu discurso do Estado do Condado três dias depois. Dow Constantine, "2020 State of the County", transcrição do discurso proferido em Seattle, 24 de julho de 2020, https://kingcounty.gov/elected/executive/constantine/news/speeches/2020-state-of-the-county.aspx.

13 Entrevista realizada pelo autor com agente penitenciário e divulgada pela primeira vez in Rufo, "Burn It Down".

14 King County Department of Adult and Juvenile Detention, "NYZ EHM Community Supports Meeting".

15 Budget for Justice, "Budget for Justice Divestment and Reinvestment Strategies", proposta, 2019, PDF, 3, 20, https://roominate.com/blogg/mckenna/Budget-For-Justice-Council-Ask_10-8-18.pdf.

16 Budget for Justice, 20, 12, 1.

17 Costume tradicional de algumas culturas indígenas norte-americanas, no qual a pessoa que está segurando uma pena de ave tem o direito de falar, o que simboliza o respeito pela voz de cada indivíduo. (N. do T.)

18 Claudia Rowe, "King County Sticks with Peace Circles for Juvenile Crime, Even After a Murder Charge", *Seattle Times*, 4 de junho de 2018, https://www.seattletimes.com/education-lab/king-county-sticks-with-peace-circles-for-juvenile-crime-even-after-a-murder-charge/.

19 Entrevista realizada pelo autor e divulgada pela primeira vez in Rufo, "Burn It Down".

20 Jamie Tompkins e David Rose, "Police: Teen Killed in West Seattle Park Was Set up, Lured There by a Girl", FOX 13 News, 20 de outubro de 2017, https://www.q13fox.com/news/police-teen-killed-in-west-seattle-park-was-set-up-lured-there-by-a-girl.

21 *Feeds* de redes sociais monitorados pelo autor, incluindo seattleeverydayresistence, "Dow Constantine Speaks with Us", vídeo, Instagram, 31 de julho de 2020, https://www.instagram.com/tv/CDS7UsNpZAL/.

22 Organizações de reforma da justiça criminal propuseram variações dessas políticas ao longo dos anos. Ver Conselho Consultivo da Defensoria Pública do Condado de King, "2018 Annual Report", 21-22; Proposta do Budget for Justice para o Conselho Municipal

de Seattle, 8 de outubro de 2018; Anita Khandelwal, "DPD Presentation to Law, Justice, Health and Human Services Committee regarding COVID's Impact on Our Work and Our Clients", Departamento de Defensoria Pública do Condado de King, 1º de fevereiro de 2002; Carta do Budget for Justice para a cidade de Seattle, reimpresso in *South Seattle Emerald*, "Budget for Justice Calls for 'Ongoing, Real and Progressive Policy and System Change'", 9 de novembro de 2018, https://southseattleemerald.com/2018/11/09/budget-for-justice-calls-for-ongoing-real-and-progressive-policy-and-system-change/.

[23] Condado de King, "Law Enforcement Assisted Diversion (LEAD)", acessado em 30 de novembro de 2022, https://kingcounty.gov/depts/community-human-services/mental-health-substance-abuse/diversion-reentry-services/lead.aspx.

[24] Ver Christopher F. Rufo, "Seattle Under Siege", *City Journal*, agosto de 2018, https://www.city-journal.org/seattle-homelessness.

[25] Matt Markovich, "Controversial Sentence of 75-Time Offender Results in Months-Long Effort to Block Judge", KOMO News, 26 de fevereiro de 2020, https://komonews.com/news/operation-crime-justice/controversial-sentence-of-75-time-offender-results-in-months-long-effort-to-block-judge?fbclid=IwAR29J4jezUYlNTId2lE5C9M22dHI-19V2dhfjsqjrXM6r1Oq7-qfPja1zEms.

[26] Para obter uma análise mais detalhada dos "delinquentes contumazes", ver Scott P. Lindsay, *System Failure: Report on Prolific Offenders in Seattle's Criminal Justice System*, Downtown Seattle Association, fevereiro de 2019, https://downtownseattle.org/files/advocacy/system-failure-prolific-offender-report-feb-2019.pdf.

[27] Entrevista realizada pelo autor e correspondência com o juiz Edward McKenna, 2020.

[28] King County DPAA Equity & Justice Workgroup, carta para a Chefia de Divisão Criminal, Procuradoria do Condado de King, 17 de julho de 2020.

[29] David Kroman, "Seattle's Arrest Alternative, LEAD, Moves Beyond Police", Crosscut, 17 de julho de 2020, https://crosscut.com/2020/07/seattles-arrest-alternative-lead-moves-beyond-police.

[30] Kroman.

[31] Kshama Sawant, "CB 119810 An Ordinance Related to Taxation", sessão do Conselho Municipal da Cidade de Seattle, Seattle, Washington, 6 de julho de 2020.

[32] Essa reportagem no local sobre a Zona Autônoma de Capitol Hill foi publicada pela primeira vez em uma série de matérias para a revista *City Journal*. Ver Christopher F. Rufo, "Anarchy in Seattle", *City Journal*, 10 de junho 2020; Christopher F. Rufo, "The State of CHAZ", *City Journal*, 15 de junho de 2020; Christopher F. Rufo, "The End of CHAZ", *City Journal*, 1º de julho de 2020.

[33] Vídeo transmitido ao vivo obtido pelo autor. Divulgado pela primeira vez in Rufo, "The State of CHAZ".

[34] blackstarfarmers, "All My BIPOC Folks Come on out. We Got a Bed Just for You. #blacklandmatters", foto, Instagram, 13 de junho de 2020, https://www.instagram.com/p/CBYd0SBjhTO/.

[35] Matt Baume, "Meet the Farmer Behind CHAZ's Vegetable Gardens", The Stranger, 12 de junho de 2020, https://www.thestranger.com/slog/2020/06/12/43897621/meet-the-farmer-behind-hazs-vegetable-gardens.

36 Hannah Weinberger, "In Seattle's CHAZ, a Community Garden Takes Root", Crosscut, 15 de junho de 2020, https://crosscut.com/environment/2020/06/seattles-chaz-community-garden-takes-root.

37 Joshua McNichols, "CHAZ Community Chews on What to Do Next", KUOW/NPR, 12 de junho de 2020, https://www.kuow.org/stories/chaz-community-chews-on-what-to-do-next.

38 Vídeo transmitido ao vivo obtido pelo autor. Divulgado pela primeira vez in Rufo, "The State of CHAZ".

39 Vídeo transmitido ao vivo obtido pelo autor. Divulgado pela primeira vez in Rufo, "Anarchy in Seattle".

40 Vídeo transmitido ao vivo e áudio do rádio da polícia obtidos pelo autor. Divulgados pela primeira vez in Rufo, "The State of CHAZ".

41 Rufo, "The End of CHAZ".

42 Rufo, "The End of CHAZ".

43 Sam Smith, "Special Meeting of City Council", transcrição da sessão do Conselho Municipal, Arquivos Municipais de Seattle, 27 de julho de 1977, acessado em 30 de novembro de 2022, https://www.seattle.gov/cityarchives/exhibits-and-education/seattle-voices/central-area-police-precinct.

44 Registros de crimes coletados pelo FBI citados em Jeff Asher, "Murder Rose by Almost 30% in 2020. It's Rising at a Slower Rate in 2021", *New York Times*, 22 de setembro de 2021, seção The Upshot, https://www.nytimes.com/2021/09/22/upshot/murder-rise-2020.html.

45 Paul G. Cassell, "Explaining the Recent Homicide Spikes in U.S. Cities: The 'Minneapolis Effect' and the Decline in Proactive Policing", *Federal Sentencing Reporter* 33, nº 83, University of Utah Law Research Paper nº 377 (dezembro de 2020), https://papers.ssrn.com/abstract=3690473; Tanaya Devi e Roland G. Fryer Jr., *Policing the Police: The Impact of "Pattern-or-Practice" Investigations on Crime* (Cambridge, MA: National Bureau of Economic Research, junho de 2020), https://doi.org/10.3386/w27324.

46 Chefe Adrian Diaz, "Chief Diaz's Remarks on Investigation of Officers in DC and Year-End Crime Data", SPD Blotter, Departamento de Polícia de Seattle, 11 de janeiro de 2021, acessado em 14 de novembro de 2022, https://spdblotter.seattle.gov/2021/01/11/chief-diazs-remarks/.

47 Tammy Mutasa, "Dad of Slain CHOP Victim Now a Shooting Victim Himself: 'I'm Glad to Be Alive'", KOMO News, 12 de junho de 2021, https://komonews.com/news/local/dad-of-slain-chop-victim-now-a-shooting-victim-himself-im-glad-to-be-alive.

48 Relatório de observação direta no centro de Seattle, verão de 2020.

49 Angela Davis, *Lectures on Liberation* (New York Committee to Free Angela Davis, 1971), 11, PDF, https://archive.org/stream/AngelaDavis-LecturesOnLiberation/AngelaDavis-LecturesOnLiberation_djvu.txt.

CAPÍTULO 10

1 Catherine Halley, "Paulo Freire's Pedagogy of the Oppressed at Fifty", JSTOR Daily, 30 de setembro de 2020, https://daily.jstor.org/paulo-freires-pedagogy-of-the-oppressed-at-fifty/.

[2] Elliott Green, "What Are the Most-Cited Publications in the Social Sciences (According to Google Scholar)?", *LSE Impact* (blog), London School of Economics and Political Science, 12 de maio de 2016, acessado em 15 de novembro de 2022, https://blogs.lse.ac.uk/impactofsocialsciences/2016/05/12/what-are-the-most-cited-publications-in-the-social-sciences-according-to-google-scholar/.

[3] Paulo Freire, *Pedagogy of the Oppressed*, tradução para o inglês de Myra Bergman Ramos (1970; reimpressão, Nova York: Bloomsbury Academic, 2018), 139-40, Kindle.

[4] Freire, 149.

[5] Freire, 158-59.

[6] Paulo Freire, *Letters to Cristina* (1996; reimpressão, Londres: Routledge, 2016), 53, Kindle.

[7] Freire, 49.

[8] Andrew J. Kirkendall, *Paulo Freire and the Cold War Politics of Literacy* (Chapel Hill: University of North Carolina Press, 2010), 25–26, Kindle; para análise social de Freire acerca da região Nordeste brasileira, ver Paulo Freire, *The Politics of Education: Culture, Power, and Liberation*, tradução para o inglês de Donaldo Macedo (Westport, CT: Bergin & Garvey, 1985), capítulo 7, Kindle.

[9] Kirkendall, *Paulo Freire and the Cold War Politics of Literacy*, 14-15.

[10] Freire, *Letters to Cristina*, 14.

[11] Freire, 17-18.

[12] E. Teófilo e D. Prado Garcia, "Brazil: Land Politics, Poverty and Rural Development", in *Land Reform: Land Settlement and Cooperatives*, ed. P. Groppo, vol. 3 (Roma: FAO Information Division, 2003), https://www.fao.org/3/y5026e/y5026e04.htm.

[13] Kirkendall, *Paulo Freire and the Cold War Politics of Literacy*, 21.

[14] Paulo Freire, *Education for Critical Consciousness* (1974; reimpressão, Londres: Bloomsbury Academic, 2013), 128, Kindle.

[15] Freire, *Letters to Cristina*, 81-82.

[16] Freire, 82-83.

[17] Freire, 86-87.

[18] Freire, *The Politics of Education*, capítulo 7.

[19] Freire, *Pedagogy of the Oppressed*, 54-55.

[20] Ana Maria Araújo Freire e Donaldo Macedo, introdução a Paulo Freire, *The Paulo Freire Reader*, ed. Ana Maria Araújo Freire e Donaldo Macedo (Nova York: Continuum, 1998), 21.

[21] Paulo Freire, "Conscientisation", *CrossCurrents* 24, nº 1 (primavera de 1974): 28.

[22] Para documentação dos crimes dos regimes comunistas do século XX, ver Karel Bartosek *et al.*, *The Black Book of Communism: Crimes, Terror, Repression* (Cambridge, MA: Harvard University Press, 1999).

[23] Freire, *Pedagogy of the Oppressed*, 54-55.

[24] Freire, "Conscientisation", 28.

[25] Freire, *The Politics of Education*, capítulo 7.

[26] Freire, *Pedagogy of the Oppressed*, 124.

27 Kirkendall, *Paulo Freire and the Cold War Politics of Literacy*, 40.
28 Kirkendall, 42-44.
29 Andrew J. Kirkendall, "Entering History: Paulo Freire and the Politics of the Brazilian Northeast, 1958–1964", *Luso-Brazilian Review* 41, nº 1 (2004): 169, https://doi.org/10.1353/lbr.2004.0014.
30 Jorge Ferreira, "The Brazilian Communist Party and Joao Goulart's Administration", *Revista Brasileira de História* 33 (dezembro de 2013): 117, https://doi.org/10.1590/S0102-01882013000200007.
31 Kirkendall, *Paulo Freire and the Cold War Politics of Literacy*, 47-48.
32 Kirkendall, 53-56.
33 Freire, *Letters to Cristina*, 18.
34 Kirkendall, *Paulo Freire and the Cold War Politics of Literacy*, 57.
35 Freire, *Letters to Cristina*, 116.
36 Kirkendall, 57.
37 Freire, *Pedagogy of the Oppressed*, 136-37.
38 Paulo Freire, *Pedagogy in Process: The Letters to Guinea-Bissau*, tradução para o inglês de Carman St. John Hunter (1978; reimpressão, Londres: Bloomsbury, 2016), Introduction: Part 1, loc. 202, Kindle.
39 Freire, Letter 11, loc. 1819.
40 Freire, Introduction: Part 2, loc. 1086.
41 Freire, Letter 3, loc. 1372.
42 Freire, Letter 3, loc. 1420.
43 Timothy W. Luke, "Cabral's Marxism: An African Strategy for Socialist Development", *Studies in Comparative Communism* 14, nº 4 (1981): 329, https://www.jstor.org/stable/45367474.
44 Freire, *Pedagogy in Process*, letter 11, Introduction: Part 1, loc. 202.
45 Shirley Washington, "New Institutions for Development in Guinea-Bissau", *Black Scholar* 11, nº 5 (maio de 1980): 20, https://doi.org/10.1080/00064246.1980.11414116.
46 Luke, "Cabral's Marxism", 315.
47 Kirkendall, *Paulo Freire and the Cold War Politics of Literacy*, 111.
48 Luke, "Cabral's Marxism", 325.
49 Freire, *Pedagogy in Process*, Letter 15, loc. 2362-2415.
50 Frank Dikötter, *The Cultural Revolution: A People's History, 1962-1976* (Nova York: Bloomsbury, 2016), 230-31, 229, Kindle.
51 Judith Shapiro, *Mao's War Against Nature: Politics and the Environment in Revolutionary China*, edição ilustrada (Cambridge: Cambridge University Press, 2001), 137.
52 "Chen Yonggui; Disgraced in China Over 'Model' Commune", *Los Angeles Times*, 5 de abril de 1986, https://www.latimes.com/archives/la-xpm-1986-04-05-fi-21793-story.html.
53 Pao-yu Ching, *Revolution and Counterrevolution: China's Continuing Class Struggle Since Liberation* (Manila: Institute of Political Economy, 2012), 52.

54. Paulo Freire, *The Politics of Education: Culture, Power, and Liberation*, tradução para o inglês de Donaldo Macedo (Westport, CT: Bergin & Garvey, 1985), capítulo 8, loc. 1430, Kindle.
55. Paulo Freire, "Reading the World and Reading the Word: An Interview with Paulo Freire", *Language Arts* 62, nº 1 (1985): 16.
56. Rosemary E. Galli, "The Food Crisis and the Socialist State in Lusophone Africa", *African Studies Review* 30, nº 1 (1987): 23, https://doi.org/10.2307/524502.
57. Freire, *Pedagogy in Process*, letter 17, letter 3.
58. Kirkendall, *Paulo Freire and the Cold War Politics of Literacy*, 109, Kindle.
59. Linda M. Harasim, "Literacy and National Reconstruction in Guinea Bissau: A Critique of the Freirean Literacy Campaign" (tese de doutorado, Universidade de Toronto, 1983).
60. Ver notas 9-11 in Bianca Facundo, "The Lessons of Guinea-Bissau, Section 7 of Freire-Inspired Programs in the United States and Puerto Rico: A Critical Evaluation", ensaio, Suppression of Dissent, 1984, acessado em 16 de novembro de 2022, https://www.bmartin.cc/dissent/documents/Facundo/section7.html.
61. Harasim é citada em "The Lessons of Guinea-Bissau" de Facundo.
62. "Guinea-Bissau Inflation Rate 1988-2022", Macrotrends, 2021, acessado em 16 de novembro de 2022, https://www.macrotrends.net/countries/GNB/guinea-bissau/inflation-rate-cpi.
63. William D. Montalbano, "Leave Marxist Roots, Pope Urges Guinea-Bissau, Africa: John Paul II Advises the Revolutionary Government to Avoid Corruption and Abuse of Power as It Moves Toward a More Open Society", *Los Angeles Times*, 28 de janeiro de 1990, https://www.latimes.com/archives/la-xpm-1990-01-28-mn-1246-story.html.
64. Loro Horta, "Guinea Bissau: Africa's First Narcostate", ensaio, African Studies Center, Universidade da Pensilvânia, outubro de 2007, acessado em 16 de novembro de 2022, https://www.africa.upenn.edu/Articles_Gen/guinbisauhorta.html.
65. Programa de Comparação Internacional do Banco Mundial, "GDP per Capita, PPP (Current International $)", Banco Mundial, 2021, acessado em 16 de novembro de 2022, https://data.worldbank.org/indicator/NY.GDP.PCAP.PP.CD?end=2020&most_recent_value_desc=false&start=1990&view=chart&year_high_desc=true; Programa Mundial de Alimentos das Nações Unidas, "Guinea-Bissau", World Food Program USA, acessado em 16 de novembro de 2022, https://www.wfpusa.org/countries/guinea-bissau/.
66. Departamento de Estado dos Estados Unidos, Bureau of Democracy, Human Rights, and Labor, "2020 Country Reports on Human Rights Practices: Guinea-Bissau", 30 de março de 2021, https://www.state.gov/reports/2020-country-reports-on-human-rights-practices/guinea-bissau/.
67. Instituto de Estatística da UNESCO, Guiné-Bissau, "Literacy Rate, Adult Total (% of People Ages 15 and Above)", "Literacy Rate, Adult Female (% of Females Age 15 and Above)", 2014, https://data.worldbank.org/indicator/SE.ADT.LITR.FE.ZS?locations=GW.
68. Freire, *Pedagogy in Process*, Letter 15, loc. 2378.

CAPÍTULO 11

1. Andrew J. Kirkendall, *Paulo Freire and the Cold War Politics of Literacy* (Chapel Hill: University of North Carolina Press, 2010), 90, Kindle.
2. Isaac Gottesman, "Sitting in the Waiting Room: Paulo Freire and the Critical Turn in the Field of Education", *Educational Studies* 46, nº 4 (28 de julho de 2010): 376–99, https://doi.org/10.1080/00131941003782429.
3. Jonathan Kozol, "Coming Up for Freire", *New York Review of Books*, 22 de outubro de 1970, https://www.nybooks.com/articles/1970/10/22/coming-up-for-freire/.
4. Isaac Gottesman, *The Critical Turn in Education: From Marxist Critique to Poststructuralist Feminism to Critical Theories of Race* (Nova York: Routledge, 2016), 24, Kindle.
5. Mark Hudson, "Education for Change: Henry Giroux and Transformative Critical Pedagogy", Against the Current, dezembro de 1983, https://againstthecurrent.org/atc083/p1734/.
6. Gottesman, "Sitting in the Waiting Room", 390.
7. Kozol, "Coming Up for Freire".
8. Henry A. Giroux, "Paulo Freire's Approach to Radical Educational Reform", ed. Paulo Freire, *Curriculum Inquiry* 9, nº 3 (1979): 267, https://doi.org/10.2307/3202124.
9. Paulo Freire, *Education for Critical Consciousness* (Londres: Bloomsbury Academic, 2013), 30-31, Kindle.
10. Freire, 5.
11. Kirkendall, *Paulo Freire and the Cold War Politics of Literacy*, 96, Kindle.
12. Paulo Freire, *The Politics of Education: Culture, Power, and Liberation*, tradução para o inglês de Donaldo Macedo (Westport, CT: Bergin & Garvey, 1985), seção Rethinking Critical Pedagogy, loc. 2374, Kindle.
13. Federal Bureau of Investigation, "Freire FBI File", documento tornado público, Departamento de Justiça dos Estados Unidos, 1971, PDF nos arquivos do autor.
14. Correspondência de Freire para Adrian Resnick, 19 de fevereiro de 1973, Conselho Mundial de Igrejas, arquivos, Genebra, Suíça, citado em Kirkendall, *Paulo Freire and the Cold War Politics of Literacy*, 96.
15. Kirkendall, 99.
16. Freire cita essa frase de Simone de Beauvoir (de *La Pensée de Droite, Aujord'hui*, 1963) in Paulo Freire, *Pedagogy of the Oppressed*, tradução para o inglês de Myra Bergman Ramos (Nova York: Bloomsbury Academic, 2018), 74, Kindle.
17. Freire, 74.
18. Freire, *The Politics of Education*, seção Rethinking Critical Pedagogy, loc. 2374.
19. Freire, capítulo 10, loc. 1826.
20. Henry A. Giroux, *Teachers as Intellectuals: Toward a Critical Pedagogy of Learning* (Westport, CT: Bergin & Garvey, 1988), 24, 27, Google Books.
21. Henry Giroux, "Henry Giroux: Where Is the Outrage? Critical Pedagogy in Dark Times", vídeo, 14 de setembro de 2015, Distinguished Scholar Speaker Series in Critical Pedagogy, Universidade McMaster, Instituto MacPherson, Hamilton, ON, YouTube, 22 de outubro de 2015, 1:16, https://www.youtube.com/watch?v=CAxj87RRtsc.

22 Sol Stern, "Pedagogy of the Oppressor", *City Journal*, primavera de 2009, https://www.city-journal.org/html/pedagogy-oppressor-13168.html.

23 Gottesman, *The Critical Turn in Education*, 24-25, Kindle.

24 Análise do autor do banco de dados do Google Scholar e do Semantic Scholar.

25 "Paulo Freire Organizations", Freire Institute, acessado em 18 de novembro de 2022, https://www.freire.org/paulo-freire-organizations; "Paulo Freire Democratic Project Awards", Universidade Chapman, acessado em 18 de novembro de 2022, https://www.chapman.edu/education/centers-and-partnerships/paulo-freire/pfdp-awards.aspx.

26 Gottesman, *The Critical Turn in Education*, 1.

27 Gottesman, 10.

28 Departamento de Educação da Califórnia, "Ethnic Studies Model Curriculum", compilação dos documentos do Microsoft Word, ratificado pela assembleia legislativa estadual em 18 de março de 2021, https://www.cde.ca.gov/ci/cr/cf/esmc.asp.

29 De R. Tolteka Cuauhtin, *Rethinking Ethnic Studies* (Milwaukee: Rethinking Schools, 2019). O material sobre Tolteka Cuauhtin e o currículo modelo de estudos étnicos foi divulgado pela primeira vez em Christopher F. Rufo, "Revenge of the Gods", *City Journal*, 10 de março de 2021, https://www.city-journal.org/calif-ethnic-studies-curriculum-accuses-christianity-of-theocide.

30 Versão preliminar de Departamento de Educação da Califórnia, "Ethnic Studies Model Curriculum". Após a publicação da matéria "Revenge of Gods" na revista *City Journal* e a reação pública subsequente, o Departamento de Educação removeu o cântico aos deuses astecas do currículo modelo antes da adoção final.

31 Departamento de Educação da Califórnia, "Ethnic Studies Model Curriculum". No Capítulo 3, "Instructional Guidance for K–12 Education", os autores apresentam a teoria da "pedagogia de estudos étnicos" (4) e citam o livro *Pedagogy of the Opressed*, de Freire (4, 14).

32 R. Tolteka Cuauhtin, "The Matrix of Social Identity and Intersectional Power: A Classroom Resource", in *Rethinking Ethnic Studies*, ed. Miguel Zavala *et al.* (Milwaukee: Rethinking Schools, 2019), 38-47.

33 Documentos internos, vídeo e slides de apresentação obtidos pelo autor e divulgados pela primeira vez em Christopher F. Rufo, "Merchants of Revolution", publicado em *City Journal*, 13 de abril de 2021, https://www.city-journal.org/california-ethnic-studies-programs-merchants-of-revolution.

34 Projeto de lei 101 da Assembleia Estadual da Califórnia, "Pupil Instruction: High School Graduation Requirements: Ethnic Studies", promulgado em lei em 8 de outubro de 2021, https://leginfo.legislature.ca.gov/faces/billTextClient.xhtml?bill_id=202120220AB101.

35 Documento interno obtido pelo autor e divulgado pela primeira vez em Rufo, "Merchants of Revolution".

36 Matthew Richmond, *The Hidden Half: School Employees Who Don't Teach*, Thomas B. Fordham Institute, agosto de 2014, https://fordhaminstitute.org/sites/default/files/publication/pdfs/hidden-half-school-employees-who-dont-teach-final0.pdf.

37 US Bureau of Labor Statistics, "Education Administrators, Kindergarten through Secondary", Occupational Employment and Wage Statistics, acessado em 18 de novembro de 2022, https://www.bls.gov/oes/current/oes119032.htm.

[38] *The Condition of Education 2016* (Washington, D. C.: National Center for Education Statistics, US Department of Education, maio de 2016), capítulo 3.

[39] Jay P. Greene e James Paul, *Equity Elementary: "Diversity, Equity, and Inclusion" Staff in Public Schools*, Backgrounder, Heritage Foundation, outubro de 2021, 2, https://www.heritage.org/education/report/equity-elementary-diversity-equity-and-inclusion-staff-public-schools.

[40] Seattle Public Schools, "2020-21 Fast Facts & Figures", PDF, 2021, https://www.seattleschools.org/wp-content/uploads/sps/district/File/District/Departments/Communications/seattle-public-schools-quick_facts.pdf; Seattle Public Schools, "Black Studies", PDF, outubro de 2021, https://www.seattleschools.org/wp-content/uploads/2021/10/black_studies23.pdf; Seattle Public Schools, *Seattle Public Schools 2021-2022 Adopted Budget* (Seattle: Seattle Public Schools, 2021).

[41] "Department of Racial Equity Advancement Staff", Contact Us, Seattle Public Schools, acessado em 18 de novembro de 2022, https://archive.ph/ef6tL.

[42] Documentos internos sobre capacitação de professores do Seattle Public Schools obtidos pelo autor e divulgados pela primeira vez in Christopher F. Rufo, "Teaching Hate", *City Journal*, 18 de dezembro de 2020, https://www.city-journal.org/racial-equity-programs-seattle-schools.

[43] Seattle Public Schools, "Black Studies".

[44] Paulo Freire, Ubiratan D'Ambrosio e Maria do Carmo Mendonça, "A Conversation with Paulo Freire", *For the Learning of Mathematics* 17, nº 3 (1997): 7-10.

[45] Seattle Public Schools, "K–12 Math Ethnic Studies Framework", 2019, PDF, https://www.k12.wa.us/sites/default/files/public/socialstudies/pubdocs/Math%20SDS%20ES%20Framework.pdf.

[46] Department of Equity & Race Relations, "Racial Equity Team", Seattle Public Schools, sem data, PDF, https://www.seattleschools.org/wp-content/uploads/sps/district/File/District/Departments/DREA/racial-equity-teams-conflict-copy.pdf.

[47] Department of Equity & Race Relations, "Racial Equity Team"; James Bush, *2020-2021 Annual Report for Policy 0030 – Ensuring Educational and Racial Equity* (Seattle: Seattle Public Schools, junho de 2021), PDF.

[48] Seattle Public Schools, "Building and Program Racial Equity Teams", 2018, PDF, https://www.seattlewea.org/file_viewer.php?id=14901.

[49] Documentos internos sobre capacitação de professores obtidos pelo autor e divulgados pela primeira vez in Rufo, "Teaching Hate".

[50] Paulo Freire, *Letters to Cristina* (Londres: Routledge, 2016), 159-60, Kindle.

[51] Freire, 174-76.

[52] Freire, *Pedagogy of the Oppressed*, 152-53.

[53] Freire, *Letters to Cristina*, 52-54.

[54] Eric Pace, "Paulo Freire, 75, Is Dead; Educator of the Poor in Brazil", *New York Times*, 6 de maio de 1997, https://www.nytimes.com/1997/05/06/world/paulo-freire-75-is-dead-educator-of-the-poor-in-brazil.html.

[55] Susan L. Cooke, "Paulo Freire Personal Vita", acessado em 18 de novembro de 2022, https://roghiemstra.com/pvitapf.html.

56 Freire, *Letters to Cristina*, 136-37.

57 Freire, 188.

58 Paulo Freire, *Pedagogy in Process: The Letters to Guinea-Bissau*, tradução para o inglês de Carman St. John Hunter (Londres: Bloomsbury, 2016), Introduction, Part 1, loc. 311, Kindle.

59 Para um relato do funeral de Freire, ver Dada Maheshvarananda, "A Personal Remembrance and Conversation with Paulo Freire, Educator of the Oppressed", *Neohumanist Educational Futures: Liberating the Pedagogical Intellect*, ed. Sohail Inayatullah, Marcus Bussey e Ivana Milojević (New Taipei City: Tamkang University Press, 2006), 297-304.

CAPÍTULO 12

1 Orlando Figes, *Revolutionary Russia, 1891-1991: A History* (Nova York: Henry Holt, 2014), 186.

2 Mao Tsé-Tung, ao estabelecer as bases para seu primeiro expurgo, disse aos artistas e professores no Fórum de Literatura e Arte de Yan'na: "[Nosso propósito] é assegurar que a literatura e a arte se ajustem bem a toda a máquina revolucionária como peças componentes, que atuem como armas poderosas para unir e educar o povo e para atacar e destruir o inimigo, e que ajudem o povo a lutar contra o inimigo com um só coração e uma só mente". Seus propagandistas criaram o termo *xinao* – literalmente, "lavagem cerebral" –, e Mao via os artistas como um meio de alcançar isso. "A literatura e a arte proletárias fazem parte de toda a causa revolucionária proletária", ele afirmou. "Como disse Lênin, são as engrenagens e rodas da máquina revolucionária como um todo." Mao Tsé-Tung, "Talks at the Yenan Forum on Literature and Art", maio de 1942, *Selected Works*, vol. 3, 70, 86, https://www.marxists.org/reference/archive/mao/selected-works/volume-3/mswv3_08.htm.

3 Lilia I. Bartolomé, "Insurgent Multiculturalism", in *Dancing with Bigotry: Beyond the Politics of Tolerance*, ed. Donaldo Macedo e Lilia I. Bartolomé (Nova York: Palgrave Macmillan, 1999), 95.

4 Peter McLaren, *Che Guevara, Paulo Freire, and the Pedagogy of Revolution* (Lanham, MD: Rowman & Littlefield, 2000), 184-85, Kindle.

5 Peter McLaren et al., *Rethinking Media Literacy: A Critical Pedagogy of Representation* (Nova York: Peter Lang, 1995), 87–124.

6 McLaren, *Che Guevara, Paulo Freire, and the Pedagogy of Revolution*, 183, 161.

7 McLaren et al., *Rethinking Media Literacy*, 121.

8 Documentos internos obtidos pelo autor e divulgados pela primeira vez in Christopher F. Rufo, "Failure Factory", *City Journal*, 23 de fevereiro de 2021, https://www.city-journal.org/buffalo-public-schools-critical-race-theory-curriculum.

9 McLaren, *Che Guevara, Paulo Freire, and the Pedagogy of Revolution*, 192.

10 A fusão entre ideologia e tecnologia já começou. O novo movimento combina métodos técnicos com ambições revolucionárias, empregando a linguagem neutra das ciências sociais em busca de uma formação do espírito político. Algumas empresas privadas do setor de pesquisa realizam levantamentos em escolas públicas para coletar informações detalhadas sobre os alunos, categorizando-os em grupos identitários e, em seguida, sondando-os com perguntas sobre raça, sexualidade e opinião política. Por exemplo, a

empresa Panorama realizou uma pesquisa com 13 milhões de estudantes em 23 mil escolas, o que possibilitou que a empresa e seus parceiros empregassem uma variedade de novas técnicas psicológicas e pedagógicas, como "aprendizagem socioemocional", "práticas culturalmente responsivas" e "justiça restaurativa", para manipular o comportamento dos alunos. Particularmente, a empresa se comprometeu a utilizar a aprendizagem socioemocional como "um veículo para desmantelar a opressão sistêmica" e eliminar "a supremacia branca no âmbito dos sistemas e da própria pessoa". A última frase, "no âmbito dos sistemas e da própria pessoa", é crucial. Os novos pedagogos, cujas fileiras agora incluem equipes de cientistas de dados e psicólogos sociais, acreditam que a reforma das psiques individuais pode transformar a sociedade coletiva. A escola é a base institucional e o mecanismo de entrega desse processo. "A educação representa um dos instrumentos mais importantes para a mudança nos Estados Unidos", afirma Aaron Feuer, diretor executivo da Panorama. "Um sistema educacional reimaginado é nosso protesto antirracista", ele continua, citando as palavras de um colega. Ver District of Columbia Public Schools, "Parents and Guardians: Complete Guide to the Panorama Survey", sem data, https://dcps.dc.gov/sites/default/files/dc/sites/dcps/page_content/attachments/Family-Panorama-Survey-Guide.pdf; Nick Woolf, "How Panorama Aligns with CASEL's SEL Roadmap for a Successful Second Semester", Panorama Education, acessado em 8 de dezembro de 2022, https://www.panoramaed.com/blog/how-panorama-aligns-with-casel-sel-roadmap-second-semester-2021; Nick Woolf, "How to Implement Restorative Practices in Your School", Panorama Education, acessado em 8 de dezembro de 2022, https://www.panoramaed.com/blog/restorative-practices-to-implement; Aaron Feuer, "Letter from Panorama Education's CEO: Our Stand Against Systemic Racism", Panorama Education, acessado em 8 de dezembro de 2022, https://www.panoramaed.com/blog/panoramas-stand-against-systemic-racism; Panorama Education, "SEL as Social Justice: Dismantling White Supremacy Within Systems and Self", palestra, 2021.

[11] McLaren, *Che Guevara, Paulo Freire, and the Pedagogy of Revolution*, 182-83.

[12] Barbara Applebaum, *Being White, Being Good: White Complicity, White Moral Responsibility, and Social Justice Pedagogy* (Lanham, MD: Lexington, 2010), 8-9, Kindle.

[13] Applebaum, 10.

[14] Applebaum, 179, 140.

[15] Stephanie M. Wildman com Adrienne D. Davis, "Language and Silence: Making Systems of Privilege Visible", in *Readings for Diversity and Social Justice*, ed. Maurianne Adams, Warren J. Blumenfeld, Rosie Castaneda, Heather W. Hackman, Madeline L. Peters e Ximena Zuniga (Nova York: Routledge, 2000), 56.

[16] Documentos internos obtidos pelo autor, incluindo Henry Maxfield e Daina Weber, "White Privilege: Understanding Power and Privilege in Education", San Diego Unified School District, sem data, PDF. Divulgada pela primeira vez in Christopher F. Rufo, "The Whitest Privilege", 3 de dezembro de 2020, https://christopherrufo.com/the-whitest-privilege/.

[17] Documentos internos obtidos pelo autor sobre Bettina Love, "Abolitionist Teaching, Co-Conspirators & Educational Justice", palestra, 29 de setembro de 2020, slides, fotografias e anotações feitas no momento. Divulgado pela primeira vez in Christopher F. Rufo, "Radicalism in San Diego Schools", *City Journal*, 5 de janeiro de 2021, https://www.city-journal.org/radicalism-in-san-diego-schools.

[18] DeMicia Inman, "San Diego Teachers Invited to Attend 'White Privilege' Training", *The Grio* (blog), 7 de dezembro de 2020, acessado em 19 de novembro de 2022, https://thegrio.com/2020/12/07/san-diego-teachers-white-privilege-training/.

[19] Noel Ignatin, "The White Blindspot Documents", in *Revolutionary Youth & the New Working Class*, ed. Carl Davidson (Pittsburgh: Changemaker, 2011), 145-81. Ignatiev nasceu e publicou seus primeiros trabalhos com o sobrenome Ignatin. Por uma questão de uniformidade, este livro utilizará Ignatiev ao longo do texto principal.

[20] Ignatin, 149-50.

[21] Ignatin, 157.

[22] Noel Ignatiev, "Abolish the White Race", *Harvard Magazine*, setembro/outubro de 2002, 30.

[23] Ignatin, "The White Blindspot Documents", 163.

[24] E-mails internos obtidos pelo autor e divulgados pela primeira vez in Christopher F. Rufo, "Gone Crazy", *City Journal*, 18 de fevereiro de 2021, https://www.city-journal.org/east-side-community-school-tells-parents-to-become-white-traitors.

[25] Barnor Hesse, "The 8 White Identities", infográfico, Slow Factory Foundation, 8 de janeiro de 2021, https://www.instagram.com/p/CJyvriYFHMb.

[26] Barnor Hesse, "Racialized Modernity: An Analytics of White Mythologies", *Ethnic and Racial Studies* 30, nº 4 (julho de 2007): 644-45, https://doi.org/10.1080/01419870701356064.

[27] Mike Sargent e Jack Rico, apresentadores, "Dr. Barnor Hesse Discusses His '8 White Identities' (Part 1)", *The Brown & Black Podcast*, 47 minutos, 28 de março de 2021.

[28] Rufo, "Gone Crazy".

[29] Paulo Freire, *The Politics of Education: Culture, Power, and Liberation*, tradução para o inglês de Donaldo Macedo (Westport, CT: Bergin & Garvey, 1985), seção Rethinking Critical Pedagogy, loc. 2374, Kindle.

[30] Freire, capítulo 7, loc. 1009.

[31] Paulo Freire, "Reading the World and Reading the Word: An Interview with Paulo Freire", *Language Arts* 62, nº 1 (1985): 15-21, http://www.jstor.org/stable/41405241.

[32] Paulo Freire, *Education, the Practice of Freedom* (Londres: Writers and Readers Publishing Cooperative, 1967), 35.

[33] Peter McLaren, "Unthinking Whiteness, Rethinking Democracy: Or Farewell to the Blonde Beast; Towards a Revolutionary Multiculturalism", *Educational Foundations* 11, nº 2 (1997): 13, 30-34.

[34] "Buffalo Public Schools, New York", Demographics, Ballotpedia, acessado em 19 de novembro de 2022, https://ballotpedia.org/Buffalo_Public_Schools,_New_York.

[35] Fatima Morrell e Kriner Cash, *Culturally & Linguistically Responsive Initiatives Strategic Plan 2019-2021* (Buffalo, NY: Buffalo Public Schools, 2019).

[36] Vídeo de apresentação para uso interno obtido pelo autor e divulgado pela primeira vez in Rufo, "Failure Factory".

[37] Vídeo de apresentação para uso interno obtido pelo autor e divulgado pela primeira vez in Rufo, "Failure Factory".

[38] Materiais curriculares para uso interno obtidos pelo autor e divulgados pela primeira vez in Rufo, "Failure Factory".

39 Black Lives Matter at School, "BLM at School 14 Principles", PDF, acessado em 19 de novembro de 2022, https://www.buffaloschools.org/cms/lib/NY01913551/Centricity/Domain/9000/BLM%20at%20School%2014%20Principles.pdf; Black Lives Matter at School, "National Black Lives Matter in School Week of Action Starter Kit", Google Docs, acessado em 19 de novembro de 2022, https://docs.google.com/document/d/1kjnmt8y-7d0_8y6eVxRG_OeGv5Sy4yHudDIpmiaoLFg/.

40 Materiais curriculares para uso interno obtidos pelo autor e divulgado pela primeira vez in Rufo, "Failure Factory".

41 Chancellor Williams, *Destruction of Black Civilization: Great Issues of a Race From: 4500 B.C to 2000 A.D* (1971; reimpressão, Lulu Press, 2019), 160, 303-4, Google Books.

42 William R. Hite Jr., "The School District of Philadelphia's Anti-Racism Declaration", School District of Philadelphia, acessado em 19 de novembro de 2022, https://www.philasd.org/antiracism/.

43 Hanako Franz, "Why Do Educators Need Anti-Racist Training?", gravação de vídeo, Black Lives Matter Week of Action 2020, Racial Justice, YouTube, 5 de fevereiro de 2020, 0:08, https://www.youtube.com/watch?v=7GMTpAZb4Hw.

44 Essa iniciativa foi criada pelo Racial Justice Organizing Committee of the Caucus of Working Educators, que faz parte da Philadelphia Federation of Teachers. Philadelphia Racial Justice Organizing Committee, "Mission & Vision", acessado em 19 de novembro de 2022, https://www.phillyrj.org/about/mission-vision.

45 School District of Philadelphia, "School Information", District Performance Office, acessado em 19 de novembro de 2022, https://www.philasd.org/performance/programsservices/open-data/school-information/.

46 Materiais curriculares internos, vídeos e fotografias obtidos pelo autor, incluindo "Black Communist Case Study: Angela Davis", School District of Philadelphia, PDF, acessado em 19 de novembro de 2022, https://www.documentcloud.org/documents/20477743-philadelphia-public-schools. Divulgado pela primeira vez in Christopher F. Rufo, "Bad Education", *City Journal*, 10 de setembro de 2020, https://www.city-journal.org/philadelphia-fifth-graders-forced-to-celebrate-black-communism.

47 Crystal M. Edwards, "Welcome to William D. Kelley School!", escola William D. Kelley, acessado em 19 de novembro de 2022, https://archive.ph/l1lXZ.

48 Entrevista realizada pelo autor com o educador e publicada pela primeira vez em Rufo, "Bad Education".

49 "Buffalo City SD Financial Transparency Report", New York State Education Department, acessado em 19 de novembro de 2022, https://data.nysed.gov/expenditures.php?year=2020&instid=800000052968; School District of Philadelphia, "Philadelphia Public School Enrollment, 2019-20 and 2020-21", Office of Research and Evaluation, junho de 2021, PDF, https://www.philasd.org/research/wp-content/uploads/sites/90/2021/06/Enrollment-Rates-in-2019-20-and-2020-21-Research-Brief-June-2021.pdf; School District of Philadelphia, "Quick Budget Facts", Office of Management & Budget, acessado em 19 de novembro de 2022, https://www.philasd.org/budget/budget-facts/quick-budget-facts/.

50 Organisation for Economic Co-operation and Development, Online Education Database, acessado em 7 de outubro de 2021, from https://stats.oecd.org/Index.aspx. Ver *Digest of Education Statistics 2021*, table 605.10.

51. New York State Education Department, "Buffalo City School District Grades 3-8 ELA Assessment Data, 2019", Bufallo City School District, acessado em 19 de novembro de 2022, https://data.nysed.gov/assessment38.php?subject=ELA&year=2019&instid=800000052968; New York State Education Department, "Buffalo City School District Grades 3-8 Mathematics Assessment Data, 2019," Bufallo City School District, acessado em 19 de novembro de 2022, https://data.nysed.gov/assessment38.php?subject=Mathematics&year=2019&instid=800000052968.

52. Philadelphia School District, "School Performance", District Performance Office, acessado em 19 de novembro de 2022, https://www.philasd.org/performance/programsservices/open-data/school-performance/.

53. Franz, *Why Do Educators Need Anti-Racist Training?*

54. Paulo Freire, *Pedagogy in Process: The Letters to Guinea-Bissau*, tradução para o inglês de Carman St. John Hunter (Londres: Bloomsbury, 2016), Letter 3, Kindle.

55. Entrevista realizada pelo autor com o educador e publicada pela primeira vez em Rufo, "Failure Factory".

56. Racial Justice Organizing Committee, "Mission & Vision", acessado em 19 de novembro de 2022, https://www.phillyrj.org/about/mission-vision; Melanated Educators Collective and the Racial Justice Organizing Committee, "10 Demands for Radical Education Transformation", acessado em 19 de novembro de 2022, https://archive.ph/jkW6v.

57. Bettina L. Love, *We Want to Do More Than Survive: Abolitionist Teaching and the Pursuit of Educational Freedom* (Boston: Beacon Press, 2019), 25-26; assassinato espiritual, 34, Kindle.

58. Love, 145.

59. Love, 101.

60. Love, 22.

61. Love, 50, 143, 74, 72, 64.

62. Love, 55.

63. Love, 159-60.

64. Love, 114.

65. Ira Shor e Paulo Freire, *Pedagogy for Liberation: Dialogues on Transforming Education* (Westport, CT: Bergin & Garvey, 1986), 47.

66. *Slides* da apresentação e anotações feitas no momento obtidos pelo autor. Bettina Love, "Hip Hop, Creativity, Social Justice, & Civics", apresentação, CAST UDL Symposium, 7 de agosto de 2020.

CAPÍTULO 13

1. Andy Ngo [@MrAndyNgo], "'Death to America' Portland Antifa Group Youth Liberation Front Has Announced Their Plans for Wednesday", tuíte, Twitter, 4 de novembro de 2020, https://twitter.com/mrandyngo/status/1323896207643602946; Luke Mogelson, "In the Streets with Antifa", *New Yorker*, 25 de outubro de 2020, https://www.newyorker.com/magazine/2020/11/02/trump-antifa-movement-portland.

2   Nur Ibrahim, "Does Video Show Toddlers Holding Profane Signs at Protest?", Snopes, acessado em 19 de novembro de 2022, https://www.snopes.com/fact-check/toddlers-signs-profanities-protest/.

3   Maxine Bernstein, "'What Are We Marching For?' Protesters and Observers Wonder Alike in Portland", *Oregonian*, 23 de janeiro de 2021, https://www.oregonlive.com/portland/2021/01/what-are-we-marching-for-protesters-and-observers-wonder-alike-in-portland.html.

4   "A Resolution of the Tigard-Tualatin School Board of Directors", Tigard-Tualatin School District, junho de 2020, acessado em 19 de novembro de 2022, https://www.ttsdschools.org/Page/http%3A%2F%2Fwww.ttsdschools.org%2Fsite%2Fdefault.aspx%3FPageID%3D9770.

5   "Tigard-Tualatin School District Names First Equity and Inclusion Director", *Times/Pamplin Media Group*, 26 de julho de 2020, acessado em 19 de novembro de 2022, https://pamplinmedia.com/ttt/89-news/474892-383876-tigard-tualatin-school-district-names-first-equity-and-inclusion-director.

6   Documento interno obtido pelo autor. Zinnia Un, "What Will It *Really* Take to Make the Change Towards an Anti-Racist School District?", Tigard-Tualatin School District, junho de 2020. Divulgado pela primeira vez in Christopher F. Rufo, "The Child Soldiers of Portland", *City Journal*, primavera de 2021, https://www.city-journal.org/critical-race-theory-portland-public-schools.

7   Documento interno obtido pelo autor. Anna Stamborski, Nikki Zimmermann e Bailie Gregory, "Scaffolded Anti-Racist Resources", PDF, 23 de junho de 2020, divulgado pela primeira vez in Rufo, "The Child Soldiers of Portland".

8   Entrevista realizada pelo autor com o educador e divulgada pela primeira vez in Rufo, "The Child Soldiers of Portland".

9   Documento interno obtido pelo autor. Nick Sidlin e Alfonso Ramirez, "Political Strife in the Classroom: A Restorative Response?", Tigard-Tualatin School District, 2020, divulgado pela primeira vez in Rufo, "The Child Soldiers of Portland".

10 Entrevista realizada pelo autor com o educador e divulgada pela primeira vez in Rufo, "The Child Soldiers of Portland".

11 Departamento do Censo dos Estados Unidos, "QuickFacts: Beaverton City, Oregon", acessado em 1º de dezembro de 2022, https://www.census.gov/quickfacts/beavertoncityoregon.

12 Materiais curriculares internos obtidos pelo autor e divulgados pela primeira vez em Rufo, "The Child Soldiers of Portland".

13 Entrevista realizada pelo autor com a família e divulgada pela primeira vez in Rufo, "The Child Soldiers of Portland".

14 Projeto de Lei 2845, 79ª Assembleia Legislativa do Oregon, protocolado em 19 de junho de 2017, https://olis.oregonlegislature.gov/liz/2017R1/Downloads/MeasureDocument/HB2845/Enrolled.

15 "Critical Ethnic Studies Association", acessado em 19 de novembro de 2022, https://www.criticalethnicstudies.org/.

16. Departamento de Educação do Oregon, "Ethnic Studies Grade Level Standards Recommendation July 2019", PDF, versão preliminar, atualizada em fevereiro de 2020; Departamento de Educação do Oregon, "2021 Social Science Standards Integrated w/ES", PDF, 2021.
17. Departamento de Educação do Oregon, "Ethnic Studies Update, August 19, 2020," PowerPoint, acessado em 19 de novembro de 2022, https://drive.google.com/file/d/14fwjOksAp0QzPyna7dXZIOkHW_Dla9zf/view?usp=embed_facebook.
18. Análise pelo autor de notícias, comunicados da polícia, vídeos transmitidos ao vivo e *feeds* de redes sociais durante os tumultos. Ver a nota de rodapé mais adiante neste capítulo para obter detalhes dos comunicados do Departamento de Polícia de Portland sobre crimes e armas.
19. Jamie Goldberg, "Insurers Balk at Covering Portland Businesses; Brokers Say Downtown Upheaval Has Made Carriers Wary", *Oregonian*/OregonLive, atualizado em 14 de maio de 2021, https://www.oregonlive.com/business/2020/12/insurers-balk-at-covering-portland-businesses-brokers-say-downtown-upheaval-has-made-carriers-wary.html.
20. Portland Public Schools, "Leading with Racial Equity & A Bold Commitment to Social Justice: Our Collective Plan and Framework", PDF, 2019, https://www.pps.net/cms/lib/OR01913224/Centricity/Domain/4/RESJ_FrameworkandPlan_V3.GGJG.pdf.
21. Entrevista realizada pelo autor com o educadora e divulgada pela primeira vez in Rufo, "The Child Soldiers of Portland".
22. Documento interno obtido pelo autor. Luis Versalles, "SPELLing Out Institutional Barriers to Just Schooling: Moving from Compliance to Equity and Excellence", Pacific Education Group, documento de apresentação e capacitação para Portland Public Schools, 11 de janeiro de 2013. Divulgado pela primeira vez in Rufo, "The Child Soldiers of Portland".
23. Sessão de luta era uma prática comum durante a Revolução Cultural na China, liderada por Mao Tsé-Tung. As pessoas eram forçadas a confessar publicamente seus supostos erros políticos ou ideológicos e depois costumavam ser submetidas à humilhação pública. (N. do T.)
24. Materiais internos obtidos pelo autor, incluindo: "Staff Meeting, September, 15, 2020"; "Staff Meeting, December 2, 2020"; "Staff Meeting, December 8, 2020"; "Anti-Racism Through Technology, August 2020". Divulgados pela primeira vez in Rufo, "The Child Soldiers of Portland".
25. Entrevista realizada pelo autor com o educadora e divulgada pela primeira vez in Rufo, "The Child Soldiers of Portland".
26. Materiais internos obtidos pelo autor, incluindo: "Anti-Racism Through Technology August 2020"; mensagens em vídeo para os estudantes, 2020; acervo de diversas imagens de redes sociais. Divulgados pela primeira vez in Rufo, "The Child Soldiers of Portland".
27. Documentos internos obtidos pelo autor. Jessica Mallare-Best, "Critical Race Studies" e "Critical Race Studies 3/4", Portland Public Schools, Google Docs, 2020.
28. *BLM Parade*, fotografia, sem data, JPEG, acessado em 19 de novembro de 2022, https://www.pps.net/cms/lib/OR01913224/Centricity/ModuleInstance/9817/BLM%20Parade%20copy.jpg.
29. Kelly Kenoyer, "Why Did Portland Public Schools Put an Activist Teacher on Indefinite Leave?", *Portland Mercury*, 4 de abril de 2018, acessado em 8 de dezembro de 2022, https://www.portlandmercury.com/news/2018/04/04/19790749/why-did-portland-public-schools-put-an-activist-teacher-on-indefinite-leave; Bethany Barnes, "Portland

Public Schools Listens to Families, Won't Fire Teacher for Black Lives Matter Walkout", *Oregonian*, 3 de agosto de 2018, https://www.oregonlive.com/education/2018/04/portland_public_schools_listen.html.

30. "Kids Organize March for George Floyd, March Through NE Portland in Day 15 of Protests", KPTV, 11 de junho de 2020, https://www.kptv.com/news/kids-organize-march-for-george-floyd-march-through-ne-portland-in-day-15-of-protests.

31. Courtney Vaughn, "Protesters Overtake Multnomah Village", *SouthwestConnection*/Pamplin Media Group, 7 de novembro de 2020, https://pamplinmedia.com/scc/103-news/487224-392206-protesters-overtake-multnomah-village.

32. Hal Bernton, "Meet the Youth Liberation Front Behind a Militant Marathon of Portland Protests", *Seattle Times*, 12 de julho de 2020, https://www.seattletimes.com/seattle-news/meet-the-youth-liberation-front-the-militant-group-promoting-a-marathon-of-angry-portland-protests/.

33. Departamento de Polícia de Portland, "Update: Three Arrested During Riot, Scope of Property Damage Becoming Clear", 1º de janeiro de 2021, https://web.archive.org/web/20220129111509/https://www.portlandoregon.gov/police/news/read.cfm?id=271441; Departamento de Polícia de Portland, "Suspect Charged with Several Offenses After Committing Crimes During Civil Unrest in Portland", 14 de janeiro de 2021, https://web.archive.org/web/20221126154059/https://www.portlandoregon.gov/police/news/read.cfm?id=281464&ec=1; Departamento de Polícia de Portland, "Rocks and Other Items Thrown at Officers, Unlawful Assembly Declared at Kelly Building", 31 de agosto de 2020, https://web.archive.org/web/20220421002347/https://www.portlandoregon.gov/police/news/read.cfm?id=261156; Departamento de Polícia de Portland, "Update: 12 Adults Arrested, 1 Juvenile Detained – New Criminal Tactic Used on Police Vehicles, Spike Devices Seized", 7 de agosto de 2020, https://web.archive.org/web/20210329024133/https://www.portlandoregon.gov/police/news/read.cfm?id=261076; Departamento de Polícia de Portland, "Update: Juvenile Threatening with Gun", 4 de agosto de 2020, https://web.archive.org/web/20210302050610/https://www.portlandoregon.gov/police/news/read.cfm?id=251066&ec=2&ch=twitter; Departamento de Polícia de Portland, "Update: Arrests After Fire Set to Union Building, Riot Declared", 29 de agosto de 2020, https://web.archive.org/web/20210302043753/https://www.portlandoregon.gov/police/news/read.cfm?id=261151; Departamento de Polícia de Portland, "Update: Adult Suspect Arrested for Assault During May 30, 2020 Demonstrations", 8 de junho de 2020, https://web.archive.org/web/20210612233938/https://www.portlandoregon.gov/police/news/read.cfm?id=250842&ec=2.

34. O jornalista Andy Ngo documentou cuidadosamente as prisões e os processos judiciais em Portland durante os tumultos após a morte de George Floyd.

35. Análise do autor das listas dos funcionários do Portland Public Schools acessíveis ao público.

CAPÍTULO 14

1. "Derrick Bell in 2010 on Racism in the Era of Obama", trecho de vídeo de origem desconhecida, repostado por BuzzFeed, 7 de março de 2012, YouTube, 02:03, 03:13, 04:09, https://www.youtube.com/watch?v=9Fig-2dStzU.

2. Derrick Bell, *Race, Racism, and American Law*, Law School Casebook Series (Boston: Little, Brown, 1973).
3. Derrick Bell e Martha A. Field, "The Supreme Court, 1984 Term", *Harvard Law Review* 99, nº 1 (1985): 83, https://doi.org/10.2307/1341120.
4. Derrick Bell, *Faces at the Bottom of the Well: The Permanence of Racism* (Nova York: Basic Books, 2018), xxi, Kindle.
5. Bell, 7.
6. Bell, 120.
7. Bell, 115-17.
8. Bell, 15.
9. Ver o capítulo 17.
10. Daniel Solórzano, "Critical Race Theory's Intellectual Roots: My Email Epistolary with Derrick Bell", in *Handbook of Critical Race Theory in Education* (Nova York: Routledge, 2013), 52.
11. Esta descrição da teoria crítica da raça é feita pelos próprios teóricos críticos da raça, que citam a influência da teoria crítica, do pós-modernismo, do nacionalismo negro e do marxismo. Ver: Mari J. Matsuda *et al.*, eds., *Words That Wound: Critical Race Theory, Assaultive Speech, and the First Amendment* (1993; reimpressão, Nova York: Routledge, 2018), 5, Kindle; Gary Peller, "History, Identity, and Alienation Commentary: Critical Race Theory: A Commemoration: Response", *Connecticut Law Review* 43, nº 5 (2011): 1494, https://opencommons.uconn.edu/cgi/viewcontent.cgi?article=1122&context=law_review.
12. National Visionary Leadership Project, "Derrick Bell: My Family", vídeo, Visionary Project, YouTube, 2010, https://www.youtube.com/watch?v=uQJdtbpvl30.
13. Derrick Bell, *Confronting Authority: Reflections of an Ardent Protester* (Boston: Beacon Press, 1994), 10-14.
14. Bell, 15.
15. Bell, 10-15.
16. Bell, 14.
17. Derrick Bell, *Silent Covenants: Brown v. Board of Education and the Unfulfilled Hopes for Racial Reform* (Oxford: Oxford University Press, 2004), 3, Kindle.
18. Derrick Bell, *The Derrick Bell Reader* (Nova York: New York University Press, 2005), e-pub.
19. Bell, *Silent Covenants*, 98.
20. Stuart Crainer, "Ethics and Ambition: An Interview with Derrick Bell", *Business Strategy Review* 14, nº 1 (primavera de 2003): 3.
21. John Herbers, "Rural School in Mississippi Enrolls One Negro Girl Under Heavy Guard", *New York Times*, 2 de setembro de 1964, https://www.nytimes.com/1964/09/02/archives/rural-school-in-mississippi-enrolls-one-negro-girl-under-heavy.html?searchResultPosition=5.
22. Herbers.
23. John Herbers, "Grade Schools in Mississippi Are Integrated", *New York Times*, 1º de setembro de 1964, https://www.nytimes.com/1964/09/01/archives/grade-schools-in-mississippi-are-integrated.html.

24. "Mississippi Loses in Three School Cases; Integration Ordered by U.S. Judge Who Deplores It", *New York Times*, 8 de julho de 1964, https://www.nytimes.com/1964/07/08/archives/mississippi-loses-in-3-school-cases-integration-ordered-by-us-judge.html.
25. Derrick Bell, *Ethical Ambition: Living a Life of Meaning and Worth* (Nova York: Bloomsbury, 2008), 158, Kindle.
26. Winson Hudson e Constance Curry, *Mississippi Harmony: Memoirs of a Freedom Fighter* (Nova York: Palgrave Macmillan, 2002), xviii.
27. Bell, *Confronting Authority*, 29.
28. Bell, 156.
29. Para um resumo e citações-chave de Bell, *Race, Racism, and American Law*, ver "Scholarship", site oficial de Derrick Bell, https://professorderrickbell.com/scholarship/.
30. Bell, *Silent Covenants*, 187.
31. Solórzano, "Critical Race Theory's Intellectual Roots", 58.
32. National Visionary Leadership Project, "Derrick Bell: Civil Rights Cases", vídeo, Visionary Project, YouTube, 2010, 05:50, https://www.youtube.com/watch?v=LJ54Goo6u4M.
33. "City Talk: Derrick Bell", *City Talk,* CUNY TV, 20 de março de 2007, 04:36, https://www.youtube.com/watch?v=E7zYD1q8B30. Por clareza, esta citação foi editada; algumas palavras faladas desnecessárias foram omitidas.
34. Derrick Bell, "The Dialectics of School Desegregation Symposium: Judicially Managed Institutional Reform", *Alabama Law Review* 32, nº 2 (1980-81): 285.
35. Derrick A. Bell, "Brown v. Board of Education and the Interest-Convergence Dilemma", *Harvard Law Review* 93, nº 3 (1980): 524, https://doi.org/10.2307/1340546.
36. Bell.
37. Bell, "The Dialectics of School Desegregation Symposium".
38. Bell, *Silent Covenants*, 196.
39. Derrick Bell, "Racism: A Major Source of Property and Wealth Inequality in America", *Indiana Law Review* 34 (2001): 1270-71.
40. "City Talk: Derrick Bell," 25:20. This quote is edited for clarity; some spoken filler words are omitted.
41. Derrick A. Bell, *And We Are Not Saved: The Elusive Quest for Racial Justice* (Nova York: Basic Books, 2008), 12-13, Kindle.
42. Bell, 18.
43. Bell, 172.
44. Derrick Bell e Martha A. Field, "The Supreme Court, 1984 Term", *Harvard Law Review* 99, nº 1 (1985): 7, 9, 10, https://doi.org/10.2307/1341120.
45. Solórzano, "Critical Race Theory's Intellectual Roots", 52.
46. Bell, *And We Are Not Saved*, 70-71.
47. Bell, *Faces at the Bottom of the Well*, 3.
48. Bell, 14.

CAPÍTULO 15

1. Dorothy Gilliam, "An Insult to a Law Professor", *Washington Post*, 4 de agosto de 1986, https://www.washingtonpost.com/archive/local/1986/08/04/an-insult-to-a-law-professor/d503c162-b8bd-434a-99e6-37ee6c8348a5/.
2. Charles R. Lawrence III, "Doing 'the James Brown' at Harvard: Professor Derrick Bell as Liberationist Teacher", *Harvard BlackLetter Law Journal* 8 (1991): 263, https://scholarspace.manoa.hawaii.edu/server/api/core/bitstreams/c449967c-a4a9-46a4-970d-fc06cecfda36/content.
3. Lawrence, 264.
4. Lawrence, 272.
5. Lawrence, 265.
6. Lawrence, 265.
7. Heather Mac Donald, "Law School Humbug", *City Journal*, outono de 1995, https://www.city-journal.org/html/law-school-humbug-11925.html.
8. Jennifer A. Kingson, "Harvard Tenure Battle Puts 'Critical Legal Studies' on Trial", *New York Times*, 30 de agosto de 1987.
9. Reclaim Harvard Law School, "Timeline of Student Activism for Diversity and Inclusion", https://reclaimharvardlaw.wordpress.com/timeline-of-student-inclusion-requests/.
10. Bell, *The Derrick Bell Reader*, Introduction, 28-29.
11. Regina Austin, "Sapphire Bound!", in *Critical Race Theory: The Key Writings That Formed the Movement*, ed. Kimberlé Crenshaw et al. (Nova York: New Press, 1995), 426.
12. Fox Butterfield, "Harvard Law School Torn by Race Issue", *New York Times*, 26 de abril de 1990, https://www.nytimes.com/1990/04/26/us/harvard-law-school-torn-by-race-issue.html.
13. Derrick Bell, *Faces at the Bottom of the Well: The Permanence of Racism* (Nova York: Basic Books, 2018), capítulo 7, 159, Kindle.
14. Bell, 160.
15. Bell, 160.
16. Bell, 163.
17. Bell, 168.
18. Derrick Bell, "The Final Report: Harvard's Affirmative Action Allegory", *Michigan Law Review* 87, nº 8 (agosto de 1989): 2389.
19. HLS News Staff, "Roger Fisher (1922-2012)", Escola de Direito de Harvard, acessado em 25 de outubro de 2022, https://hls.harvard.edu/today/roger-fisher-1922-2012/.
20. Derrick Bell, *Confronting Authority: Reflections of an Ardent Protester* (Boston: Beacon Press, 1994), 86.
21. Josh Getlin, "Raising Hell for a Cause", *Los Angeles Times*, 5 de novembro de 1992, https://www.latimes.com/archives/la-xpm-1992-11-05-vw-1558-story.html.
22. Derrick Bell, *Confronting Authority: Reflections of an Ardent Protester* (Boston: Beacon Press, 1994), 96-97.
23. Susan Chira, "Derrick Bell: The Charms of a Devoutly Angry Man", *New York Times*, 28 de outubro de 1992, https://www.nytimes.com/1992/10/28/garden/at-lunch-with-derrick-bell-the-charms-of-a-devoutly-angry-man.html.

[24] Bell, *Confronting Authority*, 96.

[25] Derrick A. Bell, *And We Are Not Saved: The Elusive Quest for Racial Justice* (1987; reimpressão, Nova York: Basic Books, 2008), capítulo 1, Kindle.

[26] Derrick Bell, "Constitutional Conflicts: The Perils and Rewards of Pioneering in the Law School Classroom", *Seattle University Law Review* 21 (1998): 1040.

[27] Bell, 1042.

[28] Vinay Harpalani, "From Roach Powder to Radical Humanism: Professor Derrick Bell's 'Critical' Constitutional Pedagogy", *Seattle University Law Review* 36, nº i (2013): xxv.

[29] Derrick Bell, "Racism: A Prophecy for the Year 2000", *Rutgers Law Review* 42, nº 1 (1989-90): 94. Bell apresentou originalmente esse material como discurso inaugural da C. Willard Heckel Lecture, em 28 de março de 1989.

[30] Bell, *And We Are Not Saved*, 62-63.

[31] Derrick Bell, *Silent Covenants: Brown v. Board of Education and the Unfulfilled Hopes for Racial Reform* (Oxford: Oxford University Press, 2004), 53-54, Kindle.

[32] Bell, *And We Are Not Saved*, 76-77. Nesse caso, Bell está citando o professor Boris Bittker.

[33] Bell, 84-85.

[34] Bell, 84-85.

[35] Bell, *Faces at the Bottom of the Well*, capítulo 3, "The Racial Preference Licensing Act".

[36] Bell, *And We Are Not Saved*, capítulo 10, "The Chronicle of the Black Crime Cure", 259.

[37] Bell, *Faces at the Bottom of the Well*, 148.

[38] Bell, capítulo 9.

[39] Bell, 203.

[40] Bell, 225.

[41] Bell, 233.

[42] Bell, 241.

[43] Bell, *Confronting Authority*, ix-x.

[44] Angela Onwuachi-Willig, "On Derrick Bell as Pioneer and Teacher: Teaching Us How to Have the Nerve", *Seattle University Law Review* 36, nº i (2013): xlv.

[45] Bell, *Confronting Authority*, 29.

[46] Chira, "Derrick Bell: The Charms of a Devoutly Angry Man".

[47] Bell, *Faces at the Bottom of the Well*, 193.

[48] Bell, 144.

[49] Thomas Sowell, "Racial-Quota Fallout", *National Review Online*, 15 de março de 2012, https://www.nationalreview.com/2012/03/racial-quota-fallout-thomas-sowell/.

[50] "Derrick Bell on the 'Permanence of Racism'", entrevista com Terry Gross, *Fresh Air*, NPR (WHYY, 7 de outubro de 1992), áudio, 13:33, https://freshairarchive.org/segments/derrick-bell-permanence-racism. Bell usou uma linha semelhante, "Talvez eu seja paranoico", em sua entrevista "City Talk: Derrick Bell", *City Talk*, CUNY TV, 20 de março de 2007, 06:31, https://www.youtube.com/watch?v=E7zYD1q8B30.

[51] Bell, *Faces at the Bottom of the Well*, 131-32.

52. Bell, 116.
53. Derrick Bell, "The Racism Is Permanent Thesis: Courageous Revelation or Unconscious Denial of Racial Genocide", *Capital University Law Review* 22 (verão de 1993): 571, 578.
54. "Derrick Bell on the 'Permanence of Racism'", *Fresh Air,* 03:06.
55. Bell, "The Racism Is Permanent Thesis", 571.
56. Bell, 572.
57. Bell, 583.
58. Derrick Bell, "Racial Realism", *Connecticut Law Review* 24, n° 2 (inverno de 1992): 378, https://www.law.nyu.edu/sites/default/files/Racial%20Realism.pdf.
59. Bell, "Racial Realism", 379.
60. Bell, *Faces at the Bottom of the Well*, iv.
61. "The College Years", *Hannity Show,* Fox News, 13 de março de 2012, vídeo, 05:23, https://www.youtube.com/watch?v=wxYu90mxvh0.

CAPÍTULO 16

1. Richard Delgado e Jean Stefancic, eds., *Critical Race Theory: An Introduction*, 3ª ed. (Nova York: New York University Press, 2017), xv, Kindle.
2. Kimberlé Crenshaw, "The First Decade: Critical Reflections, or 'A Foot in the Closing Door'", *UCLA Law Review* 49 (2002): 1360-61.
3. "2019 ASA Presidential Session: Intersectionality and Critical Race Theory", discussão em painel, Honolulu, American Studies Association, vídeo, YouTube, 2020, 45:27, https://www.youtube.com/watch?v=elaIUgX-zZE.
4. Crenshaw, "The First Decade", 1363.
5. Richard Delgado e Jean Stefancic, "Living History Interview with Richard Delgado & Jean Stefancic", *Transnational Law & Contemporary Problems* 19, n° 221 (2011): 225.
6. "2019 ASA Presidential Session: Intersectionality and Critical Race Theory".
7. Delgado e Stefancic, "Living History Interview with Richard Delgado & Jean Stefancic", 225.
8. Crenshaw, "The First Decade", 1360.
9. Kimberlé Crenshaw *et al.*, eds., *Critical Race Theory: The Key Writings That Formed the Movement* (Nova York: New Press, 1995), 338.
10. Mari J. Matsuda *et al.*, eds., *Words That Wound: Critical Race Theory, Assaultive Speech, and the First Amendment* (Nova York: Routledge, 2018), 5-7, Kindle.
11. Richard Delgado e Jean Stefancic, eds., *Critical Race Theory: An Introduction* (1995; reimpressão, Nova York: New York University Press, 2001), 104. Esta citação é da segunda edição do livro e, após críticas, foi excluída das edições subsequentes.
12. Crenshaw *et al.*, eds., *Critical Race Theory: The Key Writings That Formed the Movement*, xiv.
13. Kimberlé Crenshaw, "Race, Reform, and Retrenchment: Transformation and Legitimation in Antidiscrimination Law", *Harvard Law Review* 101, n° 7 (maio de 1988): 1336, https://doi.org/10.2307/1341398.
14. Crenshaw *et al.*, eds., *Critical Race Theory: The Key Writings That Formed the Movement*, xxv.

[15] Crenshaw et al., eds., xxix.

[16] "Creator of Term 'Critical Race Theory' Kimberlé Crenshaw Explains What It Really Is", *The Reidout*, MSNBC, 21 de junho de 2021, vídeo, 08:35, https://www.msnbc.com/the-reidout/watch/critical-race-theory-explained-as-not-marxist-or-racist-by-its-leading-scholar-kimberle-crenshaw-115226693996.

[17] Delgado e Stefancic, *Critical Race Theory: An Introduction*, 3ª ed., 3.

[18] Crenshaw et al., eds., *Critical Race Theory: The Key Writings That Formed the Movement*, 342.

[19] Charles R. Lawrence III, "Doing the James Brown" at Harvard: Professor Derrick Bell as Liberationist Teacher", *Harvard BlackLetter Law Journal*, 8 (1991), 266, https://scholarspace.manoa.hawaii.edu/server/api/core/bitstreams/c449967c-a4a9-46a4-970d-fc06cecfda36/content.

[20] Delgado e Stefancic, *Critical Race Theory: An Introduction*, 2001, 104. Esta citação é da segunda edição do livro e, após críticas, foi excluída das edições subsequentes.

[21] Gary Peller, "Race-Consciousness", in *Critical Race Theory: The Key Writings That Formed the Movement*, ed. Kimberlé Crenshaw et al. (Nova York: New Press, 1995), 142.

[22] Peller, 142-43.

[23] Charles R. Lawrence III, "The Word and the River: Pedagogy as Scholarship as Struggle", in *Critical Race Theory: The Key Writings That Formed the Movement*, ed. Kimberlé Crenshaw et al. (Nova York: New Press, 1995), 343.

[24] Lawrence, 336.

[25] Lawrence., 343.

[26] Lawrence, 338-40.

[27] Lawrence, 339.

[28] Lawrence, 340.

[29] Kimberlé Crenshaw, "Demarginalizing the Intersection of Race and Sex: A Black Feminist Critique of Antidiscrimination Doctrine, Feminist Theory and Antiracist Politics", *University of Chicago Legal Forum*, nº 1, artigo 8 (1989): 151-52, https://chicagounbound.uchicago.edu/cgi/viewcontent.cgi?article=1052&context=uclf.

[30] Kimberlé Crenshaw, "Mapping the Margins: Intersectionality, Identity Politics, and Violence Against Women of Color", in *Critical Race Theory: The Key Writings That Formed the Movement*, 375.

[31] Karl Marx, apêndice para Friedrich Engels, *Ludwig Feuerbach and the End of Classical German Philosophy*, 1886, republicado em https://www.marxists.org/archive/marx/works/1845/theses/theses.htm. Este epigrama era extremamente importante para Marx e foi gravado em seu túmulo.

[32] Delgado e Stefancic, *Critical Race Theory*, 3ª ed., 8.

[33] Delgado e Stefancic, 105-6.

[34] Kimberlé Crenshaw, "Race, Reform, and Retrenchment: Transformation and Legitimation in Anti-discrimination Law", in *Critical Race Theory: The Key Writings That Formed the Movement*, 108.

[35] Crenshaw, 115.

[36] Crenshaw, 114.

37   Crenshaw, 119.
38   Mari Matsuda, "Critical Race Theory and Critical Legal Studies: Contestation and Coalition", in Crenshaw et al., eds., *Critical Race Theory: The Key Writings That Formed the Movement*, 63.
39   Matsuda, 74.
40   Matsuda, 64.
41   John O. Calmore, "Critical Race Theory, Archie Shepp, and Fire Music: Securing an Authentic Intellectual Life in a Multicultural World", in Crenshaw et al., eds., *Critical Race Theory: The Key Writings That Formed the Movement*, 317.
42   Derrick A. Bell, "Who's Afraid of Critical Race Theory", *University of Illinois Law Review* 1995, nº 4 (1995): 893.
43   Bell, 900.
44   Randall L. Kennedy, "Racial Critiques of Legal Academia", *Harvard Law Review* 102, nº 8 (junho de 1989): 1745-1819, https://doi.org/10.2307/1341357.
45   Kennedy, 1778.
46   Kennedy, 1779.
47   Kennedy, 1782.
48   Kennedy, 1796.
49   Kennedy, 1809.
50   Kennedy, 1801.
51   Randall L. Kennedy, "Derrick Bell and Me", *Harvard Public Law Working Paper No. 19-13*, 11 de julho de 2019, 48, http://dx.doi.org/10.2139/ssrn.3350497.
52   Kennedy, 19.
53   "LDF Mourns the Loss of Leroy D. Clark, Former LDF Counsel and Venerated Law Professor", *NAACP Legal Defense Fund* (blog), 6 de dezembro de 2019, https://www.naacpldf.org/press-release/ldf-mourns-the-loss-of-leroy-d-clark-former-ldf-counsel-and-venerated-law-professor/.
54   Leroy D. Clark, "A Critique of Professor Derrick A. Bell's Thesis of the Permanence of Racism and His Strategy of Confrontation", *Denver Law Review* 73, nº 1 (janeiro de 1995): 24.
55   Clark, 27-29.
56   Clark, 33.
57   Clark, 36-37.
58   Clark, 27.
59   Clark, 49.
60   Clark, 50.
61   James Traub, "For Whom the Bell Tolls: Derrick Bell, Civil Rights Emblem", *New Republic*, 28 de fevereiro de 1993, https://newrepublic.com/article/63271/whom-the-bell-tolls.
62   Henry Louis Gates Jr., "Black Demagogues and Pseudo-Scholars", *New York Times*, 20 de julho de 1992, https://www.nytimes.com/1992/07/20/opinion/black-demagogues-and-pseudo-scholars.html.
63   Susan Chira, "Derrick Bell: The Charms of a Devoutly Angry Man", *New York Times*, 28 de outubro de 1992, https://www.nytimes.com/1992/10/28/garden/at-lunch-with-derrick-bell-the-charms-of-a-devoutly-angry-man.html.

64 Traub, "For Whom the Bell Tolls".
65 Henry Louis Gates Jr., "Let Them Talk: Why Civil Liberties Pose No Threat to Civil Rights", *New Republic*, 20 de setembro de 1993, https://newrepublic.com/article/149558/let-talk.
66 Gates.
67 Gates.
68 Gates.
69 Derrick Bell, "Racial Realism", in Crenshaw *et al.*, eds., *Critical Race Theory: The Key Writings That Formed the Movement*, 304.

CAPÍTULO 17

1 Delgado e Stefancic, *Critical Race Theory: An Introduction*, 3ª ed., 158.
2 "Preferential Policies", *Booknotes*, C-SPAN, 24 de maio de 1990, vídeo, 38:30, https://www.c-span.org/video/?12648-1/preferential-policies.
3 "Preferential Policies", *Booknotes*, 34:57.
4 Análise do autor do banco de dados de citações do Google Scholar e do Semantic Scholar.
5 Para uma lista abrangente e atualizada da teoria crítica da raça nas universidades, ver Legal Insurrection, *Critical Race Training in Education*, banco de dados, https://criticalrace.org/schools/.
6 Kimberlé Crenshaw, "The First Decade: Critical Reflections, or 'A Foot in the Closing Door'", *UCLA Law Review* 49 (2002): 1361.
7 Richard Delgado e Jean Stefancic, "Living History Interview with Richard Delgado & Jean Stefancic", *Transnational Law & Contemporary Problems* 19, nº 221 (2011): 226.
8 Max Eden, "Ethnic Studies: Evidence-Based Curriculum, or CRT Trojan Horse?", Real-ClearPolicy, 19 de abril de 2022, https://www.realclearpolicy.com/articles/2022/04/19/ethnic_studies_evidence-based_curriculum_or_crt_trojan_horse_827733.html.
9 Ver "Christopher Rufo on Woke Education", *City Journal*, acessado em 27 de outubro de 2022, https://www.city-journal.org/christopher-rufo-on-woke-education.
10 "Detroit School District Pushes Back against Anti-CRT Legislation", Chalkbeat Detroit, 15 de novembro de 2021, https://detroit.chalkbeat.org/2021/11/15/22784151/detroit-school-district-pushes-back-against-anti-crt-bills-black-history.
11 Biografia do dr. Conrad Webster, gerente de projeto do Seattle Public Schools, Departamento de Equidade Racial, https://www.seattleschools.org/departments/drea/connect.
12 Christopher F. Rufo, "Going All In", *City Journal*, 15 de julho de 2021, https://www.city-journal.org/nea-to-promote-critical-race-theory-in-schools.
13 Derrick Bell, *Confronting Authority: Reflections of an Ardent Protester* (Boston: Beacon Press, 1994), 110.
14 Cheryl I. Harris, "Whiteness as Property", *Harvard Law Review* 106, nº 8 (1993): 1788, https://doi.org/10.2307/1341787.
15 Ver Mari J. Matsuda *et al.*, eds., *Words That Wound: Critical Race Theory, Assaultive Speech, and the First Amendment* (Nova York: Routledge, 2018), Kindle.

[16] Ver reportagens investigativas sobre a teoria crítica da raça no governo federal, listadas in Christopher F. Rufo, "Critical Race Theory Briefing Book", 29 de junho de 2022, https://christopherrufo.com/crt-briefing-book/.

[17] Christopher F. Rufo, "Pushing the Narrative", 20 de julho de 2020, https://christopherrufo.com/pushing-the-narrative/.

[18] Christopher F. Rufo, "The Smallest Injustice", 3 de agosto de 2021, https://christopherrufo.com/the-smallest-injustice/.

[19] Christopher F. Rufo, "Mind Virus", 14 de setembro de 2020, https://christopherrufo.com/mind-virus/.

[20] Programa que reúne estudantes e professores em *campi* universitários para discutir questões relacionadas à raça e determinar como criar mudanças culturais necessárias que funcionem para desmantelar o racismo em ambientes locais.

[21] Christopher F. Rufo, "Federal Agencies Violate Presidential Order on Critical Race Theory", 21 de setembro de 2021, https://christopherrufo.com/federal-agencies-violate-presidential-order-on-critical-race-theory/.

[22] Patrick Witt, "Here's How I Found Out Just How Deep Critical Race Theory Goes in U.S. Government", *The Federalist*, 13 de setembro de 2021, https://thefederalist.com/2021/09/13/heres-how-i-found-out-how-deep-critical-race-theory-goes-in-the-u-s-government/.

[23] Christopher F. Rufo, "Lockheed Martin's Woke-Industrial Complex", *City Journal*, 26 de maio de 2021, https://www.city-journal.org/lockheed-martins-woke-industrial-complex.

[24] Christopher F. Rufo, "The Woke Defense Contractor", *City Journal*, 6 de julho de 2021, https://www.city-journal.org/raytheon-adopts-critical-race-theory.

[25] Entrevista realizada pelo autor com funcionário do Departamento do Tesouro, junho de 2020.

[26] Documentos e transcrição de áudio originais obtidos pelo autor. Publicado pela primeira vez em Christopher F. Rufo, "Pushing the Narrative", 20 de julho de 2020, https://christopherrufo.com/pushing-the-narrative/.

[27] Christopher F. Rufo, "'White Fragility' Comes to Washington", *City Journal*, 18 de julho de 2020, https://www.city-journal.org/white-fragility-comes-to-washington.

[28] David Twersky, "A New Kind of Democrat?", *Commentary*, fevereiro de 1993, https://www.commentary.org/articles/david-twersky/a-new-kind-of-democrat/.

[29] Apontamentos e agenda da Conferência de Apoio a Angola, 28 a 30 de maio de 1976, Chicago, African Activist Archive, Universidade Estadual de Michigan, https://web.archive.org/web/20111106060723/http://www.historicalvoices.org/pbuilder/pbfiles/Project39/Scheme361/african_activist_archive-a0a7j3-b_12419.pdf.

[30] Michael Kelly, "Ideology Seems to Doom Cabinet Contender", *New York Times*, 17 de dezembro de 1992, https://www.nytimes.com/1992/12/17/us/ideology-seems-to-doom-cabinet-contender.html.

[31] Depoimento dado pelo Excelentíssimo Larry McDonald, "Threats to Orderly Observances of the Bicentennial, Part I – The July 4 Coalition – Sponsors and Endorsers", Câmara dos Representantes dos EUA, 28 de junho de 1976, https://www.govinfo.gov/content/pkg/GPO-CRECB-1976-pt17/pdf/GPO-CRECB-1976-pt17-3-3.pdf.

[32] Twersky, "A New Kind of Democrat?"

[33] Documentos e transcrição de áudio originais obtidos pelo autor. Publicado pela primeira vez em Rufo, "Pushing the Narrative".

[34] Mari Matsuda, "Looking to the Bottom: Critical Legal Studies and Reparations", in Crenshaw *et al.*, eds., *Critical Race Theory: The Key Writings That Formed the Movement*, 66.

[35] Matsuda, 66.

[36] Neil Gotanda, "A Critique of 'Our Constitution Is Color-Blind'", in Crenshaw *et al.*, eds., *Critical Race Theory: The Key Writings That Formed the Movement*, 257.

[37] Gotanda, 272.

[38] Gotanda, 272.

[39] Derrick Bell, "Racism: A Prophecy for the Year 2000", *Rutgers Law Review* 42, nº 1 (1989-90): 106.

[40] Mari J. Matsuda *et al.*, eds., *Words That Wound: Critical Race Theory, Assaultive Speech, and the First Amendment* (1993; reimpressão, Nova York: Routledge, 2018), 15, Kindle.

[41] Cheryl I. Harris, "Whiteness as Property", *Harvard Law Review* 106, nº 8 (1993): 1776, https://doi.org/10.2307/1341787.

[42] Harris, 1709.

[43] Harris, 1778.

[44] Harris, 1778.

[45] Harris, 1778.

[46] Harris, 1790.

[47] Harris, 1716.

[48] Harris, 1780, 1788.

[49] Harris, 1779.

[50] Ver, além de Matsuda, Richard Delgado e Jean Stefancic, *Must We Defend Nazis? Why the First Amendment Should Not Protect Hate Speech and White Supremacy* (Nova York: New York University Press, 2018), https://doi.org/10.2307/j.ctvf3w49r.

[51] Matsuda *et al.*, *Words That Wound: Critical Race Theory, Assaultive Speech, and the First Amendment*, 62.

[52] Matsuda *et al.*, 1.

[53] Matsuda *et al.*, 80.

[54] Matsuda *et al.*, 38.

[55] Matsuda *et al.*, 24.

[56] Matsuda *et al.*, 38–39.

[57] Matsuda *et al.*, 37.

[58] Matsuda *et al.*, 24.

[59] Matsuda *et al.*, 72.

[60] Charles R. Lawrence III, "The Id, the Ego, and Equal Protection: Reckoning with Unconscious Racism", *Stanford Law Review* 39, nº 2 (janeiro de 1987): 317, https://doi.org/10.2307/1228797.

[61] Matsuda *et al.*, *Words That Wound*, 69.

62. Phil Galewitz, "Vermont to Give Minority Residents Priority for COVID Vaccines", *Scientific American*, 6 de abril de 2021, https://www.scientificamerican.com/article/vermont-to-give-minority-residents-priority-for-covid-vaccines/; "EPPC and Boyden Gray & Associates Demand HHS Hold New Hampshire Accountable for Unlawful Racial Set-Asides in covid-19 Vaccine Distribution", Ethics & Public Policy Center, 28 de setembro de 2021, https://eppc.org/news/eppc-and-boyden-gray-associates-demand-hhs-hold-new-hampshire-accountable-for-unlawful-racial-set-asides-in-covid-19-vaccine-distribution/.

63. Erika D. Smith, "Guaranteed Income or Reparations? A Test Case in Oakland", *Los Angeles Times*, 27 de março de 2021, https://www.latimes.com/california/story/2021-03-27/oakland-guaranteed-income-reparations-slavery-black-california; Houston Keene, "California City to Give Universal Income to Transgender, Nonbinary Residents", Fox News, 5 de abril de 2022, https://www.foxnews.com/politics/california-city-universal-income-transgender-residents.

64. Christopher F. Rufo, "Woke Segregation and the Ghost of Jim Crow", *City Journal*, 19 de janeiro de 2022, https://www.city-journal.org/woke-segregation-and-the-ghost-of-jim-crow.

65. Rufo.

66. S.162-117th Congress (2021-22): Anti-Racism in Public Health Act of 2021.

67. Christopher Rufo, "The DEI Regime", *City Journal*, 13 de julho de 2022, https://www.city-journal.org/the-diversity-equity-and-inclusion-regime.

68. Ver também Ibram X. Kendi, "Is Critical Race Theory Getting Canceled?", *A Word … with Jason Johnson*, transcrição do *podcast* do Slate, https://slate.com/transcripts/ekpZ-WlM0Z0hkVn-QyaXlPVllGelBkWVNvRXk3cExkV0JYM2s5Zmw3bWVyZz0=; Jason Johnson, "Critical Race Theory Is a Convenient Target for Conservatives", Slate, 12 de junho de 2021, https://slate.com/news-and-politics/2021/06/critical-race-theory-ibram-kendi-racism-racists.html.

69. Ibram X. Kendi, "Pass an Anti-Racist Constitutional Amendment", *Politico*, 2019, https://politico.com/interactives/2019/how-to-fix-politics-in-america/inequality/pass-an-anti-racist-constitutional-amendment/.

70. Para uma análise mais detalhada de como a teoria crítica da raça pode atuar como política pública, ver Christopher Rufo, "Critical Race Theory Would Not Solve Racial Inequality: It Would Deepen It", relatório de Estudos de Política Doméstica, Heritage Foundation, 23 de março de 2021, 5, https://www.heritage.org/progressivism/report/critical-race-theory-would-not-solve-racial-inequality-it-would-deepen-it.

CONCLUSÃO

1. Herbert Marcuse, *Marxism, Revolution and Utopia: Collected Papers of Herbert Marcuse*, vol. 6, ed. Douglas Kellner e Clayton Pierce (Nova York: Routledge, 2017), 388, Kindle.

2. Verso Books, "Angela Davis on International Solidarity and the Future of Black Radicalism", *Literary Hub* (blog), 31 de agosto de 2020, https://lithub.com/angela-davis-on-international-solidarity-and-the-future-of-black-radicalism/.

3. Eldridge Cleaver, *Soul on Ice* (1968; reimpressão, Nova York: Delta, 1999), 90.

4   No Brasil, a influência de Paulo Freire tem sido muito grande, mas também gerou uma reação significativa. Em 2018, em sua bem-sucedida campanha presidencial, Jair Bolsonaro, líder populista de direita, prometeu "combater o lixo marxista espalhado nas instituições educacionais". Ele disse a seus seguidores que queria "entrar no Ministério da Educação com um lança-chamas para remover Paulo Freire", culpando o pedagogo crítico pelos resultados educacionais deploráveis do Brasil. Em seu discurso de posse, Bolsonaro declarou: "Este é o início da libertação do Brasil do socialismo, dos valores invertidos, do Estado inchado e do politicamente correto. (...) Vamos unir o povo, resgatar a família, [respeitar] nossa tradição judaico-cristã, combater a ideologia de gênero [e conservar] nossos valores". Em poucos meses, o Ministério da Educação de Bolsonaro desmantelou seu "departamento de diversidade", anunciou um plano para reformular os livros didáticos, propôs cortar verbas de departamentos universitários capturados pelo "marxismo cultural" e se comprometeu a impedir que as escolas transformassem seus alunos em "militantes políticos". Nesse ínterim, os aliados do presidente defenderam a revogação do título de "Patrono da Educação Brasileira" de Freire e pela atribuição desse título a José de Anchieta, missionário jesuíta que contribuiu para a fundação do Brasil moderno e educou tribos nativas do país. Ver "Brazil Plans Overhaul of Education to Oust 'Marxist Ideology'", *Christian Science Monitor*, acessado em 12 de dezembro de 2022, https://www.csmonitor.com/World/Americas/2019/0206/Brazil-plans-overhaul-of-education-to-oust-Marxist-ideology; Dom Phillips, "Bolsonaro Declares Brazil's 'Liberation from Socialism' as He Is Sworn In", *Guardian*, 1º de janeiro de 2019, seção de notícias internacionais, https://www.theguardian.com/world/2019/jan/01/jair-bolsonaro-inauguration-brazil-president; Elizabeth Redden, "In Brazil, a Hostility to Academe", *Inside Higher Ed*, 6 de maio de 2019, https://www.insidehighered.com/news/2019/05/06/far-right-government-brazil-slashes-university-funding-threatens-cuts-philosophy-and; "Who Gets to Be Brazil's Patron of Education under Bolsonaro? Paulo Freire or a Jesuit Saint?", *America Magazine*, 1º de julho de 2019, https://www.americamagazine.org/politics-society/2019/07/01/who-gets-be-brazils-patron-education-under-bolsonaro-paulo-freire-or.

5   Uma tradução de "Philosophy of Spirit" (Jena Lectures 1805-06) com comentários, encontrada em Leo Rauch, *Hegel and the Human Spirit* (Detroit: Wayne State University Press, 1983), acessado em 20 de novembro de 2022, https://www.marxists.org/reference/archive/hegel/works/jl/ch03a.htm.

6   Herbert Marcuse, *The Essential Marcuse: Selected Writings of Philosopher and Social Critic Herbert Marcuse*, ed. Andrew Feenberg e William Leiss (Boston: Beacon Press, 2007), 34-35, Kindle.

7   O cientista político John Marini remonta esse processo a Georg Wilhelm Friedrich Hegel, filósofo idealista alemão, que criou a teoria do Estado racional moderno e inspirou uma longa linhagem de pensamento político, desde o "socialismo científico" de Karl Marx até a teoria crítica de Herbert Marcuse. Marini sustenta que a moderna esquerda política abandonou os princípios do direito natural em favor dos princípios do "Estado racional" e da "classe universal" de especialistas burocráticos, que têm o poder de administrar a sociedade e, seguindo os imperativos das ciências sociais, estabelecer a justiça social. "No Estado racional", Marini escreve, "a autoridade da ciência – e as novas disciplinas das ciências sociais – forneceria o conhecimento teórico e prático necessário para

transformar a sociedade e administrar o progresso. A ideia hegeliana de Estado se destinava a reestabelecer um todo político que reuniria o social e o econômico, o público e o privado, e tornaria a cidadania a base da liberdade e da virtude pública". John Marini, *Unmasking the Administrative State: The Crisis of American Politics in the Twenty-First Century*, ed. Ken Masugi (Nova York: Encounter Books, 2019): 8, 88.

[8] Alasdair MacIntyre, "On Marcuse", *New York Review of Books*, 23 de outubro de 1969, https://www.nybooks.com/articles/1969/10/23/on-marcuse/.

[9] Martin Jay, *The Dialectical Imagination: A History of the Frankfurt School and the Institute of Social Research, 1923-1950* (Berkeley: University of California Press, 1996), 279, Kindle.

[10] Martin Jay, teórico crítico de segunda geração e que estudou sob a orientação de Theodor Adorno e Leo Lowenthal, elucida a essência desse paradoxo em seu livro. "[A teoria crítica] era muito boa em atacar as pretensões à verdade de outros sistemas, mas no que diz respeito a enunciar a base de seus próprios pressupostos e valores, ela não se saía tão bem", ele escreve. "A teoria crítica tinha um conceito basicamente insubstancial de razão e verdade, enraizado em condições sociais, porém fora delas, conectado com a práxis, mas mantendo distância dela. Se é possível dizer que a teoria crítica tinha uma teoria da verdade, isso se afigurava em sua crítica imanente da sociedade burguesa, que comparava as pretensões da ideologia burguesa com a realidade de suas condições sociais." Jay, *The Dialectical Imagination*, 63.

[11] Herbert Marcuse, *An Essay on Liberation* (Boston: Beacon Press, 1971), 88, Kindle.

[12] Herbert Marcuse, *Soviet Marxism* (1958; reimpressão, Nova York: Columbia University Press, 1985).

[13] Rudi Dutschke, *The Student Rebellion* (Milão: Feltrinelli, 1968), 47-134.

[14] Rudi Dutschke, "On Anti-Authoritarianism", in *The New Left Reader*, ed. Carl Oglesby (Nova York: Grove Press, 1969), 249, 250, 246.

[15] Para estatísticas sobre família, criminalidade, casamento e declínio de meio século da classe trabalhadora norte-americana, ver Charles Murray, *Coming Apart: The State of White America, 1960-2010* (Nova York: Crown Forum, 2013).

[16] Frantz Fanon, *The Wretched of the Earth*, tradução para o inglês de Richard Philcox (Nova York: Grove, 2004), 51.

[17] Eldridge Cleaver, "On Lumpen Ideology", *Black Scholar* 4, nº 3 (1972): 8.

[18] Isabel Vincent, "Inside BLM Co-Founder Patrisse Khan-Cullors' Real-Estate Buying Binge", *New York Post*, 10 de abril de 2021, https://nypost.com/2021/04/10/inside-blm-co-founder-patrisse-khan-cullors-real-estate-buying-binge/.

[19] Alexandra Del Rosario, "Black Lives Matter Co-Founder Alicia Garza Signs with ICM Partners", Deadline, 20 de agosto de 2020, https://deadline.com/2020/08/black-lives-matter-co-founder-alicia-garza-inks-deal-with-icm-partners-1203019086/.

[20] Joshua Rhett Miller, "Black Lives Matter Used Donations to Buy $6 Million Southern California Home: Report", *New York Post*, 8 de abril de 2022, https://nypost.com/2022/04/04/black-lives-matter-used-donations-to-buy-6-million-southern-california-home-report/.

[21] Noah Goldberg, "Black Lives Matter Leader Accused of Stealing $10 Million from Organization", *Los Angeles Times*, 2 de setembro de 2022, https://www.latimes.com/california/

story/2022-09-02/black-lives-matter-leader-accused-of-stealing-10-million-from-organization. O líder Shalomyah Bowers negou as acusações de irregularidade financeira.

[22] Harriet Alexander, "BLM 'Transferred Millions to Canadian Charity Run by Wife of Co-Founder for Toronto Mansion'", *Daily Mail*, 30 de janeiro de 2022, https://www.dailymail.co.uk/news/article-10457275/BLM-transferred-millions-Canadian-charity-run-wife-founder-Toronto-mansion.html; Joe Schoffstall, "Black Lives Matter Paid Nearly $4M to Board Secretary, Co-Founder's Brother, and Father of Her Child", Fox News, 17 de maio de 2022, https://www.foxnews.com/politics/black-lives-matter-paid-4m-board-secretary-co-founders-brother-father-child.

[23] Marcuse, *Marxism, Revolution and Utopia: Collected Papers of Herbert Marcuse*, vol. 6, 377.

[24] Derrick Bell, *Confronting Authority: Reflections of an Ardent Protester* (Boston: Beacon Press, 1994), 7.

[25] Derrick Bell, *Faces at the Bottom of the Well: The Permanence of Racism* (Nova York: Basic Books, 2018), 245-46, Kindle.

[26] Para obter mais informações sobre as patologias sociais das comunidades pobres norte-americanas, ver o documentário *America Lost*, dirigido por Christopher F. Rufo (PBS, 2019), americalostfilm.com.

[27] Para uma análise mais detalhada sobre teoria crítica da raça e desigualdade, ver Christopher F. Rufo, "Critical Race Theory Would Not Solve Racial Inequality: It Would Deepen It", Backgrounder, nº 3597, Heritage Foundation, 23 de março de 2021.

[28] Karl Marx, *The Class Struggles in France: 1848-1850* (Londres: Wellred Books, 1968). Google Books.

[29] A reação contra a revolução cultural de esquerda, caracterizada como uma força termidoriana – ou seja, a reação contra a Revolução Francesa –, foi uma preocupação constante de Marcuse durante os anos Nixon. Herbert Marcuse, *The New Left and the 1960s: Collected Papers of Herbert Marcuse*, vol. 3, ed. Douglas Kellner (Nova York: Routledge, 2005), 200, Kindle.

[30] Karl Marx, "The Victory of the Counter-Revolution in Vienna", tradução para o inglês do Marx-Engels Institute, publicado originalmente in *Neue Rheinische Zeitung* nº 136, novembro de 1848, republicado em Marxists.org, acessado em 20 de novembro de 2022, https://www.marxists.org/archive/marx/works/1848/11/06.htm.

[31] Karl Korsch, "State and Counterrevolution", *Modern Quarterly* 11, nº 2 (1939): 60-67.

[32] Marcuse, *An Essay on Liberation*, 19.

[33] Richard Nixon, "Letter to the Citizens of New Hampshire", 31 de janeiro de 1968, Richard Nixon Foundation, https://www.nixonfoundation.org/2018/01/rn-announces-68-campaign/. Sob vários aspectos, Nixon é o mentor original da contrarrevolução. Um estudo dedicado às diretrizes e ações políticas de Nixon esclarece muitas das oportunidades para a reação contrária aos movimentos e burocracias baseados na teoria crítica.

ASSINE NOSSA NEWSLETTER E RECEBA INFORMAÇÕES DE TODOS OS LANÇAMENTOS

www.faroeditorial.com.br

ESTA OBRA FOI IMPRESSA
EM FEVEREIRO DE 2024